Die Genossenschaft des öffentlichen Rechts

Verfassungs- und Verwaltungsrecht
unter dem Grundgesetz

Herausgegeben von Utz Schliesky

Band 41

PETER LANG

Florian Kuhlmann

Die Genossenschaft des öffentlichen Rechts

Konstruktion einer öffentlich-rechtlichen Organisationsform für eine bessere Aufgabenerledigung und größere Aktivierung bürgerschaftlichen Engagements

PETER LANG

Bibliografische Information der Deutschen Nationalbibliothek
Die Deutsche Nationalbibliothek verzeichnet diese Publikation in der Deutschen Nationalbibliografie; detaillierte bibliografische Daten sind im Internet über http://dnb.d-nb.de abrufbar.
Zugl.: Kiel, Univ., Diss., 2021.

D 8
ISBN 978-3-631-84907-1 (Print)
E-ISBN 978-3-631-85712-0 (E-PDF)
E-ISBN 978-3-631-85713-7 (EPUB)
DOI 10.3726/b 18523

Peter Lang – Berlin · Bern · Bruxelles · New York ·
Oxford · Warszawa · Wien

Diese Publikation wurde begutachtet.

www.peterlang.com

Meinen Eltern

Vorwort

Die vorliegende Arbeit wurde im Sommersemester 2018 zur Promotion angenommen. Mein Dank gilt zuallererst Herrn Professor Dr. Utz Schliesky für seine hervorragende wissenschaftliche Betreuung, ohne die schon das Thema der Dissertation ein anderes gewesen wäre, und die Erstellung des Erstgutachtens. Herrn Professor Dr. Christoph Brüning danke ich für die Zweitbegutachtung. Beiden möchte ich zudem danken, dass sie mit dem Lorenz-von-Stein-Institut ein exzellentes Arbeits- und Forschungsumfeld geschaffen haben und unterhalten, das wesentlich zu dem Gelingen dieser Arbeit beigetragen hat.

Bei meiner langjährigen Lebensgefährtin Rieke Kuhlmann bedanke ich mich für ihre liebe- und verständnisvolle Unterstützung hinsichtlich der Anfertigung dieser Arbeit, des Promotionsverfahrens und weit darüber hinaus. Die Wichtigkeit einer Partnerin, wie sie es ist, kann nicht überschätzt werden.

Mein herzlicher Dank gilt auch Herrn Dr. Jakob Tischer für seine wertvollen Anmerkungen zu dieser Arbeit, seine stete Bereitschaft zum wissenschaftlichen Austausch und seine freundschaftliche Unterstützung. Insbesondere die gemeinsame Wochenendarbeit an unseren jeweiligen Promotionsvorhaben wird mir in guter Erinnerung bleiben.

Inhaltsverzeichnis

Einführung in die Problematik und Gang der Untersuchung

A. Einführung in die Problematik

Lange Zeit ist das Verwaltungsorganisationsrecht mit der tradierten Trias aus Körperschaft, Anstalt und Stiftung des öffentlichen Rechts ausgekommen und durch diese gewissermaßen gesättigt gewesen. Nun soll mit der Genossenschaft des öffentlichen Rechts eine vierte öffentlich-rechtliche Organisationsform in den Kanon aufgenommen werden.

Zunächst einmal ist offensichtlich, dass den sich stetig verändernden politischen und gesellschaftlichen Herausforderungen nicht dauerhaft mit Organisationsformen begegnet werden kann, die sich alle spätestens im 19. Jahrhundert herausgebildet haben – jedenfalls nicht ohne signifikante Änderung und Anpassung an die gegebenen Verhältnisse. Da die öffentlich-rechtlichen Rechtsformen den Organisationsgesetzgebern einen weiten Ausgestaltungsspielraum lassen, ist dies bisher zwar auch geschehen, jedoch einzelfallbezogen.

Vorliegende Arbeit macht nun in gewisser Weise und mit ähnlicher Intention wie *Mann*[1] einen Gegenvorschlag zum bisherigen Vorgehen, indem auf Grundlage verschiedener Rechtsquellen und Vorschriften ein organisationsrechtlicher Rahmen für eine Genossenschaft des öffentlichen Rechts ermittelt wird und im Rahmen dessen Vorschläge für obligatorische und fakultative Inhalte eines Organisationsgesetzes gemacht werden, die in den Kontext ihrer verschiedenen Einsatzbereiche und Zwecke gesetzt werden. Einerseits sollen diese Arbeit einem potenziellen Organisationsgesetzgeber als Orientierungspunkt für die einzelfallbezogene Errichtung einer Genossenschaft des öffentlichen Rechts dienen. Andererseits sollen mögliche Inhalte eines Organisationsgesetzes im Sinne eines allgemeinen Rechtsformangebots dargestellt werden. Das hinter allen Erwägungen stehende Leitmotiv ist das einer möglichst weitgehenden Aktivierung bürgerschaftlichen Engagements.

Ähnlich wie die eingetragene Genossenschaft, die neben anderen privatrechtlichen Gesellschaftsformen jahrelang ein Schattendasein fristete und nunmehr einen signifikanten Aufschwung erlebt, soll auch die Genossenschaft des öffentlichen Rechts aus dem Schatten von Anstalt und Stiftung, insbesondere jedoch

1 *Mann*, Die öffentlich-rechtliche Gesellschaft.

aus dem der Körperschaft, hervortreten und, ergänzt um neue Rechtselemente, eine öffentlich-private Aufgabenerledigung bewirken, die zugleich bürgerschaftliches Engagement aktiviert und Akzeptanz steigert.

B. Gang der Untersuchung

Die Untersuchung einer Aufnahme der Genossenschaft des öffentlichen Rechts als neue öffentlich-rechtliche Organisationsform in das Verwaltungsorganisationsrecht gliedert sich in sieben Kapitel.

Die Untersuchung beginnt mit einer Bestandsaufnahme der wesentlichen Strukturelemente eingetragener Genossenschaften und ihrer aktuellen Einsatzbereiche, um einen ersten Überblick darüber zu verschaffen, wie eine Genossenschaft des öffentlichen Rechts konstruiert sein und wo sie eingesetzt werden könnte, woraufhin sich eine Betrachtung aktueller politischer und gesellschaftlicher Herausforderungen anschließt. Hieran anknüpfend werden Chancen einer Genossenschaft des öffentlichen Rechts beleuchtet. Das dritte Kapitel widmet sich den fachrechtlichen Besonderheiten der Genossenschaft des öffentlichen Rechts, wobei das Hauptaugenmerk auf vergaberechtlichen Fragestellungen liegt. Aus den bisherigen Erkenntnissen werden im vierten Kapitel zwei Grundtypen von Genossenschaften des öffentlichen Rechts entwickelt, deren Umsetzbarkeit mit den vorhandenen privat- und öffentlich-rechtlichen Organisationsformen im fünften Kapitel erprobt und deren Umsetzung mit eigenen organisationsrechtlichen Vorschriften schließlich im sechsten Kapitel ausgearbeitet wird. Das siebte und letzte Kapitel enthält eine Schlussbetrachtung der aus dem Vorhergehenden gewonnenen Erkenntnisse.

Kapitel 1 Historische Grundlagen des Genossenschaftswesens sowie Tätigkeitsbereiche eingetragener Genossenschaften

Um das Wesen der Genossenschaft besser zu begreifen und eine öffentlich-rechtliche Rechtsform zu schaffen, die diesen Namen auch verdient, sind zunächst die historischen und organisatorischen Grundlagen des Genossenschaftswesens überblicksartig zu erfassen. Auch helfen Beispiele überwiegend neuer Tätigkeitsbereiche eingetragener Genossenschaften dabei, eine Vorstellung darüber zu gewinnen, wo eine Genossenschaft des öffentlichen Rechts eingesetzt werden könnte.

A. Die historischen Ursprünge der Genossenschaften

Als Urvater des Genossenschaftswesens kann, auch wenn er auf Vorarbeiten *Georg Beselers* und *Otto Bährs* aufbaute, *Otto von Gierke* genannt werden; seine Genossenschaftslehre stellte im Grunde eine allgemeine Theorie menschlicher Verbände dar[2]. Die genossenschaftlichen Organisationen zählten für ihn zu den Personenverbindungen, die sich nicht in der mechanischen Addition ihrer Teile erschöpften, sondern eine selbstständige Einheit bildeten[3] und somit eine gegensätzliche Position zu den herrschaftlichen Verbänden einnahmen[4]. *Gierke* unterschied zwischen Genossenschaften im engeren und weiteren Sinne, wobei erstere eine auf freier Vereinigung beruhende deutschrechtliche Körperschaft meinte – demnach jeden Verein mit selbstständiger Rechtspersönlichkeit[5]. Letztere bezeichnete hingegen solche Personenvereinigungen, die nicht ausschließlich dem genossenschaftlichen Prinzip entsprachen, sondern bei denen andere strukturbestimmende Prinzipien, wie zum Beispiel herrschaftliche Elemente, hinzutraten[6].

---

2 *Hendler*, Selbstverwaltung als Ordnungsprinzip, S. 65.

3 *V. Gierke*, Genossenschaftsrecht I, S. 5.

4 *V. Gierke*, Genossenschaftsrecht I, S. 89.

5 *V. Gierke*, Genossenschaftsrecht I, S. 5.

6 *V. Gierke*, Genossenschaftsrecht I, S. 5, 833.

Der Genossenschaftsgedanke bildete sich zu einer Zeit in Deutschland, in der sich die Leitbilder des Staates von einem obrigkeitlichen Anstaltsstaat zu einem körperschaftlich verfassten demokratischen Verfassungsstaat wandelten[7]. Während es die Genossenschaft im weiteren Sinne, also eine rechtsfähige Personenvereinigung mit genossenschaftlichem Gepräge, als deutschrechtliche Besonderheit bereits seit dem frühen Mittelalter gab, ist die Genossenschaft im engeren Sinn als Reaktion auf den Mitte des 19. Jahrhunderts einsetzenden wirtschaftlichen Liberalismus, der sich durch die Einführung der Gewerbefreiheit, Aufhebung des Zunftwesens und Bauernbefreiung auszeichnete, zu verstehen, der die wirtschaftlich schwachen Bevölkerungskreise (kleine Landwirte, Handwerker, Arbeiter) in enge Bedrängnis brachte[8]. Während des Nationalsozialismus wurden prosperierende Konsumgenossenschaften aus politischen Gründen geschlossen und die herrschende Planwirtschaft drohte die übrig gebliebenen Genossenschaften zu bloßen Erfassungs- und Verteilungsstellen des staatlichen Machtapparats zu degradieren; das Prinzip der privaten Selbsthilfe wurde damit faktisch abgeschafft[9].

B. Gesetzliche Ausgestaltung der privatrechtlichen Genossenschaften von damals bis heute

Das deutsche Genossenschaftswesen, das vor allem durch *Hermann Schulze-Delitzsch* und *Friedrich Wilhelm Raiffeisen*[10] sowie von *Victor Aimée Huber*, *Wilhelm Haas* und anderen entwickelt wurde, existierte bis zu seiner Positivierung im preußischen Gesetz von 27.3.1867, das mit Änderungen am 4.7.1868 als Norddeutsches Bundesgesetz verkündet wurde, in der Form von erlaubten Privatgesellschaften. 1889 folgte dann die reichsgesetzliche Kodifizierung der Genossenschaft im engeren Sinne durch das Gesetz betreffend die Erwerbs- und Wirtschaftsgenossenschaften von 1889. Nach mehrfachen Änderungen und Erweiterungen in Kaiserreich, Weimarer Republik und Drittem Reich wurde

7 *Kluth*, Kooperationsrecht – Zur (möglichen) Vielfalt institutionalisierter Kooperation, in: Brockmeier/ders. (Hrsg.), 100 Jahre Genossenschafts- und Kooperationsforschung in Halle, Bd. 1, S. 127 (135).

8 *Beuthien*, GenG, Einl. Rn. 1; zur geschichtlichen Entwicklung ausführlich *Westermann*, Das rechtliche Wesen der Erwerbs- und Wirtschaftsgenossenschaften, in: Seraphim (Hrsg.), Vom Wesen der Genossenschaften und ihrer steuerlichen Behandlung, S. 62 (69 ff.); *Fehl*, in: FS Beuthien, S. 299 (307 ff.).

9 *Beuthien*, GenG, Einl. Rn. 4.

10 Zu diesen *Kaltenborn*, Genossenschaften. Schein und Wirklichkeit, S. 33 ff.

das Genossenschaftsgesetz ab 1945 angesichts der langen Bewährungszeit ohne bedeutende Änderungen übernommen. Die erste große Änderung kam dann erst zum 1.1.1974 mit der Genossenschaftsrechtsnovelle von 1973[11], die die Wettbewerbsfähigkeit der genossenschaftlichen Gesellschaftsform gegenüber anderen für Unternehmen in Betracht kommenden Gesellschaftsformen wiederherstellen sollte. Die zahlreichen seit der Wiedervereinigung durchgeführten Reformen mündeten in die Genossenschaftsgesetz-Novelle vom 19.5.2006, durch die das deutsche Genossenschaftsrecht entsprechend der Verordnung (EG) Nr. 1435/2003 an das europäische Sekundärrecht angepasst werden sollte. Zweck war es, Wettbewerbsnachteile gegenüber der Europäischen Genossenschaft (SCE) zu beseitigen, die Gründung der eingetragenen Genossenschaft zu erleichtern und die Attraktivität der Rechtsform zu verbessern[12]. Zu den wichtigsten Änderungen gehörten die Erweiterung des Förderzwecks auf soziale und kulturelle Belange in § 1 GenG, die Zulassung investierender Mitglieder durch § 8 Abs. 1 S. 1 GenG, die Senkung der Mindestmitgliederzahl auf drei, flexiblere Organisationsstrukturen und die Änderung der Kapitalstruktur[13].

C. Entwicklung der eingetragenen Genossenschaften in Deutschland und Ausblick

Die genossenschaftliche Gesellschaftsform erfreute sich seit den 1970er Jahren geringer Beliebtheit. Neben der sehr niedrigen Anzahl an Neugründungen verringerte sich die Zahl der eingetragenen Genossenschaften in Deutschland von 28.000 in den 1950er Jahren auf weniger als 7.500 Ende 2008[14]. Betrachtet man jedoch die Entwicklung ab 2001, kann man von einer kontinuierlichen Zahl von Neugründungen sprechen, die durch die oben beschriebene Genossenschaftsrechtsnovelle von 2006 noch einen deutlichen Schub bekommen hat[15], was sich 2010 und 2011 fortsetzte. Außerdem trugen zu diesem Aufschwung die 2001 gestartete Neugründungsinitiative der Genossenschaftsverbände sowie die starke Ausweitung von Informationsmaßnahmen über die Vorteile von Genossenschaftsmodellen insbesondere in staatlich geförderten Bereichen (vor allem Erneuerbare Energien) bei[16]. Im vergangenen Jahrzehnt waren dadurch

11 BT-Drs. 7/97 und 7/659.
12 BT-Drs. 16/1025, S. 1.
13 *Beuthien*, GenG, Einl. Rn. 13.
14 Dazu und im Folgenden *Beuthien*, GenG Einl. Rn. 17 ff.
15 *Blome-Drees*, ZögU 2012, 365 (378).
16 *Stappel*, ZfgG 2011, 187 (193 f.)

1239 neu gegründete Genossenschaften zu verzeichnen. Diese waren vor allem im gewerblichen Bereich zu verorten, wohingegen die klassischen Bereiche wie Landwirtschaftsgenossenschaften, Wohnungs- und Konsumgenossenschaften sowie Genossenschaftsbanken kaum noch relevant für dieses Gesellschaftsmodell sind[17], wobei bei Letzteren allerdings ein Mitgliederanstieg von 1,65 Millionen Mitgliedern im vergangenen Jahrzehnt zu verzeichnen war[18]. 2009 hatten die Genossenschaften, zumindest auf dem Papier, ca. 20 Millionen Mitglieder[19], wobei ein etwaiger daraus zu schließender gesellschaftlicher Durchdringungsgrad vor dem Hintergrund zu sehen ist, dass ein Großteil davon auf Genossenschaftsbanken entfällt[20]. Ein Großteil der Genossenschaftsneugründungen der letzten Jahre erfolgte in Form von Gesundheits- und Energiegenossenschaften, sowohl auf der Anbieter- als auch auf der Nachfragerseite[21].

Auffällig ist, dass sich Genossenschaften vermehrt in Geschäftsbereichen gründen, die als innovativ gelten bzw. erst einmal „ausprobiert" werden müssen, bevor andere Gesellschaftsformen, insbesondere Kapitalgesellschaften, dafür in Frage kommen[22].

D. Genossenschaftliche Prinzipien und Werte

Bei der Begriffsbestimmung der privatrechtlichen Genossenschaft ist es sinnvoll, zwischen genossenschaftlichen Prinzipien und den Genossenschaften zugeordneten Werten zu unterscheiden[23]. Während die Prinzipien der privatrechtlichen Genossenschaft weitestgehend feststehen, ist dies bei den Werten aufgrund ihrer Vagheit nicht der Fall. Im Zusammenhang mit genossenschaftlichen Prinzipien oder auch abstrakt werden Genossenschaften Werte wie Gleichheit[24], Gerechtigkeit[25], Ehrlichkeit, Offenheit, soziale Verantwortung, Regionalität[26],

---

17 *Blome-Drees*, ZögU 2012, 365 (377).
18 *Stappel*, ZfgG 2011, 187 (189).
19 *Geschwandtner*, ZfgG 2009, 152 (163).
20 *Steiner/Schütt*, ZfgG 2011, 201 (216).
21 *Blome-Drees*, ZögU 2012, 365 (379); *Stappel*, ZfgG 2011, 187 (189 f.).
22 *Elsen*, Das innovative Potenzial genossenschaftlichen Wirtschaftens, in: Schmale/Blome-Drees (Hrsg.), Genossenschaft innovativ, S. 135 ff.; Blome-Drees, ZögU 2012, 365 (372).
23 Vgl. *Hill/Doluschitz*, ZfgG 2014, 19 (23).
24 Vgl. *Pöhlmann*, in: ders./Fandrich/Bloehs, GenG, § 18 Rn. 20.
25 *Hill/Doluschitz*, ZfgG 2014, 19 (23 f.).
26 *Klemisch/Vogt*, Genossenschaften und ihre Potenziale für eine sozial gerechte und nachhaltige Wirtschaftsweise, S. 32 f.

Kontinuität, Sicherheit oder Verlässlichkeit zugeschrieben[27]. Auch wenn die Zahl der zugeschriebenen Werte schier endlos sein kann („wahre Werteflut"[28]), da diese in engen Relationen zu Rahmenbedingungen wie Nationalität, Branche oder Erhebungszeitpunkt stehen[29], kann konstatiert werden, dass sich die Verantwortungs- und Vertrauensstiftungsfunktion eher in moderner Genossenschaftsliteratur finden lässt[30].

Teilweise wird vertreten, dass sich die genossenschaftliche Idee nicht nur aus ökonomischen Gesichtspunkten, sondern auch aus einer tieferen, gesellschaftliche und christliche Werte verkörpernden Ideologie zusammensetzt[31]. Sie wird daher teilweise als sozialethische Veranstaltung verstanden. Auf diesen Wert konzentrieren sich die den Darlegungen der Prinzipien nachfolgenden Ausführungen, weil sie eine Parallele zur Gemeinwohlbindung öffentlich-rechtlicher Organisationsformen aufweisen[32].

I. Genossenschaftliche Prinzipien

Die aus dem wirtschaftlichen und soziologischen Genossenschaftsbegriff extrahierbaren Prinzipien wurden nur teilweise vom positiven Recht aufgegriffen[33]. Insgesamt sind zu nennen: Selbsthilfe, Selbstverwaltung, Selbstverantwortung, Demokratie, Identität und Wirtschaftlichkeit sowie Mitgliederförderung. Unterschiedlichste Faktoren sind dafür verantwortlich, dass ihre Gewichtung zueinander von Genossenschaft zu Genossenschaft variiert[34]. Sie werden im Folgenden erörtert.

1. Selbsthilfe

Die Idee der genossenschaftlichen Selbsthilfe ist trotz unterschiedlichster weltanschaulicher Grundlagen ihrer Mitglieder das zentrale Element. Dabei geht es

---

27 *Hill/Doluschitz*, ZfgG 2014, 19 (25); weitere bei *Draheim*, Die Genossenschaft als Unternehmenstyp, S. 15.

28 *Ringle*, ZfgG 2013, 277 (281).

29 *Hill/Doluschitz*, ZfgG 2014, 19 (25).

30 *Hill/Doluschitz*, ZfgG 2014, 19 (27).

31 *Hill/Doluschitz*, ZfgG 2014, 19 (30).

32 Dazu später ausführlich unter Kap. 2 B. II.

33 *Beuthien*, GenG, § 1 Rn. 37; *Westermann*, Das rechtliche Wesen der Erwerbs- und Wirtschaftsgenossenschaften, in: Seraphim (Hrsg.), Vom Wesen der Genossenschaften und ihrer steuerlichen Behandlung, S. 62 (68).

34 *Rößl* u.a., in: FS Brazda, S. 483 (485 ff.).

darum, sich freiwillig zusammenzuschließen, um als Mitglied unmittelbar von Gütern oder Dienstleistungen seiner Genossenschaft Nutzen zu ziehen[35]. Die erforderlichen Mittel dafür müssen durch die Mitglieder aufgebracht werden, von denen ferner erwartet wird, dass sie füreinander einstehen[36]. Gesetzlich ist dieser Gedanke in § 1 Abs. 1 GenG geregelt, wonach die eingetragene Genossenschaft ihre Mitglieder durch gemeinschaftlichen Geschäftsbetrieb fördern muss. Es geht also im Kern darum, dass Genossenschaften ihre Unternehmung zur vorteilhaften Leistungsbewirkung für die mit ihr verbundenen Mitgliederwirtschaften führen[37].

2. *Selbstverwaltung*

Aus dem Grundsatz der Selbsthilfe folgt der für eingetragene Genossenschaften in § 43 Abs. 1 GenG festgelegte Grundsatz der Selbstverwaltung, nach dem die Mitglieder ihre Rechte in den Angelegenheiten der Genossenschaft in der Generalversammlung ausüben. Die Besonderheit gegenüber Personen- und Kapitalgesellschaften besteht jedoch darin, dass § 9 Abs. 2 S. 1 GenG eine ständige Legitimation des Führungshandelns von Vorstand und Aufsichtsrat sicherstellt, indem dieser vorschreibt, dass nur solche natürlichen Personen Mitglieder der genannten Organe sein können, die auch Mitglieder der Genossenschaft sind (Prinzip der Selbstorganschaft)[38]. Damit soll sichergestellt werden, dass die Genossenschaftsorgane stets mit den Bedürfnissen der Mitglieder vertraut sind und eine enge Bindung der beiden Parteien entsteht[39]. Die Selbstorganschaft kann ferner zu Systemvertrauen führen, aus dem sich wiederum eine besondere förderwirtschaftliche Gesellschafts- und Unternehmenskultur entwickeln kann, die im Gegensatz zum oft erwähnten „Wertemanagement" tatsächlich greifbar und erlebbar ist[40].

---

35 *Blome-Drees*, ZögU 2012, 365 (366 f.).

36 *Schulte*, in: Lang/Weidmüller, GenG, § 1 Rn. 5.; Fandrich, in: Pöhlmann/ders./Bloehs, GenG, § 1 Rn. 25.

37 *Ringle*, ZfgG 2010, 176 (176).

38 BT-Drs. 16/1025, S. 83.

39 *Beuthien*, GenG, § 1 Rn. 39.

40 *Beuthien*, Genossenschaften: Ein Gewinn für alle oder nur eine Chance für jeden?, in: ders. (Hrsg.), Idee und Wirklichkeit, S. 237 (248); sehr krit. dagegen *Fandrich*, in: Pöhlmann/ders./Bloehs, GenG, Einf. Rn. 11.

3. *Selbstverantwortung*

Der Grundsatz der Selbstverantwortung folgt wiederum aus dem Selbstverwaltungsgrundsatz und nimmt die Mitglieder der Genossenschaft für die Verbindlichkeiten der Gesellschaft entweder durch Haftung mit dem Geschäftsguthaben oder sogar privatem Vermögen persönlich in die Pflicht[41]. Dieser Grundsatz fördert die genossenschaftliche Selbstverwaltung und damit die Selbsthilfe in mehrfacher Hinsicht, kann damit also auch als dessen Kern und Motor bezeichnet werden[42].

4. *Demokratie*

Das Demokratieprinzip wird im Genossenschaftsrecht als „gerade für die Rechtsform der eG strukturprägendes Prinzip" und das genossenschaftliche Gleichheitsgebot als „urdemokratisch" angesehen[43]. Dies wird vor allem mit der Gewaltenteilung zwischen Vorstand, Aufsichtsrat und Vertreterversammlung und den durch § 43a Abs. 4 S. 1 GenG festgelegten Wahlgrundsätzen der Vertreterversammlung sowie ganz pauschal mit Hinweis auf jede Form der Entscheidungsfindung in der eingetragenen Genossenschaft begründet[44]. Einen weiteren wichtigen Aspekt dessen stellt das egalitäre Kopfstimmrecht aus § 43 Abs. 3 S. 1 GenG dar.

Allerdings führt der Vorstand gemäß § 27 Abs. 1 S. 1 GenG die Genossenschaft unter eigener Verantwortung und ist dabei nur durch satzungsmäßige Beschränkungen in seiner Vertretungsmacht eingeschränkt, § 27 Abs. 1 S. 2 GenG. Die Kontrolle des Vorstands erfolgt nach § 38 Abs. 1 S. 1 GenG durch den Aufsichtsrat, der, vorbehaltlich anderer satzungsmäßiger Ausgestaltung, gemäß § 36 Abs. 1 S. 1 GenG aus drei von der Generalversammlung zu wählenden Personen besteht. Dies stellt also einen geschäfts- und personalhoheitlichen Machtverlust der General- oder Vertreterversammlung dar[45]. Bei Großgenossenschaften, vor allem solchen mit ausgeprägtem Nichtmitgliedergeschäft, wird teilweise aufgrund ihrer dominant managergeleiteten Ausprägung bereits von „beyond Democracy" gesprochen[46].

---

41 Vgl. *Schulte*, in: Lang/Weidmüller, GenG, § 1 Rn. 7.

42 *Beuthien*, GenG, § 1 Rn. 40.

43 *Fandrich*, in: Pöhlmann/ders./Bloehs, GenG, § 1 Rn. 29.

44 *Schulte*, in: Lang/Weidmüller, GenG, § 1 Rn. 12.

45 *Beuthien*, Genossenschaften: Ein Gewinn für alle oder nur eine Chance für jeden?, in: ders. (Hrsg.), Die eingetragene Genossenschaft – Idee und Wirklichkeit, S. 237 (240).

46 *Schwarz*, ZfgG 2006, 59 (60).

5. *Identität und Wirtschaftlichkeit*

Das Identitätsprinzip geht aus dem Selbsthilfegrundsatz hervor und meint die Identität von den Mitgliedern der Genossenschaften und ihren Kunden. Dies führt zu einer geringeren Wechselbereitschaft und damit zu einer langfristigen Zusammenarbeit im Rahmen der genossenschaftlichen Geschäftsbeziehung[47]. Das Konstrukt des Mitgliederkunden wird als zentraler Pfeiler der genossenschaftlichen Kooperationsform angesehen[48]. Aus dem Identitätsprinzip gehen außerdem gewisse Treuepflichten der Mitglieder untereinander[49] und gegenüber der eingetragenen Genossenschaft[50] hervor, die insbesondere bei personalistisch strukturierten Vereinigungen weit reichen[51] und als echte Rechtspflichten zu verstehen sind, die jegliches genossenschafts- oder mitgliederschädigendes Verhalten untersagen sowie zu einem positiven Tun verpflichten können[52]. Dazu gehören neben der genossenschaftlichen Duldungspflicht vor allem das genossenschaftliche Gleichbehandlungsgebot, das sowohl in der Mitgliedschaftsbeziehung als auch im Fördergeschäftsverkehr gilt[53].

Der Wirtschaftlichkeitsgrundsatz besagt lediglich, dass die von den Mitgliedern eingebrachten Mittel durch die Geschäftsleitung möglichst sparsam und rentabel eingesetzt werden sollen, was aber keine Eigenart der eingetragenen Genossenschaft ist[54].

6. *Mitgliederförderung*

Das besondere Förderprinzip meint die Notwendigkeit der Förderung ihrer Mitglieder durch eine Benutzung des genossenschaftlichen Unternehmens, also durch gemeinsamen Fördergeschäftsverkehr[55].

---

47 *Blome-Drees*, ZögU 2012, 365 (369).

48 *Beuthien*, Genossenschaften: Ein Gewinn für alle oder nur eine Chance für jeden?, in: ders. (Hrsg.), Die eingetragene Genossenschaft – Idee und Wirklichkeit, S. 237 (238).

49 BGHZ 27, 297 (305); 31, 37 (42); 39, 53 (60).

50 RGZ 147, 257 (270); BGHZ 27, 297 (305); *Paulick*, Das Recht der eingetragenen Genossenschaft, S. 198 f.

51 *Schulte*, in: Lang/Weidmüller, GenG, § 18 Rn. 38.

52 *Beuthien*, GenG, § 18 Rn. 43 f.

53 *Pöhlmann*, in: ders./Fandrich/Bloehs, GenG, § 18 Rn. 18 ff.

54 *Beuthien*, GenG, § 1 Rn. 42.

55 *Westermann*, Das rechtliche Wesen der Erwerbs- und Wirtschaftsgenossenschaften, in: Seraphim (Hrsg.), Vom Wesen der Genossenschaften und ihrer steuerlichen Behandlung, S. 62 (93); *Ringle*, ZfgG 2010, 176 (177).

II. Genossenschaften als sozialethische Veranstaltung

Hätte die privatrechtliche Genossenschaft einen sozialethischen Charakter, könnte dies einen Mehrwert bei der Rechtsformwahl für bestimmte Einsatzbereiche gegenüber anderen Organisationsformen darstellen und möglicherweise die organisationsrechtliche Ausgestaltung einer Genossenschaft des öffentlichen Rechts beeinflussen. Diese Thematik ist daher näher zu untersuchen.

1. Eingetragene Genossenschaften als gemeinwohlfördernde Organisationsform

Teilweise wird ein sozialethisches Wesen der Genossenschaft aus der Genossenschaftsidee selbst gezogen: Kern dieser sei der Wunsch der Mitglieder nach selbstständiger Lebens- und Wirtschaftsgestaltung durch freiwillige Einordnung selbiger in die zur Lösung gemeinsamer Aufgaben und wirtschaftlicher Probleme errichteten Gemeinschaft[56]. Trotz dieser Einordnung gehe es aber weiterhin nur um die Unterstützung des wirtschaftenden Einzelmenschen, um seine Einzelpersönlichkeit und ihre Funktion im Gemeinschaftsleben zu erhalten; das genossenschaftliche Wirtschaften sei somit kein Selbstzweck[57]. Die genossenschaftlichen Grundsätze der Freiwilligkeit, Mitgliedschaft, Selbsthilfe, Selbstverwaltung und Selbstverantwortung seien Bedingungen für die Synthese zwischen persönlicher Freiheit und selbstauferlegter Bindung zugunsten der größeren Gemeinschaft[58]. Aufgrund dieser Synthese seien Ziel und Inhalt der Mitgliedschaft die persönliche Beteiligung des Genossen, im Gegensatz zur kapitalmäßigen Beteiligung[59]. Ausfluss dieses Grundgedankens seien beispielsweise die nur ausnahmsweise Möglichkeit der Vertretung in der Mitgliederversammlung, die persönliche Haftung der Mitglieder (wobei diese mittlerweile gemäß §§ 6 Nr. 3, 105 GenG per Satzung ausgeschlossen werden kann) und die aus der Mitgliedschaft erwachsenden Duldungs- und Treuepflichten[60]. Zwar könnten die genossenschaftlichen Grundgedanken auch in anderen Gesellschaftsformen vorhanden sein, doch nur die Rechtsform der eingetragenen Genossenschaft könne durch die rechtliche Einbettung ins Genossenschaftsgesetz eine Einhaltung der Genossenschaftsidee

56 *Paulick*, Das Recht der eingetragenen Genossenschaft, S. 11.

57 *Paulick*, Das Recht der eingetragenen Genossenschaft, S. 12: „Die Bejahung der Persönlichkeit ist sein tragendes Fundament".

58 *Paulick*, Das Recht der eingetragenen Genossenschaft, S. 13.

59 *Paulick*, Das Recht der eingetragenen Genossenschaft, S. 13.

60 Dazu ausführlich *Beuthien*, GenG, § 18 Rn. 43 ff.

sicherstellen[61], zumal die rechtliche Ausgestaltung immer an den Genossenschaftsgrundsätzen gemessen werden müsse[62]. Auch stünde bei der Genossenschaft wertebezogenes, gemeinsames Wirtschaften im Vordergrund, das Egoismen der Mitglieder zügele[63]. Hieraus wird die Schlussfolgerung gezogen, dass die Genossenschaft die sozialere und ethischere Gesellschaftsform[64] bzw. ein wertebezogener körperschaftlich verfasster Rechtstyp sei[65].

Zu einem ähnlichen Ergebnis kommen auch diejenigen, die die privatrechtliche Genossenschaft als natürlichen Teil der Gemeinwirtschaft bzw. des Dritten Sektors[66] verstehen. Auch diese knüpfen einerseits an den Charakter der eingetragenen Genossenschaft als Personenvereinigung, der über eine bloße wirtschaftliche Zweckgemeinschaft hinaus gehe, und andererseits an das Verständnis des genossenschaftlichen Förderauftrags, der nicht lediglich die Senkung der Ausgaben und Steigerung der Einnahmen beinhalten könne[67], an[68]. Das daraus abgeleitete Solidaritätsverständnis transzendiere den Mitgliederkreis und umfasse auch das Gemeinwohl[69]. Hierauf fußt auch der Beschluss des Internationalen Genossenschaftsbundes (IGB), nach welchem die Genossenschaften für

---

61 *Westermann*, Das rechtliche Wesen der Erwerbs- und Wirtschaftsgenossenschaften, in: Seraphim (Hrsg.), Vom Wesen der Genossenschaften und ihrer steuerlichen Behandlung, S. 62 (67).

62 Vgl. krit. *Steding*, NZG 1999, 282 (283), der von einem erheblichen genossenschaftlichen Substanzverlust und einer „Verwässerung der Genossenschaftsprinzipien“ spricht.

63 *Münkner*, Der rechtliche Rahmen der Genossenschaft in ausgewählten Staaten Europas – Gemeinsamkeiten und Unterschiede, in: Harbrecht (Hrsg.), Die Zukunft der Genossenschaft in der Europäischen Union an der Schwelle zum 21. Jahrhundert, S. 39 (39); *Draheim*, Die Genossenschaft als Unternehmenstyp, S. 43 ff., 78 ff.

64 *Paulick*, Das Recht der eingetragenen Genossenschaft, S. 13 f.

65 *Münkner*, Der rechtliche Rahmen der Genossenschaft in ausgewählten Staaten Europas – Gemeinsamkeiten und Unterschiede, in: Harbrecht (Hrsg.), Die Zukunft der Genossenschaft in der Europäischen Union an der Schwelle zum 21. Jahrhundert, S. 39 (47).

66 Zu diesem Begriff *Zimmer/Priller*, Gemeinnützige Organisationen im gesellschaftlichen Wandel, S. 15 ff.

67 *Flieger*, Produktivgenossenschaft als fortschrittsfähige Organisation, S. 24.

68 *Thürling*, Genossenschaften im Dritten Sektor, S. 8 m.w.N.

69 *Thürling*, Genossenschaften im Dritten Sektor, S. 8; *Westermann*, Das rechtliche Wesen der Erwerbs- und Wirtschaftsgenossenschaften, in: Seraphim (Hrsg.), Vom Wesen der Genossenschaften und ihrer steuerlichen Behandlung, S. 62 (67); vgl. *Mersmann/Novy*, Gewerkschaften, Genossenschaften, Gemeinwirtschaft – Hat eine Ökonomie der Solidarität eine Chance?, S. 29.

Ehrlichkeit, Offenheit, soziale Verantwortung und Sorge für andere stünden[70]; sie sich mithin für die nachhaltige Entwicklung ihrer Gemeinwesen einsetzen sollen[71].

2. *Eingetragene Genossenschaft ohne sozialethische Verpflichtung*

Diesen Ansätzen hält vor allem *Beuthien* eine nüchterne Betrachtung des Organisationsrechts der eingetragenen Genossenschaft entgegen[72]. So sind derartige Sozialwerte nicht der eingetragenen Genossenschaft exklusiv zu eigen, sondern können insbesondere Ehrlichkeit, Offenheit und sozialverantwortungsvolles Handeln ebenso durch andere Gesellschaftsformen gepflegt werden[73]. Zunächst hat die eingetragene Genossenschaft keinen genossenschaftlichen Förderauftrag[74], der zu einer besonderen Sozialethik verpflichten könnte, sondern dies kann allenfalls durch die Nutzung der Satzungsautonomie der Mitglieder geschehen[75]. Diese Förderung Dritter (dazu gehören auch Träger öffentlicher Interessen) darf aber nur stattfinden, wenn die Fähigkeit der eingetragenen Genossenschaft, ihre eigenen Mitglieder zu fördern, dadurch unbeeinträchtigt bleibt oder sogar gefördert wird[76], was gerade nicht einer Verfolgung von Zielen im Sinne einer économie sociale[77] entspricht und auch nach der Genossenschaftsnovelle von 2006 mit ihrer Erweiterung auf solche Förderzwecke sozialer

70 Beschluss des IGB-Kongresses zur Reform der Genossenschaftsprinzipien im September 1995 in Manchester, The Internationale Co-operative Alliance, Statement on the Co-operative Identity, Review of international co-operation, Heft 4/1995, S. 84 f.

71 *Münkner*, Der rechtliche Rahmen der Genossenschaft in ausgewählten Staaten Europas – Gemeinsamkeiten und Unterschiede, in: Harbrecht (Hrsg.), Die Zukunft der Genossenschaft in der Europäischen Union an der Schwelle zum 21. Jahrhundert, S. 39 (40 f).

72 *Steding*, NZG 2002, 449 (450) spricht in diesem Zusammenhang von einer „Mythologisierung der Genossenschaft“ und „Genossenschaftsromantizismus“; ein solcher klingt zum Beispiel bei *Westermann*, Das rechtliche Wesen der Erwerbs- und Wirtschaftsgenossenschaften, in: Seraphim (Hrsg.), Vom Wesen der Genossenschaften und ihrer steuerlichen Behandlung, S. 62 (67) an.

73 *Beuthien*, ZfgG 2007, 3 (13 f.).

74 Ähnlich aber wohl *Henzler*, Genossenschaftswesen, S. 19 ff.; zum Begriff *Metz*, in: Lang/Weidmüller, GenG, § 1 Rn. 33 ff.

75 *Beuthien*, Ist die Genossenschaft eine sozialethische Veranstaltung?, in: ders. (Hrsg.), Die eingetragene Genossenschaft im Strukturwandel, S. 1 (4); *Schulte*, in: Lang/Weidmüller, GenG, § 1 Rn. 36.

76 *Ringle*, ZfgG 2010, 176 (177 ff.).

77 Vgl. *Münkner*, Economie sociale aus deutscher Sicht, passim.

und kultureller Natur in § 1 Abs. 1 GenG zu verneinen ist[78]. Die Gemeinwohlbindung einer Genossenschaft aus Art. 14 Abs. 2 S.2 GG geht zudem nicht weiter als bei anderen Unternehmensträgern; die Genossenschaft und das von ihr betriebene Unternehmen sind gerade keine gesellschaftsbezogene Veranstaltung[79]. Das drückt sich dadurch aus, dass die eingetragene Genossenschaft auch Vergütung für ihre kulturellen und sozialen Förderleistungen verlangen muss, während beispielsweise ein Idealverein die Kostendeckung durch Beiträge und Umlagen der Mitglieder betreiben kann[80]. Der soziale Bezug könnte höchstens durch gemeinschaftliches Erwirtschaften für alle bedürftigen Mitglieder hergestellt werden, was aber bereits mit dem Tatbestandsmerkmal „durch gemeinschaftlichen Geschäftsbetrieb" abgedeckt ist[81].

Anzuerkennen ist aber, dass eine soziale Komponente durch die Aufnahme solcher Mitglieder, die zwar Beiträge leisten, selbst aber keine solchen in Anspruch nehmen, gegeben sein kann, weil dadurch die Gemeinnützigkeit der eingetragenen Genossenschaft nach §§ 51 ff. AO ermöglicht wird[82]. Sollte aber die Wohlfahrt der Mitglieder gesellschaftsrechtlich und betriebswirtschaftlich als oberstes genossenschaftliches Gebot verstanden werden, zeigen sich zahlreiche Widersprüche zwischen Förderidee und Wirklichkeit[83]. Oft wird die Besonderheit der Genossenschaft auch an der angeblich bloß dienenden Rolle des Kapitals festgemacht[84]. Jedoch hat das Kapital bei allen Vereinigungen eine zweckdienliche Funktion[85]; das Besondere besteht daher lediglich darin, dass es zur Erwirtschaftung förderwirtschaftlicher Leistungen im Sinne des § 1 Abs. 1 GenG

---

78 Kritisch ebenfalls *Schulte*, in: Lang/Weidmüller, GenG, § 1 Rn. 34; *Ringle*, in: FS Brazda, S. 465 (472).

79 *Beuthien*, ZfgG 1976, 320 (322 ff.).

80 *Beuthien*, Was heißt Förderung der Mitglieder?, in: ders. (Hrsg.), Die eingetragene Genossenschaft – Idee und Wirklichkeit, S. 39 (42).

81 *Beuthien*, GenG, § 1 Rn. 15.

82 *Schulte*, in: Lang/Weidmüller, GenG, § 1 Rn. 34.

83 *Beuthien*, Genossenschaften: Ein Gewinn für alle oder nur eine Chance für jeden?, in: ders. (Hrsg.), Die eingetragene Genossenschaft – Idee und Wirklichkeit, S. 237 (242).

84 So insbesondere *Münkner*, Der rechtliche Rahmen der Genossenschaft in ausgewählten Staaten Europas – Gemeinsamkeiten und Unterschiede, in: Harbrecht (Hrsg.), Die Zukunft der Genossenschaft in der Europäischen Union an der Schwelle zum 21. Jahrhundert, S. 39 (51); zustimmend *Korthe*, ZIP 1991, 905 (910); vgl. *Steding*, Genossenschaftsrecht, S. 28 ff.

85 *Beuthien*, Ist die Genossenschaft eine sozialethische Veranstaltung?, in: ders. (Hrsg.), Die eingetragene Genossenschaft im Strukturwandel, S. 1 (15 f.).

eingesetzt werden muss und nicht nur zur Erzielung von Kapitalrendite[86]. Auch Genossenschaftsmitglieder erwarten von der Investition von Risikokapital eine wirtschaftliche Rendite – ob diese nun, wie bei einer Aktiengesellschaft, eine Dividende und Kurssteigerung oder, wie bei einer eingetragenen Genossenschaft, günstige Lieferkonditionen, eine Rückvergütung oder sonstige mitgliedschaftliche Vorteile sind, ist irrelevant für die Beschaffenheit der Interessen der Mitglieder bzw. Anleger[87].

Die Genossenschaft hat auch keine Doppelnatur im Sinne einer parallelen Existenz von Personenvereinigung einerseits und Gemeinschaftsbetrieb der Mitgliederwirtschaften andererseits[88]; vielmehr ist sie wie jede andere wirtschaftliche Vereinigung ein gesellschaftsrechtlich verfasster Unternehmensträger[89]. Aus dem Identitätsprinzip herauszulesen, dass bei einer eingetragenen Genossenschaft die Person als Mitglied im Mittelpunkt steht, verkennt, dass es dabei im Kern nur um die austauschbare Fähigkeit geht, sich von der Genossenschaft fördern lassen zu können; die Mitgliedschaft ist daher gerade nicht höchstpersönlich[90]. Darüber hinaus ist das Identitätsprinzip nicht Ausfluss einer spezifisch genossenschaftlichen Mitgliederförderung, da, wie der allgemeine Rechtsgedanke des § 705 BGB zeigt, sämtliche gesellschaftsrechtlichen Vereinigungen grundsätzlich ihre Mitglieder fördern[91], sondern es entstammt der besonderen genossenschaftlichen Nutzerbezogenheit des Förderzwecks[92]. Ferner verpflichtet es die Mitglieder nicht zu einem solidarischen Verhalten zueinander, weil es beim Förderverkehr um genossenschaftliche Selbsthilfe und nicht um wechselseitige Mithilfe geht, was sich auch daran zeigt, dass die Mitglieder ihre gemeinschaftsdienlichen Geschäftsabschlüsse allein mit der eingetragenen Genossenschaft tätigen[93].

---

86 *Beuthien*, AG 2006, 53 (55).

87 *Beuthien*, AG 2006, 53 (55).

88 *Draheim*, Die Genossenschaft als Unternehmenstyp, S. 16 f.; *Henzler*, Die Genossenschaft, eine fördernde Betriebswirtschaft, S. 13 ff.; vgl. *Laurinkari*, in: FS Brazda, S. 27 (30).

89 *Beuthien*, Ist die Genossenschaft eine sozialethische Veranstaltung?, in: ders. (Hrsg.), Die eingetragene Genossenschaft im Strukturwandel, S. 1 (2).

90 *Beuthien*, AG 2006, 53 (55).

91 So auch *Stürner*, in: Jauernig, BGB, § 705 Rn. 1 f.

92 *Beuthien*, Ist die Genossenschaft eine sozialethische Veranstaltung?, in: ders. (Hrsg.), Die eingetragene Genossenschaft im Strukturwandel, S. 1 (3).

93 *Beuthien*, Ist die Genossenschaft eine sozialethische Veranstaltung?, in: ders. (Hrsg.), Die eingetragene Genossenschaft im Strukturwandel, S. 1 (7 f.).

Die genossenschaftlichen Treue- und Duldungspflichten weisen zwar in gewisser Hinsicht Spitzen im Vergleich zu anderen Gesellschaftsformen auf, stechen aber in der Gesamtschau nicht derart hervor, dass eine besondere genossenschaftliche Solidarität aus diesen herausgelesen werden könnte[94]. Die besonderen Regeln über Ein- und Austritt der Mitglieder sind der offenen Mitgliederstruktur geschuldet, haben also nicht den Hintergrund, dass es auf die Mitglieder als Personen (oder gar deren Persönlichkeit, im Gegensatz zum Kapitaleinsatz) ankommt[95]. Das egalitäre Kopfstimmrecht als Ausfluss des bei eingetragenen Genossenschaften besonders ausgeprägten Gleichheitsprinzips und dessen enge Ausnahmen sind weniger ein Wesensmerkmal dieser Rechtsform oder Ausfluss eines sozialethischen bzw. demokratischen Grundgedankens[96] als eine organisationsrechtliche Zweckmäßigkeitsfrage[97], die auf einer angemessenen Differenzierung zwischen den Mitgliedern in Bezug auf ihre Fördergeschäftsbeziehung zur eingetragenen Genossenschaft basiert[98]. Der Rückgriff auf genossenschaftliche Prinzipien zur Begründung einer besonderen Sozialmoral schließlich trägt, auch vor dem Hintergrund christlicher Sozialethik oder eines sozialgeschichtlichen Kontextes[99], keine Früchte, da sich die Selbsthilfe im genossenschaftlichen Förderzweck erschöpft und die Selbstverantwortung im Zuge diverser Genossenschaftsrechtsnovellen weitgehend abgeschafft wurden[100].

3. *Zwischenfazit*

Im Ergebnis sprechen daher die besseren Argumente gegen einen der eingetragenen Genossenschaft inhärenten sozialethischen Charakter. Dies vor allem, weil sie sich an der tatsächlichen gesellschaftsrechtlichen Struktur im Rahmen

---

94 *Beuthien*, Ist die Genossenschaft eine sozialethische Veranstaltung?, in: ders. (Hrsg.), Die eingetragene Genossenschaft im Strukturwandel, S. 1 (8 ff).; so aber *Westermann*, Das rechtliche Wesen der Erwerbs- und Wirtschaftsgenossenschaften, in: Seraphim (Hrsg.), Vom Wesen der Genossenschaften und ihrer steuerlichen Behandlung, S. 62 (67).

95 *Beuthien*, AG 2006, 53, (55).

96 Vgl. *Laurinkari*, in: FS Brazda, S. 27 (31).

97 *Beuthien*, AG 2006, 53, (55 f.).

98 *Beuthien*, Ist die Genossenschaft eine sozialethische Veranstaltung?, in: ders. (Hrsg.), Die eingetragene Genossenschaft im Strukturwandel, S. 1 (12 f.).

99 *Beuthien*, Ist die Genossenschaft eine sozialethische Veranstaltung?, in: ders. (Hrsg.), Die eingetragene Genossenschaft im Strukturwandel, S. 1 (6).

100 *Beuthien*, Ist die Genossenschaft eine sozialethische Veranstaltung?, in: ders. (Hrsg.), Die eingetragene Genossenschaft im Strukturwandel, S. 1 (19 f.).

des Genossenschaftsgesetzes orientieren, anstatt sich von dieser zu lösen und der Frage nur anhand von (im Übrigen nicht ubiquitär anerkannten) genossenschaftlichen Prinzipien nachzugehen und der eingetragene Genossenschaft dadurch ein höheres, überpositives Wesen zuzusprechen[101]. Dies verdeutlicht auch eine historische und rechtsvergleichende Perspektive: Während weitestgehend Einigkeit darüber besteht, dass die privatrechtlichen Genossenschaften in ihren Anfängen einen sozialpolitischen Charakter hatten und damit institutionell der Gemeinwirtschaft zugerechnet werden konnten, hat sich das deutsche Genossenschaftswesen im Laufe der Zeit überwiegend einen mittelständischen Charakter angeeignet, welcher sich an den christlich-liberalen Ursprüngen von *Schulze-Delitzsch* sowie *Raiffeisen* orientierte und dementsprechend unter Genossenschaftlichkeit die Stärkung der Autonomie und der Selbstständigkeit des einzelnen Mitglieds sowie die Erfüllung ordnungspolitischer Aufgaben im Wettbewerb verstand[102]. In anderen europäischen Ländern, die sich der demokratisch-sozialistischen Tradition verbunden fühlen, werden die privatrechtlichen Genossenschaften, auch anknüpfend an die Prinzipien der Pioneers of Rochdale, dem gemeinwirtschaftlichen Sektor zugeordnet; ihre Aufgaben bestehen daher sowohl in der Mitgliederförderung als auch in der Förderung des Gemeinwohls[103].

E. Neue kooperative Ökonomie und ihre genossenschaftliche Verwirklichung

Der Begriff der neuen kooperativen Ökonomie beschreibt den weltweiten organisatorischen Trend, dass immer mehr Unternehmen ihre Umsätze in Kooperationen jeglicher Art erwirtschaften, die auf Dauer angelegt sind und jenseits der alternativen marktwirtschaftlichen Koordinationsformen (Markt und Unternehmen) zu verorten, jedoch keinesfalls auf genossenschaftliche Strukturen festgelegt sind[104]. Als Vorteile der Kooperation gelten die Steigerung der Effizienz wirtschaftlicher Aktivitäten, die Steigerung wirtschaftlicher Macht, die Kreation zusätzlicher Werte durch Kooperationen, der Zugang zu komplementären Kernkompetenzen, die Senkung der Organisationskosten sowie gemeinsame

101 Vgl. *Steding*, Genossenschaftsrecht, S. 29.
102 *Thürling*, Genossenschaften im Dritten Sektor, S. 3 ff.
103 *Thürling*, Genossenschaften im Dritten Sektor, S. 3 ff.
104 *Theurl/Schweinsberg*, Neue kooperative Ökonomie, S. 4 ff.; vgl. zur Begrifflichkeit auch *Kasperczyk*, VM 2016, 40 (41 f.).

Problemlösungen bei der zunehmenden Komplexität einer Wissensgesellschaft[105]. Bei der konkreten Institutionalisierung der Kooperation ist generell ein optimaler Mix aus den widerstreitenden Mechanismen der Stabilität und Flexibilität zu schaffen sowie der Grad der gewünschten Institutionalisierung zu ermitteln, mit welchem auch die Verbindlichkeit der Kooperation und damit die gegenseitige Abhängigkeit der Kooperationspartner steigt[106]. Erfolgsfaktoren für eine Kooperation sind das Begreifen der einzelwirtschaftlichen Kooperationsentscheidung als strategische Weichenstellung, die eine professionelle Umsetzung erfordert, die Bewältigung des ausgeführten Institutionalisierungs-Trade-offs zwischen Flexibilität und Stabilisierung sowie die Einrichtung eines effizienten Kooperationsmanagements zur Steuerung der Kooperation[107]. Im Folgenden soll der Blick sich auf genossenschaftliche Kooperationen beschränken, bei denen sich die Kooperation auf horizontaler Ebene mittels eines vertikalen Elements, nämlich dem gemeinsamen Unternehmen, vollzieht[108]. Ihre Governancestrukturen, die sich aus Kontinuität, Konzept, Konsistenz, Kooperation, Kompetenz und Kultur zusammensetzen, sollen ökonomisch näher untersucht werden, wobei vom Idealmodell der Genossenschaft ausgegangen wird[109].

Wegen des von der Genossenschaft zu fördernden Member Value[110] werden Entscheidungsfindungsprozesse eher von langfristigen Überlegungen geleitet, sodass die Unternehmensführung kontinuierlich arbeitet, wozu auch die obligatorische Überwachung durch eine unabhängige Kontrollinstanz beiträgt[111]. Konzept beschreibt die Tatsache, dass Genossenschaften wie jedes andere auf dem Markt tätige Unternehmen auch Gewinne erwirtschaften sollen, diese aber nicht in beliebiger Form an die Mitglieder ausschütten, sondern für die Finanzierung von Investitionen zur Sicherstellung des langfristigen Förderpotenzials des Unternehmens nutzen[112]. Die genossenschaftliche Mitgliedschaft begünstigt zudem eine (Anreiz-)Konsistenz, welche Langfristigkeit und Dauerbeziehungen in einem komplexen und dynamischen Umfeld ermöglicht und somit eine Senkung von Transaktionskosten bewirkt sowie nebenher informelle Institutionen

---

105 *Theurl/Schweinsberg*, Neue kooperative Ökonomie, S. 10.
106 *Theurl/Schweinsberg*, Neue kooperative Ökonomie, S. 20 ff.
107 *Theurl/Schweinsberg*, Neue kooperative Ökonomie, S. 32 f.; vgl. *Kasperczyk*, VM 2016, 40 (43 ff.).
108 *Theurl/Schweinsberg*, Neue kooperative Ökonomie, S. 32.
109 *Theurl/Schweinsberg*, Neue kooperative Ökonomie, S. 37.
110 weiterführend *Theurl*, ZfgG 2005, 136.
111 *Theurl/Schweinsberg*, Neue kooperative Ökonomie, S. 38 ff.
112 *Theurl/Schweinsberg*, Neue kooperative Ökonomie, S. 44.

wie Geborgensein, gemeinsame Werte und soziale Zugehörigkeit schafft[113]. Genossenschaftliche Kooperation bezeichnet die Inkorporation in Netzwerke, die es Genossenschaften ermöglichen, die notwendige wirtschaftliche Größe und Vielfalt neben den Anreiz- und Flexibilitätsvorteilen kleiner Einheiten zu erreichen[114]. Das Merkmal der Kompetenz meint die Kombination aus dezentralen Mitgliedern, die regionale Besonderheiten der wirtschaftlichen Rahmenbedingungen sowie Interessen und Bedürfnisse ihrer Kunden kennen, und der Genossenschaft, die eine effiziente Produktion und Bereitstellung der benötigten materiellen und immateriellen Ressourcen gewährleistet, über die Erstere nicht verfügen[115].

Schließlich resultieren aus kollektivem Eigentum bestimmte Gefahren wie externe Effekte, Überbeanspruchung gemeinsamer Ressourcen und Trittbrettfahrerprobleme, die durch eine weitgehende Homogenität der Mitglieder in Bezug auf Zielsetzungen, Zeitpräferenzen sowie Präferenzen für bestimmte institutionelle Lösungen gemindert werden können[116]. Die genossenschaftliche Entscheidungsfindung ist eine demokratische, was aber nicht auf Kosten einer effizienten Entscheidungsfindung gehen darf; die Potenziale des genossenschaftlichen Systemvertrauens können nur gehoben werden, wenn die Vorzüge der Mitbestimmung und Einflussnahme mit einer effizienten Entscheidungsfindung in Einklang gebracht werden[117]. Die genossenschaftliche Organisationsform bietet eine Möglichkeit zur Kultivierung dieses Systemvertrauens, auf Basis dessen das Vertrauen genossenschaftlicher Akteure in das Verhalten des jeweils anderen den Charakter einer riskanten Vorleistung verliert und vielmehr als rationale Verhaltensweise erscheint[118].

113 *Theurl/Schweinsberg*, Neue kooperative Ökonomie, S. 44 ff.

114 *Theurl/Schweinsberg*, Neue kooperative Ökonomie, S. 46 ff.

115 *Theurl/Schweinsberg*, Neue kooperative Ökonomie, S. 48.

116 *Theurl/Schweinsberg*, Neue kooperative Ökonomie, S. 49.

117 *Theurl/Schweinsberg*, Neue kooperative Ökonomie, S. 49 f.

118 *Theurl/Schweinsberg*, Neue kooperative Ökonomie, S. 50; vgl. *Schulz-Nieswandt*, ZögU 2014, 112 (112).

F. Beispiele für neue Tätigkeitsgebiete eingetragener Genossenschaften

Neben den traditionellen Tätigkeitsgebieten eingetragener Genossenschaften[119] sollen hier beispielhaft neuere Betätigungsfelder eingetragener Genossenschaften erörtert werden[120], die unter anderem mit der Ausdehnung der genossenschaftlichen Fördertätigkeit auf soziale und kulturelle Belange in § 1 Abs. 1 GenG zusammenhängen. Zudem wird dies mit einem dem genossenschaftlichen Wirtschaften inhärenten Innovationspotenzial in Verbindung gebracht[121]. Die Anzahl der Neugründungen zeugt auch von einem gestiegenen Bedürfnis vieler Menschen, gewisse wirtschaftliche Betätigungsfelder eigenverantwortlich zu organisieren[122]. Die eingetragenen Genossenschaften als klassische Infrastrukturleistungsträger unterstützen sie mit ihren besonderen Strukturen dabei und aktivieren auf diese Weise bürgerschaftliches Engagement[123].

I. Gesundheitsversorgung

Genossenschaftliche Akteure im Gesundheitssektor sind unter anderem Gesundheitsgenossenschaften, Ärztegenossenschaften und Krankenhäuser in genossenschaftlicher Trägerschaft[124]. In einigen strukturschwachen ländlichen Gebieten Deutschlands besteht bereits oder droht eine Unterversorgung an medizinischen Leistungen, die durch den steigenden Bedarf einer alternden Bevölkerung noch verschärft wird[125]. Als Lösung werden unter anderem Gemeinschaftspraxen, Ärztehäuser und lokale Gesundheitszentren in genossenschaftlicher Form vorgeschlagen[126].

---

119 Beispiele bei *Beuthien*, GenG, § 1 Rn. 47 ff.; *Kaltenborn*, Genossenschaften. Schein und Wirklichkeit, S. 12.

120 Dazu auch *Stappel*, ZfgG 2011, 187 (193 ff.); *Ott/Wieg*, ZStV 2012, 201 (204 ff.).

121 Dazu *Elsen*, Das innovative Potenzial genossenschaftlichen Wirtschaftens, in: Schmale/Blome-Drees (Hrsg.), Genossenschaft innovativ, S. 135 ff.

122 *Adams/Roth/Doluschitz*, ZfgG 2016, 127 (130).

123 *Kluth*, LKV 2017, 337 ff.; *Klemisch/Vogt*, Genossenschaften und ihre Potenziale für eine sozial gerechte und nachhaltige Wirtschaftsweise, S. 36 f.

124 Ausführlich *Pflüger*, Chancen und Grenzen der eingetragenen Genossenschaft im Gesundheitssektor, S. 24 ff.; *Theurl/Schweinsberg*, Neue kooperative Ökonomie, S. 216 ff.

125 *Landsberg*, Die Gemeinde SH 2014, 234 (234).

126 *Landsberg*, Die Gemeinde SH 2014, 234 (235); vgl. zu den Medizinischen Versorgungszentren *Plagemann/Ziegler*, DVBl. 2016, 1432 (1432 ff.).

II. Energieversorgung

Der dezentrale Charakter der Energiewende mit ihrer durch die Gesetzgebung geförderten Akteursvielfalt und dem Wunsch der Bürger nach regionaler Produktion von Erneuerbaren Energien, aus der auch regionale Wertschöpfung resultiert[127], weist viele Schnittstellen zu den Grundwerten eingetragener Genossenschaften auf. Zwischen 2008 und 2013 wurden etwa 560 Energiegenossenschaften gegründet, in denen sich Bürger, vielfach auch unter Beteiligung von Gemeinden (wenn nicht bereits initiiert durch diese), um beispielsweise für die Stromgewinnung durch Photovoltaik auch Flächen öffentlicher Einrichtungen nutzen zu können, zur Erzeugung Erneuerbarer Energien zusammenzuschließen[128]. Außerdem sind in vielen Regionen Deutschlands Genossenschaften als regionale Energieversorgungsunternehmen tätig, betreiben beispielsweise Nahwärme- und Stromnetze oder organisieren Bioenergiedörfer, in denen die Energieversorgung vollends den Bürgern überantwortet wurde[129]. Seit 2006 haben Energiegenossenschaften Investitionen im Umfang von 1,35 Milliarden Euro getätigt, die überwiegend dezentralen und regionalen Strukturen zugeflossen sind[130].

Neben den expliziten Förderleistungen wie Dividendenausschüttung und genossenschaftlicher Rückvergütung spielen auch implizite, also im immateriellen/ideellen Bereich zu verortende, Förderleistungen wie Energieeigenversorgung, Nachhaltigkeit und Klimaschutz eine große Rolle für die Mitglieder[131]. In Energiegenossenschaften, die Nahwärmeversorgung betreiben, sind das Selbsthilfe- und das Identitätsprinzip besonders ausgeprägt, weshalb dort auch in der großen Mehrheit der Fälle die typisch genossenschaftliche Rückvergütung eingesetzt wird[132]. Außerdem ist ein bedeutender Anteil zu 100 % durch eigenes Kapital finanziert, wodurch das Selbstverantwortungsprinzip stark zum Tragen kommt[133]. Weiterhin spielt vielfach das Demokratieprinzip eine wichtige Rolle

---

127 Verband kommunaler Unternehmen (Hrsg.), Stadtwerke und Bürgerbeteiligung, S. 14 f.

128 Zum Ganzen ausführlich *Volz*, Genossenschaften im Bereich der erneuerbaren Energien, passim; Agentur für Erneuerbare Energien (Hrsg.), Energiegenossenschaften, S. 4 ff. mit zahlreichen Beispielen; *Bührle*, KommP spezial 2014, 174 (176 f.).

129 Agentur für Erneuerbare Energien (Hrsg.), Energiegenossenschaften, S. 38 ff.; Verband kommunaler Unternehmen (Hrsg.), Stadtwerke und Bürgerbeteiligung, passim.

130 *Bührle*, KommP spezial 2014, 174 (178).

131 *Volz*, ZfgG 2011, 289 (292 ff.).

132 *Volz/Storz*, ZfgG 2015, 111 (115 f.).

133 *Volz/Storz*, ZfgG 2015, 111 (116).

und wird das Regionalprinzip insofern verwirklicht, als die Energiegenossenschaft die Mitgliedschaft in ihr nach regionalen Gesichtspunkten (überwiegend Orts-, Gemeinde- oder Landkreisebene) beschränkt[134].

Im Energiebereich kommt es jedoch ebenso vor, dass bei kommunalen Energiegenossenschaften, in denen Gemeinden Mitglieder sind, die Bürger nur mittelbar einbezogen werden, indem für diese eine eigene eingetragene Genossenschaft gegründet wird, die dann lediglich Mitglied in der Dachgenossenschaft der kommunalen Gebietskörperschaften ist[135]. Dies hat zur Folge, dass die beteiligten Bürger in ihrer Gesamtheit nur eine Stimme haben und relativ einfach durch die kommunalen Mitglieder überstimmt werden können, was sich insbesondere auf die Zusammensetzung der Organe der Dachgenossenschaft auswirkt. Der damit bezweckte weitgehende Ausschluss der Bürger von der grundsätzlichen Entscheidung über Standorte und Energieprojekte[136] ist zwar einerseits aus wirtschaftlichen Gesichtspunkten nachvollziehbar, andererseits für das Anliegen, bürgerschaftliche Partizipation zu fördern[137] und Akzeptanz für die Energiewende zu stärken, aber hinderlich. Jedenfalls sollten die Akzeptanzgewinne, die die kommunalen Energiegenossenschaften bisher verzeichnet haben[138], nicht leichtfertig verspielt werden.

III. Sozialwirtschaft

Genossenschaften sind auch Akteure der Sozialwirtschaft, wobei man unter dieser Begrifflichkeit Verschiedenes verstehen kann: Ein Dienstleistungsangebot und das Wirken zugunsten der Gesellschaft und/oder der Mitglieder, das Angebot einer Alternative zu Marktlösungen oder die Gewährleistung demokratischer Spielregeln bei der Inanspruchnahme sozialer Dienstleistungen[139]. Mit Sozialgenossenschaften sind solche eingetragenen Genossenschaften gemeint, die Soziale Dienste für die Mitglieder erbringen und zu Gunsten eines Gemeinwesens ökonomisch aktiv sind[140], wie zum Beispiel Familiengenossenschaften[141]

---

134 *Volz/Storz*, ZfgG 2015, 111 (116).

135 Beispiel in Agentur für Erneuerbare Energien (Hrsg.), Energiegenossenschaften, S. 27.

136 Beispiel in Agentur für Erneuerbare Energien (Hrsg.), Energiegenossenschaften, S. 27.

137 Zu diesem Aspekt in diesem Kontext insbesondere *Herzberg/Blanchet*, iv 2016, 14 (15 ff.).

138 *Bührle*, KommP spezial, 174 (178).

139 *Laurinkari*, in: FS Brazda, S. 27 (28, 33).

140 Ausführlich *Göler von Ravensburg*, ZfgG 2015, 135 (136 ff.); *Schmale*, Sozialgenossenschaften, in: dies./Blome-Drees (Hrsg.), Genossenschaft innovativ, S. 11 (11 ff.); *Fuchs*, NDV 2016, 293 (295 f.); vgl. *Laurinkari*, in: FS Brazda, S. 27 (31).

141 *Göler von Ravensburg*, ZfgG 2013, 89 (98 f.).

oder Seniorengenossenschaften[142]. Teilweise werden auch Dorfläden, Genossenschaften selbstständiger sozialer Fachkräfte sowie einige Wohnungs- oder Konsumenten-Beratungsgenossenschaften wegen ihres Gemeinwohlbeitrags dazu gerechnet[143]; die Aufzählung erschöpft sich aber nicht in den genannten Formen, da der Begriff der Sozialgenossenschaft unscharf ist[144]. Eingetragene Genossenschaften mit sozialer Zielsetzung lassen sich überwiegend in Leistungsbereichen finden, in denen die öffentliche Hand nicht zur Finanzierung verpflichtet ist, weil sie freiwillige Aufgaben betreffen[145] und die Probleme breiter Bevölkerungskreise angehen, wie dies zum Beispiel bei der Entvölkerung ländlicher Gebiete mit dem damit verbundenen Rückbau wirtschaftlicher und sozialer Infrastruktur[146] der Fall ist[147]. In Bereichen mit hohem Kapitalbedarf und fehlender Reziprozität der Tauschverhältnisse kann die genossenschaftliche Selbsthilfe jedoch eher komplementär wirken, so zum Beispiel qua Kompensation fehlender Kaufkraft durch nonmonetäre Leistungen[148]. Gründer von Sozialgenossenschaften sind oft Leistungsnutzer, die das Infrastrukturangebot bedroht sehen oder bestimmte Bedürfnisse vom lokalen Markt nicht befriedigt wissen, und finanziell unzureichend ausgestattete Kommunen[149].

IV. Bildung

Insbesondere genossenschaftlich organisierte Privatschulen können durch spezielle Profilbildung und individuelle Fördermöglichkeiten den Schülern ein hochwertiges Förderangebot bieten. Sind die Eltern ebenfalls Mitglieder der genossenschaftlichen Privatschule, wird die Finanzierung der eingetragenen Genossenschaft auf eine breitere Basis gestellt und den Eltern gleichzeitig die Möglichkeit gegeben, zumindest partiell die Schule aktiv mitzugestalten[150].

---

142 Vgl. dazu ausführlich *Rudel/Görtler/Abraham*, ZfgG 2016, 25 (26 ff.); *Köstler*, ZfgG 2007, 257 ff.; *Schmid*, ZfgG 2011, 19 ff.

143 *Göler von Ravensburg*, ZfgG 2013, 89 (90 f.).

144 *Göler von Ravensburg*, ZfgG 2013, 89 (91); weitere Beispiele bei *Blome-Drees*, ZfgG 2012, 365 (368).

145 *Vogt*, ZfgG 2013, 141 (143); *Göler von Ravensburg*, ZfgG 2013, 89 (93); vgl. *Muckel*, NZS 2002, 118 (120 f.).

146 Dazu später ausführlich unter Kap. 2 A. III.

147 *Göler von Ravensburg*, ZfgG 2013, 89 (100).

148 *Göler von Ravensburg*, ZfgG 2013, 89 (100).

149 *Göler von Ravensburg*, ZfgG 2015, 135 (150), dies., ZfgG 2013, 89 (100).

150 *Adams/Roth/Doluschitz*, ZfgG 2016, 127 (140 f.); vgl. dazu auch *Kluth*, Die Rolle von Genossenschaften und Kooperationen (einschließlich Kammern) im Bereich

V. Ländliche Räume

Der Begriff der ländlichen Genossenschaft beschreibt weniger die Art als den Ort der Betätigung, nämlich strukturschwache ländliche Räume[151], in denen sich bei der kommunalen Bereitstellung von Daseinsvorsorgeleistungen Bedarfslücken aufgetan haben[152]; eine klare Abgrenzung zu den Sozialgenossenschaften ist nicht möglich[153]. Unter Daseinsvorsorge sind die für ein sinnvolles menschliches Dasein notwendigen Güter und Leistungen zu verstehen[154]; darunter fallen traditionell Bereiche wie Straßenbau bzw. -infrastruktur, Elektrizitätsversorgung, Wasserver- und Abwasserentsorgung und Gasversorgung, aber auch öffentlicher Personennahverkehr, kommunale Schwimmbäder[155] sowie Kultureinrichtungen[156]. Der Staat hat demnach eine angemessene, das heißt den jeweiligen zeitlichen und örtlichen Gegebenheiten angepasste[157] Bedürfnisbefriedigung der Bürger zu gewährleisten[158]. In strukturschwachen Gegenden steckt der Staat in einer Misere, da die dort verbliebenen Bürger nur durch die subjektiv wahrgenommene Lebensqualität am Ort gehalten werden können, diese aber in erheblichem Umfang von den vor Ort vorgehaltenen Daseinsvorsorgeleistungen abhängt, deren Einrichtungen zumeist kostenintensiv sind und nicht ressourcenauslastend betrieben werden können[159].

---

der Bildungsinfrastrukturen, in: Schmidt-Trenz/Stober (Hrsg.), Der Dritte Sektor als Infrastrukturakteur, S. 161 (177 f.).

151 Zur Heterogenität ländlicher Räume und der Entwicklung dieses Begriffs *Küpper*, Der Landkreis 2017, 252 (252).

152 *Willersinn/Lavèn/Doluschitz*, ZfgG 2015, 41 (48).

153 *Göler von Ravensburg*, ZfgG 2015, 135 (150 ff.).

154 *Schmidt*, Der Staat (42) 2003, 225 (225); ausführlich auch *Leisner*, WiVerw 2011, 53 (60 ff.).

155 Beispiel bei *Klemisch/Vogt*, Genossenschaften und ihre Potenziale für eine sozial gerechte und nachhaltige Wirtschaftsweise, S. 40.

156 *Schulz*, Der „thätige Staat" als Hilfe zur Selbsthilfe – die Bedeutung des bürgerschaftlichen Infrastrukturmodells Lorenz von Steins für aktuelle Herausforderungen, in: Brüning/Schliesky (Hrsg.), Lorenz von Stein und die rechtliche Regelung der Wirklichkeit, S. 131 (136).

157 Zum Erfordernis der Aktualisierung BVerfGE 125, 175 (232).

158 *Schulz*, Der „thätige Staat" als Hilfe zur Selbsthilfe – die Bedeutung des bürgerschaftlichen Infrastrukturmodells Lorenz von Steins für aktuelle Herausforderungen, in: Brüning/Schliesky (Hrsg.), Lorenz von Stein und die rechtliche Regelung der Wirklichkeit, S. 131 (136).

159 *Willersinn/Lavèn/Doluschitz*, ZfgG 2015, 41 (43 f.).

Eingetragene Genossenschaften können in diesem Zusammenhang einen Beitrag zum Erhalt der Lebensqualität, insbesondere der örtlichen Nahversorgung, beispielsweise in Gestalt von Dorfläden[160], kulturellen und sozialen Anlaufpunkten sowie modernen Mobilitätskonzepten leisten[161]. Da im ländlichen Raum kaum Potenziale für Gewinngenerierung vorhanden sind, werden Dorfläden beispielsweise eher aus einem Selbsthilfegedanken heraus gegründet; gepaart mit dem Vorrang der Mitgliederförderung steigt daher die Chance für ihren nachhaltigen Betrieb[162]. Zudem stünde Letzterer auch einer übermäßigen Erhöhung der Preise entgegen, die ohnehin mobile Kunden wieder von dem Dorfladen wegtreiben würde[163]. Außerdem könnte durch das Identitätsprinzip und die dadurch geförderte Kundenbindung die Auslastung der Daseinsvorsorgeeinrichtung erhöht und Kunden könnten eher leicht erhöhte Preise für Leistungen einer ländlichen Genossenschaft im Vergleich zu anderen Anbietern akzeptieren[164]. Darüber hinaus stellt das Ehrenamt einen erheblichen Wirtschaftlichkeitsfaktor dieser Einrichtungen dar, welcher vor allem durch das genossenschaftliche Identitätsprinzip und durch genossenschaftliche Nutzenstiftung, teilweise monetär (zum Beispiel Rückvergütung), überwiegend aber nicht-monetär, gefördert wird[165]. Finanziell schlecht ausgestattete Kommunalverwaltungen kooperieren daher zunehmend mit ländlichen Genossenschaften[166]. Gerade bei ländlichen

---

160 Beispiel bei *Klemisch/Vogt*, Genossenschaften und ihre Potenziale für eine sozial gerechte und nachhaltige Wirtschaftsweise, S. 38 f.

161 *Adams/Roth/Doluschitz*, ZfgG 2016, 127 (135 ff.); *Willersinn/Lavèn/Doluschitz*, ZfgG 2015, 41 (51 ff.); *Fuchs*, NDV 2016, 293 (297); vgl. mit Bezug auf die Herstellung gleichwertiger Lebensverhältnisse *Schuppli*, Herstellung gleichwertiger Lebensverhältnisse, S. 152 ff.; *Kluth*, Kooperationsrecht – Zur (möglichen) Vielfalt institutionalisierter Kooperation, in: Brockmeier/ders. (Hrsg.), 100 Jahre Genossenschafts- und Kooperationsforschung in Halle, S. 127 (135), sieht unter anderem in diesem Zusammenhang eine neue praktische Bedeutung der genossenschaftsbezogenen Förderklauseln.

162 *Willersinn/Lavèn/Doluschitz*, ZfgG 2015, 41 (51 f.); zur Nachhaltigkeit genossenschaftlicher Arrangements auch *Kluth*, Die Rolle von Genossenschaften und Kooperationen (einschließlich Kammern) im Bereich der Bildungsinfrastrukturen, in: Schmidt-Trenz/Stober (Hrsg.), Der Dritte Sektor als Infrastrukturakteur, S. 161 (176).

163 *Willersinn/Lavèn/Doluschitz*, ZfgG 2015, 41 (52).

164 *Willersinn/Lavèn/Doluschitz*, ZfgG 2015, 41 (52).

165 *Willersinn/Lavèn/Doluschitz*, ZfgG 2015, 41 (54 ff.); zum Ganzen auch *Doluschitz*, ZfgG 2014, 1 (2).

166 *Göler von Ravensburg*, ZfgG 2015, 135 (151); dies muss sich aber nicht immer in einer institutionalisierten Kooperation ausdrücken, zum Beispiel kann die Gemeinde auch

Genossenschaften sind die Gründungen meist bürgerschaftlich und lokalökonomisch motiviert, nicht ausschließlich individuell mitgliederbezogen; sie basieren auf langfristigen, sozialräumlichen Überlegungen und weisen daher eine sehr heterogene Mitgliederschaft auf (sog. Multi-Stakeholder-Genossenschaften)[167].

ein sich in ihrem Eigentum befindendes Schwimmbad an eine Bürgergenossenschaft verpachten, vgl. *Adams/Roth/Doluschitz*, ZfgG 2016, 127 (139).

167 *Göler von Ravensburg*, ZfgG 2015, 135 (151 f.).

Kapitel 2 Aktuelle Herausforderungen und Chancen des Einsatzes von Genossenschaften des öffentlichen Rechts

Dieses Kapitel stellt zunächst aktuelle politische und gesellschaftliche Herausforderungen an den Staat, insbesondere an Gemeinden und Gemeindeverbände, dar und arbeitet Chancen heraus, die sich aus der Schaffung einer Genossenschaft des öffentlichen Rechts für deren Bewältigung ergeben können. Um eine Verwechselung zu vermeiden, wird diese neue Organisationsform stets als „Genossenschaft des öffentlichen Rechts" bezeichnet. Sie ist daher nicht identisch mit den öffentlich-rechtlichen Genossenschaften, auf die später[168] noch eingegangen wird.

A. Aktuelle Herausforderungen

Um die Schaffung einer neuen öffentlich-rechtlichen Rechtsform zu rechtfertigen, sollen zunächst ausgewählte Herausforderungen dargestellt werden, die die Politik und Verwaltung in Gegenwart und Zukunft vor neue Herausforderungen stellen und zu deren besserer Bewältigung die Genossenschaft des öffentlichen Rechts einen Beitrag leisten soll.

I. Aufgabenüberbürdung

Mit Aufgabenüberbürdung sind staatliche Maßnahmen gemeint, durch die entweder eine Gemeinde zur Wahrnehmung einer Aufgabe verpflichtet wird, die sie selbst nicht ergreifen, also ihre Allzuständigkeit nicht ausüben möchte, oder durch die der Gemeinde eine ortscharakterfreie Aufgabe als Fremdaufgabe zugewiesen wird[169]. Diese Praxis wird als hauptursächlich für die teilweise desaströse finanzielle Situation von Gemeinden und deren zunehmend engeren Spielraum bei deren selbstbestimmter Aufgabenwahl und eigenverantwortlicher Wahrnehmung identifiziert[170]. Natürliche Folge dieser Aufgabenüberbürdung ist der

---

168 Dazu unten unter Kap. 2 B. I. 2. b).

169 *Burgi*, Kommunalrecht, § 6 Rn. 29.

170 *Burgi*, Kommunalrecht, § 6 Rn. 29; vgl. *Mehde*, in: Maunz/Dürig, GG, Art. 28 Abs. 2 Rn. 81 ff.

Versuch der Gemeinde, sich möglichst frei zu halten von etwaigen zusätzlichen, freiwilligen Aufgaben, die neue Kosten verursachen und Verwaltungspersonal binden könnten[171]. Darunter kann wiederum die Lebensqualität der Einwohner leiden, was im schlimmsten Fall zu einer Perspektivlosigkeit und Ablehnung von Beteiligung am gemeindlichen Leben, also dem genau gegenläufigen (Teil-)Ziel kommunaler Selbstverwaltung[172], führen kann[173].

II. Mangelhafte finanzielle Grundausstattung von Gemeinden

Die durch Art. 109 Abs. 3 GG i.V.m. Art. 190a und Art. 115 GG eingeführte Schuldenbremse des Grundgesetzes, die durch viele Länder bereits in ihre Landesverfassungen aufgenommen wurde, durch Art. 143d Abs. 1 GG ab dem Haushaltsjahr 2020 für alle Länder unmittelbar gilt und dann auch etwaige inhaltlich abgeschwächte landesverfassungsrechtliche „Schuldenbremsen" verdrängt, setzt die Landeshaushalte unter erheblichen Konsolidierungsdruck. Da Art. 109 Abs. 2 und 3 GG nur Bund und Länder erwähnen, die Kommunen mithin von den Beschränkungen der Schuldenbremse ausgenommen sind[174], ist vermehrt, insbesondere bei einbrechender Konjunktur und dadurch verringerten Steuereinnahmen, zu befürchten, dass sich der Handlungsdruck auf die Länder ein Ventil bei der Finanzausstattung der Kommunen insofern sucht, als diese durch Aufgabenübertragung und, wegen des ungenügenden Schutzes des Konnexitätsprinzips, damit auch verbundener Kostentragung sich auf Rechnung der Gemeinden und Kreise entlasten wollen[175]. Dies ist zumindest von Seiten des Bundes vor dem Eingreifen des Schutzmechanismus des Art. 84 Abs. 1 S. 7 und Art. 85 Abs. 1 S. 2 GG bereits im Rahmen der Übertragung der Trägerschaft für die großen öffentlichen Fürsorgeleistungen (Hilfe zum Lebensunterhalt, Hilfe zur Pflege, Eingliederungshilfe für Behinderte und der Grundsicherung für Arbeitssuchende sowie Trägerschaft der öffentlichen Jugendhilfe) geschehen[176].

Ferner äußert sich dies auch in direkten Kürzungen, gerade im Wege des kommunalen Finanzausgleichs nach Art. 106 Abs. 7 GG, da dessen Höhe von

---

171 *Lorenz*, Auswirkungen von Schuldenbremse und Fiskalpakt auf die Verschuldung der Kommunen, DVP 2012, 491 (494 f.); *Timm-Arnold/Löffler*, VM 2013, 197 (202).

172 *Engels*, Die Verfassungsgarantie kommunaler Selbstverwaltung, S. 190 ff.

173 Vgl. zu weiteren Folgen *Schliesky*, Das Ende des Staates – zwischen „Staatsversagen" und Staatseuphorie, S. 18 ff.

174 Sehr deutlich dazu *Kube*, in: Maunz/Dürig, GG, Art. 109 Rn. 119.

175 *Diemert*, KommP spezial 2012, 174 (175 f.); *Lorenz*, DVP 2012, 491 (493).

176 *Meyer*, NdsVBl. 2015, 37 (43).

der finanziellen Situation des jeweiligen Landes abhängt, wobei sich hier offensichtlich große Unterschiede zwischen den Kommunen des jeweiligen Landes ergeben können[177]. Die Kommunen können diese Unterfinanzierung auch nicht durch Kredite überbrücken, weil ihnen die Kreditaufnahme aus konjunkturellen Gründen nicht gestattet ist und ihr Haushaltswesen der kommunalen Doppik mit ihrem Ressourcenverbrauchskonzept folgt, während die meisten Länder noch kameral buchen[178]. Teilweise wird dieser Umstand als „mittelbarer Aufgabenentzug" bezeichnet, weil den Gemeinden Finanzierungsengpässe entstehen, die durch Einsparungen bei den freiwilligen Selbstverwaltungsaufgaben überbrückt werden müssen[179].

III. Demografischer Wandel

Unter dem demografischen Wandel sind die quantitativen und strukturellen Veränderungen (Jugend- und Altersquotienten, regionale Verteilung) der Bevölkerung zu verstehen, die vor allem durch Veränderungen der Geburtenrate und steigende Lebenserwartung ausgelöst werden[180]. Dieses Problem wird über kurz oder lang einen Großteil der Kommunen treffen. Vor allem solche in Ostdeutschland sowie Teilen Westdeutschlands (Ruhrgebiet) sind bereits jetzt betroffen und bei Kommunen mit positiver Bewohnerbilanz basiert das Plus vor allem auf Binnenwanderungseffekten (Suburbanisierung, Landflucht)[181]. Diese Entwicklungen und ihre Folgen sollen genauer betrachtet werden.

1. Statistische Erfassungen des demografischen Wandels

Seit den 1990er Jahren ist die Geburtenziffer für Frauen zwischen 15 und 50 Jahren auf dem zu niedrigen Niveau von 1,2 bis 1,4 Kindern pro Frau. Damit fällt nicht nur jede neue Generation um ein Drittel kleiner aus als ihre Eltern, sondern diese zahlenmäßig verringerte Kindergeneration führt wiederum zu einer kleineren Elterngeneration („die Kinder, die heute fehlen, können morgen keine

177 *Lorenz*, DVP 2012, 491 (494).

178 *Diemert*, KommP spezial 2012, 174 (177).

179 *Unseld*, Die Rechtsstellung kommunaler und funktionaler Selbstverwaltungskörperschaften bei ihrer Inanspruchnahme für staatliche Aufgaben, S. 49 m.w.N.; *Küpper*, Der Landkreis 2017, 252 (258).

180 *Kluth*, Der demographische Wandel als Herausforderung für das Recht, S. 21.

181 *Bogumil/Gerber/Schickentanz*, Handlungsmöglichkeiten kommunaler Demografiepolitik, in: Hüther /Naegele (Hrsg.), Demografiepolitik – Herausforderungen und Handlungsfelder, S. 259 (260).

Eltern sein"), was zu einer exponentiellen Bevölkerungsschrumpfung führt[182]. Nach Erhebungen des Statistischen Bundesamts wird die deutsche Bevölkerung im Jahr 2060 nur noch zwischen 65 Mio. und 70 Mio. Einwohner umfassen, was einen Rückgang von 10-15 Mio. Einwohnern, je nach Umfang der Zuwanderung, darstellt. Zu gering für den Bestandserhalt ist demnach die heute immer noch zutreffende durchschnittliche Zahl von 1,4 Kindern je Frau[183]. Durch den medizinischen Fortschritt wird diese Überalterung der Gesellschaft noch verschärft. Das Basisszenario für das Jahr 2060 spricht von einer Steigerung der Lebenserwartung bei Geburten für Mädchen und Jungen in den Jahren 2006 bis 2008 um ca. sieben bzw. acht Jahre, also dann konkret auf 89,2 bzw. 85,0 Jahren. Die Lebenserwartung der im Jahr 2060 lebenden 65-jährigen Frauen und Männer liegt dann bei 90,5 bzw. 87,3 Jahren[184]. Von der Binnenwanderung sind vor allem junge, qualifizierte Mitbürger betroffen (sog. „Brain-Drain"), von denen ein Großteil junge Frauen mit im Vergleich zu Männern deutlich besseren Schulabschlüssen sind, was im Osten Deutschlands besonders deutlich wird[185].

2. *Auswirkungen auf regionale Infrastrukturen, insbesondere in den ländlichen Räumen*

Durch den stetig steigenden Altersdurchschnitt und eine überproportionale Vertretung dieser Bevölkerungsgruppe in den ländlichen Regionen ändern sich auch die Bedürfnisse an die lokale Versorgungsstruktur hinsichtlich der Versorgung mit Waren und Pflegeleistungen. Bereits heute nehmen ältere Menschen überdurchschnittlich häufig medizinische Dienstleistungen in Anspruch, ab einem Alter von 85 Jahren finden durchschnittlich und unabhängig vom Geschlecht 40 Arztkontakte jährlich statt[186]. Außerdem umfasst gerade bei älteren Menschen die Sicherstellung der gesundheitlichen Versorgung über die bedarfsgerechte

182 *Schmidt*, Die demografische Herausforderung – ein aktueller Überblick, in: Hüther/Naegele (Hrsg.), Demografiepolitik – Herausforderungen und Handlungsfelder, S. 71 (72).

183 Statistisches Bundesamt (Hrsg.), Bevölkerung Deutschlands bis 2060 – 12. Koordinierte Bevölkerungsvorausberechnung, S. 12.

184 *Schmidt*, Die demografische Herausforderung – ein aktueller Überblick, in: Hüther/Naegele (Hrsg.), Demografiepolitik – Herausforderungen und Handlungsfelder, S. 71 (72).

185 *Mempel*, NdsVBl. 2014, 113 (113).

186 *Naegele*, Gesundheitliche Versorgung in einer alternden Gesellschaft, in: Hüther/ders. (Hrsg.), Demografiepolitik – Herausforderungen und Handlungsfelder, S. 245 (247).

Behandlung von Krankheiten hinaus auch die Sicherung subjektiver Gesundheit und Lebensqualität. Die Versorgungskonzepte müssen daher auch die Möglichkeit für ältere Menschen beinhalten, selbst bei eingetretener Pflege- und Hilfsbedürftigkeit in ihrer häuslichen Umgebung zu bleiben bzw. ihre Versorgungsbedürfnisse unmittelbar lokal befriedigen zu können[187].

Für schrumpfende Kommunen wird vor allem der Faktor Remanenzkosten zum zentralen Problem des demografischen Wandels[188]. Dies sind Kosten, die trotz eines Rückgangs der Nachfrage nach einem Angebot nicht sinken oder konstant bleiben, tendenziell sogar ansteigen. Dabei besagt eine Faustformel, dass bei technischen Infrastrukturen mit einer Verdoppelung der Infrastrukturkosten bei halbierter Bevölkerungsdichte zu rechnen ist[189]. Der Grund dafür liegt in den mit technischer und sozialer Infrastruktur verbundenen relativ hohen Fixkosten (bei Ersterer teilweise 70-80 %[190]), die bei einem Bewohnerrückgang kopfmäßig ansteigen. Ferner würde ihr Rückbau ebenfalls hohe Kosten verursachen und ist politisch schwer vermittelbar[191]. Auch sind bestimmte Einrichtungen zur flächendeckenden Versorgung weder mobil noch teilbar[192].

a) Technische Infrastruktur

Für bestimmte Standards (ÖPNV, Katastrophenschutz, Gesundheitsversorgung, Bildung) wird eine Senkung der Mindeststandards bzw. deren Staffelung aber unausweichlich[193]. Das aus der schrumpfenden Bevölkerung resultierende allgemeine Auslastungsproblem trifft zuvorderst die Ver- und Entsorgungssysteme, deren Funktionstüchtigkeit durch sinkende Einwohnerzahlen, ressourcensparende Haushaltsgeräte und ein ökologiebewussteres Verhalten durch Minderauslastung bedroht ist[194]. Eine Anpassung zieht hohe Investitionskosten nach sich,

---

187 *Naegele*, Gesundheitliche Versorgung in einer alternden Gesellschaft, in: Hüther/ders. (Hrsg.), Demografiepolitik – Herausforderungen und Handlungsfelder, S. 245 (251).

188 *Mempel*, Der Landkreis 2016, 44 (45); *Wohltmann*, Der Landkreis 2013, 432 (468 f.).

189 *Mempel*, NdsVBl. 2014, 113 (114).

190 *Siedentop* u.a., Infrastrukturkostenrechnung in der Regionalplanung, S. 9

191 *Bogumil/Gerber/Schickentanz*, Handlungsmöglichkeiten kommunaler Demografiepolitik, in: Hüther/Naegele (Hrsg.), Demografiepolitik, S. 259 (260).

192 *Siedentop*, Infrastrukturkostenrechnung in der Regionalplanung, S. 9.

193 *Mempel*, NdsVBl. 2014, 113 (118).

194 *Bogumil/Gerber/Schickentanz*, Handlungsmöglichkeiten kommunaler Demografiepolitik, in: Hüther/Naegele (Hrsg.), Demografiepolitik, S. 259 (266); zu den Auswirkungen auf die kommunale Wasserwirtschaft *Düsterdiek*, Die Gemeinde SH 2015, 153 (153 ff.).

denn aufgrund der Kostenremanenzen steigen die Investitions- und Instandhaltungskosten parallel zum Rückgang der Einnahmen wegen der gesunkenen Verbraucheranzahl[195].

b) Soziale Infrastruktur

Mit sozialen Infrastrukturen sind unter anderem Kultureinrichtungen, wie Schwimmbäder, Sportplätze und -hallen gemeint[196]. Im Bereich der Schulen existieren ebenfalls erhebliche Unterhaltungskosten, die teilweise von der konkreten Schülerzahl unabhängig sind und kostenintensive Infrastrukturanpassungen zur Folge haben, so zum Beispiel im Rahmen baulicher Maßnahmen und steigender Schülerbeförderungskosten durch längere Schulwege[197]. Die Kostenremanenzen können bei diesen Infrastrukturen sehr unterschiedlich ausfallen. Gerade Infrastrukturen, die sich durch hohe Fixkostenbelastung auszeichnen (wie zum Beispiel Sporthallen), stehen dabei schlechter da als solche mit die Kostenstruktur dominierenden Personal- und Betriebskosten (wie beispielsweise Kindergärten)[198]. Ein weiterer Indikator für einen erhöhten Anpassungsbedarf ist auch das Verhältnis der Gesamtzahl der Nachfrager in der Region zu der Mindestgröße der Einrichtungen, das naturgemäß im Hinblick auf die oben beschriebenen Entwicklungen des demografischen Wandels bei Einrichtungen mit relativ kleinteiliger Struktur und hoher Nachfrage besser ausfällt als bei kleinen Verhältniszahlen (insbesondere Hallenbäder)[199].

c) Sonstige Einrichtungen

Aufgrund rückgehender Umsätze fallen Einkaufsmöglichkeiten vor Ort weg oder scheuen sich Unternehmer angesichts geringerer Gewinnaussichten, überhaupt in diese Räume zu investieren[200].

---

195 *Bogumil/Gerber/Schickentanz*, Handlungsmöglichkeiten kommunaler Demografiepolitik, in: Hüther/Naegele (Hrsg.), Demografiepolitik, S. 259 (266).
196 *Bogumil/Gerber/Schickentanz*, Handlungsmöglichkeiten kommunaler Demografiepolitik, in: Hüther/Naegele (Hrsg.), Demografiepolitik, S. 259 (265).
197 *Bogumil/Gerber/Schickentanz*, Handlungsmöglichkeiten kommunaler Demografiepolitik, in: Hüther/Naegele (Hrsg.), Demografiepolitik, S. 259 (265).
198 *Siedentop* u.a., Infrastrukturkostenrechnung in der Regionalplanung, S. 9.
199 *Siedentop* u.a., Infrastrukturkostenrechnung in der Regionalplanung, S. 9.
200 *Willersinn/Lavèn/Doluschitz*, ZfgG 2015, 41 (51 ff.).

IV. Entfremdung von Staat und Gesellschaft

Grundsätzlich liegt der Gedanke der Trennung von Staat und Gesellschaft der Verfassung zugrunde[201] und ist in ihr etwa durch Art. 1 Abs. 3, 19 Abs. 4 und 20 Abs. 2 S. 1 GG verwirklicht [202]. Jedoch ist in zunehmendem Maße eine distanzierte Haltung von Bürgern gegenüber staatlichem Handeln zu beobachten. Die Gründe dafür sind vielfältig und können nicht abschließend benannt werden[203]. Ein Zusammenhang ist mit dem demografischen Wandel zu sehen, der sich wie zuvor dargestellt auf die Mobilität im ländlichen Raum, ehrenamtliche Strukturen und Nahversorgung auswirkt und so die Lebensqualität der Einwohner und die Attraktivität der Region schmälert. Dies befördert Landflucht, welche wiederum das Problem der Überalterung dieser Regionen verschärft, und vergrößert die bereits bestehenden Unterschiede der Sozialräume Stadt und Land – ein Gefühl des Abgehängtseins entsteht. Der Frust der Bürger bricht sich in anderen Formen Bahn, zum Beispiel in der Wahl staatsgefährdender Parteien oder einer prinzipiellen Verweigerungshaltung gegenüber zukunftsweisenden Infrastrukturprojekten[204], was den wirtschaftlichen Wohlstand Deutschlands auf lange Sicht gefährden könnte.

Bei den eigentlich zur Entschärfung dieses Konflikts eingeführten Bürgerbeteiligungsinstrumenten lassen sich zudem Unzulänglichkeiten konstatieren[205], auf die nachfolgend in Bezug auf verfahrensmäßige und finanzielle Bürgerbeteiligung eingegangen werden soll.

1. *Probleme bei verfahrensmäßiger Bürgerbeteiligung*

Die Defizite, die bisher in der verfahrensmäßigen Bürgerbeteiligung, vor allem bei infrastrukturellen Großvorhaben, ausgemacht wurden, sind verschiedenster

---

201 *Böckenförde*, Die verfassungstheoretische Unterscheidung von Staat und Gesellschaft als Bedingung der individuellen Freiheit, passim; *Isensee*, Subsidiaritätsprinzip und Verfassungsrecht, S. 149 ff., 271.

202 Vgl. *Rupp*, Die Unterscheidung von Staat und Gesellschaft, in: Isensee/Kirchhof (Hrsg.), HStR II³, § 31 Rn. 44.

203 Beispielhaft für den Netzausbau *Eichenseer/Hitschfeld*, Akzeptanz für Projekte in Wirtschaft und Gesellschaft, in: Bentele u.a. (Hrsg.), Akzeptanz in der Medien- und Protestgesellschaft, S. 129 (132 ff.).

204 So mit einem Beispiel aus dem Netzausbau *Eichenseer/Hitschfeld*, Akzeptanz für Projekte in Wirtschaft und Gesellschaft, in: Bentele u.a. (Hrsg.), Akzeptanz in der Medien- und Protestgesellschaft, S. 129 (133).

205 Vgl. dazu auch *Tischer*, Bürgerbeteiligung und demokratische Legitimation, S. 178 ff.

Natur. Teilweise wird sogar von einer Inflation von Beteiligungsmöglichkeiten gesprochen, da die gestuften Verfahren gerade bei Großprojekten, bei denen auf jeder Stufe eine Öffentlichkeitsbeteiligung stattzufinden hat, für den normalen Bürger unüberschaubar und deshalb abschreckend wirken können[206]. Aus dieser Problematik der Verfahrenshierarchie ergeben sich weitere Probleme: So werden wesentliche Entscheidungen über das „Ob" des Vorhabens auf Stufen getroffen, in denen sich der Bürger aufgrund der Unkonkretheit noch nicht individuell betroffen fühlt und in dem Zeitpunkt, zu dem er das dann tut, der Projektträger zu Grundsatzdiskussionen nicht bereit ist bzw. auch nicht mehr sein kann, sodass der Bürger die Öffentlichkeitsbeteiligung nur noch als reine Alibiveranstaltung wahrnimmt[207]. Ferner wird der Eindruck gewonnen, dass die Verfahren mit förmlicher Öffentlichkeitsbeteiligung bis auf wenige Ausnahmen (zum Beispiel § 6 Abs. 3 S. 2 UVPG) nicht auf einen transparenten Zugang der Bürger zu den für eine eigene Einschätzung notwendigen Unterlagen oder auf eine Beteiligung an außerhalb der für die jeweilige Stufe zuständigen Behörde rechtlich streng abgegrenzte Prüffragen ausgerichtet sind[208].

Außerdem sind die meisten wichtigen Zulassungsverfahren auf eine „Betroffenenbeteiligung" reduziert und inkompatibel mit erfahrungsgemäß befriedend wirkenden Aushandlungsprozessen, weshalb der Eindruck gewonnen wird, dass die tradierten förmlichen Beteiligungsmöglichkeiten nicht die Erwartung der Bürger in eine aktive Mitgestaltungsmöglichkeit im Planungsprozess zu befriedigen suchen, sondern die Gesetzeskonformität des Vorhabens in einem begrenzten Zeitraum zu prüfen[209]. Dies ist wohl auch auf das traditionelle Verständnis des § 73 VwVfG zurückzuführen, dass die Öffentlichkeitsbeteiligung keinen Bezug zum Demokratieprinzip habe, sondern lediglich dem Rechtsschutz und dem Informationsbedürfnis der Behörde diene[210]. Schließlich kann auch eine überlange Verfahrensdauer zur Verminderung von Akzeptanz führen, wenn eine lange zurückliegende und nicht mehr für möglich gehaltene Entscheidung doch noch umgesetzt wird[211].

---

206 *Wulfhorst*, DÖV 2011, 581 (582).

207 *Wulfhorst*, DÖV 2011, 581 (582); *Schmehl*, „Mitsprache 21" als Lehre aus „Stuttgart 21"? Zu den rechtspolitischen Folgen veränderter Legitimationsbedingungen, in: Mehde/Ramsauer/Seckelmann (Hrsg.), Staat, Verwaltung, Information, S. 347 (359).

208 *Wulfhorst*, DÖV 2011, 581 (582).

209 *Wulfhorst*, DÖV 2011, 581 (582 f.).

210 *Kallerhoff*, in: Stelkens/Bonk/Sachs, VwVfG, § 73 Rn. 7 ff.

211 *Schink*, DVBl. 2011, 1377 (1378).

Zu den Verbesserungsvorschlägen gehören eine, zugegebenermaßen eher schwierige, Reform des Planungs- und Zulassungsrechts hin zu mehr Bürgerfreundlichkeit und Effektivität sowie die, mittlerweile auch in § 25 Abs. 3 VwVfG umgesetzte, frühe Öffentlichkeitsbeteiligung im Sinne einer Vorerörterung im Vorfeld des Planfeststellungsverfahrens[212]. Gerade mit Letzterer soll die Planung von Vorhaben optimiert, Transparenz geschaffen und damit die Akzeptanz von Genehmigungs- und Planfeststellungsentscheidungen gefördert werden[213]. Des Weiteren werden eine gesetzlich festgelegte Mediation, also eine selbst erarbeitete, konsensuale Konfliktbewältigung unter neutraler Anleitung ohne Entscheidungsbefugnis im Vorfeld des Planungsverfahrens, erwogen[214] sowie eine Einbeziehung einer neutralen Person in die förmliche Öffentlichkeitsbeteiligung, um „Lagerdenken" entgegenzuwirken[215]. Schließlich wird auch eine Erweiterung direktdemokratischer Mittel vorgeschlagen[216].

2. Probleme bei finanzieller Bürgerbeteiligung

Aufgrund der zuvor dargestellten Probleme bei der verfahrensmäßigen Bürgerbeteiligung wird in Politik und Rechtswissenschaft daher teilweise vertreten, dass eine Akzeptanzsteigerung für Großvorhaben nur noch herbeigeführt werden kann, indem der daraus folgende wirtschaftliche Gewinn in einem bestimmten Umfang abgeschöpft wird und den davon Betroffenen unmittelbar zu Gute kommt, anstatt überwiegend an nicht ortsansässige Investoren abzufließen[217]. Dies kann unter anderem durch die Ermöglichung einer gesellschaftsrechtlichen Beteiligung von Gemeinden und Bürgern oder die Zahlung einer Ausgleichsabgabe geschehen. Da diese Erwägungen oftmals im Bereich der Windenergie stattfinden, deren Anlagen negative Auswirkungen wie Schallimmissionen,

212 *Wulfhorst*, DÖV 2011, 581 (583).
213 *Kallerhoff*, in: Stelkens/Bonk/Sachs, VwVfG, § 25 Rn. 34 ff.
214 *Groß*, DÖV 2011, 510 (512 f.).
215 *Wulfhorst*, DÖV 2011, 581 (585).
216 *Groß*, DÖV 2011, 510 (513 f.).
217 LT-Drs. M-V. 6/4568, S. 1 f.; *Durner*, ZUR 2011, 354 (362); *Steinberg*, ZUR 2011, 340 (350); *Schäfer*, Die Gemeinde SH 2015, 307 (308); mit Blick auf die EEG-Novelle 2017 BT-Drs. 18/8860, S. 185; dazu weiterführend *Böhlmann-Balan/Herms/Leroux*, ER 2016, 241 ff.; so auch die Idee hinter § 5 Abs. 4 StromNEV, vgl. *Ricke*, Lösungsstrategien für das kollektive Konfliktpotential von Energiewende und Netzausbau, in: Junge Wissenschaft im Öffentlichen Recht (Hrsg.), Kollektivität – Öffentliches Recht zwischen Gruppeninteressen und Gemeinwohl, S. 143 (158 f.).

Discoeffekt, Schattenschlag et cetera haben[218], sollen im Folgenden die Bemühungen in diesem Bereich dargestellt werden. Diese Ausführungen können aber sowohl für den Gesamtkomplex Erneuerbarer Energien als auch für andere konfliktträchtige Infrastrukturvorhaben nutzbar gemacht werden.

a) Kommunale Bürgerwindparks

Hinter der Idee des Bürgerwindparks steckt die Vorstellung, dass Gemeinde und Gemeindeeinwohner ein kommunales Unternehmen gründen, das einen Windpark betreibt, wodurch die Beteiligten von den Vergütungsregelungen des Erneuerbare-Energien-Gesetzes für Strom aus Windenergieanlagen profitieren und durch die Wahrnehmung als „eigenes" Projekt mehr Akzeptanz dafür aufbringen[219]. Zudem werden damit Vorteile wie Kundenbindung und Imagepflege assoziiert[220]. Ursprünglich war dafür unter anderem die Verwendung von gesellschaftsrechtlichen Organisationsformen vorgesehen, die eine Beteiligung der Bürger an der Gesellschaft ermöglichen; als dafür besonders geeignet wurden die eingetragene Genossenschaft und die GmbH & Co. KG betrachtet[221]. Aufgrund ihrer strukturellen Wettbewerbsnachteile gegenüber privaten Windkraftinvestoren mussten diese Modelle aber durch bauplanungsrechtliche Regelungen flankiert werden, um realisierbar zu sein[222], was sich jedoch nach herrschender Meinung und Rechtsprechung als unzulässig erwiesen hat[223]. Ein neuer Versuch bezüglich derartiger Gesellschaften wird mit der Novelle des Erneuerbare-Energien-Gesetzes gegangen. Da eine Wirtschaftlichkeit des Betriebes von Windkraftanlagen nur durch eine finanzielle Unterstützung des erzeugten Stroms über das EEG möglich ist, sieht § 36g EEG 2017 erleichterte Bedingungen für Bürgerenergiegesellschaften bei der Beteiligung am regulären Ausschreibungsverfahren vor. Darunter fallen nach § 3 Nr. 15 EEG 2017 solche Gesellschaftsformen, die mindestens zehn natürliche Personen als stimmberechtigte Mitglieder oder stimmberechtigte Anteilseigner haben und bei denen wiederum 51 % der Stimmrechte bei solchen natürlichen Personen liegen, die seit mindestens einem Jahr vor der Gebotsabgabe in der kreisfreien Stadt oder dem

---

218 Zum Ganzen und mit treffenden Beispielen *Schmidt-Eichstaedt*, BauR 2016, 37 (43 ff.).

219 *Shirvani*, NVwZ 2014, 1185 (1185); *Kruse/Legler*, ZUR 2012, 348 (348 f.); *Böhlmann-Balan/Herms/Leroux*, ER 2016, 241 (242), sprechen von „freiwilliger Bürgerbeteiligung".

220 *V. Kaler/Kneuper*, NVwZ 2012, 791 (796).

221 *V. Kaler/Kneuper*, NVwZ 2012, 791 (791 f.).

222 *Shirvani*, NVwZ 2014, 1185 (1188 ff.); *Kruse/Legler*, ZUR 2012, 348 (349 ff.).

223 *Milstein*, ZUR 2016, 269 (269) m.w.N.

Landkreis, in der die geplanten Windenergieanlagen erbaut werden sollen, mit ihrem Hauptwohnsitz gemeldet sind. Zudem darf kein Mitglied oder Anteilseigner mehr als 10 % der Stimmrechte an der Gesellschaft halten. Dadurch sollen diese Sonderregelungen auf die tatsächlich schutzbedürftigen lokal verankerten Bürgerenergiegesellschaften begrenzt werden, die als wesentlich mitverantwortlich für die Akzeptanzherstellung vor Ort gelten[224].

Positiv hervorzuheben ist, dass bei diesem Modell offensichtlich Wert auf faktische, nicht bloß formale Mitwirkungsmöglichkeiten der beteiligten Bürger in der Gesellschaft gelegt wird, da Minderheitsbeteiligungen von Bürgern und dementsprechend eine Majorisierung von finanzstarken privaten Akteuren von vornherein ausgeschlossen werden[225]. Bemerkenswert ist außerdem der Versuch des Gesetzgebers, von der föderalen Ebene des Bundes aus abstrakte Merkmale hinsichtlich des Betroffenenkreises gesetzlich festzulegen, die eine finanzielle Beteiligung rechtfertigen. Ob dieses Vorgehen jedoch auch in der Praxis bedarfsgerechte, die örtlichen Besonderheiten berücksichtigende Beteiligungen ermöglicht, ist zweifelhaft.

b) Obligatorisches Beteiligungsmodell

Bei dem obligatorischen Beteiligungsmodell handelt es sich um ein in Deutschland erstmaliges gesetzgeberisches Vorhaben dieser Art, nach welchem der Vorhabenträger eines Windparks den davon betroffenen Bürgern mindestens 20 % der Anteile an der Betreibergesellschaft zum Kauf anbieten muss, § 4 Abs. 1 BüGembeteilG M-V[226]. Dazu zählen gemäß § 5 Abs. 1 und 4 BüGembeteilG M-V solche natürlichen Personen, die zum Zeitpunkt der Veröffentlichung der Offerte mindestens drei Monate mit ihrer Wohnung in einer Entfernung von nicht mehr als 5 km von der Errichtungsstelle oder dem Standort der Windenergieanlage gemeldet sind. Darüber hinaus dürfen sich auch Gemeinden, deren Gebiet betroffen ist oder die sich innerhalb des 5-km-Radius befinden, beteiligen. Das Gesetz schreibt zudem eine beteiligungsfähige Gesellschafterstruktur vor, der Höchstpreis eines Gesellschaftsanteils wird ebenfalls festgesetzt. Auch dürfen die offerierten Anteile nicht schlechter gestellt werden als die sonstigen Anteile, §§ 3 Abs. 1, 4 Abs. 2, 6 Abs. 8 BüGembeteilG M-V.

---

224 BT-Drs. 18/8860, S. 185.

225 Vgl. *Böhlmann-Balan/Herms/Leroux*, ER 2016, 241 (244).

226 Demnach in *Böhlmann-Balan/Herms/Leroux*, ER 2016, 241 (246), als „Zwang zur Bürgerbeteiligung" behandelt.

§ 10 Abs. 5 BüGembeteilG M-V sieht alternativ dazu vor, Bürger durch ein sog. Sparprodukt und die Gemeinden durch Zahlung einer „Ausgleichsabgabe" abzufinden.

Gegen die Rechtmäßigkeit des Gesetzes werden zahlreiche Bedenken, insbesondere solche grundrechtlicher und unionsrechtlicher Natur, erhoben[227]. So wird beispielsweise bei der Prüfung der Verhältnismäßigkeit des Gesetzes bereits die Geeignetheit angezweifelt, da einem überwiegenden Teil der von der Regelung erfassten Bürger in Ermangelung finanzieller Ressourcen die Beteiligung nicht möglich sei und mit dieser das Risiko des Totalverlustes einher gehe[228]. Ferner wurde kritisiert, dass selbst der Maximalpreis von 500 € pro Anteil für viele Bürger zu hoch sei[229]. Zudem könne der beschränkte Radius der Beteiligten zu Unstimmigkeiten und sozialen Spannungen unter den Bürgern der Gemeinde führen, wenn ein Teil von der Beteiligungsmöglichkeit ausgeschlossen werde, aber ebenfalls Belastungen ausgesetzt sei, nur eben nicht durch Windenergieanlagen[230]. Dieses Modell der finanziellen Bürgerbeteiligung begegnet daher großen Zweifeln sowohl im Hinblick auf seine Effizienz als auch seine generelle verfassungsrechtliche Zulässigkeit.

3. *Zwischenfazit*

Die oben dargestellten Vorschläge aus dem Schrifttum hinsichtlich der verfahrensmäßigen Bürgerbeteiligung haben gemeinsam, dass sie meist auf verfahrensbasierte Lösungsmodelle, allen voran die frühe Bürgerbeteiligung, zurückgreifen. Dabei ist bereits sehr fraglich, ob Zulassungsverfahren überhaupt relevante Akzeptanzerfolge für Großvorhaben herbeiführen können[231], weil diese oftmals Gesetze mitlegitimieren, mit denen sich die Bürger bis dato nie auseinandergesetzt haben, was gerade bei ethisch fundierten Grundkonflikten wenig bis gar nicht möglich ist[232]. Dies liegt auf der einen Seite daran, dass die Verwaltung im Gegensatz zum Straftäter nicht auf eine Prädisposition zur

227 Ausführlich *Milstein*, ZUR 2016, 269 (271 ff.); das Kompetenzproblem könnte demgegenüber durch § 36g Abs. 6 EEG 2017 nach dessen Inkrafttreten ausgeräumt sein, s. *Böhlmann-Balan/Herms/Leroux*, ER 2016, 241 (248).

228 *Milstein*, ZUR 2016, 269 (275).

229 *Milstein*, ZUR 2016, 269 (275).

230 *Milstein*, ZUR 2016, 269 (275 f.).

231 *Luhmann*, Legitimation durch Verfahren, S. 201 ff.; kritisch auch *Durner*, ZUR 2011, 354 (362).

232 *Waechter*, VVDStRL (75) 2012, 499 (508 f.); *Steinberg*, ZUR 2011, 340 (350).

Akzeptanz setzen kann[233]. Auf der anderen Seite hängt dies mit dem Mangel an einer kontinuierlichen Beziehung mit Kompensationsmöglichkeiten zwischen Vorhabenträgern und Einwendern zusammen[234]. Außerdem erfolgt aufgrund taktischen Verhaltens keine Rollenidentifikation, die aber entscheidend für eine Akzeptanz befördernde Selbstbindung wäre[235].

Neben den zuvor dargestellten Schwächen der bisherigen finanziellen Beteiligungsmodelle belegen ferner Umfragen im Hinblick auf die Akzeptanz von Windkraftanlagen durch die örtliche Bevölkerung, dass die Einrichtung kommunaler Fonds, in die ein Teil der Gewinne aus den Windenergieeinspeisungen fließt und der Gemeinde zur freien Verfügung gestellt wird, deutlich mehr Zuspruch findet als die jedem Bürger eröffnete Möglichkeit, sich finanziell am Windkraftprojekt zu beteiligen und dadurch auch individuell von den Gewinnen des Projektes zu profitieren, während die ausschließliche Partizipation der betroffenen Grundstückseigentümer durch Pachtzahlungen die geringste Akzeptanz produziert[236].

Verfahrensmäßige und finanzielle Beteiligungsmodelle können daher, ihre sinnvolle Umsetzung vorausgesetzt, ohnehin nur einen Teil eines Maßnahmenbündels ausmachen, um die oben dargestellten Herausforderungen zu lösen.

B. Chancen einer Genossenschaft des öffentlichen Rechts

Eine neue Rechtsform der Genossenschaft des öffentlichen Rechts könnte diverse Chancen eröffnen, die wichtige Argumente für ihre Daseinsberechtigung liefern.

I. Stärkung der Selbstverwaltung

Zunächst liegt schon ganz denklogisch der Einsatz einer Selbstverwaltungsform zur Entlastung der tradierten Verwaltung nahe. Der Selbstverwaltungsgedanke,

233 *Waechter*, VVDStRL (75) 2012, 499 (509).

234 *Waechter*, VVDStRL (75) 2012, 499 (509); nach *Luhmann*, Legitimation durch Verfahren, S. 75, entstehen Kontaktsysteme, „wenn dieselben Beteiligten häufiger aus verschiedenen Anlässen zusammentreffen und dabei in wechselnde Abhängigkeit voneinander geraten, indem einmal die eine und einmal die andere Seite die stärkere ist, einmal diese und einmal jene auf Kooperation des jeweils anderen angewiesen ist […] Sie stehen unter dem Gesetz des Wiedersehens, und dieses Gesetz zwingt zur Generalisierung von Perspektiven".

235 *Waechter*, VVDStRL (75) 2012, 499 (509).

236 *Walter/Busching*, ET 2014, 99 (100 f.).

dessen Ursprünge unter anderem in der Reorganisation des darniederliegenden preußischen Staates begründet und untrennbar mit der *Stein*'schen preußischen Städteordnung vom 19. November 1808 verbunden sind, zielte darauf, „das bürgerliche Element mit dem Staate zu verbinden, den Gegensatz von Obrigkeit und Untertan zu mildern und durch selbstverantwortliche Beteiligung der Bürgerschaft an der öffentlichen Verwaltung in der Kommunalebene den Gemeinsinn und das politische Interesse des Einzelnen neu zu beleben und zu kräftigen."[237] Die ursprüngliche Selbstverwaltungsidee war daher eine besondere Organisationsform der Betroffenenpartizipation[238], die sich an die „Alltagsgemeinschaft der Ansässigen" richtete[239]. Diese wurde durch *Lorenz von Stein*, *Rudolf von Gneist* und *Otto von Gierke* inhaltlich dergestalt weiterentwickelt, dass das partizipative Element der Selbstverwaltung im Sinne eines Heranführens des Bürgertums an die öffentliche Aufgabenerfüllung betont wurde[240]. *Stein* löste das Element bürgerschaftlicher Teilnahme an öffentlichen Angelegenheiten mittels mitgliedschaftlich strukturierter innerstaatlicher Organisationseinheiten aus der überlieferten Korporationslehre heraus und verselbstständigte es im Selbstverwaltungsbegriff, welcher für ihn ein materielles Prinzip darstellte und letztlich als Maßstab für die Freiheitlichkeit eines Staatswesens diente[241]. So schritt der Prozess von gesellschaftlicher Selbstorganisation zu mittelbarer Selbstverwaltung voran[242].

Heute umfasst der Begriff der Selbstverwaltung daher als Mindestvoraussetzungen das Merkmal der öffentlich-rechtlichen Rechtsform, das Merkmal der Betroffenenmitwirkung (Partizipationsprinzip) sowie das Merkmal der eigenverantwortlichen Aufgabenerfüllung (Staatsdistanzprinzip)[243]. Das Bundesverfassungsgericht führt zur kommunalen Selbstverwaltung aus, dass ihr Wesen und Ziel die Aktivierung der Beteiligten für ihre eigenen Angelegenheiten ist, indem sie die in der örtlichen Gemeinschaft lebendigen Kräfte des Volkes zur eigenverantwortlichen Wahrnehmung öffentlicher Aufgaben der engeren Heimat zusammenschließen soll, um dadurch das Wohl der Einwohner zu fördern

---

237 BVerfGE 11, 266 (274).

238 *Hendler*, Grundbegriffe der Selbstverwaltung, in: Mann/Püttner (Hrsg.), Handbuch der kommunalen Wissenschaft und Praxis, Bd. 1, § 1 Rn. 5 f.

239 *Henneke*, Der Landkreis 2012, 74 (75).

240 *Jellinghaus*, Zwischen Daseinsvorsorge und Infrastruktur, S. 172.

241 *Hendler*, Selbstverwaltung als Ordnungsprinzip, S. 55.

242 *Forsthoff*, Lehrbuch des Verwaltungsrechts, Bd. 1, S. 470 f.

243 *Hendler*, Das Prinzip Selbstverwaltung, in: Isensee/Kirchhof (Hrsg.), HStR VI^3, § 143 Rn. 22.

und die geschichtliche und heimatliche Eigenart zu wahren[244]. Dementsprechend soll die örtliche Gemeinschaft nach dem Leitbild des Art. 28 GG ihr Schicksal selbst in die Hand nehmen und in eigener Verantwortung solidarisch gestalten[245].

Kann die Gemeinde diese Aufgabe aufgrund intrinsischer und extrinsischer Effekte nicht mehr im hinreichenden Maße erfüllen, ist darüber nachzudenken, ob eine kleinteiligere, auf einer der kommunalen Selbstverwaltung nachgeordneten Ebene verortete Selbstverwaltungsorganisation öffentlich-rechtlicher Natur eine Alternative darstellen könnte. Hierbei rückt die funktionale Selbstverwaltung ins Blickfeld der Überlegungen. Die Genossenschaft des öffentlichen Rechts könnte sich zwar auch in die Riege der Organisationsformen kommunaler Gemeinschaftsarbeit einreihen[246], doch eröffnet ein funktionaler Selbstverwaltungsträger mehr Spielräume, insbesondere hinsichtlich der Aktivierung bürgerschaftlichen Engagements, als eine Organisationsform, die Ausdruck der kommunalen Organisationshoheit ist. Dies wird später noch zu zeigen sein. Darüber hinaus vermögen Selbstverwaltungsformen auch, eine bestehende Staatsverdrossenheit abzubauen, indem ein persönlicher Bezug zwischen Regierenden und Regierten leichter hergestellt und dadurch ein Vorgang der Integration und Identifikation angestoßen wird[247].

1. *Die funktionale Selbstverwaltung*

Der Begriff der funktionalen Selbstverwaltung enthält folgende Mindestanforderungen: Die Zuweisung von demokratischen Partizipationsrechten an ein Verbandsvolk[248], das zur eigenverantwortlichen Erledigung der sachlich und personell eigenen Angelegenheiten berufen ist und deshalb über letztverantwortliche Entscheidungsfreiräume verfügt, die durch eine Beschränkung der

---

244 BVerfGE 11, 266 (275 f.).

245 BVerfGE 11, 266 (276).

246 So der Vorschlag von *Kluth*, Die Rolle von Genossenschaften und Kooperationen (einschließlich Kammern) im Bereich der Bildungsinfrastrukturen, in: Schmidt-Trenz/Stober (Hrsg.), Der Dritte Sektor als Infrastrukturakteur, S. 161 (179).

247 *Frotscher*, in: FG v. Unruh, S. 127 (132 und 142).

248 *Wolff* u.a. sprechen hier von einem „kollektiv legitimierten" Verbandsvolk, was auf die Theorie der kollektiven Legitimation zurückgeht; dazu *Kluth*, Funktionale Selbstverwaltung, S. 376 ff.

staatlichen Aufsicht auf eine Rechtsaufsicht gesichert sind[249]. Die funktionale Selbstverwaltung unterscheidet sich insofern von der kommunalen Selbstverwaltung, als Anlass der Gründung nicht eine bestimmte Gebietszugehörigkeit, sondern die Ausübung eines bestimmten Berufs (wie bei den wirtschaftlichen und berufsständischen Kammern) oder einer bestimmten Funktion (so zum Beispiel bei den Hochschulen) bzw. die Betroffenheit von einer bestimmten Aufgabe (so beispielsweise bei den Realkörperschaften und der sozialen Selbstverwaltung) ist[250]. Diese Kategorisierung entfaltet jedoch keine Rechtswirkung, weitere Formen außerhalb dieser sind zulässig. Außerdem wird nicht an den allgemeinen Bürgerstatus, sondern an einen spezifischen Sachverstand, bedingt durch die Zugehörigkeit zu einem Berufsstand oder die Betroffenheit von einer Aufgabe, angeknüpft, weshalb auch keine Allzuständigkeit, sondern lediglich eine enge Verbandskompetenz besteht[251].

Als wichtige Gründungsmotive sind zunächst die Formierung gesellschaftlicher Kräfte durch Verbindung von Konkurrenz und Kooperation bei gleichzeitiger Staatsentlastung durch Aufgabenauslagerung zu nennen[252]. Das Bundesverfassungsgericht führt dazu aus, dass die Verleihung von Satzungsautonomie darin begründet ist, den Abstand zwischen Normgeber und Normadressat zu verringern, indem gesellschaftliche Kräfte dadurch aktiviert werden, dass den entsprechenden gesellschaftlichen Gruppen die Regelung solcher Angelegenheiten eigenverantwortlich überlassen wird, die sie selbst betreffen und die sie in überschaubaren Bereichen am sachkundigsten beurteilen können[253]. Dadurch wird gleichzeitig der Gesetzgeber von der Berücksichtigung örtlicher und sachlicher Verschiedenheiten entlastet, die für ihn oft schwer erkennbar sind und auf deren Veränderungen er nicht rasch genug reagieren kann[254]. Außerdem würde eine zu starke Restriktion von Trägern funktionaler Selbstverwaltung

---

249 *Wolff* u.a., Verwaltungsrecht II, § 99 Rn. 1; *Groß*, Die Verwaltungsorganisation als Teil organisierter Staatlichkeit, in: Hoffmann-Riem/Schmidt-Aßmann/Voßkuhle (Hrsg.), Grundlagen des Verwaltungsrechts, Bd. 1, § 13 Rn. 69.

250 *Wolff* u.a., Verwaltungsrecht II, § 99 Rn. 2.

251 *Wolff* u.a., Verwaltungsrecht II, § 99 Rn. 2.

252 *Kluth*, Funktionale Selbstverwaltung, S. 221 ff.; vergleiche dazu später unten zum Begriff der Kollaboration und insbesondere Koproduktion Kap. 2 B. II. 5. b)-c).

253 BVerfGE 33, 125 (156 f.); Selbstverwaltung geht aber nicht notwendig mit Rechtsetzungs- bzw. Satzungsautonomie einher, dazu *Papenfuß*, Die personellen Grenzen der Autonomie öffentlich-rechtlicher Körperschaften, S. 23 f.; *Hendler*, Selbstverwaltung als Ordnungsprinzip, S. 293 f.

254 BVerfGE 33, 125 (157).

den darin enthaltenen Grundgedanken, die in den gesellschaftlichen Gruppen lebendigen Kräfte in eigener Verantwortung zur Ordnung der sie besonders berührenden Angelegenheiten heranzuziehen und ihren Sachverstand für die Findung „richtigen" Rechts zu nutzen, konterkarieren[255]. Die Aufgabenverlagerung auf Träger funktionaler Selbstverwaltung bringt ferner eine Pluralisierung von Entscheidungs- und Verantwortungszuständigkeiten mit sich, wodurch die Parlamente und das ihnen verantwortliche Exekutivsystem politisch entlastet, aber nicht gänzlich aus der Verantwortung enthoben werden[256]. Durch Realisierung der Strukturprinzipien demokratischer Legitimation für alle Mitglieder der Organisationsform wird weiterhin die Demokratisierung öffentlicher Lebensbereiche gefördert, was der funktionalen Selbstverwaltung einen ausgeprägten politisch-kulturellen Wertgehalt gibt[257]. Im Vergleich zur Verbandsautonomie in privaten Verbänden ist die rechtsstaatliche Ordnung in der funktionalen Selbstverwaltung wesentlich deutlicher ausgeprägt, da eine strikte Bindung an die gesetzlich bestimmte Verbandskompetenz sowie Grundrechts- und Gesetzesbindung bei Aufgaben, Befugnissen und Verfahren herrscht und verwaltungsgerichtlicher Schutz grundsätzlich eröffnet ist[258]. Schließlich kann die Gründung einer derartigen Organisationsform mit ihrer gewissen Staatsferne auch grundrechtliche Freiräume schaffen[259].

2. Funktionale Selbstverwaltungskörperschaften mit genossenschaftlichen Elementen und öffentlich-rechtliche Genossenschaften

Ein Träger funktionaler Selbstverwaltung liegt auch deswegen nahe, weil sich dort immer wieder genossenschaftliche Strukturen[260], vor allem bei funktionalen Realkörperschaften, wiederfinden[261]. Dies hängt auch damit zusammen, dass den Körperschaften, als Regelorganisationsform der funktionalen Selbstverwaltungsträger, schon vom Wesen her ein genossenschaftliches Element

255 BVerfGE 33, 125 (159).
256 *Kluth*, Funktionale Selbstverwaltung, S. 228.
257 *Bieback*, Die öffentliche Körperschaft, S. 352 ff.; *Hendler*, Selbstverwaltung als Ordnungsprinzip, S. 356.
258 *Bieback*, Die öffentliche Körperschaft, S. 352; *Kluth*, Funktionale Selbstverwaltung, S. 230.
259 *Kluth*, Funktionale Selbstverwaltung, S. 231.
260 S. dazu oben Kap. 1 D. I.
261 *Wolff* u.a., Verwaltungsrecht II, § 85 Rn. 33; *Kluth*, Funktionale Selbstverwaltung, S. 238 f.

innewohnt[262]. Wie oben bereits dargelegt, wirken genossenschaftliche Elemente für die Selbstverwaltung katalysierend[263]. Dass eine Implementierung genossenschaftlicher Prinzipien möglich ist und in welchem Maße sie erfolgen kann, sollen die folgenden Praxisbeispiele funktionaler Selbstverwaltungsträger und dazu ergangene Rechtsprechung und Literatur verdeutlichen. Wie später noch zu zeigen sein wird, können diese Erkenntnisse auch für die Genossenschaft des öffentlichen Rechts aufgrund ihres engen Verwandtheitsgrades zur öffentlich-rechtlichen Körperschaft fruchtbar gemacht werden.

a) Öffentlich-rechtliche Genossenschaften im Allgemeinen

Wie zuvor[264] bereits angesprochen, geht die Erfindung des Genossenschaftswesens im Wesentlichen auch auf *Otto von Gierke* zurück. Seine Selbstverwaltungskonzeption entwickelte er im Kontext dieser Genossenschaftstheorie[265]. Er bildete für die Genossenschaften im engeren und im weiteren Sinne drei Kategorien heraus: In die erste Kategorie fielen die vom Willen der Mitglieder unabhängigen Verbandseinheiten auf territorialer Grundlage, zu denen unter anderem die Gemeinden und Kreise, die auf dem Konzept der Zwangsmitgliedschaft beruhenden Deichvereinigungen und Jagdgenossenschaften sowie der Staat per se zählten[266]. Hinzu kamen die Kategorie der Kirchen und die Kategorie der freien Genossenschaften, welche unter anderem kaufmännische Korporationen und die Aktiengesellschaften beinhaltete[267]. *Gierkes* Verständnis der Genossenschaft bewegte sich also jenseits der heute herrschenden Abgrenzung zwischen öffentlichem Recht und Privatrecht[268], vielmehr ziehe der Staat „die Grenze zwischen Privatrecht und öffentlichem Recht mitten durch das Genossenschaftsrecht“[269].

Die Selbstverwaltung kreiert einerseits für den Bürger Freiräume gegenüber staatsbürokratischer Einwirkung sowie Reglementierung und sichert

262 *Kluth*, Funktionale Selbstverwaltung, S. 238 f.; *Groß*, Die Verwaltungsorganisation als Teil organisierter Staatlichkeit, in: Hoffmann-Riem/Schmidt-Aßmann/Voßkuhle (Hrsg.), Grundlagen des Verwaltungsrechts, Bd. 1, § 13 Rn. 45.

263 S. dazu oben Kap. 1 A und D.

264 S. dazu Kap. 1 A.

265 *Hendler*, Selbstverwaltung als Ordnungsprinzip, S. 64 ff.; *Bieback*, Die öffentliche Körperschaft, S. 433 ff.

266 *V. Gierke*, Genossenschaftsrecht I, S. 655, 765.

267 *V. Gierke*, Genossenschaftsrecht I, S. 657 ff.

268 *Hendler*, Selbstverwaltung als Ordnungsprinzip, S. 67.

269 *V. Gierke*, Die Genossenschaftstheorie und die deutsche Rechtsprechung, S. 158.

andererseits die Teilnahme des Einzelnen an der Erledigung öffentlicher Angelegenheiten[270]. Die Genossenschaftstheorie zielt zum einen auf den Schutz dieser die Selbstverwaltung praktizierenden innerstaatlichen Verbandseinheiten vor weitergehenden staatsbürokratischen Zugriffen ab und proklamiert zum anderen die grundsätzlich gleichberechtigte Teilnahme der Verbandsmitglieder[271]. Die Organisationen sollen Freiheit nach außen wie nach innen gewährleisten, was verdeutlicht, dass die Aufnahme genossenschaftlicher Elemente Selbstverwaltungsträger bedeutend stärken kann[272]. Gerade deshalb ist ein institutionengeschichtlicher Blick auf den allgemeinen Begriff der öffentlich-rechtlichen Genossenschaft und ihrer Ausgestaltungsformen als funktionale Selbstverwaltungsträger lohnenswert, da sie wesentliche Anhaltspunkte für die organisatorische Stärkung der Selbstverwaltung bei der Genossenschaft des öffentlichen Rechts liefern.

Gierkes Werk gibt nur wenig Aufschluss über das Verhältnis zwischen öffentlich-rechtlicher Genossenschaft und öffentlich-rechtlicher Körperschaft, da es ihm primär um die Schaffung einer allgemeinen Theorie der menschlichen Verbände mithilfe der Lehre von der Genossenschaft und der realen Verbandspersönlichkeit ging; Ausführungen zu Ersterem hatten daher eher untergeordnete Bedeutung[273]. Festzustellen ist jedoch, dass er die öffentlichen Körperschaften der Topik des allgemeinen Verbandsrechts zuordnete[274]. Der Begriff der öffentlich-rechtlichen Genossenschaft wurde von früheren Autoren[275], die *Gierkes* Werk rezipierten, synonym zu dem der öffentlichen-rechtlichen Körperschaft verwendet[276]. So ordnete beispielsweise *Rosin* die öffentlichen Genossenschaften den Selbstverwaltungskörpern zu und fasste darunter auch Verbände, die heute zur funktionalen Selbstverwaltung zählen[277].

Konkreter wurde die Diskussion zu deren Verhältnis durch das wissenschaftliche Werk *F. Kleins*, wonach die öffentlich-rechtlichen Genossenschaften

---

270 *Hendler*, Das Prinzip Selbstverwaltung, in: Isensee/Kirchhof (Hrsg.), HStR VI^3, § 143 Rn. 9.

271 *Hendler*, Selbstverwaltung als Ordnungsprinzip, S. 69.

272 *Hendler*, Selbstverwaltung als Ordnungsprinzip, S. 69.

273 *Bieback*, Die öffentliche Körperschaft, S. 442.

274 *V. Gierke*, Die Genossenschaftstheorie und die deutsche Rechtsprechung, S. 688; *Bieback*, Die öffentliche Körperschaft, S. 444 m.w.N.

275 So zum Beispiel *Rosin*, Das Recht der öffentlichen Genossenschaft, passim.

276 *Bieback*, Die öffentliche Körperschaft, S. 410 ff.

277 *Rosin*, Das Recht der öffentlichen Genossenschaft, S. 55 ff.; *Hendler*, Selbstverwaltung als Ordnungsprinzip, S. 116 ff. m.w.N.

besondere Erscheinungsformen der Körperschaften des öffentlichen Rechts seien[278]. Dies entspricht der Einordnung, die die meisten Organisationsgesetze funktionaler Selbstverwaltungsträger ausdrücklich vornehmen[279]. Sein weitestes Verständnis der öffentlich-rechtlichen Genossenschaft umfasst drei Begriffsmerkmale: die Zugehörigkeit der Genossenschaft zur öffentlich-rechtlichen Ordnung, das Erfüllen bestimmter Aufgaben durch selbige und der mitgliedschaftliche Status ihrer Angehörigen[280]. Inhaltlich handelt es sich bei den Aufgaben und Zwecken meist um solche, bei denen verschiedene Belange koordiniert werden müssen, weil der Einzelne diese nicht aus eigener Kraft bewältigen könnte[281]. Die Besonderheit der öffentlich-rechtlichen Genossenschaft sei, dass sie die ihr per Gesetz zugewiesenen Aufgaben über die Förderung der Mitglieder verwirklichen müsse, was sehr dem in den privatrechtlichen Genossenschaften herrschenden Förderprinzip, wie es Ausdruck in § 1 Abs. 1 GenG gefunden hat, entspreche[282]. Wie bereits aus dem ersten Begriffsmerkmal hervorgeht, müssen die Aufgaben selbst nicht zwingend öffentlicher Natur sein, solange der Gesetzgeber die Förderung öffentlicher Interessen durch die Verfolgung privater Interessen bezweckt[283].

Die in der öffentlich-rechtlichen Körperschaft zusammengeschlossenen natürlichen oder juristischen Personen werden als Angehörige bezeichnet, während als „Mitglieder" teilweise nur solche Personen aufgefasst wurden, die den „Verband" unmittelbar mitsteuern können[284]. Dies beinhaltet das Recht, zusammen mit den anderen Mitgliedern den Vorstand zu wählen und über alle Angelegenheiten außerhalb dessen Zuständigkeitsbereich, insbesondere über die Satzung, zu beschließen[285]. In Abgrenzung dazu läge nach diesem Begriffsverständnis zum Beispiel keine Mitgliedschaft bei einer natürlichen oder juristischen Person vor, die nur ein Wahlrecht bezüglich der Zusammensetzung eines Organs der Körperschaft hat, im Rahmen dessen die eigentliche Steuerung der juristischen

278 *Klein*, ZfgG 1957, 145 (149).
279 Dazu in den nachfolgenden Absätzen.
280 *Klein*, ZfgG 1957, 145 (149); zu weiteren Begriffsverständnissen *Irriger*, Genossenschaftliche Elemente bei öffentlich-rechtlichen Körperschaften, S. 31 f. m.w.N.
281 *Klein/Scheder*, ZfgG 1967, 241 (263).
282 Deutlich *Klein/Scheder*, ZfgG 1967, 241 (261); dazu auch *Mayer*, Deutsches Verwaltungsrecht II, S. 351, auch mit Fn. 20.
283 *Klein*, ZfgG 1957, 145 (150); dazu auch *Mayer*, Deutsches Verwaltungsrecht II, S. 343.
284 *Klein*, ZfgG 1957, 145 (151).
285 *Klein*, ZfgG 1957, 145 (151).

Person stattfindet[286] – und damit keine öffentlich-rechtliche Genossenschaft. Als Beispiel hierfür kann die Kammerversammlung der schleswig-holsteinischen Ärztekammer dienen, welche nach § 21 Abs. 1 HBKG SH über alle Angelegenheiten der Kammer von allgemeiner Bedeutung mit Ausnahme der laufenden Geschäftsführung beschließt. Dieser gehören nach § 13 Abs. 1 Nr. 1 HBKG SH trotz der durch § 2 HBKG SH normierten Zwangsmitgliedschaft deutlich höheren Anzahl an Angehörigen nur 70 Mitglieder an, welche von allen Wahlberechtigten (§ 15 HBKG SH) gemäß § 14 Abs. 1 HBKG SH im Rahmen einer Verhältniswahl gewählt werden. Die einheitliche gesetzliche Bezeichnung von schlicht Wahlberechtigten in § 15 HBKG SH und in die Kammerversammlung Gewählten in § 13 HBKG SH ist demnach irreführend; sie werden daher auch als „Nichtmitglieder" bezeichnet[287]. Öffentlich-rechtliche Genossenschaften sollen danach nur solche Körperschaften sein, in denen ausschließlich Mitglieder im eben bezeichneten Sinne zusammengeschlossen sind[288]. Diesem Begriffsverständnis wird jedoch entgegengehalten, dass es zu eng sei; vielmehr solle es ausreichen, dass die Angehörigen aufgrund ihrer Mitwirkungsrechte die Verwaltung der Körperschaft beeinflussen könnten[289].

Die Art der Aufgabe und die rechtlich festgeschriebene Modalität ihrer Bewältigung werden ferner nicht als ausreichend zur Definition der öffentlich-rechtlichen Genossenschaft betrachtet, da auch die öffentlich-rechtlichen Körperschaften in irgendeiner Form dem Allgemeinwohl und der Förderung ihrer Angehörigen zu dienen haben[290]. Zur Abgrenzung werden daher zusätzliche Kriterien aufgestellt. Dem weiten Begriff, der alle Real- oder Personalkörperschaften umfasst, deren Mitglieder nicht nur als solche, sondern auch persönlich an der Erfüllung der gesetzlich zugewiesenen Aufgabe interessiert und dementsprechend selbstverwaltend an diesem Vorgang beteiligt sind[291], wird entgegen gehalten, dass dieser keine trennscharfe Linie ziehe[292]. Die Verengung

286 *Klein*, ZfgG 1957, 145 (151).

287 Vgl. *Klein*, ZfgG 1957, 145 (151).

288 *Klein*, ZfgG 1957, 145 (152).

289 *Irriger*, Genossenschaftliche Elemente bei öffentlich-rechtlichen Körperschaften, S. 33 m.w.N.

290 *Weller*, Aufgaben, Organisation und Finanzierung der Wasser- und Bodenverbände, S. 32.

291 *Wolff/Bachof/Stober*, Verwaltungsrecht II, § 97 Rn. 1; u.U. als Reaktion auf die Kritik von *Klein/Berlin*, ZfgG 1963, 197 (220 f.).

292 *Hoppe/Beckmann*, Rechtsgrundlagen und verfassungsrechtliche Grenzen der Gründung und Auflösung von Wasser- und Bodenverbänden, S. 30.

des Begriffs auf freiwillige und pflichtige Realkörperschaften, deren Mitgliedschaft an das Eigentum an einem Grundstück oder Betrieb anknüpft[293], sieht sich in Ermangelung sachlicher Unterscheidungskriterien wiederum der Kritik der Willkür ausgesetzt[294]. Jedenfalls ist sie weder rechtlich zwingend noch geboten[295]. Stellt man ferner auf die Mitgliedschaft, im Gegensatz zum bloßen Status des „Angehörigen", zur Abgrenzung von der öffentlich-rechtlichen Körperschaft ab, stößt man zum einen auf das Problem, dass die Mitgliedschaft untrennbar mit dem Begriff der Körperschaft verbunden ist[296]. Zum anderen wären herrschaftlich strukturierte Körperschaften unter grundrechtlichen und demokratischen Gesichtspunkten verfassungsrechtlich unzulässig, zumal es auch als öffentlich-rechtliche Genossenschaften bezeichnete Körperschaften gibt, die nicht allen Angehörigen mitgliedschaftliche Rechte einräumen[297].

Letztlich verdeutlichen diese Ausführungen, dass eine Anerkennung der Genossenschaft des öffentlichen Rechts als eigenständige, vierte Rechtsform neben Körperschaft, Anstalt und Stiftung des öffentlichen Rechts nur erfolgreich sein kann, wenn ihre deutliche Abgrenzung von der öffentlich-rechtlichen Körperschaft gelingt. Dies setzt wiederum voraus, dass sie eine eigene, neue Qualität mitbringt, die sich durch die Betonung bestimmter vorhandener Organisationsstrukturen und deren Aufladung durch neue Organisationselemente auszeichnet. Eine enge Beziehung zwischen diesen beiden öffentlich-rechtlichen Organisationsformen wird jedoch stets bestehen.

Als positive Aspekte öffentlich-rechtlicher Genossenschaften werden zum einen die Möglichkeit der Anordnung einer Pflichtmitgliedschaft[298] gesehen,

---

293 *Hoppe/Beckmann*, Rechtsgrundlagen und verfassungsrechtliche Grenzen der Gründung und Auflösung von Wasser- und Bodenverbänden, S. 30; vgl. *Wolff/Bachof/Stober*, Verwaltungsrecht II, § 97 Rn. 2.

294 *Klein/Scheder*, ZfgG 1967, 241 (258).

295 *Weller*, Aufgaben, Organisation und Finanzierung der Wasser- und Bodenverbände, S. 33; zu weiteren Unstimmigkeiten bei der Herleitung dieses verengten Begriffs *Klein/Berlin*, ZfgG 1963, 197 (220 f.).

296 *Weller*, Aufgaben, Organisation und Finanzierung der Wasser- und Bodenverbände, S. 34, mit weiteren Verweisen auf Gliederungspunkte in ihrer Dissertation, dazu sogleich.

297 *Weller*, Aufgaben, Organisation und Finanzierung der Wasser- und Bodenverbände, S. 34.

298 Zur Vereinbarkeit der Pflichtmitgliedschaft mit dem Wesen der Genossenschaft *Kluth*, Die Rolle von Genossenschaften und Kooperationen (einschließlich Kammern) im Bereich der Bildungsinfrastrukturen, in: Schmidt-Trenz/Stober (Hrsg.), Der Dritte Sektor als Infrastrukturakteur, S. 161 (169); *Klein/Leidel*, ZfgG 1962, 1 (25); vgl. *Hill/*

wenn die Bewältigung bestimmter Aufgaben die Mitwirkung aller Betroffenen erforderlich macht[299]. Dadurch kann gleichzeitig auch vermieden werden, dass Externe aus der Tätigkeit der Genossenschaft einen Nutzen ziehen, ohne selbst einen Beitrag zu leisten[300]. Zum anderen profitiert das Gemeinwohl, an das die öffentlich-rechtliche Genossenschaft (ebenso) gebunden ist, von der Fruchtbarmachung der finanziellen Kräfte, des Eigeninteresses und damit verbundener entsprechender Motivation und der Sachkunde der Mitglieder[301]. Zudem ist anzunehmen, dass sich Betroffene bei Aufgaben, die der Staat um jeden Preis erfüllen will, eher durch Beteiligung an einer öffentlich-rechtlichen Genossenschaft ein Mitbestimmungsrecht sichern, als sich auf die bloße Adressatenstellung entsprechender Maßnahmen verweisen zu lassen und gegen diese von außen anzugehen[302].

b) Öffentlich-rechtliche Genossenschaften im Speziellen

Aufgrund des großen Umfangs von Erscheinungsformen funktionaler Selbstverwaltung[303] und der darin enthaltenen genossenschaftlichen Elemente muss eine Auswahl getroffen werden. Diese richtet sich vor allem nach der bisher dazu erschienenen rechtswissenschaftlichen Literatur, sodass nicht nur Körperschaften, die „Genossenschaft" im Namen tragen, berücksichtigt werden. Ein besonderes Augenmerk soll auf die Wasser- und Bodenverbände gelegt werden, weil diese am meisten in Rechtsprechung und rechtswissenschaftlichem Schrifttum Beachtung gefunden haben, auf diese zudem später noch in einem anderen Kontext eingegangen wird und sie nebenbei auch die größte und wichtigste Gruppe darstellen, da ihre Tätigkeit aufgrund der Bedeutung der Wasser- und Bodenwirtschaft für das Allgemeinwohl aller Bevölkerungskreise relevant ist[304].

Doluschitz, ZfgG 2014, 19 (24 f.); kritisch *Mayer*, Deutsches Verwaltungsrecht II, S. 345 mit Fn. 7; vgl auch *Jestaedt*, Demokratieprinzip und Kondominialverwaltung, S. 546 m.w.N. zur umgekehrten Frage, ob Zwangsmitgliedschaft ein typusprägendes Merkmal einer Selbstverwaltungsgemeinschaft ist.

299 *Weller*, Aufgaben, Organisation und Finanzierung der Wasser- und Bodenverbände, S. 28.

300 *Weller*, Aufgaben, Organisation und Finanzierung der Wasser- und Bodenverbände, S. 28 f.

301 *Weller*, Aufgaben, Organisation und Finanzierung der Wasser- und Bodenverbände, S. 29.

302 *Klein*, ZfgG 1957, 145 (153).

303 Überblick bei *Kluth*, Funktionale Selbstverwaltung, S. 30 ff.

304 Zum Letzteren *Weller*, Aufgaben, Organisation und Finanzierung der Wasser- und Bodenverbände, S. 29.

aa) Wasser- und Bodenverbände

Die Wasser- und Bodenverbände sind traditionsreiche Gemeinschaften mit bis ins Mittelalter zurückreichender Geschichte, wo sie sich auf genossenschaftlicher Basis gründeten und ein ausgeprägtes Eigenleben entfalteten, um sich dem Schutz vor den Gefahren des Wassers, den Aufgaben der Be- und Entwässerung sowie der Bodenverbesserung zu widmen[305]. Das obrigkeitlich-autoritäre Regiment des absolutistischen Staates schränkte zu dieser Zeit ihre Selbstständigkeit nachhaltig ein[306]; dies ging so weit, dass sie weit mehr den öffentlich-rechtlichen Anstalten als selbstständigen, ihre Rechtswesenheit aus sich heraus schöpfenden Genossenschaften ähnelten[307]. Bis zur Mitte des 19. Jahrhunderts entlasteten die Wasser- und Bodenverbände die unmittelbare Staatsverwaltung in bedeutendem Umfang sowohl in administrativer als auch finanzieller Hinsicht, ohne aber ein höheres Maß an institutioneller Eigenständigkeit zu erhalten, da sich der Staat weitreichende Einflussmöglichkeiten vorbehielt[308]. Dies änderte sich jedoch ab dem preußischen „Gesetz, betreffend die Bildung von Wassergenossenschaften" von 1879, welches unter anderem die Existenzberechtigung einer öffentlich-rechtlichen Genossenschaft an den Nachweis eines öffentlichen oder gemeinwirtschaftlichen Nutzens knüpfte und insbesondere eine reine Rechtsaufsicht statuierte[309].

Gemäß § 1 Abs. 1 Hs. 1 WVG haben heutige Wasser- und Bodenverbände die Rechtsform einer Körperschaft des öffentlichen Rechts; in Vorgängergesetzen und Schrifttum[310] wurden sie teilweise noch als öffentlich-rechtliche Genossenschaften bezeichnet, was sich jedoch durch die Erste Verordnung über Wasser- und Bodenverbände änderte[311]. Sie sind somit zweifellos Bestandteil der öffentlichen Ordnung. Die Aufgaben, die sie nach § 2 WVG erfüllen können, dienen in mehr oder minder großem Umfang dem öffentlichen Wohl[312]. Das Wasserverbandsgesetz spricht zwar durchweg vom Begriff der „Mitglieder"[313],

305 *Hendler*, Selbstverwaltung als Ordnungsprinzip, S. 36 f.

306 *Hendler*, Selbstverwaltung als Ordnungsprinzip, S. 37.

307 *Rosin*, Die öffentliche Genossenschaft, S. 80.

308 *Hendler*, Selbstverwaltung als Ordnungsprinzip, S. 39.

309 *Hendler*, Selbstverwaltung als Ordnungsprinzip, S. 40 f. m.w.N.

310 *Weller*, Aufgaben, Organisation und Finanzierung der Wasser- und Bodenverbände, S. 29 m.w.N.; *Hoppe/Beckmann*, Rechtsgrundlagen und verfassungsrechtliche Grenzen der Gründung und Auflösung von Wasser- und Bodenverbänden, S. 30 und 62.

311 Zu dieser Entwicklung ausführlich *Klein/Leidel*, ZfgG 1960, 1 (2 ff.).

312 *Klein/Leidel*, ZfgG 1960, 1 (9).

313 Vgl. nur § 4 Abs. 1 WVG.

welchen das Organ der „Verbandsversammlung“ in § 46 f. WVG entspricht, jedoch ist auch die Schaffung eines durch die Mitglieder gewählten Verbandsausschusses nach § 49 WVG möglich, der die Aufgaben der Verbandsversammlung übernimmt. Nach § 1 Abs. 2 S. 1 Hs. 1 WVG dient er dem öffentlichen Interesse und dem Nutzen seiner Mitglieder, was bei der Aufgabenerledigung zu beachten ist. Hier wird demnach explizit die Bindung der Verbände sowohl an das objektive Allgemeininteresse als auch an die Mitgliederförderung betont. Letztere ist ein speziell genossenschaftliches Merkmal. Des Weiteren hebt § 1 Abs. 2 S. 1 Hs. 2 WVG das, jedoch von der gesetzlichen Ausgestaltung abhängige, Selbstverwaltungsprinzip hervor, das auch im Genossenschaftswesen bekannt ist und ein körperschaftliches Merkmal darstellt.

bb) Jagdgenossenschaften

Nach § 9 Abs. 1 BJagdG bilden die Eigentümer der Grundflächen, die zu einem Jagdbezirk im Sinne des § 8 BJagdG gehören, eine Jagdgenossenschaft. Interessant ist bereits der Zweck der Jagdgenossenschaft, der in der Kompensation des durch die §§ 1 Abs. 1, 3 Abs. 3, 4 und 8 Abs. 4 BJagdG auf die Jagdgenossenschaft übergegangenen Jagdausübungsrechts durch den Zusammenschluss in einer genossenschaftlichen Organisationsform besteht[314]. Dementsprechend besteht ihre Aufgabe darin, das Recht der Jagdausübung unter Beachtung der geltenden Rechtsordnung selbstverantwortlich nach wirtschaftlichen, insbesondere sachlich-jagdwirtschaftlichen, Erwägungen unter Wahrung jagdlicher Belange und solcher der Landeskultur im Interesse der Jagdgenossen zu verwalten und zu nutzen[315]. Mit den Jagdgenossenschaften will der Gesetzgeber also einerseits sicherstellen, dass Gemeinschaftsaufgaben gelöst werden, die der Einzelne nicht allein bewältigen könnte, während aber weiterhin seine Interessen als Grundstückseigentümer in einem zusammen mit den anderen Aufgaben möglichst ausgeglichenen Verhältnis berücksichtigt werden[316]. Hierin spiegelt sich ebenfalls, wenn auch den anderen Aufgaben gleichgeordnet, die genossenschaftliche Förderklausel wider.

§ 9 Abs. 3 BJagdG fordert nach seiner Änderung für eine Beschlussfassung der Jagdgenossenschaft sowohl die Mehrheit der anwesenden und vertretenen Jagdgenossen, als auch die Mehrheit der bei der Beschlussfassung vertretenen Grundfläche. Hierin findet sich die Intention des Gesetzgebers wieder, auf den

314 *Klein/Leidel*, ZfgG 1962, 1 (5).
315 *Klein/Leidel*, ZfgG 1962, 1 (6).
316 *Klein/Leidel*, ZfgG 1962, 1 (6).

Gemeinschaftsgedanken der Genossenschaft abzustellen und durch die fortwährende Forderung nach doppelten Mehrheiten die Mitglieder zu Auseinandersetzung miteinander und zu einer Kompromissfindung zu bewegen[317]. Als Ausdruck des Selbstverwaltungsprinzips obliegt der Großteil der Rechte der Jagdgenossenversammlung, wozu insbesondere die Gestaltung der Satzung zählt. Soweit es gesetzlich, zum Beispiel nach § 15 Abs. 7 JWMG, zulässig ist, dem Gemeinderat mit dessen Zustimmung die Verwaltung der Jagdgenossenschaft für einen bestimmten Zeitraum zu übertragen, sollte dies ungeachtet dessen die Ausnahme bleiben[318]. Die Landesjagdgesetze, so beispielsweise § 8 Abs. 1 S. 1 LJagdG SH, qualifizieren Jagdgenossenschaften als Körperschaften des öffentlichen Rechts. In diesem Fall ist die Zugehörigkeit zur öffentlichen Ordnung offensichtlich. Das Bundesjagdgesetz trifft hierzu keine Aussage, aus § 9 Abs. 2 S. 1 BJagdG wird aber die Rechtsfähigkeit der Jagdgenossenschaft abgeleitet[319]. In diesem Fall muss auf den Rechtscharakter der Aufgabe abgestellt werden. Da wie eben bereits dargelegt nicht bloß das privatrechtliche Jagdrecht nichteigenjagdberechtigter Grundeigentümer verwertet wird, sondern ebenso (eventuell auch überwiegend[320]) Belange der Allgemeinheit gewahrt werden, kann die Ausübung einer öffentlichen Aufgabe bejaht werden. Auch kann angesichts der Einflussrechte, die den Angehörigen der Jagdgenossenschaft im Rahmen des Bundesjagdgesetzes, der Landesjagdgesetze und der Satzung in der Genossenschaftsversammlung zustehen, von einem mitgliedschaftlichen Verhältnis gesprochen werden[321]. Die Jagdgenossenschaften erfüllen mithin den Begriff der öffentlich-rechtlichen Genossenschaften.

cc) Fischereigenossenschaften

Die Fischereigenossenschaft nach § 22 LFischG SH ist für Inhaber benachbarter Fischereirechte auf freiwilliger Basis vorgesehen und nach § 22 Abs. 1 S. 3 LFischG SH eine Körperschaft des öffentlichen Rechts. Gemäß § 22 Abs. 2 LFischG SH obliegt ihr die Aufgabe, die aufgrund des Hegeplanes notwendigen Maßnahmen durchzuführen. Sie kann ferner die gemeinsame Bewirtschaftung innerhalb der Grenzen ihrer Fischereirechte verfolgen. Nach § 22 Abs. 4 LFischG SH, der von „Mitgliedern" spricht, haben die in

317 *Klein/Leidel*, ZfgG 1962, 1 (8).
318 *Klein/Leidel*, ZfgG 1962, 1 (20).
319 *Klein/Leidel*, ZfgG 1962, 1 (16).
320 *Klein/Leidel*, ZfgG 1962, 1 (19).
321 *Klein/Leidel*, ZfgG 1962, 1 (23).

der Genossenschaft Zusammengeschlossenen Stimmrechte für die Genossenschaftsversammlung in Abhängigkeit von der Größe ihrer Gewässerfläche, mindestens jedoch eine Stimme. Hier spiegelt sich das genossenschaftliche Demokratieprinzip wider. Sie erfüllt mithin die Merkmale einer öffentlich-rechtlichen Genossenschaft.

Die Fischereigenossenschaft aus § 19 FischG, die demgegenüber eine Zwangsgenossenschaft ist, bleibt deutlich hinter der Regelungsdichte der §§ 22 ff. LFischG SH zurück. Allerdings ist sie bei den Anforderungen an eine beschlussfassende Mehrheit strenger: So verlangt § 19 Abs. 5 FischG zum einen, dass Beschlüsse der Mehrheit der anwesenden und vertretenen Fischereigenossen, die aber gleichzeitig auch die Mehrheit der bei der Beschlussfassung vertretenen Gewässerflächen darstellen müssen, bedürfen, was mit der Pflichtmitgliedschaft zusammenhängt. Zum anderen gewährt sie aber auch Inhabern beschränkter Fischereirechte lediglich ein Kopfstimmrecht. Die Merkmale der öffentlich-rechtlichen Genossenschaft liegen also bei den Fischereigenossenschaften insgesamt ebenfalls vor.

dd) Waldgenossenschaften

Die Waldgenossenschaften sind nur noch in wenigen Gesetzen geregelt, namentlich in den §§ 14 ff. LForstG NW, §§ 9 ff. GWaldG NW und §§ 38 ff. ThürWaldG. So bilden die Anteilsberechtigten nach § 9 GWaldG NW zur Bewirtschaftung und Verwaltung des Gemeinschaftsvermögens eine Waldgenossenschaft, die die Rechtsform einer Körperschaft des öffentlichen Rechts hat. Gemäß § 21 S. 1 GWaldG NW ist das Gemeinschaftsvermögen im Rahmen des Gesetzes zum Nutzen der Anteilberechtigten und des öffentlichen Wohls nach forstwirtschaftlichen Grundsätzen zu bewirtschaften und pfleglich und wirtschaftlich zu verwalten. Dies gilt demnach auch für die Aufgabenerfüllung der Waldgenossenschaft, worin sich erneut das spezifische genossenschaftliche Merkmal der Erreichung eines öffentlichen Zwecks über die Förderung der Mitglieder ausdrückt. Die Anteilsberechtigten stellen folglich die nach § 13 Abs. 1 GWaldG NW zur Teilnahme an der Genossenschaftsversammlung berechtigten Mitglieder dar, im Rahmen derer gemäß § 12 GWaldG NW erhebliche Kompetenzen ausgeübt werden. Jedes Mitglied hat, entsprechend dem genossenschaftlichen Demokratieprinzip, unabhängig von der Größe seines Grundstücks mindestens eine Stimme, § 13 Abs. 2 GWaldG NW.

ee) Deichgenossenschaften

Das Deichwesen mit seinen Deichverbänden hat in Deutschland eine lange Tradition[322], ihre Entwicklung vollzog sich ähnlich wie die der Wasser- und Bodenverbände. Nach heutigem Recht sind Deichgenossenschaften mit dem Wasserverbandsgesetz als Rechtsgrundlage in Schleswig-Holstein gemäß § 63 Abs. 1 Nr. 3 WasG SH und in Niedersachsen nach § 7 Abs. 1 NDG, sofern diese in der Anlage des Niedersächsischen Deichgesetzes genannt werden, zulässig. Nach § 9 Abs. 1 NDG sind die Mitglieder dieser Verbände die nach § 6 NDG Deichpflichtigen, wobei die Pflichtigkeit aus dem Eigentum an im geschützten Gebiet gelegenen Grundstücken folgt. *Goldbeck* identifiziert vor allem bei der Betrachtung niedersächsischer Deichverbände Tendenzen genossenschaftlicher Organisationsprinzipien[323]. Im Übrigen gilt das bereits zu den Wasser- und Bodenverbänden Gesagte.

ff) Handwerksinnungen und Wirtschaftskammern

Die Handwerksinnungen und Wirtschaftskammern sind per Gesetz Körperschaften des öffentlichen Rechts, so zum Beispiel nach § 3 Abs. 1 Hs. 2 IHKG oder § 90 Abs. 1 HwO. Da die Mitgliedschaft in ihnen an ein persönliches Merkmal anknüpft (hier: Beruf), gehören sie, im Gegensatz zu den zuvor dargestellten funktionalen Selbstverwaltungsträgern, dem Typus der Personalkörperschaften an[324]. § 91 Abs. 1 Nr. 1 HwO spricht davon, dass es Aufgabe der Handwerkskammer sei, „die Interessen des Handwerks zu fördern (…)“ und nach § 1 IHKG SH haben die Industrie- und Handelskammern beispielsweise die Gesamtinteressen der Handel- und Gewerbetreibenden ihres Bezirkes wahrzunehmen sowie die Interessen der einzelnen Handwerke und ihrer Organisationen gerecht auszutarieren. Dies entspricht den gängigen allgemeinen und auch in § 1 Abs. 1 GenG festgehaltenen genossenschaftlichen Förderklauseln[325]. § 58 HwO definiert die Voraussetzungen für eine „Mitgliedschaft“ in einer Handwerksinnung. Die Innungsversammlung besteht nach § 61 HwO aus den Mitgliedern der Handwerksinnung und hat umfangreiche Entscheidungsbefugnisse, sodass auch von einer Mitgliedschaft im Sinne der *Klein*'schen Begriffsdefinition gesprochen werden kann.

---

322 Zur Entwicklung ausführlich *Goldbeck*, Die Deichgenossenschaften, S. 63 ff.

323 *Goldbeck*, Die Deichgenossenschaften, S. 204 f.

324 *Wolff/Bachof/Stober*, Verwaltungsrecht II, § 84 Rn. 26.

325 *Irriger*, Genossenschaftliche Elemente in öffentlich-rechtlichen Körperschaften, S. 100 ff.

Im Verhältnis zu ihren Mitgliedern trifft sie eine allgemeine Neutralitätspflicht aus Art. 3 Abs. 1 GG und eine spezielle, die aus dem gesetzlichen Förderauftrag sowie aus einer etwaigen Pflichtmitgliedschaft abgeleitet wird[326]. Diese existiert in ähnlicher, aber deutlich ausdifferenzierterer Form auch bei den eingetragenen Genossenschaften[327]. Außerdem unterliegen Innungen und Wirtschaftskammern einem umfangreichen Konkurrenzverbot, das alle Tätigkeiten einschließt, die ein Mitgliedsbetrieb gewinnbringend betreiben kann, da dies mit dem Förderauftrag kollidieren würde; bei den Kammern mit Pflichtmitgliedschaft kommt hinzu, dass der Zwang zur Entrichtung von Beiträgen, die mittelbar gegen die wirtschaftlichen Interessen des Mitglieds genutzt würden, verfassungswidrig wäre[328]. Ein Konkurrenzverbot im Recht der eingetragenen Genossenschaften gibt es in diesem Ausmaß nicht; so bedarf es zumindest einer satzungsmäßigen Regelung oder einer Erlaubnis aller Mitglieder, wenn die eingetragene Genossenschaft mittels eines Regiebetriebs Mitgliedern auf deren Geschäftsfeld spürbare Konkurrenz macht, wobei sich wiederum Ausnahmen aus der genossenschaftlichen Duldungspflicht ergeben können[329].

II. Implementierung verwaltungswissenschaftlicher Ansätze zur Steigerung bürgerschaftlichen Engagements

Der New Public Governance-Ansatz wurde Mitte der 1990er Jahre als Kritik auf Nachteile des Neuen Steuerungsmodells entwickelt und betont im Gegensatz zu diesem den Vorteil der möglichst reibungsfreien Kooperation verschiedener Sektoren und Akteure, insbesondere aktiver Bürger, bis hin zu gemeinwohlnützigen Dienstleistungsnetzwerken, die als einzige in der Lage seien, komplexe gesellschaftliche Probleme zu lösen[330]. Diesem Umdenken liegt die Erkenntnis zugrunde, dass der demokratische Verfassungsstaat mit einer Bürgerschaft, die ausschließlich oder überwiegend einem Selbstverständnis als Kunde eines

326 *Irriger*, Genossenschaftliche Elemente in öffentlich-rechtlichen Körperschaften, S. 153 f.

327 *Schulte*, in: Lang/Weidmüller, GenG, § 18 Rn. 16 ff.

328 *Irriger*, Genossenschaftliche Elemente in öffentlich-rechtlichen Körperschaften, S. 154.

329 *Beuthien*, GenG, § 18 Rn. 51 ff.

330 *Schuppert*, Governance von und durch Verwaltungsreformen, in: Blanke u.a. (Hrsg.), Handbuch zur Verwaltungsreform, S. 30 (33 ff.); *Eichhorn/MacDonald/Greiling*, ZögU 2016, 5 (13 f.); vgl. *Röbke*, Bürgerschaftliches Engagement als Allheilmittel in Kommunen – Chancen und Grenzen, in: Bubolz-Lutz/Mörchen (Hrsg.), Zukunftsfaktor Bürgerengagement, S. 26 (29).

„Unternehmens Deutschland" im Sinne eines bloßen Empfängers staatlicher Dienstleistungen verhaftet ist[331], nicht überdauern kann[332]. Weitere Motive sind das nachlassende Vertrauen der Bürger in den Staat und ein Mangel an öffentlichen Ressourcen[333]. Parallelen lassen sich außerdem zum, der christlichen Sozialethik entstammenden, Subsidiaritätsprinzip ziehen[334]. Gerade im kommunalen Bereich ist den öffentlichen Akteuren zudem klar, dass sich der lokal auswirkende demografische Wandel nicht ohne Unterstützung der Zivilgesellschaft bewältigen lassen wird[335], insbesondere angesichts eines steigenden Bedarfs bei der Flexibilisierung von Dienstleistungen im Bereich der Daseinsvorsorge (sog. „Anpassungsmanagement")[336]. Zentraler Motor der New Public Governance ist mithin das bürgerschaftliche Engagement[337].

Schließlich sind auch psychologische Aspekte bei der Aktivierung bürgerschaftlichen Engagements zu beachten. So besagt die Theorie der kognitiven Dissonanz, dass der Widerspruch zwischen innerer Einstellung und freiwilligem äußeren Verhalten zu einem negativen Gefühlszustand führt, der auf verschiedenem Wege aufgelöst werden kann[338]. Entweder es findet eine Veränderung des Verhaltens statt, damit es nicht mehr im Widerspruch zur inneren Überzeugung steht oder die Überzeugung wird dem Verhalten angepasst; auf welche Alternative die Wahl fällt hängt meist davon ab, welche Wahrnehmung veränderungsresistenter ist[339]. Fällt die Wahl auf die letztere Alternative, spricht man auch vom „Benjamin Franklin-Effect"[340]. Eine geschickte Aktivierung der Bürger kann daher mit der Zeit dazu führen, dass diese ihre ablehnende Haltung

---

331 *Schedler/Proeller*, New Public Management, S. 71 ff.

332 *Eichhorn/MacDonald/Greiling*, ZögU 2016, 5 (13); vgl. *Merten*, VVDStRL (55) 1996, 7 (9 ff.).

333 *Eichhorn/MacDonald/Greiling*, ZögU 2016, 5 (13)

334 *Eichhorn/MacDonald/Greiling*, ZögU 2016, 5 (14).

335 Bundesministerium des Innern (Hrsg.), Jedes Alter zählt – Für mehr Wohlstand und Lebensqualität aller Generationen, S. 33; *Ferner*, Der Landkreis 2016, 323 (323); *Rehm*, Public Governance 2014, 19 (20).

336 *Mempel*, Der Landkreis 2016, 44 (45).

337 Vgl. *Wessel*, dms 2015, 361 (365).

338 *Festinger*, Theorie der kognitiven Dissonanz, S. 15 ff.; *Aronson/Wilson/Akert*, Sozialpsychologie, S. 181 ff.; *Frey/Gaska*, Die Theorie der kognitiven Dissonanz, in: ders./Irle (Hrsg.), Theorien der Sozialpsychologie I, S. 275 (275 ff.).

339 *Aronson/Wilson/Akert*, Sozialpsychologie, S. 181 ff.

340 *Aronson/Wilson/Akert*, Sozialpsychologie, S. 201 ff.

gegenüber dem Staat ablegen und so zu einer „Versöhnung“ zwischen Staat und Bürger beitragen.

Der Begriff des bürgerschaftlichen Engagements ist normativ wie analytisch vage und rechtlich nicht erfasst, was mit seiner primären Ansiedelung in der gesellschaftlichen Sphäre zusammenhängt[341]. Teilweise werden mit ihm Eigenschaften wie Selbsthilfe, politische Partizipation und freiwillige soziale Arbeit verbunden[342], teilweise Attribute wie Freiwilligkeit, fehlende Ausrichtung auf materiellen Gewinn, Gemeinwohlbezug, also Übernahme von oder Mitwirkung an der Wahrnehmung öffentlicher Aufgaben, Öffentlichkeit als Basis von Transparenz, Dialog, Teilhabe und Verantwortung in den Organisationsformen des Engagements, der Gemeinschaftlichkeit bzw. der Kooperation zugeordnet[343]. Dabei bringt der Bürger zeitliche, materielle und/oder finanzielle Ressourcen ein, die den gesellschaftlichen Zusammenhalt stärken, sich am Gemeinwohl orientieren und einen Beitrag zur Verbesserung gesellschaftlicher Problemlagen leisten können[344].

Diese durch die New Public Governance beschriebene und über die Aktivierung bürgerschaftlichen Engagements umgesetzte Vernetzung von Staat und Gesellschaft wie auch die weitreichende Vermischung von staatlichen und gesellschaftlichen Funktionen existiert in einigen Bereichen schon lange, nimmt aber unter dem Druck gesellschaftlicher Entwicklungen zu; so zu beobachten beispielsweise bei formell „privaten“ Assoziationen wie Wirtschafts-, Berufs-, Wohlfahrts- und Gewerkschaftsverbänden, ferner Körperschaften und

---

341 *Schulz*, Der „thätige Staat“ als Hilfe zur Selbsthilfe – die Bedeutung des bürgerschaftlichen Infrastrukturmodells Lorenz von Steins für aktuelle Herausforderungen, in: Brüning/Schliesky (Hrsg.), Lorenz von Stein und die rechtliche Regelung der Wirklichkeit, S. 131 (141 ff.); vgl. *Merten*, VVDStRL (55) 1996, 7 (8 f.); *Tischer*, Bürgerbeteiligung und demokratische Legitimation, S. 18 f. m.w.N.

342 *Heinze/Olk*, Bürgerengagement in Deutschland – Zum Stand der wissenschaftlichen Diskussion, in: dies. (Hrsg.), Bürgerengagement in Deutschland, S. 11 (14 f.).

343 BT-Drs. 14/8900, S. 38 ff.; *Schulz*, Der „thätige Staat“ als Hilfe zur Selbsthilfe – die Bedeutung des bürgerschaftlichen Infrastrukturmodells Lorenz von Steins für aktuelle Herausforderungen, in: Brüning/Schliesky (Hrsg.), Lorenz von Stein und die rechtliche Regelung der Wirklichkeit, S. 131 (141).

344 *Schulz*, Der „thätige Staat“ als Hilfe zur Selbsthilfe – die Bedeutung des bürgerschaftlichen Infrastrukturmodells Lorenz von Steins für aktuelle Herausforderungen, in: Brüning/Schliesky (Hrsg.), Lorenz von Stein und die rechtliche Regelung der Wirklichkeit, S. 131 (141).

Kammern[345]. Diese sind den Konzepten der „Verantwortungsteilung" zwischen Staat und Gesellschaft in spezifischen Bereichen und Organisationsformen und der sog. „gesellschaftlichen Selbstregulierung" bzw. „Selbstorganisation" verpflichtet[346]. Das ab dem Jahr 2000 in vielen Bereichen der Verwaltungslehre zunehmende Interesse an ihnen wird nicht zuletzt durch die Enquête-Kommission „Zukunft des Bürgerschaftlichen Engagements" deutlich, die insgesamt den Staat auf den Bereich der Engagementförderung im Sinne einer Aufgabe, günstige Rahmenbedingungen für bürgerschaftliches Engagement zu kreieren, reduziert[347].

Ziel der nachfolgenden Ausführungen ist es zum einen, die zunehmende Tendenz zur Vernetzwerkung gesellschaftlicher Akteure aufzuzeigen und das Bedürfnis einer institutionalisierten Kooperationsform, in der das bürgerschaftliche Engagement einen bedeutenden Stellenwert einnimmt, zu verdeutlichen. Zwar sind laut aktuellen Umfragen rund 31 Millionen deutsche Bürger zivilgesellschaftlich aktiv[348], doch steht auch diese Zahl unter dem Einfluss des demografischen Wandels, insbesondere, weil überwiegend Frauen ehrenamtlich tätig sind und diese immer öfter auch erwerbstätig sind[349]. Erschwerend kommt hinzu, dass sich ein großer Anteil der Engagierten oft nur in geringem zeitlichen Umfang oder nur punktuell bzw. projektbezogen einbringen möchte und der Anteil dieser Bürger in strukturschwachen ländlichen Räumen, also gerade dort, wo der Bedarf besonders hoch ist, deutlich geringer als in strukturstarken Gegenden ausfällt und die Tendenz weiter fällt[350]. In diesem Zusammenhang werden auch immer wieder genossenschaftliche Lösungsoptionen diskutiert.

Zum anderen soll der enge Bezug zur funktionalen Selbstverwaltung aufgezeigt werden. Dieser mag zunächst fragwürdig erscheinen, weil sich die New Public Governance in ihren Grundgedanken wesentlich von der Idee der Selbstverwaltung unterscheidet, diese gewissermaßen zwei Perspektiven widerspiegeln. Auf der einen Seite kann der Betroffene bei der Selbstverwaltung seine Angelegenheiten auf eigene Initiative selbst regeln, während es bei der New Public Governance bei der Entscheidung des Staates darüber bleibt, ob der

345 *Rupp*, Die Unterscheidung von Staat und Gesellschaft, in: Isensee/Kirchhof (Hrsg.), HStR II^3, § 31 Rn. 55; dazu bereits oben Kap. 2 B. I. 2. b) ff).

346 *Rupp*, Die Unterscheidung von Staat und Gesellschaft, in: Isensee/Kirchhof (Hrsg.), HStR II^3, § 31 Rn. 57.

347 BT-Drs. 14/8900, S. 281 ff.

348 BMFSFJ (Hrsg.), Freiwilligensurvey 2014, S. 85 ff.

349 *Ferner*, Der Landkreis 2016, 323 (324).

350 *Küpper*, Der Landkreis 2017, 252 (259).

Bürger beispielsweise in die Erledigung öffentlicher Aufgaben einbezogen wird. Dieser Unterschied ist nicht von der Hand zu weisen. Auf der anderen Seite muss aber zwischen den Arten der Selbstverwaltung differenziert werden. Während die kommunalen Selbstverwaltungskörperschaften von der institutionellen Garantie des Art. 28 Abs. 2 GG erfasst werden[351], kann die funktionale Selbstverwaltung diesen verfassungsrechtlichen Schutz grundsätzlich nicht in Anspruch nehmen, sondern ihre Existenz hängt vom Willen des Organisationsgesetzgebers ab. Insofern kann „die Einrichtung von Selbststeuerungsräumen (...) in gewissem Umfang insoweit selbst [als] staatliches Steuerungsmittel [begriffen werden], als der Staat sich der Regelungskraft gesellschaftlicher Strukturen bedient."[352] Zu den Unterarten der New Public Governance zählen die Modelle des Aktivierenden Staates, der regionalen und lokalen Governance, der Bürgergesellschaft sowie des Open Governments. Nicht vergessen werden darf dabei aber *Lorenz von Steins* Lehre vom thätigen Staat und der freien Verwaltung, die zwar keinen zeitlichen, jedoch einen erheblichen thematischen Zusammenhang zu den vorgenannten Governance-Konzepten, insbesondere im Zusammenhang mit seinem Selbstverwaltungsverständnis[353], aufweist.

1. Der thätige Staat und die freie Verwaltung nach Lorenz von Stein

Steins Verwaltungskonzeption bewegte sich zwischen zwei Polen: Dies war einerseits das Modell des arbeitenden bzw. thätigen Staates, der als Antwort der Verwaltung auf die dynamischen Veränderungen der Industriegesellschaft dienen sollte; andererseits, als gesellschaftliches Gegengewicht, die freie Verwaltung als Garant der freiheitlichen Elemente des neuen Staates[354]. Die freie Verwaltung war nach seiner Konzeption insbesondere durch die freie Mitwirkung der Bürger gekennzeichnet[355]. Zu ihr gehörten die sog. „Selbstverwaltungskörper" (höhere Territorialverbände und Gemeinden) sowie Vertretungen (Räte, Kammern, öffentliche Anhörungen), die von der Regierung initiiert wurden, um sich über die besonderen Belange der Wirtschaft zu informieren[356]. Sie diente nicht zuletzt

---

351 *Mehde*, in: Maunz/Dürig, GG, Art. 20 Abs. 2 Rn. 40 ff.; *Knemeyer*, in: FG v. Unruh, S. 209 (211 ff.); vgl. auch BVerfGE 50, 50; 86, 90 (107).

352 *Schuppert*, Die Erfüllung öffentlicher Aufgaben durch verselbständigte Verwaltungseinheiten, S. 371.

353 Dazu bereits oben Kap. 2 B. I.

354 *Schiera*, Laboratorium der bürgerlichen Welt, S. 51.

355 *Nolte*, Das System des Vereins- und Verbandswesens bei Lorenz von Stein, S. 12.

356 *Bieback*, Die öffentliche Körperschaft, S. 257.

dem Abbau sozialer Spannungen, der Absorption politischen Protests und dem Abbau von revolutionärem Potenzial[357], weshalb ihr Entwicklungsstand auch in einem Wechselverhältnis zur Gefährlichkeit von Volksbewegungen gesehen wurde[358]. Zahlreiche Verwaltungsaufgaben sollten auf gesellschaftliche Kräfte übertragen und dadurch die Teilnahme der Bürger an der expandierenden Verwaltungstätigkeit des Staates optimiert werden[359], wodurch die Gedanken der Partizipation und die Idee einer aktiven Bürgergesellschaft betont wurden[360]. Dabei war seine Vorstellung geprägt von einem für das Gemeinwesen engagierten Bürger[361]. Das Verbands- und Vereinswesen, zu dem unter anderem auch Genossenschaften zählten, bedeutete für *Stein* Teilnahme am Organismus der Verwaltung und gleichzeitig Verwirklichung staatsbürgerlicher Freiheit[362]. Selbstverwaltung in den Gemeinden und Korporationen gehörte zum weiteren Kreis staatlicher Verwaltung[363].

Stein hob in seinem Verständnis von Sozialstaat die Integration gesellschaftlicher Akteure und damit Elemente der Eigen- und Gemeinschaftsverantwortung sowie der Hilfe zur Selbsthilfe hervor[364]. Während die Verwaltungstätigkeit des Staates auf nicht von Einzelnen zu bewältigende Projekte eingegrenzt werden muss, hat der Staat für alle Angelegenheiten eine eigenverantwortliche Erbringung zu gewährleisten, wo dies dem Bürger möglich ist[365]. Um den Widerspruch

---

357 *Hendler*, Selbstverwaltung als Ordnungsprinzip, S. 56; *Bieback*, Die öffentliche Körperschaft, S. 256 ff.

358 *Hendler*, Selbstverwaltung als Ordnungsprinzip, S. 56.

359 *Jellinghaus*, Zwischen Daseinsvorsorge und Infrastruktur, S. 172.

360 *Schulz*, Der „thätige Staat“ als Hilfe zur Selbsthilfe – die Bedeutung des bürgerschaftlichen Infrastrukturmodells Lorenz von Steins für aktuelle Herausforderungen, in: Brüning/Schliesky (Hrsg.), Lorenz von Stein und die rechtliche Regelung der Wirklichkeit, S. 131 (150).

361 *Jellinghaus*, Zwischen Daseinsvorsorge und Infrastruktur, S. 172

362 *Nolte*, Das System des Vereins- und Verbandswesens bei Lorenz von Stein, S. 13 f.

363 *Nolte*, Das System des Vereins- und Verbandswesens bei Lorenz von Stein, S. 12.

364 *Schulz*, Der „thätige Staat“ als Hilfe zur Selbsthilfe – die Bedeutung des bürgerschaftlichen Infrastrukturmodells Lorenz von Steins für aktuelle Herausforderungen, in: Brüning/Schliesky (Hrsg.), Lorenz von Stein und die rechtliche Regelung der Wirklichkeit, S. 131 (153); gerade die Formulierung „Hilfe zur Selbsthilfe“ wird auch immer wieder in Bezug auf Genossenschaften verwendet, zum Beispiel bei *Geschwandtner*, ZfgG 2009, 152 (155 f.); *Schulz*, Der „thätige Staat“ als Hilfe zur Selbsthilfe – die Bedeutung des bürgerschaftlichen Infrastrukturmodells Lorenz von Steins für aktuelle Herausforderungen, in: Brüning/Schliesky (Hrsg.), Lorenz von Stein und die rechtliche Regelung der Wirklichkeit, S. 131 (169 ff.).

365 *Jellinghaus*, Zwischen Daseinsvorsorge und Infrastruktur, S. 171.

zwischen einer einerseits angesichts gesellschaftlicher Veränderungen expandierenden Verwaltung und der Forderung nach einer möglichst weitgehenden Erhaltung eines freiheitswahrenden Gesellschaftsmodells andererseits aufzulösen, wählte er den Verein und die Gemeinde als Organisationsformen bürgerschaftlichen Engagements und mithin Körper der freien Verwaltung[366]. Diese sollten als selbstständige Organe in den Staat integriert werden, was sich bei den Gemeinden, im Gegensatz zu Vereinen, Verbänden und anderen Formen der gesellschaftlichen Bewältigung öffentlicher Aufgaben, auch durchgesetzt hat und ihr Bild bis heute prägt[367]. Dieser Konzeption lag auch die Ansicht *Steins* zugrunde, dass eine zu einseitige Fixierung auf die Stellung des Staates als Garant des Gemeinwohls das Innovationspotenzial einer pluralistischen Gesellschaft bedrohen würde[368]. Die mit der Schaffung von Selbstverwaltungseinheiten unweigerlich verbundene Einbringung von Sonderinteressen sei grundsätzlich zulässig, müsse aber sorgfältig austariert sein[369]. *Lorenz von Steins* Modell der freien Verwaltung ist somit als Aufforderung an die Bürger zu verstehen, ihren politischen Gestaltungswillen insbesondere für die Bewältigung der praktisch anstehenden Verwaltungsaufgaben einzusetzen[370].

2. Der Aktivierende Staat

Der Aktivierende Staat bezeichnet eine Gemeinwohlproduktion in vielfältigen institutionellen, formellen und informellen Arrangements (potenziell) gemeinwohlfähiger Orte der Kooperation und der Verhandlung, bezweckt also eine größere Effektivität des Leistungsstaates und eine neue Verantwortungsteilung; Letztere auch im Sinne einer Einbindung des Bürgers in den Produktionsprozess öffentlicher Leistungen mittels eigenverantwortlicher Leistungsbeisteuerung[371]. Seit den 1990ern wurde der Begriff weiterentwickelt und spielt eine große Rolle im Bericht der Enquête-Kommission „Zukunft des Bürgerschaftlichen

---

366 *Jellinghaus*, Zwischen Daseinsvorsorge und Infrastruktur, S. 173.

367 *Schulz*, Der „thätige Staat" als Hilfe zur Selbsthilfe – die Bedeutung des bürgerschaftlichen Infrastrukturmodells Lorenz von Steins für aktuelle Herausforderungen, in: Brüning/Schliesky (Hrsg.), Lorenz von Stein und die rechtliche Regelung der Wirklichkeit, S. 131 (155).

368 *Jellinghaus*, Zwischen Daseinsvorsorge und Infrastruktur, S. 177.

369 *Jellinghaus*, Zwischen Daseinsvorsorge und Infrastruktur, S. 177.

370 *Jellinghaus*, Zwischen Daseinsvorsorge und Infrastruktur, S. 180.

371 *Blanke/Lamping*, Der Aktivierende Staat, in: König u.a. (Hrsg.), Grundmuster der Verwaltungskultur, S. 391 (399 ff.); *Blanke*, VM 2009, 115 (121 f.).

Engagements“[372]. Er geht dabei von einer gezielten Strategie der Mobilisierung, Regulierung und Unterstützung von zielklaren Kooperations- und Selbststeuerungsprozessen auf allen Ebenen aus und nimmt an, dass durch Aktivierung und intelligente Institutionenpolitik die Beteiligten eine gemeinwohlbezogenere (Problemlösungs-)Perspektive einnehmen[373]. Die Selbstregulierung genießt dabei den Vorrang vor staatlicher oder hierarchischer Steuerung oder Aufgabenübernahme[374], die Funktion des Staates reduziert sich auf die selbstständige Organisation und Aktivierung des gebietsgesellschaftlichen Zusammenwirkens[375]. Wo immer es möglich ist, soll die Verantwortung für die Lösung gesellschaftlicher Probleme an die Zivil- oder Bürgergesellschaft zurückgegeben werden[376]. Dies ist jedoch nicht zu verwechseln mit reiner Vermarktlichung oder Aufgabenüberwälzung (Privatisierung), sondern meint eine systematische Entwicklung von Steuerungs- und Interaktionsformen durch die Einbeziehung nicht-staatlicher Akteure in den Gesamtprozess der Politikformulierung und Aufgabenbewältigung[377]. Darunter fallen insbesondere auch genossenschaftliche Kooperationsformen.

3. Regional und Local Governance

Der Denkansatz der „Regional Governance“ geht davon aus, dass regionale Akteure gemeinsame Lösungen zu Problemen finden müssen, um einer beschleunigten Abwanderung in schrumpfenden Regionen entgegenzuwirken, wofür aber eine Identifikation und Bearbeitung von Gemeinschaftsaufgaben durch eine größere Anzahl von Akteuren aus unterschiedlichen Bereichen erforderlich ist, die zur Kooperation einen Anstoß oder Promoter benötigen[378].

---

372 BT-Drs. 14/8900, S. 25 ff.; zu den Entwicklungslinien des Aktivierenden Staates weiterführend *Blanke*, VM 2009, 115 ff.

373 *Blanke/Lamping*, Der Aktivierende Staat, in: König u.a. (Hrsg.), Grundmuster der Verwaltungskultur, S. 391 (407).

374 *Bandemer/Blanke*, Leitbild Neuer Staat, passim; *Bandemer* u.a., Staatsaufgaben – Von der „schleichenden Privatisierung“ zum „aktivierenden Staat“, in: Behrens u.a. (Hrsg.), Den Staat neu denken, S. 41 (41 ff.); *Lamping* u.a., Der Aktivierende Staat – Positionen, Begriffe, Strategien, S. 29 ff.

375 *Heller*, Staatslehre, S. 203.

376 *Jann/Wegrich*, Governance und Verwaltungspolitik, in: Benz (Hrsg.), Governance – Regieren in komplexen Regelsystemen, S. 193 (199).

377 *Blanke/Lamping*, Der Aktivierende Staat, S. 391 (400).

378 *Fürst*, Regional Governance, in: Benz (Hrsg.), Handbuch Governance, S. 353 (353).

Auch das Konzept der „Local Governance“ basiert auf der Grundannahme, dass immer komplexere kommunale Probleme nur noch in enger Wechselwirkung mit den „Steuerungsadressaten“ zu lösen sind, Bürger sich aber gleichwohl nur unter bestimmten Modalitäten, nämlich überwiegend themenzentriert, zeitlich gebunden und jenseits von Parteien und etablierten Verbänden, beteiligen wollen[379]. In diesem Bereich werden dann gesellschaftliche, ökonomische und politische Selbststeuerungsmechanismen anerkannt, die aktiviert und moderiert werden müssen[380]. Auch hier werden genossenschaftliche Organisationsformen vorgeschlagen[381].

4. *Bürgergesellschaft*

Die Bürgergesellschaft als Leitbild des bürgerschaftlichen Engagements beschreibt ein Gemeinwesen, in dem Bürgerinnen und Bürger auf der Grundlage gesicherter Grundrechte und im Rahmen einer politisch verfassten Demokratie durch das Einbringen in selbstorganisierten Vereinigungen und durch die Inanspruchnahme von Beteiligungsmöglichkeiten die Geschicke des Gemeinwesens wesentlich prägen können, wozu auch das Prinzip der Subsidiarität gehört, das den Vorrang der kleinen Einheiten in ihrer Selbstbestimmung und Leistungskraft meint[382]. Die Genossenschaft des öffentlichen Rechts als funktionaler Selbstverwaltungsträger korrespondiert ganz grundsätzlich mit dieser Vorstellung.

Ein wichtiger Aspekt der Bürgergesellschaft, von dem auch die Genossenschaft des öffentlichen Rechts als juristische Person und demnach aus sich heraus nicht handlungsfähige Entität abhängig ist, ist die Betätigung Ehrenamtlicher in ihr. Im Vordringen befindliche Motive, aus denen ein Ehrenamt angestrebt wird, sind Mitgestaltung und die Erfahrung der Selbstwirksamkeit[383].

---

379 *Holtkamp*, Local Governance, in: Benz (Hrsg.), Handbuch Governance, S. 366 (370); vgl. auch *Wessel*, dms 2015, 361 (365).

380 *Engels*, Die Verfassungsgarantie kommunaler Selbstverwaltung, S. 220 f.

381 Vgl. *Wessel*, dms 2015, 361 (366 f.).

382 BT-Drs. 14/8900, S. 24; vgl. zum Zusammenhang zwischen Bürgerverantwortung und Demokratieprinzip *Volkmann*, in: Friauf/Höfling, GG, Art. 20 Rn. 29; weiterführend *Seubert*, Das Konzept des Sozialkapitals, S. 23 ff.

383 *Müller/Hameister/Lux*, Anstoß und Motive für das freiwillige Engagement, in: Simonson/Vogel/Tesch-Römer (Hrsg.), Freiwilliges Engagement in Deutschland – Der Deutsche Freiwilligensurvey 2014, S. 413 (426 ff.); BFam (Hrsg.), Hauptbericht des Freiwilligensurveys 2009, S. 111, 174; *Röbke*, Bürgerschaftliches Engagement als Allheilmittel in Kommunen, in: Bubolz-Lutz/Mörchen (Hrsg.), Bürgerengagement, S. 25 (25).

Die Bürgergenossenschaft als mit genossenschaftlichen Strukturprinzipien aufgeladene, auf einen bestimmten Betroffenheitsraum ausgerichtete Organisationsform ist zur Befriedigung dieser Motive besonders geeignet. Dies gilt insbesondere, wenn in dieser auch Elemente des Open Government vertreten sind, auf welche nachfolgend eingegangen wird.

5. Open Government

Obwohl viele Bürger die Notwendigkeit von Infrastrukturprojekten aus einer gesamtgesellschaftlichen Perspektive anerkennen, empfinden sie eine ungerechte Verteilung direkt und indirekt daraus hervorgehender Beeinträchtigungen. So würden sich laut einer Studie 55 % der Befragten für oder gegen ein Infrastrukturprojekt engagieren, unter den in ihrem eigenen Lebensumfeld betroffenen Bürgern wären es sogar 86 %, während sich 55 % der Befragten bereits an einem lokalen Infrastrukturprojekt beteiligt haben[384]. Dies verdeutlicht, dass es sich nicht bloß um abstrakte Partizipationswünsche handelt, sondern es einen konkreten Wunsch nach Mitbestimmung über die repräsentative Demokratie hinaus gibt, der sich in einem „informierten Infragestellen und kompetenten Dagegensein“ ausdrückt[385]. Das Kommunikationsmanagement des Vorhabenträgers mit den betroffenen Bürgern spielt daher eine bedeutende Rolle für die Akzeptanzherstellung[386].

Das Konzept des Open Government schlägt in ebendiese Kerbe, wenn es – als Leitbild für das Schließen der Lücke zwischen einer repräsentativen und einer direkt-demokratischen Organisation von Entscheidungsprozessen – die Öffnung des Staates im Sinne einer offenen Staatskunst propagiert[387]. Diese soll sich in drei Dimensionen vollziehen: Erstens durch Transparenz, also der Nutzung von offen gelegten Daten und Informationskanälen; zweitens durch Partizipation, das heißt der Schaffung von Strukturen zur Ermöglichung einer größeren,

384 *Krebber*, Lokale Akzeptanzdiskurse, in: Bentele u.a. (Hrsg.), Akzeptanz in der Medien- und Protestgesellschaft, S. 113 (114).

385 *Krebber*, Lokale Akzeptanzdiskurse, in: Bentele u.a. (Hrsg.), Akzeptanz in der Medien- und Protestgesellschaft, S. 113 (114) m.w.N.

386 *Krebber*, Lokale Akzeptanzdiskurse, in: Bentele u.a. (Hrsg.), Akzeptanz in der Medien- und Protestgesellschaft, S. 113 (114); zu den verschiedenen Verständnissen des Akzeptanzbegriffs *Durinke/Durinke*, KommJur 2016, 241 (244) m.w.N.

387 *Janda*, Open Government – Transparenz, Partizipation und Kollaboration als Staatsleitbild, in: Schliesky/Schulz (Hrsg.), Transparenz, Partizipation, Kollaboration – Web 2.0 für die öffentliche Verwaltung, S. 11 (15 f.).

direkteren und vor allem permanenten Möglichkeit der Einflussnahme und drittens auch durch Kollaboration, worunter ein von der Verwaltung ausgehender „Rückgriff" auf Wissen und Kompetenzen der Bürger im Verwaltungshandeln sowie eine stärkere interbehördliche Zusammenarbeit zu verstehen sind[388]. Open Government stellt mithin ein wichtiges Mittel zur Verwirklichung der zuvor genannten Konzepte der New Public Governance dar. Im Folgenden sollen dessen Inhalte daher näher untersucht werden und erste Grunderwägungen folgen, inwiefern eine genossenschaftliche Umsetzung möglich und sinnvoll ist. Eine detaillierte organisationsrechtliche Untersuchung erfolgt hier noch nicht.

a) Transparenz

Transparenz betrifft die Möglichkeit des Zugangs zu Informationen und soll dadurch Nachvollziehbarkeit und Kontrolle von Vorgängen und Entscheidungen in Politik und Verwaltung ermöglichen, sie ist eine Grundbedingung für Partizipation und Kollaboration[389]. Die Wirkkraft der Transparenzregelungen ist jedoch endlich. Dies liegt zum einen daran, dass sie eher bei den unentschlossenen, von Infrastrukturvorhaben betroffenen Bürgern Akzeptanz herstellen können, nicht hingegen bei den überzeugten Gegnern[390]. Zudem versagt die Akzeptanzherstellung durch Transparenzregelungen bei Ängsten vor gesundheitlichen, physisch aber nicht wahrnehmbaren Beeinträchtigungen (so zum Beispiel bei von Höchstspannungsnetzen ausgehenden elektromagnetischen Feldern, der eigentliche Abstand der Leitung zur Wohnung spielt dann keine entscheidende Rolle mehr) und ihr Erfolgsfaktor korreliert mit einer „urbanen" oder „ländlichen" Geisteshaltung[391].

---

388 *Janda*, Open Government – Transparenz, Partizipation und Kollaboration als Staatsleitbild, in: Schliesky/Schulz (Hrsg.), Transparenz, Partizipation, Kollaboration – Web 2.0 für die öffentliche Verwaltung, S. 11 (15).

389 *Janda*, Open Government – Transparenz, Partizipation und Kollaboration als Staatsleitbild, in: Schliesky/Schulz (Hrsg.), Transparenz, Partizipation, Kollaboration – Web 2.0 für die öffentliche Verwaltung, S. 11 (21 f.) m.w.N.

390 Vgl. *Bauer*, VerwArch (106) 2015, 112 (120 f.), sowie *Egg/Poser*, Finanzielle Bürgerbeteiligungen am Beispiel der Energieversorgung, in: Bentele/Bohse (Hrsg.), Akzeptanz in der Medien- und Protestgesellschaft, S. 215 (223).

391 *Eichenseer/Hitschfeld*, Akzeptanz für Projekte in Wirtschaft und Gesellschaft, in: Bentele u.a. (Hrsg.), Akzeptanz in der Medien- und Protestgesellschaft, S. 129 (137); zum lokalen Bezug von Akzeptanzdiskursen vgl. *Krebber*, Lokale Akzeptanzdiskurse, in: Bentele u.a. (Hrsg.), Akzeptanz in der Medien- und Protestgesellschaft, S. 113 (117 f.).

Auskunftsrechte der Mitglieder gegen die Genossenschaft des öffentlichen Rechts, wie sie bei eingetragenen Genossenschaften und anderen Gesellschaftsformen üblich sind, könnten insofern einen Mehrwert generieren, als Betroffene bei Diskursen die Datengrundlage und die Transparenz der Entscheidungsfindung bemängeln[392]. Dieser Wahrnehmung könnten spezielle, für Mitglieder der Genossenschaft des öffentlichen Rechts gegebenenfalls noch weitergehende, Auskunftsrechte vorbeugen. Werden die Entscheidungen außerdem nach einer allen zugänglichen und möglichst verständlich gehaltenen Satzung getroffen, an der die Mitglieder möglicherweise sogar selbst mitgewirkt, diese aber zumindest bei ihrem Beitritt akzeptiert haben und deren Änderung sie durch ihre Mitgliederrechte mitgestalten können, könnte dies das Vertrauen in den Entscheidungsfindungsprozess, bei dem optimalerweise mit offenem Visier verhandelt wird, stärken.

b) Partizipation

Mit der Selbstverwaltungsform gehen beachtliche Partizipationschancen einher[393]. Der Begriff der Partizipation steht in einem engen Verhältnis zu dem der (Bürger-)Beteiligung[394]; beide werden teilweise unterschiedlich verwendet und trotzdem ist ihr Inhalt nicht eindeutig voneinander zu trennen[395]. In den letzten Jahren ist außerdem zunehmend von neuen Formen in Gestalt von wirtschaftlicher Bürgerbeteiligung oder finanzieller Partizipation die Rede. Auf Letzteren liegt der Schwerpunkt der sich anschließenden Ausführungen.

---

392 *Eichenseer/Hitschfeld*, Akzeptanz für Projekte in Wirtschaft und Gesellschaft, in: Bentele u.a. (Hrsg.), Akzeptanz in der Medien- und Protestgesellschaft, S. 129 (137); zum lokalen Bezug von Akzeptanzdiskursen vgl. *Krebber*, Lokale Akzeptanzdiskurse, in: Bentele u.a. (Hrsg.), Akzeptanz in der Medien- und Protestgesellschaft, S. 129 (134 f.).

393 *Frotscher*, in: FG v. Unruh, S. 127 (131 f.).

394 Vgl. zur Geeignetheit der eingetragenen Genossenschaft zur Umsetzung von Beteiligungsformen *Klemisch/Vogt*, Genossenschaften und ihre Potenziale für eine sozial gerechte und nachhaltige Wirtschaftsweise, S. 36 ff.

395 *Tischer*, Rechtsfragen der Bürgerpartizipation mittels Web 2.0 Anwendungen – das Beispiel Bürgerhaushalt, in: Schliesky/Schulz (Hrsg.), Transparenz, Partizipation, Kollaboration – Web 2.0 für die öffentliche Verwaltung, S. 69 (70 f.); vgl. *Drescher/Schaefer*, ZögU 2017, 29 (32 f.) m.w.N.

aa) Traditionelle Partizipationsformen

Mit Partizipation ist die Teilnahme am politischen Entscheidungsprozess im Sinne einer Mitgestaltungs- und Herrschaftsteilhabe gemeint, derartige Mitentscheidungsbefugnisse finden sich vornehmlich im Bereich der funktionalen Selbstverwaltung sowie auf Landes- und Bundesebene[396]. Beteiligung ist unterhalb der Partizipation zu verorten und bezeichnet die bloße Mitwirkung, wozu beispielsweise die Beratung der Verwaltung durch private Gremien, Anhörungen, Stellungnahmen sowie die Inanspruchnahme von Erörterungs-, Abstimmungs- und Vorschlagsrechten zählen[397]. Sie bezweckt dabei vor allem, neben der Herstellung allgemeiner Akzeptanz[398] und anderem, eine höhere Sachrichtigkeit der Verwaltungsentscheidung[399]. Partizipation und Beteiligung wirken der Entfremdung von Staat und Bürgerschaft entgegen, indem sie unter anderem Interessen und Sichtweisen aller Beteiligten sowie die Entscheidungsprozesse transparent machen und dadurch das Verständnis für die Komplexität politischer Aushandlungsprozesse fördern[400].

Die traditionellen Partizipationsformen erfüllen demzufolge im Hinblick auf die Verbreiterung der Informationsbasis für die Verwaltung und die Verbesserung des Rechtsschutzes betroffener Bürger ihren Zweck; ihre Effektivität ist für den Aspekt der Akzeptanzsteigerung, selbst um die dargestellten Lösungsansätze ergänzt, indes fraglich, da es den Bürgern bei ihrer Beteiligung weniger um die Kommunikation, als um die Möglichkeit der Beeinflussung des Ergebnisses geht[401]. Dies ist bei planerischen Entscheidungen gut möglich, weniger dagegen bei gebundenen Verwaltungsentscheidungen, deren materielle Voraussetzungen

---

396 *Janda*, Open Government – Transparenz, Partizipation und Kollaboration als Staatsleitbild, in: Schliesky/Schulz (Hrsg.), Transparenz, Partizipation, Kollaboration – Web 2.0 für die öffentliche Verwaltung, S. 11 (18); weiterführend *Tischer*, Rechtsfragen der Bürgerpartizipation mittels Web 2.0 Anwendungen – das Beispiel Bürgerhaushalt, in: Schliesky/Schulz (Hrsg.), Transparenz, Partizipation, Kollaboration – Web 2.0 für die öffentliche Verwaltung, S. 69 (71 ff.).

397 *Erbguth*, DÖV 1995, 793 (794).

398 Die Akzeptanzherstellungsfunktion als Zweck ablehnend *Köck*, ZUR 2016, 643 (649).

399 *Schmitt Glaeser*, VVDStRL (31) 1973, 179 (188); *Appel*, NVwZ 2012, 1361 (1362); *Milakovich*, JeDem 1/2010, 1 (3).

400 *Milakovich*, JeDem 1/2010, 1 (3); *Janda*, Open Government – Transparenz, Partizipation und Kollaboration als Staatsleitbild, in: Schliesky/Schulz (Hrsg.), Transparenz, Partizipation, Kollaboration – Web 2.0 für die öffentliche Verwaltung, S. 11 (30).

401 *Köck*, ZUR 2016, 643 (646 ff.).

gegebenenfalls noch zusätzlich durch untergesetzliche Standardisierungen detailliert vorgegeben sind[402].

Dem ist zunächst in Bezug auf die Genossenschaft des öffentlichen Rechts entgegen zu halten, dass diese als Institut der funktionalen Selbstverwaltung eine Einwirkung Betroffener auf die Entscheidung grundsätzlich ermöglicht. Zudem kann bestimmten Beteiligungsfunktionen durch die Einbettung in eine genossenschaftliche Organisationsstruktur zu besserer Geltung verholfen werden[403]. So kann die Ausgleichsfunktion, durch welche die Beteiligung ein gewisses Gegengewicht zur oftmals starken Position des Vorhabenträgers schaffen soll[404], durch einen genossenschaftlichen Zusammenschluss, der die Interessen vieler betroffener Bürger bündelt und artikuliert – notfalls auch durch Pflichtmitgliedschaft – verstärkt werden[405]. Zudem können die Interessen der stärker Betroffenen durch eine entsprechende Stimmgewichtung zu besserer Geltung gelangen. Des Weiteren wird die Kontrollfunktion, die der Transparenz und damit der besseren Nachvollziehbarkeit der Planungs- und Entscheidungsprozesse dient, wie oben bereits dargestellt[406], besser verwirklicht. Die zuvor genannten genossenschaftlichen Mechanismen helfen außerdem bei der Verwirklichung der Integrationsfunktion der Beteiligung, nach welcher die Bürger in das Verfahren und den Planungs- und Entscheidungsprozess einbezogen werden sollen, um eine Grundlage für die Zustimmung zum Vorhaben zu schaffen, und bei der Förderung der Akzeptanzsicherungsfunktion[407].

Letztlich stellt sich aber im Hinblick auf den hohen Verwaltungsaufwand der Bürgerbeteiligung und ihrer vagen Akzeptanzsteigerungseffekte ganz grundsätzlich die Frage, ob der Einsatz ihrer traditionellen Ausgestaltungsformen sich durch eine Entlastung der bestehenden Verwaltungsressourcen bei gleichzeitiger Effektivierung der kommunalen Daseinsvorsorgeleistungen überhaupt amortisiert oder ob sich dies nicht eher als Nullsummenspiel entpuppt[408]. Im

---

402 *Köck*, ZUR 2016, 643 (646 ff.).

403 Vgl. *Kluth*, Die Rolle von Genossenschaften und Kooperationen (einschließlich Kammern) im Bereich der Bildungsinfrastrukturen, in: Schmidt-Trenz/Stober (Hrsg.), Der Dritte Sektor als Infrastrukturakteur, S. 161 (176).

404 *Appel*, NVwZ 2012, 1361 (1362).

405 Zum Aspekt der Pflichtmitgliedschaft unten Kap. 6 C. III. 3. b).

406 Kap. 2 B. II. 5. a).

407 Vgl. *Appel*, NVwZ 2012, 1361 (1362); vgl. zum Ganzen ferner *Renn* u.a., ZUR 2014, 281 (281 ff.).

408 *Lenk* u.a., Finanzielle Bürgerbeteiligung, S. 34; dies gilt insbesondere auch vor dem Hintergrund des sog. NIMBY-Effekts, zur bisherigen Forschung hierzu aber kritisch *Reinhardt/Mutert*, ZUR 2016, 84 (87 f.) m.w.N.

Folgenden soll der Blick daher auf die finanzielle Bürgerbeteiligung gerichtet werden, die greifbare finanzielle Entlastungseffekte für die Kommunen mit Beteiligungs- und Partizipationsmöglichkeiten zugunsten der Bürger verbindet.

bb) Finanzielle Bürgerbeteiligung

Im Zuge der Rekommunalisierungsmaßnahmen vergangener Jahre und der Finanzierung selbiger wurde der Ruf der Bürger nach einer stärkeren Einbindung nicht nur in die zuvor bereits dargestellte Beteiligung an Planungs- und Ausgestaltungsprozessen, sondern auch in die Finanzierung öffentlicher Daseinsvorsorgeleistungen immer lauter, was auch im Zusammenhang mit der durch kommunale Sparprozesse hervorgerufenen Unzufriedenheit der Bürger mit dem Leistungsportfolio ihrer Gemeinden und ihrer Suche nach risikoarmen Investitionsmöglichkeiten steht[409]. Dies kommt den Gemeinden angesichts des vermehrten Rückzugs von Banken aus der Kommunalfinanzierung und der aus vorherigen Geschäften resultierenden hohen Zinsbelastung ihrer Haushalte entgegen[410].

Die finanzielle Bürgerbeteiligung wurde in der Literatur zunächst überwiegend in Bezug auf den Ausbau Erneuerbarer Energien aufgegriffen[411], wird aber mittlerweile auch im Hinblick auf die Geeignetheit für andere Formen der Daseinsvorsorge untersucht[412]. Sie ist in Abgrenzung zum Gesamtdeckungsprinzip zu sehen[413], unterschieden wird zunächst zwischen direkter und indirekter finanzieller Bürgerbeteiligung[414]. Unter Letzterer ist die Bereitstellung von Leistungen durch Bürger aus dem kommunalen Aufgabenbereich zu verstehen, die nicht von der Gemeinde erbracht werden oder werden können, sowie die Mitwirkung von Bürgern in entsprechenden Organisationen/Einrichtungen gegen Auslagenersatz oder pauschale Aufwandsentschädigungen (zum Beispiel private Kindertagesstätten, Betreuungsangebote von Privaten)[415]. Der finanzielle Beitrag erschöpft sich hierbei in der Ersparnis von höheren Aufwendungen für die

---

409 *Drescher/Schaefer*, ZögU 2015, 3 (3 ff.).

410 *Drescher/Schaefer*, ZögU 2015, 3 (4 f.).

411 *Lenk/Rottmann/Grüttner*, Finanzielle Bürgerbeteiligung im Rahmen der Energiewende, S. 11 ff.; *Drescher/Schaefer*, ZögU 2015, 3 (8 ff.) m.w.N.; *Zenke/Dessau*, KommJur 2013, 288 ff.

412 *Lenk* u.a., Finanzielle Bürgerbeteiligung, S. 23 ff.; *Wessel*, dms 2015, 361 (364).

413 *Wessel*, dms 2015, 361 (365).

414 Andere Begrifflichkeiten beispielsweise bei *Wessel*, dms 2015, 361 (367).

415 *Lenk* u.a., Finanzielle Bürgerbeteiligung, S. 26.

Gemeinde[416]; auf diesen Aspekt soll erst wieder beim Thema der Kollaboration eingegangen werden[417].

Demgegenüber geht es bei der direkten finanziellen Bürgerbeteiligung, die wiederum in eine passive und eine aktive Ausgestaltungsform unterteilt wird, um die Bereitstellung eigener finanzieller Mittel durch den Bürger[418]. Dabei werden Gruppen von Beteiligungsmodellen gebildet: Zum einen sind dies Fremdkapitalmodelle, bei denen zur Projektfinanzierung durch den Bürger Darlehen oder ähnliche Finanzinstitute genutzt werden, um privates Kapital zu akquirieren, wobei dieser keine oder geringe Mitspracherechte hat und meist keinem Verlustrisiko ausgesetzt ist[419]. Zum anderen handelt es sich um Eigenkapitalmodelle, die eine unternehmerische Beteiligung des Bürgers, versehen mit entsprechenden Rechten und Pflichten, beinhalten[420]. Schließlich sind Übertragungsmodelle zu nennen, bei denen der Erwerb einer Anlage oder der Kauf dessen Erzeugnisses vorgesehen ist[421]. Die beiden letzteren Kategorien sind der aktiven finanziellen Bürgerbeteiligung zuzuordnen. Als weitere Vorteile der direkten finanziellen Bürgerbeteiligung neben der eigentlichen Finanzierung öffentlicher Daseinsvorsorge werden positive Effekte für die regionale Wirtschaft durch die Steigerung regionaler Kaufkraft sowie Akzeptanzsteigerungen genannt, wenn die finanzielle Beteiligung der Bürger eine Kompensation für die Änderungen in ihrem unmittelbaren Lebensumfeld schafft und diese deshalb ihre individuellen Kosten neu bewerten[422]. Auch die Entfremdung von Bürgern und dem politisch-administrativen System könnte auf diesem Weg verringert werden[423].

Schließlich weist finanzielle Bürgerbeteiligung auch Bezüge zum Konzept des wirkungsorientierten Investierens auf[424], welches sich durch die Verbindung

416 *Lenk* u.a., Finanzielle Bürgerbeteiligung, S. 23.

417 Dazu unten Kap. 2 B. II. 5. c).

418 *Lenk* u.a., Finanzielle Bürgerbeteiligung, S. 23.

419 *Egg/Poser*, Finanzielle Bürgerbeteiligung am Beispiel der Energieversorgung, in: Bentele u.a. (Hrsg.), Akzeptanz in der Medien- und Protestgesellschaft, S. 215 (216).

420 *Egg/Poser*, Finanzielle Bürgerbeteiligung am Beispiel der Energieversorgung, in: Bentele u.a. (Hrsg.), Akzeptanz in der Medien- und Protestgesellschaft, S. 215 (216); zum Ganzen auch *Wessel*, dms 2015, 361 (367).

421 Vgl. *Egg/Poser*, Finanzielle Bürgerbeteiligung am Beispiel der Energieversorgung, in: Bentele u.a. (Hrsg.), Akzeptanz in der Medien- und Protestgesellschaft, S. 215 (216).

422 *Drescher*, ZfWP 2016, 177 (185) m.w.N.; *Lenk* u.a., Finanzielle Bürgerbeteiligung, S. 24.

423 *Drescher*, ZfWP 2016, 177 (185).

424 *Wessel*, dms 2015, 361 (367).

der Lösung sozialer Probleme und die Bereitstellung des hierfür erforderlichen Kapitals auszeichnet[425]. Sie stellt dabei einen Mittelweg dar zwischen der puren Gabe bzw. Spende, die lediglich einen positiven gesellschaftlichen Nutzen bezweckt, sowie der konventionellen Finanzanlage, die auf eine (hohe) finanzielle Renditen zielt[426]. Da der Investor mit seinem Kapital auch einen sozialen oder ökologischen Mehrwert generieren möchte, also Nachhaltigkeitsmaßstäbe ansetzt[427], muss dieser Nutzen auch messbar sein[428]. Daran zeigt sich die Verzahnung dieses Ansatzes mit Bausteinen sozialen Unternehmertums[429].

(1) Passive finanzielle Bürgerbeteiligung

Bei der passiven finanziellen Bürgerbeteiligung nimmt der Bürger die Rolle eines bloßen Geldgebers ein, während die Mitspracherechte beim Unternehmen bzw. Projektbetreiber eher ein geringes Maß erreichen; als Finanzinstrumente kommen beispielsweise Sparbriefe, Anleihen oder Genussrechte in Betracht[430]. So empfahl das Bundesministerium für Wirtschaft zur Förderung der Bürgerbeteiligung Bürgerfonds als Sammelstelle zur Infrastrukturfinanzierung durch individuelle Sparerinnen und Sparer einzurichten, wobei diese mit erweiterten Transparenz- und Informationspflichten im Anlegerschutzgesetz einher gehen sollten, um die Identifikation der Bürgerinnen und Bürger mit dem Projekt zu fördern[431]. Auch die Genossenschaft des öffentlichen Rechts kann, wie ihr privatrechtliches Pendant, zur Finanzierung kommunaler Infrastrukturen und Daseinsvorsorgeleistungen durch die Sammlung privaten Kapitals genutzt werden[432]. Allerdings sei an dieser Stelle darauf hingewiesen, dass die Form der

425 *Then/Kehl*, Investieren mit sozialer Wirkung, S. 6.

426 *Then/Kehl*, Investieren mit sozialer Wirkung, S. 6.

427 Dazu bereits oben unter Kap. 2 B. IV.

428 Ausführlich *Allman/Escobar de Nogales*, Impact investment, S. 1 ff., 61 ff.

429 Dazu, insbesondere auch zum benefit report, ausführlich unter Kap. 2 B III. 3.

430 *Lenk* u.a., Finanzielle Bürgerbeteiligung, S. 24.

431 BMWi (Hrsg.), Stärkung von Investitionen in Deutschland, S. 8; zuletzt haben die Pläne des Bundes, Planung, Finanzierung, Bau und Betrieb von Bundesfernstraßen in einer Bundesautobahngesellschaft zu bündeln, die die Beteiligung privater Kapitalgeber ermöglicht, jedoch für ein negatives öffentliches Echo gesorgt. Dazu *Böger*, Public Governance 2016, 4 (4 f.).

432 *Schliesky*, Das Modell der öffentlich-rechtlichen Genossenschaften als Träger öffentlicher Daseinsvorsorge und Infrastruktur, in: Schmidt-Trenz/Stober (Hrsg.), Der Dritte Sektor als Infrastrukturakteur, S. 149 (152); zur zukünftig wachsenden Bedeutung der finanziellen Beweggründe bei der Bürgerbeteiligung für den Bereich der

finanziellen Bürgerbeteiligung nur einen Faktor bei der bürgerschaftlichen Motivation darstellt, Kapital zur Verfügung zu stellen. Dies zeigt sich an den bisherigen gescheiterten Versuchen, Bürger finanziell in den Ausbau und Betrieb von Übertragungsnetzen und Verteilernetzen einzubinden, die an sich ebenso unerlässlich für das Gelingen der Energiewende sind[433].

Während die Investitionen in Übertragungsnetze durch hohen Kapitalbedarf und lange Laufzeiten gekennzeichnet sind, was für den Bürger eine lange Kapitalbindung bedeuten würde, sind Investitionen in Verteilnetze weniger wahrnehmbar als in Erzeugungsanlagen oder Übertragungsnetze und dementsprechend unattraktiver für den Bürger[434]. Insbesondere bei den hier einzuordnenden Finanzierungsinstrumenten ist zu beachten, dass diese sich vor allem für große Investitionsvorhaben eignen, weil die Kosten für die Strukturierung und Einwerbung des Kapitals nicht die Einsparungen bei den laufenden Kosten überwiegen sollen[435]. Alternativ müssten die Beteiligungsbeträge hoch gesetzt werden, sodass die passive finanzielle Bürgerbeteiligung möglicherweise nur noch einer kleinen Gruppe finanziell gut situierter Bürger offen stünde, was den Unmut Ausgeschlossener provozieren könnte[436].

(a) Bürgerdarlehen

Bei einem Bürgerdarlehen gewähren Bürger einer Gemeinde einen gewissen Geldbetrag, der beispielsweise mit drei Prozent verzinst und nach einem Jahr zurückgezahlt wird. Unabhängig von der Rechtsform der Genossenschaft des öffentlichen Rechts als Selbstverwaltungsträger fallen durch sie aufgenommene Bürgerdarlehen ebenfalls unter den Betrieb eines Einlagengeschäfts im Sinne des § 1 Abs. 1 S. 2 Nr. 1 KWG[437]. Anders ist dies nur dann, wenn die betreffenden Bankgeschäfte nicht gewerbsmäßig oder in einem Umfang betrieben werden, die einen in kaufmännischer Weise eingerichteten Geschäftsbetrieb nicht erfordern, §§ 1 Abs. 1 S. 1, 32 Abs. 1 S. 1 KWG. Die Gewerbsmäßigkeit ist dann gegeben, wenn der Betrieb auf eine gewisse Dauer angelegt ist und mit

---

Erneuerbaren Energien Verband kommunaler Unternehmen (Hrsg.), Stadtwerke und Bürgerbeteiligung, S. 31.

433 So das Beispiel der von Schleswig-Holstein als Bürgernetz konzipierten Westküstenleitung, dazu SHZ vom 30.9.2013 „Bürgernetz erweist sich als Flop".

434 Verband kommunaler Unternehmen (Hrsg.), Stadtwerke und Bürgerbeteiligung, S. 31.

435 *Egg/Poser*, Finanzielle Bürgerbeteiligung am Beispiel der Energieversorgung, in: Bentele u.a. (Hrsg.), Akzeptanz in der Medien- und Protestgesellschaft, S. 215 (220 ff.).

436 Vgl. BT-Drs. 17/12294, S. 325.

437 Vgl. *Prehn*, DÖV 2011, 174 (175 ff.).

Gewinnerzielungsabsicht betrieben wird[438]. Sollte dieses Merkmal ausnahmsweise nicht zutreffen, ist das alternative Erfordernis eines in kaufmännischer Weise eingerichteten Geschäftsbetriebs in der Regel dann erfüllt, wenn der Einlagenbestand bei mehr als fünf Einzelanlagen die Summe von 12.500 Euro überschreitet oder unabhängig von der Summe des Einlagenbestands mehr als 25 Einzelanlagen bestehen[439]. Bei vielen denkbaren Einsatzbereichen der Genossenschaft des öffentlichen Rechts wird zumindest eines der Tatbestandsmerkmale erfüllt sein. Selbst wenn es um die Finanzierung einer sozialen oder kulturellen Infrastruktur geht, bei der schon vom Grundsatz her kein Gewinn erzielt werden könnte, weil sie von vornherein ein Zuschussgeschäft ist, sind die Fälle, in denen 12.500 Euro oder eine Anlegerzahl von 25 Bürgern nicht überschritten werden, eher selten und hängen von der finanziellen Eigenausstattung der Genossenschaft des öffentlichen Rechts ab. Außerdem wäre es kontraproduktiv, einen überwiegenden Teil der betroffenen Bürger von vornherein ausschließen zu müssen.

Allerdings könnte sich eine Ausnahme bei der Erfüllung öffentlicher Aufgaben ergeben. So wurde im (Regel-)Fall der Erfüllung öffentlicher Aufgaben durch eine Gemeinde das Vorliegen eines erlaubnispflichtigen Kreditgeschäfts im Sinne des § 1 Abs. 1 KWG verneint, weil sich die Verfolgung öffentlicher Zwecke und das Betreiben eines Kredit-, Einlagen- oder Garantiegeschäfts gegenseitig ausschließen[440]. Dies knüpft auch an den an anderen Stellen geführten Streit um das Vorliegen einer Gewerbsmäßigkeit bei einer vorrangigen öffentlichen Aufgabenerfüllung und lediglich nachrangigen Gewinnerzielungsabsicht an[441]. Um ein Bankgeschäft handelt es sich dann nicht, wenn ein unmittelbarer (enger) Zusammenhang zwischen diesem und der öffentlichen Aufgabenerfüllung vorliegt, sodass der öffentliche Zweck dem Kreditgeschäft sein eigentliches Gepräge gibt[442]. Dies wäre auch bei der Genossenschaft des öffentlichen Rechts anzunehmen, da diese durch einen Hoheitsträger und/oder Bürger zum Zweck der Erfüllung spezifischer öffentlicher Aufgaben, von denen diese betroffen sind, gegründet wird und dies durch ihre organisationsrechtlichen Besonderheiten verdeutlicht wird. Warum eine teleologische Reduktion des Kreditwesengesetzes auf die öffentliche Aufgabenerfüllung kommunaler Gebietskörperschaften

438 *Fischer/Müller*, in: Boos/Fischer/Schulte-Mattler, Bd. 1, § 32 KWG Rn. 7.
439 *Prehn*, DÖV 2011, 174 (177).
440 *Prehn*, DÖV 2011, 174 (178).
441 *Prehn*, DÖV 2011, 174 (178) m.w.N.
442 *Prehn*, DÖV 2011, 174 (178).

beschränkt sein sollte, ist nicht nachvollziehbar. Eine Erlaubnispflicht nach § 32 KWG entfiele daher.

Eine ähnliche Problematik stellt sich beim kreditgewährenden Bürger, wobei sich die Frage hauptsächlich um eine mögliche Gewerbsmäßigkeit des Bankgeschäfts dreht, die aber in der Regel nicht vorliegen wird[443].

Bei Vermögensanlagen in Gestalt von Bürgerdarlehen greift grundsätzlich die Prospektpflicht aus §§ 6 Abs. 1 Nr. 3, 4 und 7 VermAnlG. Gebietskörperschaften sind nach § 2 Abs. 1 Nr. 7 lit. b VermAnlG davon befreit, genauso wie eingetragene Genossenschaften gemäß § 2 Abs. 1 Nr. 1, 1a VermAnlG. Funktionale Selbstverwaltungsträger sind dementsprechend nicht, auch nicht von § 2 Abs. 1 Nr. 7 lit. e VermAnlG, erfasst, sodass man allenfalls vom Telos des § 2 Abs 1 Nr. 7 VermAnlG auf einen ungeschriebenen Ausnahmetatbestand schließen könnte. Dieser müsste entweder an die besondere Bonität des Emittenten oder bestimmte aufsichtsrechtliche Regelungen, denen dieser unterliegt, anknüpfen[444]. Wie später noch ausführlich dargelegt wird, hängt die Bonität einer Genossenschaft des öffentlichen Rechts aber unter anderem vom jeweiligen Organisationsgesetz und den Mitgliedern ab[445]. Zudem muss für die funktionale Selbstverwaltung größtenteils eine bloße Rechtsaufsicht gelten, weshalb auch nicht von einer besonderen Form der Aufsicht gesprochen werden kann, wie sie bei unter § 2 Abs. 1 Nr. 7 lit. e VermAnlG fallende juristische Personen existiert. Grundsätzlich ist daher eher von einer Prospektpflicht für die Genossenschaft des öffentlichen Rechts auszugehen.

(b) Bürgeranleihe

Ein neueres Finanzierungsinstrument sind Bürgeranleihen, die eine durch die Gemeinde selbst oder durch eine von ihr gegründete Gesellschaft festverzinsliche Finanzanlage zur Finanzierung spezieller lokaler Infrastruktur darstellen und gezielt den Bürgerinnen und Bürgern vor Ort angeboten werden[446]. Für die Bürgeranleihe als Wertpapier gilt ebenfalls eine Prospektpflicht, die hier aus § 1 Abs. 1 WpPG folgt, wobei Gebietskörperschaften auch von dieser nach

---

443 *Prehn*, DÖV 2011, 174 (180 ff.).

444 *Maas*, in: Assmann/Schlitt/v. Kopp-Colomb, Wertpapierprospektgesetz/Vermögensanlagengesetz, § 2 VermAnlG Rn. 7.

445 Dazu unter Kap. 6 C. III., VII.

446 Im Zusammenhang mit dem Breitbandausbau *Gittermann*, Der Gemeindehaushalt 2016, 210 (211 ff.); vgl. dazu erstmalig das Konzeptpapier von BMU und BMWi „Bürgerdividende Netzausbau“.

§ 1 Abs. 2 Nr. 2 WpPG befreit sind, nicht aber durch diese gegründete kommunale Unternehmen[447]. Ihr Einsatz verursacht einen höheren verwaltungstechnischen Aufwand und dementsprechend mehr Kosten[448]. Im Bereich der Infrastrukturfinanzierung wurde sie erstmals im Pilotprojekt „Bürgeranleihe Westküstenleitung" eingesetzt, das jedoch im Wesentlichen scheiterte. Als Gründe wurden neben ihrer Risikobehaftetheit, ihrer Unattraktivität als Anlageform und ihrer zu hohen Komplexität auch die nicht vorhandene direkte Beteiligung am Netz genannt[449].

(c) *Infrastrukturfonds*

Im Bereich großvolumiger Infrastrukturprojekte stellen Infrastrukturfonds ein bedeutendes Finanzierungsmittel dar, da diese die umfangreiche Sammlung privaten Kapitals ermöglichen. Dementsprechend werden sie auch im Zusammenhang mit der Schaffung und Unterhaltung kommunaler steuerfinanzierter Infrastruktur diskutiert[450]. Aufgrund der mit ihnen verbundenen, nicht nur die Anleger betreffenden Risiken unterstehen Investmentvermögen den strengen Regelungen des Kapitalanlagegesetzbuchs. Die engmaschigen Regelungen führen zu entsprechend hohem Verwaltungsaufwand und Transaktionskosten, weshalb der Einsatz von Investmentvermögen grundsätzlich entweder nur bei sehr großen Einzelprojekten oder im Falle kleiner Projekte, wie sie auf kommunaler Ebene häufiger vorzufinden sind, durch eine Bündelung ebendieser in Betracht kommt[451]. Seit durch § 1 Abs. 1 KAGB der materiell-rechtliche Investmentvermögensbegriff und durch § 1 Abs. 3 KAGB der ebenfalls materiell-rechtlich zu verstehende Begriff der Alternativen Investmentfonds eingeführt wurde, kann das Kapitalanlagegesetzbuch (KAGB) unabhängig von der konkreten Rechtsform Anwendung finden[452]. Da nur die funktionalen Selbstverwaltungsträger der Sozial- und Rentenversicherung und Verwaltungseinrichtungen, die Gelder zur Unterstützung der Sozialversicherungs- und Pensionssysteme verwalten,

---

447 *Gittermann*, Der Gemeindehaushalt 2016, 210 (211).

448 *Prehn*, DÖV 2011, 174 (184).

449 *Lenk* u.a., Finanzielle Bürgerbeteiligung, S. 33 m.w.N.

450 *Kneuper/v. Kaler*, NVwZ 2017, 195 (195) m.w.N.

451 *Kneuper/v. Kaler*, NVwZ 2017, 195 (195 f.).

452 *Geibel*, WM 2015, 1649 (1649); zuvor Art. 2 Abs. 3 der RL 2011/61/EU des Europäischen Parlaments und des Rates vom 8. Juni 2011 über die Verwaltung alternativer Investmentfonds und zur Änderung der Richtlinien 2003/41/EG und 2009/41/EG und der Verordnungen (EG) Nr. 1060/2009 und (EU) Nr. 1095/2010, L 174/14, S. 14.

in § 2 Abs. 1 Nr. 5 KAGB mit einer Ausnahmeregelung bedacht wurden[453], ist davon auszugehen, dass alle anderen juristischen Personen des öffentlichen Rechts – und demnach auch die Genossenschaft des öffentlichen Rechts als funktionaler Selbstverwaltungsträger anderer Art – vom Anwendungsbereich des KAGB erfasst sind.

Ob eine Genossenschaft des öffentlichen Rechts tatsächlich dem sachlichen Anwendungsbereich des KAGB unterfällt, ist zwar eine für jeden Einzelfall gesondert zu beurteilende Frage, jedoch ergibt sich aus der Literatur zur Anwendung des KAGB auf eingetragene Genossenschaften, dass es in gewissen rechtlichen Ausgestaltungen eines genossenschaftlichen Konstrukts nahezu ausgeschlossen ist, dass die Regelungen des KAGB greifen[454]. Da es bei diesen Ausführungen nicht auf die privatrechtliche und öffentlich-rechtliche Natur der konkreten Rechtsform ankommt[455], können sie auch für die Beurteilung der Rechtslage für die Genossenschaft des öffentlichen Rechts fruchtbar gemacht werden. So liegt nach § 1 Abs. 1 KAGB kein Investmentvermögen vor, wenn der Organismus für gemeinsame Anlagen ein operativ tätiges Unternehmen außerhalb des Finanzsektors ist[456]. Hintergrund ist, dass das KAGB insbesondere vor Risiken kurzfristiger Allokationsentscheidungen interner oder externer Verwalter schützen soll, die durch die Abhängigkeit des Investmentvermögensertrags von rein externen Vermögen für diese Anlageart typisch sind[457]. Als Katalysator wirkt darüber hinaus die Tatsache, dass in diesen Situationen der nachhaltige Betrieb eines auf Produktion und Vertrieb eigener Waren und Dienstleistungen angelegten Geschäfts nicht verfolgt wird[458]. Bei realwirtschaftlichen Unternehmen existieren diese Risiken demgegenüber generell nicht, weil dort Anleger wie Eigentümer gleichermaßen am allgemeinen unternehmerischen Risiko beteiligt werden[459].

---

453 *Livonius/Riedl*, in: Patzner/Döser/Kempf, Investmenrecht, § 2 KAGB Rn. 21.

454 Vgl. BaFin, Auslegungsschreiben zum Anwendungsbereich des KAGB und zum Begriff des „Investmentvermögens", Geschäftszeichen Q 31-Wp 2137-2013/0006 vom 14.6.2013, in der Fassung vom 9.3.2015, Ziffer II.3 Satz 4.

455 Vgl. *Geibel*, WM 2015, 1649 (1657).

456 Zur Kritik an der Begrifflichkeit dieses Negativkriteriums *Wintermeier*, Bürgerenergiegenossenschaften und das Kapitalanlagegesetzbuch, S. 174 ff.

457 *Wintermeier*, Bürgerenergiegenossenschaften und das Kapitalanlagegesetzbuch, S. 194 f.

458 *Wintermeier*, Bürgerenergiegenossenschaften und das Kapitalanlagegesetzbuch, S. 195.

459 *Wintermeier*, Bürgerenergiegenossenschaften und das Kapitalanlagegesetzbuch, S. 194.

Wie auch immer man das Kriterium des operativ tätigen Unternehmens auch auslegt, ist man sich aber doch einig, dass eine materiell-wirtschaftliche Gesamtbetrachtung der strategischen Ausrichtung des kapitalsammelnden Vehikels zu erfolgen hat[460]. Zunächst spricht bereits die Wahl einer genossenschaftlichen Organisationsform gegen eine Qualifizierung als Investmentvermögen, wenn sich die Mitglieder zur Erreichung eines gemeinsamen Ziels freiwillig zusammenschließen und Kapital einbringen, da dann von vornherein nicht die Rede von einem fremdverwalteten Investitionsvehikel sein kann[461]. Insbesondere aufgrund der §§ 18 S. 1, 43 Abs. 3 GenG kann sich der Initiator des genossenschaftlichen Verbunds auch keinen beherrschenden Einfluss sichern und so die aktive Teilnahme der restlichen Mitglieder an der Leitung der eingetragenen Genossenschaft ausschließen[462]. Verwirklicht mithin eine genossenschaftliche Organisation eine der Geschäftstätigkeit selbiger mit ihren Mitgliedern dienende Förderzweckstrategie oder eine dem operativen Eigenbetrieb dienende Rücklagenstrategie, ist der sachliche Anwendungsbereich des KAGB nicht eröffnet; sie ist dann nur Mittel zum Zweck und überschreitet nicht die Grenze zu untergeordneten Neben- oder Hilfstätigkeiten[463]. Dementsprechend kann bereits in Zweifel gezogen werden, ob eine eingetragene Genossenschaft überhaupt eine „Anlagestrategie" im Sinne des § 1 Abs. 1 KAGB verfolgen kann, wenn an der Stelle des Endzwecks die Förderstrategie steht[464]. An dieser Einschätzung ändert auch die Aufnahme von investierenden Mitgliedern i.S.d. § 8 Abs. 2 GenG nichts, weil ihre Einlagen in das allein dem Förderzweck dienende Genossenschaftskapital einfließen, sie mithin nicht zu Anlegern im investmentrechtlichen Sinn werden[465].

Da die Genossenschaft des öffentlichen Rechts explizit eine Förderzweckstrategie zugunsten ihrer Mitglieder verfolgt und genossenschaftliche Prinzipien in

---

460 BaFin, Auslegungsschreiben zum Anwendungsbereich des KAGB und zum Begriff des „Investmentvermögens", Geschäftszeichen Q 31-Wp 2137-2013/0006 vom 14.6.2013, in der Fassung vom 9.3.2015, Ziffer II.3; *Wintermeier*, Bürgerenergiegenossenschaften und das Kapitalanlagegesetzbuch, S. 230 und 236 f.; *Geibel*, WM 2015, 1649 (1653 f.).

461 *Wintermeier*, Bürgerenergiegenossenschaften und das Kapitalanlagegesetzbuch, S. 239.

462 Vgl. *Wintermeier*, Bürgerenergiegenossenschaften und das Kapitalanlagegesetzbuch, S. 239.

463 *Geibel*, WM 2015, 1649 (1653 f.).

464 *Geibel*, WM 2015, 1649 (1652); so auch *Wintermeier*, Bürgerenergiegenossenschaften und das Kapitalanlagegesetzbuch, S. 247.

465 *Geibel*, WM 2015, 1649 (1657).

ihr so weit wie möglich umgesetzt werden sollen, liegt der Schluss nahe, dass das KAGB dann auch auf sie keine Anwendung findet. Zumindest aber besteht diese Möglichkeit ganz grundsätzlich.

(d) Zwischenfazit

Auch wenn die Genossenschaft des öffentlichen Rechts lediglich dem Zweck der Kapitalsammlung dienen könnte, sollte sie sich hierauf doch nicht beschränken. Zwar werden bereits mit der bloßen Einbringung von Kapital durch Bürger positive, insbesondere Akzeptanzsteigerungs-, Aspekte verknüpft[466], doch ermöglicht diese Organisationsform die Implementierung aktiver finanzieller Bürgerbeteiligungsstrukturen, die darüber hinausgehende Potenziale heben lassen und deswegen nach Möglichkeit auch genutzt werden sollten.

(2) Aktive finanzielle Bürgerbeteiligung und partizipative Finanzierung

Im Rahmen der aktiven finanziellen Bürgerbeteiligung nimmt der Bürger eine Doppelrolle als Geldgeber und Miteigentümer ein, wird selbst zum Produzenten bestimmter Leistungen und hat Anspruch auf Kontroll- und Mitspracherechte[467]. Für den Zweck der Akzeptanzherstellung wird insbesondere das Eigenkapitalmodell als vorteilhaft erachtet, da es neben den finanziellen Vorteilen Informations- und Mitspracherechte institutionell absichert, welche essenziell für die Identifikation der Bürger mit dem Projekt sind[468]. Die (aktive) finanzielle Bürgerbeteiligung wurde durch das Konzept der partizipativen Finanzierung weiterentwickelt, Letztere zeichnet sich durch folgende Elemente aus: (1) Einbindung in den Prozess der Planung und Erstellung des Leistungsangebots (2) unter Einbezug privaten Kapitals, (3) Ausstattung der Bürger mit umfangreichen Mitspracherechten (4) bei Ausschluss der persönlichen Haftung und (5) gleichzeitiger Entlastung des kommunalen Haushalts[469]. Der Fokus soll hierbei von der Mobilisierung privaten Kapitals, wie es bei der finanziellen Bürgerbeteiligung der Fall ist, hin zur Integration der Bürger in den Prozess der Leistungserbringung gelenkt und so regionale Wertschöpfung und regionale

---

466 *Lenk* u.a., Finanzielle Bürgerbeteiligung, S. 24 ff.; *Egg/Poser*, Finanzielle Bürgerbeteiligungen am Beispiel der Energieversorgung, in: Bentele/Bohse (Hrsg.), Akzeptanz in der Medien- und Protestgesellschaft, S. 215 (223).

467 *Lenk* u.a., Finanzielle Bürgerbeteiligung, S. 23.

468 *Egg/Poser*, Finanzielle Bürgerbeteiligung am Beispiel der Energieversorgung, in: Bentele u.a. (Hrsg.), Akzeptanz in der Medien- und Protestgesellschaft, S. 215 (217).

469 *Drescher*, ZfWP 2016, 177 (194).

Problemlösungskompetenz gefördert werden[470]. Dies wird als Prozess „synergetischer Kooperation" beschrieben, als neue Form öffentlicher-privater Partnerschaft, welche bürgerschaftliche Gestaltungskraft freisetze und dadurch eine vergleichsweise hohe kommunale Wertschöpfung erreiche[471]. Damit sind auch hier die Parallelen zu den anschließenden Ausführungen zu den Konzepten der Kollaboration und Koproduktion gegeben.

Die Idee der Genossenschaft des öffentlichen Rechts korrespondiert am meisten mit diesem partizipativen Modell aktiver finanzieller Bürgerbeteiligung, weil es verschiedene Facetten bürgerschaftlicher Aktivierung miteinander kombiniert. Es entspricht darüber hinaus auch am meisten dem genossenschaftlichen Charakter dieser Organisationsform, indem es unter anderem echte, aktive Mitgestaltungs- und Mitverantwortungsmöglichkeiten der Mitglieder der Genossenschaft betont.

(3) Zwischenfazit

Die finanzielle Bürgerbeteiligung kann nicht als Allheilmittel gesehen werden, da ihr von vornherein diverse Grenzen gesetzt sind. Zum einen liegt eine Grenze in dem Bereich solcher Aufgaben des übertragenen Wirkungskreises sowie staatlicher Auftragsangelegenheiten; zum anderen wird eine Grenze bei dem Erhalt und Betrieb physischer Infrastrukturen gesehen, da unter anderem technische und/oder rechtliche Anforderungen, komplexe Wirkungszusammenhänge, Fragen des Gewährleistungs- und Haftungsrechts und Anforderungen an Qualitätsstandards eine aktive direkte und indirekte finanzielle Bürgerbeteiligung vielfach ausscheiden lassen[472]. Für eine passive direkte finanzielle Bürgerbeteiligung hinderlich ist, dass es bei diesen kommunalen Leistungsangeboten oftmals um eine dauerhafte Finanzierung des Angebots geht und es folglich eines kontinuierlichen Mittelanteils zum Angebotserhalt bedürfte; demgegenüber ist es aber gerade Zweck der passiven direkten finanziellen Bürgerbeteiligung, den Bürgern einen wirtschaftlichen Erfolg an dem zu finanzierenden Projekt zugute kommen zu lassen, um deren Akzeptanz dafür zu steigern und diese sich mit einer ebensolchen Erwartungshaltung auch am Projekt beteiligen[473]. Ausnahmen können

---

470 *Drescher*, ZfWP 2016, 177 (194).

471 *Drescher*, ZfWP 2016, 177 (195).

472 *Röbke*, Bürgerschaftliches Engagement als Allheilmittel in Kommunen – Chancen und Grenzen, in: Bubolz-Lutz/Mörchen (Hrsg.), Zukunftsfaktor Bürgerengagement, S. 26 (27 f.).

473 *Lenk* u.a., Finanzielle Bürgerbeteiligung, S. 34 f.

aber bei der Energieerzeugung und beim Öffentlichen Personennahverkehr verortet werden[474]. Letztlich bleiben damit aber noch genug Anwendungsmöglichkeiten, sodass finanzielle Bürgerbeteiligungselemente in die Genossenschaft des öffentlichen Rechts inkorporiert werden könnten und sollten.

c) Kollaboration

Bei der Kollaboration geht es im Kern darum, den Bürger aus seiner passiven Rolle als Adressat herauszulösen, indem auf diesen zugegangen und eine Beteiligung aktiv und ergebnisoffen gesucht wird, wodurch wiederum das Vertrauen in den Staat und seine Repräsentanten gestärkt wird[475]. Eine Variante der Erfüllung von freiwilligen öffentlichen Aufgaben ist die Koproduktion im Sinne der Erbringung öffentlicher Dienstleistungen unter Beteiligung von Bürgern eines beschränkten Gebiets[476]. Die Koproduktion kann im Einzelnen höchst unterschiedlich ausgestaltet sein und von der bloßen Einbringung von Vorschlägen gegenüber dem eigentlichen Dienstleister (öffentlich oder privat) bis zu einer institutionalisierten Koproduktion reichen, bei der die öffentlichen Dienstleistungen unter Einbringung des persönlichen Engagements der Bürger durch die Institution produziert und die Dienstleistungen unter anderem durch diese auch in Anspruch genommen werden[477]. Letztere Variante weist starke Bezüge zum genossenschaftlichen Identitätsprinzip auf. Spätestens bei der Ausgestaltung der Koproduktion in Form des Mit-Umsetzens wird sie teilweise auch als indirekte finanzielle Bürgerbeteiligung bezeichnet[478], weil dabei in einigen Fällen bezahlte Arbeit durch ehrenamtliche Tätigkeiten ersetzt wird, was Einsparungsmöglichkeiten für die Gemeinde generiert (sog. „substitutive Koproduktion“)[479]. Im

---

474 *Lenk* u.a., Finanzielle Bürgerbeteiligung, S. 72 f.

475 *Janda*, Open Government – Transparenz, Partizipation und Kollaboration als Staatsleitbild, in: Schliesky/Schulz (Hrsg.), Transparenz, Partizipation, Kollaboration – Web 2.0 für die öffentliche Verwaltung, S. 11 (24 ff.).

476 Vgl. *Bovaird/Loeffler*, VOLUNTAS 2012, 1119 (1121 f.); grundlegend *Normann*, Dienstleistungsunternehmen, S. 71 ff.; weiterführend *Schuppert*, Governance von und durch Verwaltungsreformen, in: Blanke u.a. (Hrsg.), Handbuch zur Verwaltungsreform, S. 30 (34 ff.).

477 *Bovaird/Loeffler*, VOLUNTAS 2012, 1119 (1123 f.); zu Beispielen aus der Praxis *Bovaird*, PAR 2007, 846 (848 ff.)

478 Vgl. *Lenk* u.a., Finanzielle Bürgerbeteiligung, S. 26; diese Bezüge ebenfalls herstellend *Wessel*, dms 2015, 361 (366).

479 *Löffler/Timm-Arnold*, VM 2016, 306 (307); sehr kritisch dazu *Drescher*, ZfWP 2016, 177 (184).

Vergleich dazu leistet der Staat bei der additiven Koproduktion einen Beitrag zwecks Verstärkung der Leistungen von Bürgerinitiativen[480]. Der Beitrag des Staates im Rahmen dieser Koproduktion könnte sich fallabhängig auf die Zurverfügungstellung der Organisationsform einer öffentlich-rechtlichen Genossenschaft, zum Beispiel im Sinne eines Top-down-Verfahrens[481], und einer Rechtsaufsicht über diese beschränken. Er muss aber in jedem Fall vorhanden sein, sei es durch fachliche Begleitung oder Koordination bzw. Unterstützung durch die Kommune, um von Koproduktion sprechen zu können[482].

Koproduktion ist daher weder reine Selbsthilfe von Bürgern ohne Begleitung der öffentlichen Verwaltung noch ehrenamtliches Engagement ohne Koordination, Steuerung, Unterstützung oder sonstige Form der Einflussnahme durch die öffentliche Verwaltung oder Selbstorganisation von Bürgern in Gestalt von Vereinen, Bürgerinitiativen und anderem[483]. Demnach geht es letztlich darum, dass die öffentliche Hand den Bürgern hilft, sich selbst zu organisieren und ihnen im Gegenzug eine Mitverantwortung für die Entwicklung von Gesellschaft und Wirtschaft sowie für die Verbesserung der eigenen Lebensqualität überträgt, was über den Begriff bloßer Partizipation hinaus geht[484]. Während die substitutive Koproduktion insbesondere für kommunale Haushalte kurzfristige Entlastungen schafft, können durch die additive Koproduktion mittel- bis langfristige Fortschritte bei der lokalen Lebensqualität durch Verbesserungen kommunaler Daseinsvorsorgeleistungen erzielt werden, insbesondere je mehr sich die Kommune am Anfang engagiert[485]. Für beide Formen gilt aber, dass die Wahrnehmung der Bürger, einen Unterschied zu bewirken, einen wesentlichen Motivationsfaktor bei der Koproduktion darstellt[486]. Weil derartige effektive Formen von Koproduktion einer konsequenten Wirkungsorientierung und systematischer Umsetzung sowie Leadership in Politik und Verwaltung bedürfen[487], kann eine institutionalisierte Koproduktionsplattform in Gestalt eines

480 *Löffler/Timm-Arnold*, VM 2016, 306 (307).

481 Vgl. *Rosin*, Die öffentliche Genossenschaft, S. 129 ff.; hier wird die Abgrenzung zwischen reiner indirekter finanzieller Bürgerbeteiligung und Koproduktion bereits schwierig, vgl. dazu und zur Begriffsverwendung *Drescher*, ZfWP 2016, 177 (184).

482 *Timm-Arnold/Löffler*, VM 2013, 197 (198).

483 *Löffler/Timm-Arnold*, VM 2016, 306 (308).

484 Vgl. *Löffler/Timm-Arnold*, VM 2016, 306 (308); *Timm-Arnold/Löffler*, VM 2013, 197 (199).

485 *Löffler/Timm-Arnold*, VM 2016, 306 (311 f.).

486 *Löffler/Timm-Arnold*, VM 2016, 306 (312).

487 *Löffler/Timm-Arnold*, VM 2016, 306 (312).

genossenschaftlich organisierten funktionalen Selbstverwaltungsträgers wie der Genossenschaft des öffentlichen Rechts einen entscheidenden Erfolgsfaktor für die Etablierung einer additiven Koproduktion in einer Kommune darstellen.

d) Zwischenfazit

Festzuhalten ist, dass die verschiedenen Ansätze der New Public Governance in ihren Grundsätzen inhaltliche Überschneidungen zu dem Genossenschaftswesen zuzuordnenden Besonderheiten aufweisen. In Bezug auf eine (Wieder-) Belebung des Ehrenamts ist jedoch auch hier teilweise Skepsis in den Bereichen Gesundheit, Soziales oder Pflege angebracht, sofern eine kontinuierliche Präsenz unabdingbar zur Gewährleistung der Funktionsfähigkeit von Einrichtungen ist, Dienstleistungen verlässlich und nachhaltig abrufbar sein müssen sowie eine spezielle fachliche Qualifikation vorausgesetzt wird[488]. Probleme können sich zudem in Bereichen ergeben, in denen komplexe juristische Regelungen (vom Tarifrecht über Datenschutz bis zu Förderbedingungen) einzuhalten sind oder wo Umsätze und Geldströme ein Ausmaß erreichen, dass daraus resultierende Fragen von Haftung und Verantwortung eine zeitintensive Steuerung und Aufsicht notwendig machen[489]. Das bedeutet aber nicht, dass kein Bedarf an dieser neuen Organisationsform bestünde, da einerseits noch hinreichend der eingangs vorgestellten Einsatzbereiche für die Genossenschaft des öffentlichen Rechts übrig bleiben und andererseits bereits zu diesem Zeitpunkt der Untersuchung klar wird, dass viele Potenziale ungenutzt blieben, würde es bei dem bestehenden organisationsrechtlichen Instrumentarium bleiben.

III. Förderung sozialen Unternehmertums

Während die vorherigen Erläuterungen zu den verwaltungswissenschaftlichen Ansätzen auf die Aktivierung der Bürger selbst abstellten, befasst sich dieser Gliederungspunkt im Sinne eines Perspektivwechsels mit dem organisatorischen Vehikel, in das diese Mechanismen eingebaut werden sollen. Auch ein Unternehmen kann soziale Verantwortung übernehmen und so zu einem „guten

488 Vgl. *Röbke*, Bürgerschaftliches Engagement als Allheilmittel in Kommunen – Chancen und Grenzen, in: Bubolz-Lutz/Mörchen (Hrsg.), Zukunftsfaktor Bürgerengagement, S. 26 (27)

489 Vgl. *Röbke*, Bürgerschaftliches Engagement als Allheilmittel in Kommunen – Chancen und Grenzen, in: Bubolz-Lutz/Mörchen (Hrsg.), Zukunftsfaktor Bürgerengagement, S. 26 (27); diese gesamte Kritik nur auf die finanzielle Bürgerbeteiligung beziehend *Lenk* u.a., Finanzielle Bürgerbeteiligung, S. 35.

Unternehmensbürger“ werden[490]. Kennzeichnend für das soziale Unternehmertum ist die doppelte Verpflichtung sowohl auf das Gemeinwohl als auch auf die Gewinnerzielung[491]. Zwar wird, wie oben bereits ausführlich dargestellt[492], ein spezifischer sozialethischer Charakter eingetragener Genossenschaften mit gewichtigen, auf das Genossenschaftsgesetz Bezug nehmenden Argumenten abgelehnt, doch ist ebenso die Rede von der eingetragenen Genossenschaft als besonderer Unternehmenskulturchance[493]. Auch ist es kein Zufall, sondern hängt mit den Organisationsstrukturen zusammen, dass viele eingetragene Genossenschaften den steuerrechtlichen Status der Gemeinnützigkeit tragen und insbesondere die jüngeren Neugründungen eine hohe Engagementaffinität aufweisen, die Indikatoren für einen zivilgesellschaftlichen Charakter sind[494].

Zunächst ist daher festzustellen, inwieweit sich Elemente sozialen Unternehmertums bereits in eingetragenen Genossenschaften im Sinne eines gemeinwirtschaftlichen Verhaltens generell manifestiert haben und welche rechtlichen und tatsächlichen Grenzen für soziales Unternehmertum dort existieren. Eine Genossenschaft des öffentlichen Rechts könnte dann über das aktuelle Niveau der eingetragenen Genossenschaften hinaus die Chance eröffnen, gewisse Wesenszüge, die von Autoren wie *Paulick* oder *Münkner* bisher lediglich in die eingetragene Genossenschaft hineingelesen wurden und in diesen auf freiwilliger Basis umgesetzt werden, derart organisationsrechtlich auszugestalten, dass förderwirtschaftliche Selbsthilfe und soziales Unternehmertum miteinander kombiniert werden. Das Stufenverhältnis zugunsten der Mitgliederförderung sollte zwar ausdrücklich abgebildet werden, weil es wichtig für die Aktivierung der betroffenen Bürgerschaft ist; die Gemeinwohlverfolgung muss indes ebenfalls einen wichtigen Platz einnehmen. Dafür werden Lösungsansätze auf europäischer und US-amerikanischer Ebene aufgegriffen und auf ihre Kompatibilität mit genossenschaftlichen Grundprinzipien hin untersucht.

Letztlich macht eine gewisse rechtliche Verfestigung von Aspekten sozialen Unternehmertums im Organisationsgesetz auch deswegen Sinn, weil es gerade

---

490 *Beschorner/Schmidt*, Corporate Social Responsibility und Corporate Citizenship, in: dies. (Hrsg.), Corporate Social Responsibility und Corporate Citizenship – eine Einführung, S. 9 ff.; *Matten/Crane*, The Academy of Management Review (30) 2005, 166 ff.

491 Zur Weite der diversen Begriffsbestimmungen *Möslein/Mittwoch*, RabelsZ 2016, 399 (404) m.w.N.; vgl. *Wessel*, dms 2015, 361 (367).

492 Dazu oben Kap. 1 D. II.

493 *Beuthien*, Ist die Genossenschaft eine sozialethische Veranstaltung?, in: ders. (Hrsg.), Die eingetragene Genossenschaft im Strukturwandel, S. 1 (23).

494 *Thürling*, Genossenschaften im Dritten Sektor, S. 17 ff.

dem Ansatz der New Public Governance entspricht, dass das Stakeholder-Netzwerk umso größer sein muss, je gewichtiger die zu bewältigende gesellschaftliche Aufgabe ist; dass die Akteure aber, je umfangreicher die Kooperation beschaffen ist, desto eher eigene anstatt öffentlicher, geschweige denn spezifischer Gemeinwohlinteressen verfolgen[495]. Angesichts multipler Akteure könnte die Genossenschaft des öffentlichen Rechts daher andernfalls schnell Gefahr laufen, ihre gemeinwohlbezogene Tätigkeit aufzugeben und nur noch ihre Mitglieder, ungeachtet lokaler Stakeholder-Interessen, zu fördern. Allerdings sollte die Satzung eine Abbedingung gewisser Strukturelemente und eine Einschränkung gemeinwohlfördernden Verhaltens in einem gewissen Umfang zulassen, weil das mögliche Ausmaß stark von der individuellen wirtschaftlichen Lage der jeweiligen Genossenschaft des öffentlichen Rechts und ihrer Einbindung in den regionalen und lokalen Kontext abhängt.

1. Corporate Social Responsibility und Corporate Citizenship bei der eingetragenen Genossenschaft

Nach dem Konzept der Corporate Social Responsibility, das auch als Unternehmensethik bezeichnet werden kann, sieht sich das Unternehmen selbst als verantwortlichen Bürger eines republikanischen Gemeinwesens[496]. Danach ist unter „korporativer Akteur" eine Organisation zu verstehen, die gleich einem Individuum ein bestimmtes Ziel verfolgt, sodass jedes Mitglied dieser Organisation so angesehen wird, als verfolge es zuerst dieses Organisationsziel[497]. Damit ist der korporative Akteur auch als natürlicher Akteur zu behandeln und könnte daher auch als Bürger behandelt werden[498].

Corporate Citizenship bezeichnet einen lokalen oder regionalen Aspekt der Corporate Social Responsibility[499]. Dieser äußert sich in verschiedenen Formen,

495 *Eichhorn/MacDonald/Greiling*, ZögU 2016, 5 (14).

496 *Petersen*, Zur gesellschaftlichen Verantwortung eines korporativen Bürgers. Begriffe, Zusammenhänge und offene Fragen, in: Schmidt/Beschorner (Hrsg.), Corporate Social Responsibility und Corporate Citizenship, S. 37 (37); zum Verhältnis zum Stakeholder-Ansatz *Freeman* u.a., Stakeholder Theory, S. 235 ff.

497 *Petersen*, Zur gesellschaftlichen Verantwortung eines korporativen Bürgers. Begriffe, Zusammenhänge und offene Fragen, in: Schmidt/Beschorner (Hrsg.), Corporate Social Responsibility und Corporate Citizenship, S. 37 (38).

498 *Petersen*, Zur gesellschaftlichen Verantwortung eines korporativen Bürgers. Begriffe, Zusammenhänge und offene Fragen, in: Schmidt/Beschorner (Hrsg.), Corporate Social Responsibility und Corporate Citizenship, S. 37 (39).

499 *Ringle*, ZfgG 2008, 73 (73).

so beispielsweise in der Unterstützung von Sportvereinen, kulturellen und sozialen Einrichtungen, Umweltinitiativen, Schulen und bedürftigen Personengruppen durch Geld-, Sach- oder Dienstleistungen (Corporate Giving), der Gründung einer gemeinwohlorientierten Stiftung (Corporate Foundations) oder der Förderung des Engagements von Mitarbeitern im gemeinnützigen Bereich (Corporate Volunteering)[500]. Zwar haben eingetragene Genossenschaften seit jeher auch immer gesellschaftliche Verantwortung in Gestalt der Förderung lokaler Bürgerschaftsbelange übernommen, doch kann dies nur in der Form bürgerschaftlicher Selbstverpflichtung stattfinden, da die Mitglieder die absolut vorrangige Förderzielgruppe der eingetragenen Genossenschaft sind; dementsprechend gibt der Mitgliedernutzen den stärksten Impuls zum Leistungsaustausch mit dem gemeinschaftlichen Geschäftsbetrieb sowie zum Verbleib im Kooperativ und verdrängt dadurch das Ziel einer Förderung des Genossenschaftswesens an sich[501].

Eine gemeinwohlfördernde Tätigkeit der eingetragenen Genossenschaft nach außen, die nicht mit einer vergleichbaren Mitgliederförderung nach innen korrespondiert, ist mit ihrem Wesen nicht vereinbar und könnte die Aktivierung der darin zusammengeschlossenen (Bürger)Mitglieder gerade schwächen[502]. Zur Erhaltung der Glaubwürdigkeit und der breiten Akzeptanz in der Trägerschaft der eingetragenen Genossenschaften kann diese sich daher nur in „dosierter“ Form als Corporate Citizen betätigen, wobei sich das Ausmaß einzelfallabhängig am Nutzentransfer zwischen eingetragener Genossenschaft und des sich daraus ergebenden Vorteils für die Mitglieder zu orientieren hat[503]. Bei der Erfüllung gesellschaftsbezogener Aufgaben durch eingetragene Genossenschaften ist daher insbesondere ihre Freiwilligkeit zu betonen; einer Veränderung hin zu einer Gemeinwirtschaft stehen das Genossenschaftsrecht und das anders geartete Interesse der Genossenschaftsorganisation entgegen[504]. Eine genossenschaftsadäquat erweiterte Nutzenstiftung kann sich demzufolge auch nur auf eine abgrenzbare Allgemeinheit beziehen.

500 *Ringle*, ZfgG 2008, 73 (73).
501 *Ringle*, in: FS Brazda, S. 465 (465 f.).
502 Vgl. *Ringle*, ZfgG 2008, 73 (73 f.).
503 *Ringle*, ZfgG 2008, 73 (74).
504 *Ringle*, in: FS Brazda, S. 465 (471 f.).

2. *Lösungsansätze auf europäischer Ebene*

Die Europäische Kommission möchte die Arbeitswelt und das Konsum-, Spar- und Investitionsverhalten der europäischen Bürger stärker von Ethik und Sozialbewusstsein geprägt wissen, um den aktuellen wirtschaftlichen, gesellschaftlichen und teilweise umweltpolitischen Herausforderungen unter anderem durch die Schaffung dauerhafter und schwer zu verlegender Arbeitsplätze, durch soziale Integration, die Verbesserung der lokalen Sozialdienste und des territorialen Zusammenhalts auf innovative Weise zu begegnen[505]. Dies soll durch die Förderung von „Sozialunternehmen" geschehen, die die Kommission als Unternehmen begreift, für die das soziale oder gesellschaftlich gemeinnützige Ziel Sinn und Zweck ihrer Geschäftstätigkeit darstellt (was sich oft in einem hohen Maße an sozialer Innovation zeigt), deren Gewinne überwiegend wieder reinvestiert werden, um dieses soziale Ziel zu erreichen und deren Organisationsstruktur oder Eigentumsverhältnisse dieses Ziel widerspiegeln, weil sie auf Prinzipien der Mitbestimmung oder Mitarbeiterbeteiligung basieren oder auf soziale Gerechtigkeit ausgerichtet sind[506]. Dazu werden Unternehmen gezählt, die Sozialleistungen erbringen und/oder Güter und Dienstleistungen für besonders schutzbedürftige Bevölkerungsgruppen anbieten sowie solche, die bei der Produktion von Waren bzw. der Erbringung von Dienstleistungen ein soziales Ziel anstreben, deren Tätigkeit jedoch auch nicht sozial ausgerichtete Güter und Dienstleistungen umfassen kann[507].

Sozialunternehmen werden zudem regelmäßig Eigenschaften wie soziale und ökologische Verantwortung in einem besonders hohem Umfang attestiert, wobei damit keine normative Definition beabsichtigt ist[508]. Dies aufgreifend wurde die Verordnung des Europäischen Parlaments und des Rates über Europäische Fonds für soziales Unternehmertum erlassen, nach welcher nur solche Fonds ein besonderes Label erhalten sollen, die ein qualifiziertes Portfolio aus Unternehmen führen, die schwerpunktmäßig auf die Erzielung einer messbaren, positiven sozialen Wirkung ausgerichtet sind und bei denen die Gewinnmaximierung also nur eine untergeordnete Rolle spielt[509].

---

505 KOM (2011) 682 endg., S. 2; zum Ganzen auch *Bach*, Corporate Social Responsibility in der Europäischen Union – eine Frage von Sein oder Nichtsein, in: Schmidt/Beschorner (Hrsg.), Corporate Social Responsibility und Corporate Citizenship, S. 115 ff.

506 KOM (2011) 682 endg., S. 2 f.

507 KOM (2011) 682 endg., S. 3.

508 KOM (2011) 682 endg., S. 4 f.

509 ABl. EU L 115/18, S. 3.

3. *Lösungsansätze im US-amerikanischen Gesellschaftsrecht*

Das US-amerikanische Gesellschaftsrecht geht demgegenüber einen anderen Weg und versucht, über die Schaffung einer neuen privatrechtlichen Organisationsform, der sog. benefit corporation, soziales Unternehmertum zu befördern. Dieses war lange Zeit aufgrund des vorherrschenden shareholder value-zentrierten Ansatzes starken Einschränkungen ausgesetzt, wenn auch eine entsprechende Auslegung der Business Judgment Rule und eine privatautonome Einschränkung des shareholder-value Ansatzes eine gewisse Verfolgung von Gemeinwohlinteressen ermöglichten[510]. Erst in den 1990er Jahren führten einige US-amerikansiche Bundesstaaten sog. „constituency statutes“ ein, durch die es dem Vorstand ausdrücklich erlaubt wurde, bei unternehmerischen Entscheidungen nicht ausschließlich shareholder-Interessen zu berücksichtigen, deren Wirkung jedoch beschränkt war[511]. Nur damit konnte man dem Begriff des sozialen Unternehmenstums allerdings nicht gerecht werden, da dieser, wie zuvor dargestellt, mehr als bloße Spielräume für die Unternehmensführung, sondern den Spagat zwischen der Verpflichtung auf das Gemeinwohl und der Verpflichtung zur Gewinnerzielung verlangt[512]. Gerade die Setzung von im Gemeinwohlinteresse stehenden unternehmerischen Zielen kann auf einem Markt, in welchem soziale oder ökologische Erwägungen an Bedeutung gewinnen, die Kaufentscheidung von Kunden oder die Investitionsentscheidungen von Anlegern beeinflussen, was jedoch voraussetzt, dass das Unternehmen auf die entsprechenden Unternehmensziele glaubwürdig und möglichst rechtlich durchsetzbar verpflichtet ist[513].

Neben der Einführung von rein privatrechtlich organisierten Zertifizierungsverfahren, auf die hier nicht näher eingegangen werden soll[514], wurde daher von einigen US-amerikanischen Bundesstaaten der Weg über die kodifizierte Rechtsform der benefit corporation, die sich grundsätzlich an der Grundstruktur der Aktiengesellschaft orientiert, gegangen. Ihre wesensbestimmenden Merkmale sind zum einen die statutarische Fixierung auf die Erzeugung eines Mehrwerts für das Gemeinwohl, der als ein materiell positiver Einfluss auf die Gesellschaft und die Umwelt definiert wird, und zum anderen die Möglichkeit der Festlegung spezieller Vorteile für das Gemeinwohl, die durch eine nicht abschließende Liste

510 *Möslein/Mittwoch*, RabelsZ 2016, 399 (402 f.) m.w.N.
511 *Möslein/Mittwoch*, RabelsZ 2016, 399 (403).
512 *Möslein/Mittwoch*, RabelsZ 2016, 399 (404).
513 *Möslein/Mittwoch*, RabelsZ 2016, 399 (405 f.).
514 Dazu *Möslein/Mittwoch*, RabelsZ 2016, 399 (406 ff.).

solcher Belange wie dem Schutz der Umwelt, der Gesundheitsvorsorge oder der Förderung von Kunst und Wissenschaft näher konkretisiert werden[515]. Die Umwandlung einer benefit corporation in eine „normale" Aktiengesellschaft ist als Mindestkonsens nur mit einer Mehrheit von zwei Dritteln der Mitglieder möglich, wobei andere Bundesstaaten zusätzliche Schutzmechanismen eingeführt haben, um die Gemeinwohlorientierung möglichst übernahmefest zu gestalten[516].

Die Zwecksetzung führt zur Verpflichtung der Geschäftsführung, bei der Einschätzung der Folgen ihres Handelns die Interessen der Aktionäre/Anteilseigner, der Arbeitnehmer, der Kunden und der durch den Gemeinwohlzweck Begünstigten sowie soziale Faktoren, die Auswirkungen auf die Umwelt und die kurz- und langfristigen Interessen der Gesellschaft einschließlich deren Fähigkeit, ihren gemeinwohlorientierten Zweck erfüllen zu können, haben, in die Entscheidungsprozesse miteinzubeziehen[517]. Außerdem soll durch die Einführung eines benefit directors (und teilweise auch eines benefit officers), der zusätzlich zu den üblichen Pflichten eines Direktors eine beurteilende und überwachende Funktion hinsichtlich des gemeinwohlorientierten Zwecks der Gesellschaft übernimmt, die Glaubwürdigkeit der Zwecksetzung erhöht werden, indem er regelmäßige Beurteilungen über die Vereinbarkeit des Verhaltens von Gesellschaftern und Vorständen mit dem gemeinwohlorientierten Unternehmenszweck abzugeben hat[518]. Hierzu trifft die Gesellschaft mit dem benefit report mindestens einmal im Jahr eine Offenlegungspflicht, aufgrund dessen unter anderem die Art und Weise der Zweckverfolgung sowie Ausmaß und Umfang der Zweckerreichung öffentlich bekannt gemacht werden müssen[519]. Schließlich wird den Anteilseignern der benefit corporation ein erweitertes Klagerecht gegen den Vorstand in Fällen eingeräumt, in denen der allgemeine oder spezifische gemeinwohlorientierte Zweck vom Vorstand nicht in hinlänglichem Maße Beachtung findet, er bei seinen Entscheidungen die Interessen spezieller, in der Satzung bestimmter Stakeholder nicht genügend in Abwägungsprozessen berücksichtigt oder den gesetzlichen Transparenzerfordernissen nicht genügt[520].

---

515 *Möslein/Mittwoch*, RabelsZ 2016, 399 (412 f.) m.w.N.
516 *Möslein/Mittwoch*, RabelsZ 2016, 399 (413 f.).
517 *Möslein/Mittwoch*, RabelsZ 2016, 399 (415).
518 *Möslein/Mittwoch*, RabelsZ 2016, 399 (418 f.).
519 *Möslein/Mittwoch*, RabelsZ 2016, 399 (419 f.).
520 *Möslein/Mittwoch*, RabelsZ 2016, 399 (424).

4. *Soziales Unternehmertum in der Genossenschaft des öffentlichen Rechts und Gemeinsamkeiten und Unterschiede zur öffentlich-rechtlichen Genossenschaft*

Jedoch bleibt es weiterhin bei der bereits oben getroffenen Feststellung [521], dass zwischen der organisationsrechtlichen Verankerung und dem tatsächlichen gemeinwohlnützigen Verhalten der eingetragenen Genossenschaften zu differenzieren ist[522]. Trotz ihres vom Shareholder Value-Ansatz verschiedenen Member Value-Konzepts[523] sind auch die eingetragenen Genossenschaften als privatrechtliche Gesellschaftsform nicht in dem Maße geeignet, das Gemeinwohl zu fördern, wie dies öffentlich-rechtliche Organisationsformen können. Darauf ist im Folgenden einzugehen.

a) *Gemeinwohlbezogenheit bei Organisationsformen der öffentlich-rechtlichen Ordnung*

Der Staat hat die virtuelle Allzuständigkeit für Gemeinwohl inne[524], sein Handeln ist ausschließlich auf die Gemeinwohlproduktion ausgerichtet[525]. Der Verwaltung ist dementsprechend aufgegeben, das Gemeinwohl zu sichern und zu fördern[526]. Im Gegensatz zu einer privatrechtlichen Organisationsform ist eine öffentlich-rechtliche mithin schon ganz grundsätzlich bedeutend besser zur Gemeinwohlverfolgung geeignet, da dieses Ziel ihrem Wesen inhärent ist[527]. Dies schließt aber, wie bereits zuvor dargelegt, privates Handeln zum Vorteil des Gemeinwohls nicht aus[528]. Vielmehr wird die Gemeinwohlinterpretation vorrangig den Grundrechtsträgern überantwortet[529]; die Ermittlung des

---

521 Kap. 2 B. III.

522 *Thürling*, Genossenschaften im dritten Sektor, S. 10.

523 Dazu *Theurl*, ZfgG 2005, 136 (137 ff.).

524 *Isensee*, Staat und Verfassung, in: ders./Kirchhof (Hrsg.), HStR II³, § 15 Rn. 115.

525 BVerwGE 14, 222 (231 ff.); *Isensee*, Gemeinwohl im Verfassungsstaat, in: ders./Kirchhof (Hrsg.), HStR IV³, § 71 Rn. 132.

526 *Schulze-Fielitz*, Grundmodi der Aufgabenwahrnehmung, in: Hoffmann-Riem/Schmidt-Aßmann/Voßkuhle (Hrsg.), Grundlagen des Verwaltungsrechts, Bd. 1, § 12 Rn. 20.

527 Vgl. zur Gemeinwohlbindung der erwerbswirtschaftlichen Betätigung einer öffentlich-rechtlichen Körperschaft BVerfGE 61, 82 (107).

528 Ausführlich *Kirste*, Die Realisierung von Gemeinwohl durch verselbständigte Verwaltungseinheiten, in: Brugger/ders./Anderheiden (Hrsg.), Gemeinwohl in Deutschland, Europa und der Welt, S. 327 (363 ff.).

529 *Isensee*, Staat und Verfassung, in: ders./Kirchhof (Hrsg.), HStR II³, § 15 Rn. 130.

Gemeinwohls findet zwar arbeitsteilig mit der Verwaltung zusammen statt[530], Letztere ist jedoch auf eine subsidiäre Rolle verwiesen[531]. Die institutionelle Bindung einer öffentlich-rechtlichen Organisationsform an das Gemeinwohl stellt daher den entscheidenden Unterschied zur privatrechtlichen Rechtsform dar.

b) Gemeinwohlbezug der Tätigkeit von Selbstverwaltungsträgern

Ferner stellt sich die Frage, ob und inwieweit Selbstverwaltungsträger überhaupt für das Gemeinwohl tätig werden können oder ob dies nicht vielmehr widersprüchlich ist, da Selbstverwaltung impliziert, dass die Organisation die Interessen der in ihr zusammengeschlossenen Mitglieder realisiert. Dies ist insbesondere für die Genossenschaft des öffentlichen Rechts relevant, wenn Dreh- und Angelpunkt ihrer Tätigkeit die Mitgliederförderung sein soll. Zunächst ist festzuhalten, dass weder Grundgesetz noch Landesverfassungen den Begriff des Gemeinwohls definieren oder ein vorpositives Gemeinwohlverständnis anlegen[532] und die Differenz zwischen Interessenträger (privat- oder öffentlich-rechtlich) sowie Interesse (Einzelinteresse oder Gemeinwohl) es ermöglicht, dass grundsätzlich auch Private Träger öffentlicher Interessen sein können[533]. Des Weiteren dient die Abspaltung von Bereichen der Staatstätigkeit aus der zentralen Leitung durch Übertragung an Körperschaften und Personengemeinschaften zur grundsätzlich selbstverantwortlichen Wahrnehmung neben dem Gewaltenteilungsprinzip der Vermeidung übermäßiger Machtkonzentration[534], wodurch die kommunale und funktionale Selbstverwaltung bereits durch ihre bloße Existenz dem Gemeinwohlinteresse der Verfassung förderlich sind[535]. In

530 *Schulze-Fielitz*, Grundmodi der Aufgabenwahrnehmung, in: Hoffmann-Riem/Schmidt-Aßmann/Voßkuhle (Hrsg.), Grundlagen des Verwaltungsrechts, Bd. 1, § 12 Rn. 21.

531 *Isensee*, Staat und Verfassung. in: ders./Kirchhof (Hrsg.), HStR II^3, § 15 Rn. 123 ff.

532 Vielmehr gilt ihr Inhalt nicht als vor- sondern aufgegeben, *Isensee*, Staat und Verfassung, in: ders./Kirchhof (Hrsg.), HStR II^3, § 15 Rn. 116.

533 *Kirste*, Die Realisierung von Gemeinwohl durch verselbständigte Verwaltungseinheiten, in: Brugger/ders./Anderheiden (Hrsg.), Gemeinwohl in Deutschland, Europa und der Welt, S. 327 (328 ff.); vgl. zu Letzterem auch BVerfGE 73, 206 (258).

534 BVerfGE 5, 85 (199 f.).

535 *Kirste*, Die Realisierung von Gemeinwohl durch verselbständigte Verwaltungseinheiten, in: Brugger/ders./Anderheiden (Hrsg.), Gemeinwohl in Deutschland, Europa und der Welt, S. 327 (352).

diesen Fällen besteht eine geteilte Gemeinwohlverantwortung von Staat und Selbstverwaltungsträger[536].

Darüber hinaus weisen Organisationsgesetze funktionaler Selbstverwaltungsträger in negativer oder positiver Ausgestaltung einen Gemeinwohlauftrag auf: Während bei freiwilligen Selbstverwaltungskörperschaften negativ darauf verpflichtet wird, nicht gegen das Gemeinwohl zu verstoßen (so in § 76 Nr. 1 HwO), stellt die Übertragung einer legitimen öffentlichen Aufgabe bei den Pflichtkörperschaften eine Rechtfertigungsvoraussetzung für die Pflichtmitgliedschaft dar[537], durch die der Selbstverwaltungsträger immer auch positiv Gemeinwohlbelange zu beachten hat[538], was auch durch die Art der gesetzlich übertragenen Aufgaben impliziert wird[539]. Zudem wird die Gemeinwohlverpflichtung durch begrenzende Rahmengesetzgebung[540] und Rechtsaufsicht verwirklicht[541]. Dass auch funktionale Selbstverwaltungsträger mit Mitgliederförderzweck gleichzeitig das Gemeinwohl fördern können, verdeutlicht zudem die schon zuvor genannte Erkenntnis, dass das Gemeinwohl durch Mehrheitsentscheidung und Wettbewerbsleistung vorrangig Privater bestimmt wird[542] und der Eigennutz Privater seit jeher Vehikel des Gemeinwohls ist[543].

c) *Organisationsrechtliche Gemeinwohlinstrumente*

Wurde die Gemeinwohlbindung auch funktionaler Selbstverwaltungsträger zuvor bejaht, sagt dies aber noch nichts über ihre tatsächliche Umsetzung aus. Die Organisation und das Verfahren der Gemeinwohlfindung sind ganz

---

536 *Kirste*, Die Realisierung von Gemeinwohl durch verselbständigte Verwaltungseinheiten, in: Brugger/ders./Anderheiden (Hrsg.), Gemeinwohl in Deutschland, Europa und der Welt, S. 327 (352); vgl. BVerfGE 101, 312 (323).

537 BVerfGE 10, 89 (102).

538 So in § 1 Abs. 2 WVG.

539 *Kirste*, Die Realisierung von Gemeinwohl durch verselbständigte Verwaltungseinheiten, in: Brugger/ders./Anderheiden (Hrsg.), Gemeinwohl in Deutschland, Europa und der Welt, S. 327 (382 ff.).

540 Vgl. BVerfGE 33, 125 (162); dazu *Papenfuß*, Die personellen Grenzen der Autonomie öffentlich-rechtlicher Körperschaften, S. 134 ff.

541 *Kirste*, Die Realisierung von Gemeinwohl durch verselbständigte Verwaltungseinheiten, in: Brugger/ders./Anderheiden (Hrsg.), Gemeinwohl in Deutschland, Europa und der Welt, S. 327 (384).

542 *Isensee*, Staat und Verfassung, in: ders./Kirchhof (Hrsg.), HStR II^3, § 15 Rn. 130.

543 *Isensee*, Gemeinwohl im Verfassungsstaat, in: ders./Kirchhof (Hrsg.), HStR IV, § 71 Rn. 119.

allgemein mit Blick auf die öffentlich-rechtliche Rechtssphäre bedeutend, da mit der begrenzten Steuerungskraft von parlamentarischen Gesetzen aufgrund des Gebrauchs von unbestimmten Rechtsbegriffen, Ermessenstatbeständen oder gesetzlichen Finalprogrammen eine Steigerung des Konkretisierungsbedarfs durch die Verwaltung einher geht, die eine Verlagerung von Gemeinwohlkompetenzen vom parlamentarischen Gesetzgeber auf die Verwaltung nach sich zieht[544].

Dies steigert den Bedarf an institutionellen Vorkehrungen, die die Gemeinwohlfindung als voraussetzungsvollen Prozess mit der Maßgabe optimieren können, die Verwaltungsentscheidungen oder die Entscheidungen Privater (hier also der hinter der Genossenschaft des öffentlichen Rechts stehenden Mitglieder) bei der Wahrnehmung der öffentlichen Aufgabe gemeinwohlorientiert zu steuern, zu kontrollieren und ihre Auswirkungen zu beobachten, zu begleiten und gegebenenfalls zu korrigieren[545]. Die zuvor genannten Mittel der expliziten Aufnahme des Gemeinwohls in die Definition der öffentlichen Aufgabe des Selbstverwaltungsträgers in dessen Organisationsgesetz sowie seine Unterstellung unter eine Aufsicht stellen dabei das Mindestmaß dar. Auch infolge der gesetzgeberischen Verpflichtung zur Schaffung gemeinwohlermöglichender Strukturen[546] ist über weitere rechtliche Mittel nachzudenken. Interessante Ansätze enthalten die zuvor dargestellten Organisationsgesetze der benefit corporations, ausgewählte Elemente sollen daher auf ihre Geeignetheit und Effizienz bei der Anwendung in einer Genossenschaft des öffentlichen Rechts untersucht werden.

Die größte Gemeinsamkeit von benefit corporation und öffentlich-rechtlicher Genossenschaft ist darin zu sehen, dass beide dazu verpflichtet sind, die Interessen ihrer Anteilseigner bzw. Mitglieder und zugleich des Allgemeinwohls zu verfolgen. Bei der benefit corporation ist es zusätzlich möglich, konkretisierte Gemeinwohlinteressen aus einem nicht abschließenden Katalog zu wählen. Da dies zum einen die Gemeinwohlbindung und zum anderen die Glaubwürdigkeit der Organisationsform verstärkt, ist dies auch für die Genossenschaft des

---

544 *Schulze-Fielitz*, Grundmodi der Aufgabenwahrnehmung, in: Hoffmann-Riem/Schmidt-Aßmann/Voßkuhle (Hrsg.), Grundlagen des Verwaltungsrechts, Bd. 1, § 12 Rn. 23.

545 *Schulze-Fielitz*, Grundmodi der Aufgabenwahrnehmung, in: Hoffmann-Riem/Schmidt-Aßmann/Voßkuhle (Hrsg.), Grundlagen des Verwaltungsrechts, Bd. 1, § 12 Rn. 23.

546 *Schulze-Fielitz*, Grundmodi der Aufgabenwahrnehmung, in: Hoffmann-Riem/Schmidt-Aßmann/Voßkuhle (Hrsg.), Grundlagen des Verwaltungsrechts, Bd. 1, § 12 Rn. 148 f.

öffentlichen Rechts denkbar. Zwar hängt ihr Grad der Gemeinwohlbindung nicht von einer Konkretisierung selbiger ab und hat die Genossenschaft aufgrund ihrer öffentlich-rechtlichen Natur auch nicht Glaubwürdigkeitsprobleme wie eine privatrechtliche Organisationsform mit aktiengesellschaftsrechtlicher Struktur, doch könnte dies zumindest eine deklarative Funktion erfüllen, die nach außen zu Imagevorteilen führen kann[547]. Dabei ist nicht zu vernachlässigen, dass dies nicht nur für die Kunden bzw. Mitgliederkunden der Genossenschaft des öffentlichen Rechts interessant sein kann, sondern auch für potenzielle Arbeitnehmer, Kapitalgeber und sonstige engagierte Bürger. Sollte das Gesetz eine satzungsmäßige Konkretisierung zulassen, müsste aber sinnvollerweise darauf geachtet werden, dass diese speziellen Gemeinwohlbelange mit der zu erfüllenden Aufgabe übereinstimmen.

Betreibt die Genossenschaft des öffentlichen Rechts beispielsweise ein Schwimmbad, könnte ein solcher gemeinnütziger Zweck in einer nachhaltigen Wärmebeschaffung bestehen, während ein Dorfladen etwa auf die Beschaffung regionaler Produkte verpflichtet werden könnte. Problematisch für die benefit corporation ist, dass das Rangverhältnis zwischen dem Allgemeininteresse, besonderen Interessen und den Interessen der Anteilseigner unklar ist, sodass es letztendlich wieder auf den jeweiligen Vorstand als entscheidenden Faktor dafür ankommen könnte, welches Interesse vorgeht[548]. Wie zuvor bereits ausführlich dargelegt wurde, wäre dieses Rangverhältnis bei der Genossenschaft des öffentlichen Rechts klar zugunsten der Mitglieder geregelt.

Einen „benefit director“ kennt die Genossenschaft des öffentlichen Rechts zwar nicht, allerdings ist die Schaffung eines entsprechenden Postens im Verwaltungsrat oder als gesondertes Organ denkbar. Auch ein sog. „benefit report“ könnte eingeführt werden, er stünde in einer Linie mit dem Open Government-Ansatz[549]. Allerdings wird dieser Bericht für die benefit corporations von unabhängigen privaten Organisationen erstellt, für die keine rechtlichen Maßstäbe existieren, anhand derer eine möglichst einheitliche Bewertung der gemeinwohlorientierten Tätigkeit stattfinden könnte. Letztlich sind daher die Einflussmöglichkeiten auf solche benefit corporations, die das Gemeinwohlinteresse vernachlässigen, beschränkt und unter qualitativen Gesichtspunkten teilweise auch fragwürdig. Die Genossenschaft des öffentlichen Rechts unterstünde

---

547 Vgl. *Möslein/Mittwoch*, RabelsZ 2016, 399 (405 f.); *Thürling*, Genossenschaften im dritten Sektor, S. 8; *Müller/Sagebiel*, ZögU 2015, 226 (233 ff.).

548 Zu dieser Problematik *Westaway/Sampselle*, Emory L. J., 62 (2013), 999 (1035 ff.).

549 Dazu oben Kap. 2 B. II. 5.

demgegenüber grundsätzlich der Rechtsaufsicht einer Landesbehörde, die bei Zuwiderhandeln gegen den öffentlichen Zweck die entsprechenden Aufsichtsmittel ergreifen kann[550]. Während aufgrund der funktionalen Selbstverwaltungsträgerschaft bei Handlungen der Genossenschaft gegenüber ihren Mitgliedern nur eine Rechtmäßigkeitskontrolle möglich ist, ist beim Handeln gegenüber Dritten auch eine partielle Fachaufsicht denkbar, die darüber hinaus Zweckmäßigkeitserwägungen anstellen darf[551]. Demnach ist die Kontrolle der Gemeinwohlbindung bei der Genossenschaft des öffentlichen Rechts deutlich größer als bei einer benefit corporation.

Schließlich haben zumindest die Angehörigen funktionaler Selbstverwaltungskörperschaften mit Pflichtmitgliedschaft[552] ebenfalls ein erweitertes Klagerecht auf Einhaltung der Verbandskompetenz, also einen Unterlassungsanspruch unabhängig von der individuellen Betroffenheit[553]. Eine ähnlich weite Klagebefugnis wie bei der benefit corporation, sowohl bei freiwilliger als auch bei Pflichtmitgliedschaft, ist angesichts der Rechtfertigungsgründe für das mitgliedschaftliche Klagerecht bei einer Pflichtmitgliedschaft[554] jedoch für keine Variante der Mitgliedschaft denkbar. Allerdings gehen die Kontrollmöglichkeiten der Rechtsaufsicht über die Genossenschaft deutlich weiter als bei der benefit corporation und ist das mitgliedschaftliche Klagerecht Letzterer zur Vermeidung eines Missbrauchs auf Rechtsfolgenseite bereits deutlich eingeschränkt[555], sodass ein Erfordernis eines ähnlich gestalteten Klagerechts für Mitglieder einer Genossenschaft des öffentlichen Rechts bereits fraglich ist. Zudem könnte ein übermäßiger Gebrauch dazu führen, dass das Verhältnis der Mitglieder untereinander durch Misstrauen zerstört und die Genossenschaft in ihrer Handlungsfähigkeit wesentlich eingeschränkt würde, was wiederum für die Aktivierung des bürgerschaftlichen Engagements kontraproduktiv sein könnte.

Es lässt sich mithin feststellen, dass die benefit corporation einige Elemente enthält, die für die Genossenschaft des öffentlichen Rechts je nach Anwendungsfeld sinnvoll sein und daher den Bürgern im Rahmen des Organisationsgesetzes obligatorisch oder fakultativ zur Verfügung gestellt werden könnten. Andere Elemente können hingegen nicht sinnstiftend übertragen werden oder liefern

550 Zu den Mitteln der Aufsicht grundlegend *Pieper*, Aufsicht, S. 422 ff.

551 Dazu unten Kap. 6 C. V.

552 Dazu unten Kap. 6 C. III. 3. b).

553 BVerwGE 34, 69 ff.; *Wolff* u.a., Verwaltungsrecht II, § 100 Rn. 13.

554 Dazu *Kluth*, Funktionale Selbstverwaltung, S. 330.

555 *Möslein/Mittwoch*, RabelsZ 2016, 399 (425).

keinen Mehrwert. Jedenfalls wäre die Genossenschaft des öffentlichen Rechts aber ein erster Schritt zu einem nicht nur staatlichlicherseits monetär beförderten sozialen Unternehmertum in Deutschland, der vom deutschen Gesetzgeber bislang weitestgehend ignoriert wurde[556], obwohl europäische Nachbarstaaten bereits diesen Weg beschreiten[557]. Abschließend sei noch erwähnt, dass es für das Unternehmertum allgemein einen großen Anreiz darstellt, wenn der Gesetzgeber die Grundstrukturen für Organisationsformen stellt, da diese dadurch an Rechtssicherheit gewinnen und potenziellen Unternehmern die teilweise hohen Rechtsberatungskosten für die Ausarbeitung solcher Organisationsstatuten abgenommen werden, die gerade die kleinen Firmengründer vom Tätigwerden abhalten könnten[558].

IV. Regionale Wertschöpfung und Nachhaltigkeit

Die zuvor genannten Mechanismen bewirken regionale Wertschöpfung, der als Wirtschaftsentwurf zu verstehen ist, der ökonomische, soziale und ökologische Aspekte miteinander verbindet und somit unter den Begriff der Nachhaltigkeit fällt[559]. Regionale Wertschöpfung befördernde Unternehmen erfahren, gerade vor dem Hintergrund von Globalisierung und vieler staatlicher Krisenherde, großes Vertrauen durch die Bürger, was insbesondere kommunalen Unternehmen als Wettbewerbsvorteil zugute kommt[560]. Gleichzeitig haben Stakeholder der kommunalen Unternehmen aber auch hohe Erwartungen an diese[561]. Regionale Wertschöpfung kann zudem Antipathien von nicht in die Selbstverwaltungseinheit einbezogenen Bürgern vorbeugen, weil diese dadurch ebenfalls von der Tätigkeit der Genossenschaft des öffentlichen Rechts profitieren[562]. Die zuvor dargelegten Aspekte sollten daher möglichst weitgehend

556 Vgl. aber BT-Drs. 18/11506 für erste gesetzgeberische Ansätze im Bereich der eingetragenen Genossenschaften; dazu *Kluth*, ZRP 2017, 108 (110 f.).

557 *Möslein/Mittwoch*, RabelsZ 2016, 399 (430 f.).

558 *Neville/Sørensen*, EBOR 2014, 545 (568 ff.).

559 *Reiche*, Stadt und Gemeinde 2016, 152 (153); vgl. den Entwurf zur Landesentwicklungsstrategie Schleswig-Holstein 2030, S. 31; zum Begriff der Nachhaltigkeit und Indikatoren *Kundt/Schaefer*, ZögU Beiheft 2015, 2 (5 f.) m.w.N.; zu Nachhaltigkeitsfaktoren bei Genossenschaften *Klemisch/Vogt*, Genossenschaften und ihre Potenziale für eine sozial gerechte und nachhaltige Wirtschaftsweise, S. 28 ff.

560 *Reiche*, Stadt und Gemeinde 2016, 152 (153).

561 *Reiche*, Stadt und Gemeinde 2016, 152 (153 f.).

562 Vgl. zu dieser bereits bei der finanziellen Bürgerbeteiligung erwähnten Problematik oben unter Kap. 2 A. IV. 2.

in Verwaltungsorganisationsrecht der Genossenschaft umgesetzt werden, um eine optimale regionale Wertschöpfung zu erreichen. Dies stärkt das Vertrauen des Bürgers in den Staat und fördert die Akzeptanz für umfangreiche Reformprozesse. Die Ausführungen verdeutlichen, warum das Genossenschaftswesen, das wirtschaftliche und ethische Werte zu verbinden vermag, oftmals mit einer nachhaltigen Unternehmenskultur, sowohl auf lokaler als auch auf weltwirtschaftlicher Ebene, assoziiert wird [563].

563 *Laurinkari*, in: FS Brazda, S. 27 (29); *Blome-Dress*, ZfgG 2012, 365 (371 f.).

Kapitel 3 Fachrechtliche Besonderheiten einer Genossenschaft des öffentlichen Rechts

Durch den oben dargestellten Einsatz der Genossenschaft des öffentlichen Rechts in den verschiedensten gesellschaftlichen Bereichen kommt diese notwendig auch mit diversen fachrechtlichen Regelungen in Berührung. Die sich daraus ergebenden Besonderheiten sollen nachfolgend betrachtet werden. Sie liefern weitere Argumente zugunsten dieser neuen Rechtsform. Das Vergaberecht spielt dabei eine hervorgehobene Rolle.

A. Vergaberecht

Der Staat beeinflusst den Markt als Nachfrager mit einem immensen Auftragsvolumen und ist dadurch ein erheblicher Wirtschaftsfaktor, dessen Nachfrageverhalten aufgrund seiner transnationalen Auswirkungen der Regelung durch europäisches Vergaberecht bzw. diesem zugrunde liegendes nationales Recht bedarf, um einen fairen Wettbewerb zu gewährleisten[564]. Gleichzeitig ist aber auch der Wunsch öffentlicher Auftraggeber nachvollziehbar, ein selbst ausgewähltes Unternehmen zu beauftragen. Dies kann verschiedene Gründe haben; mit Bezug auf vorher Gesagtes soll aber insbesondere die Möglichkeit der regionalen Wertschöpfung – über die Stärkung mittelständischer Interessen durch § 97 Abs. 3 GWB hinaus[565] – erwähnt werden. Denn kann der Auftrag an ein lokales Unternehmen vergeben werden, das normalerweise in einem Ausschreibungsverfahren wegen der Skaleneffekte der großen Konkurrenz keine Chance auf einen Zuschlag hätte, verbleibt ein Großteil der Gewinne in der Region und sichert der betroffenen Bevölkerung Einfluss auf die Aufgabenerfüllung.

Den Möglichkeiten dieser ausschreibungsfreien (sog. „Inhouse"-)Vergabe bei institutionalisierter öffentlich-öffentlicher Zusammenarbeit soll bezogen auf die Genossenschaft des öffentlichen Rechts nun nachgegangen werden. Zudem soll die Übertragbarkeit eines Urteils aus der jüngeren Rechtsprechung des

---

564 *Schliesky*, Öffentliches Wirtschaftsrecht, S. 201.

565 *Frenz*, GewArch 2011, 97 ff.; *Dreher*, in: Immenga/Mestmäcker, Wettbewerbsrecht, § 97 GWB a.F. Rn. 119 ff.; ausführlich zum sozialen Aspekt *Krönke*, VergabeR 2017, 101 (103 ff.).

Europäischen Gerichtshofs (EuGH) zur vergaberechtsfreien Aufgabenübertragung untersucht werden. In den beiden vorgenannten Konstellationen nimmt die Genossenschaft des öffentlichen Rechts die Position des Auftragnehmers ein. Darüber hinaus könnte sie aber auch als Auftraggeber fungieren. Die Frage nach der vergaberechtlichen Relevanz dieser Konstellation stellt sich zum Beispiel in Fällen, in denen eine Genossenschaft des öffentlichen Rechts ein regional oder lokal ansässiges Unternehmen direkt beauftragen möchte, um dadurch unter anderem die regionale Wertschöpfung zu fördern.

I. Inhouse-Vergabe nach der Teckal-Rechtsprechungslinie

Das europäische Vergaberecht ist im Bereich der Inhouse-Vergabe bis dato geprägt von der „Teckal"-Rechtsprechungslinie des EuGH, auf ihr basiert die im Amtsblatt der Europäischen Union vom 28.3.2014 veröffentlichte Richtlinie 2014/24/EU des Europäischen Parlaments und des Rates vom 26.2.2014, welche vom neuen § 108 GWB größtenteils inhaltlich aufgegriffen wurde. Da § 108 GWB zum einen aber auch Abweichungen von der Richtlinie und der EuGH-Rechtsprechung aufweist und zum anderen der EuGH seine Rechtsprechungslinie parallel zum nationalen Recht weiterführt, ist eine Darstellung der Teckal-Rechtsprechungslinie unerlässlich, ohne dabei jedoch den Bezug zu § 108 GWB zu verlieren.

Der Anwendungsbereich des Vergaberechts ist eröffnet, wenn ein Auftragsverhältnis zwischen verschiedenen Rechtsträgern vorliegt. Dies ist aber dann nicht der Fall, wenn ein Auftrag innerhalb eines einzigen Rechtsträgers, also „Inhouse", erteilt wird. In der Teckal-Entscheidung[566] bestimmte der EuGH erstmals, dass der Auftraggeber über den Auftragnehmer eine Kontrolle wie über eine eigene Dienststelle (Kontrollkriterium) ausüben und der Auftragnehmer seine Tätigkeit im Wesentlichen für den öffentlichen Auftraggeber verrichten muss (Wesentlichkeitskriterium). Später stellte er dann noch das Ausschlusskriterium der Beteiligung privaten Kapitals am Auftragnehmer auf.

1. *Kontrollkriterium*

Das Kontrollkriterium aus § 108 Abs. 1 Nr. 1 GWB setzt die Rechtsprechung des EuGH im Wesentlichen inhaltsgleich um. Es verlangt dabei die Möglichkeit der ausschlaggebenden Einflussnahme auf die strategischen Ziele und wichtigen Entscheidungen der zu beauftragenden Dienststelle[567], wobei alle

566 EuGH, EuZW 2000, 246 (248) – Teckal.
567 EuGH, EuZW 2005, 727 (730) – Parking Brixen.

Rechtsvorschriften und maßgeblichen Umstände zu berücksichtigen sind[568]. Für Minderheitsgesellschafter ist eine Beteiligung an Kapital und Leitungsorganen erforderlich, damit diese auch tatsächlich zur Kontrolle des Auftragnehmers beitragen können[569]. Die Kontrolle kann auch gemeinsam mit verschiedenen, am Auftragnehmer beteiligten öffentlichen Auftraggebern ausgeübt werden; dabei ist es unerheblich, dass die Kontrolle nur über gesellschaftsrechtliche Entscheidungsbefugnisse und gegebenenfalls Mehrheitsbeschlüsse vermittelt wird[570]. Die Organisationsstruktur des Auftragnehmers fließt in die Bewertung mit ein, ist aber nicht allein ausschlaggebend[571]. Selbst bei einer sehr geringen kapitalmäßigen Beteiligung kann das Kontrollkriterium noch durch entsprechende interne Regelungen, wie Entscheidungsstrukturen und Satzungen, erfüllt werden[572]. Die 100-prozentige Beteiligung öffentlichen Kapitals an dem gemeinsam getragenen Auftragnehmer entfaltet dabei Indizwirkung hinsichtlich einer gemeinsamen Kontrolle auch zugunsten des Minderheitsgesellschafters[573]. Letztlich ist jedoch die tatsächliche Möglichkeit des Minderheitsgesellschafters zur Kontrolle entscheidend, dieser muss sowohl am Kapital der Gesellschaft als auch an ihren Leitungsorganen beteiligt sein[574]. § 108 Abs. 4 und 5 GWB sehen als Ausnahme zu § 108 Abs. 1 GWB vor, dass sich die beschlussfassenden Organe der juristischen Person aus Vertretern sämtlicher teilnehmender öffentlicher Auftraggeber zusammensetzen, die öffentlichen Auftraggeber gemeinsam einen ausschlaggebenden Einfluss auf die strategischen Ziele und die wesentlichen Entscheidungen der juristischen Person ausüben und die juristische Person keine Interessen verfolgt, die den Interessen der öffentlichen Auftraggeber zuwiderläuft.

Die Erfüllung des Kontrollkriteriums weist bei der Genossenschaft des öffentlichen Rechts diverse Schwierigkeiten auf, wenn man bedenkt, dass den beteiligten Bürgern ermöglicht werden soll, sich durch ihre Mitgliedsrechte möglichst umfangreich in die Genossenschaft miteinzubringen und diese mitzusteuern, insbesondere um bürgerschaftliches Engagement zu aktivieren. Die Verweisung von privaten Mitgliedern auf eine vollends passive Stellung widerspräche außerdem den genossenschaftlichen Prinzipien der Selbsthilfe, Selbstverantwortung

568 EuGH, NZBau 2006, 452 (454) – Carbotermo.
569 EuGH, NZBau 2013, 55 (57 f.) – Econord SpA.
570 EuGH, EuZW 2009, 55 (58) – Coditel I.
571 EuGH, NVwZ 2006, 800 (801) – Carbotermo.
572 EuGH, NZBau 2009, 797 (802 f.) – Sea.
573 EuGH, EuZW 2009, 55 (57) – Coditel I.
574 EuGH, NZBau 2013, 55 (57 f.) – Econord SpA.

und Selbstverwaltung (es sei denn, es wären bloß fördernde oder investierende Mitglieder, wie man sie bei eingetragenen Genossenschaften vorfinden kann[575]), die aber in der Genossenschaft öffentlichen Rechts aus oben genannten Gründen möglichst weitgehend umgesetzt werden sollten. Dies steht jedenfalls einem vollständigen Stimmrechtsausschluss der privaten Mitglieder im Sinne einer stillen Gesellschafterstellung entgegen. Vielmehr müsste Privaten Mehrstimmrechte, je nach Einsatzgebiet des jeweiligen funktionalen Selbstverwaltungsträgers und Grad der Betroffenheit des Mitglieds, unabhängig von einer kommunalen Beteiligung gewährt werden.

Dies erscheint aber kaum vereinbar mit dem Erfordernis einer strukturellen Beherrschung durch den oder die öffentlichen Träger, die sich in einem ausschlaggebenden Einfluss auf die strategischen Ziele und wesentlichen Entscheidungen der juristischen Person ausdrücken muss. Eine Balance zwischen Sonderrechten für öffentliche Mitglieder einerseits, die eine Inhouse-Vergabe ermöglichen, und allgemeinen Mitgliedsrechten andererseits, die genossenschaftliche Prinzipien wahrt und bürgerschaftliches Engagement zumindest nicht verhindert, ist aber eine Detailfrage, die im Rahmen dieser Arbeit nicht allgemeingültig beantwortet werden kann. Von vornherein ausgeschlossen ist sie jedenfalls nicht. Jedenfalls sind die weitergehenden Ausführungen aber für die Genossenschaften des öffentlichen Rechts relevant, bei denen die öffentlichen Träger derart betroffen sind, dass ihnen ausreichend Stimmrechte für einen ausschlaggebenden Einfluss zur Verfügung stehen.

In der Rechtsprechung des EuGH in der Rechtssache TU Hamburg-Harburg[576] findet sich darüber hinaus der Gedanke, dass die Beherrschung von Selbstverwaltungsträgern und Einheiten mittelbarer Staatsverwaltung aufgrund ihrer Autonomie, die sich beispielsweise in der Beschränkung auf eine Rechtsaufsicht ausdrückt, per se ausgeschlossen ist[577]. Die funktionale Selbstverwaltung zeichnet sich aber gerade durch eine bloße Rechtsaufsicht aus[578]; zudem würde eine umfangreiche Fachaufsicht wiederum mit den Genossenschaftsprinzipien der Selbsthilfe und Selbstverwaltung kollidieren[579]. Sollte die Entscheidung derart

575 Dazu *Beuthien*, GenG, § 8 Rn. 12 ff. und § 9 Rn. 13.

576 EuGH, NZBau 2014, 368 – TUHH.

577 So *Schulz*, Die Gemeinde SH 2014, 180 (184).

578 Auch wenn eine teilweise Fachaufsicht möglich erscheint, dazu später ausführlich unter Kap. 6 C. V.

579 Vgl. zum Zusammenhang von Selbstverwaltung und Autonomie *Hendler*, Selbstverwaltung als Ordnungsprinzip, S. 85; *Schnapp*, in: FG v. Unruh, S. 881 (885); *Muckel*, NZS 2002, 118 (122).

zu verstehen sein, stellt sich aber die Frage, warum die Vergaberichtlinie und ihr folgend der deutsche Gesetzgeber dann in § 108 Abs. 1 Nr. 3 GWB überhaupt Ausnahmen der privaten Kapitalbeteiligung für Mitglieder von Pflichtkörperschaften zugelassen haben. Dies wäre nicht nötig gewesen, wenn das Kontrollkriterium bei diesen Selbstverwaltungsträgern von vornherein nicht erfüllt werden könnte. Die Beseitigung autonomer Entscheidungsspielräume durch die Einführung einer weitreichenden Fachaufsicht wäre wiederum mit dem Grundkonzept von Selbstverwaltungseinheiten unvereinbar und würde zusätzlich den Pflichtkörperschaften ihren legitimen Zweck nehmen, der ihre Pflichtmitgliedschaft rechtfertigt[580]. Dementsprechend ist diesem Gedanken zu widersprechen. Der Rechtssache TU Hamburg-Harburg ist daher ein solcher Rechtsgedanke nicht zu entnehmen.

2. *Wesentlichkeitskriterium*

Die Erfüllung des Wesentlichkeitskriteriums ist überwiegend beeinflusst durch die Geschäftspolitik. Seine Beurteilung erfolgt anhand des Umsatzes des Auftragnehmers aus dem Geschäft mit dem Auftraggeber[581]. Erreichen die Tätigkeiten für die öffentlichen Auftraggeber mindestens 90 % des Gesamtumsatzes, kann von einer wesentlichen Tätigkeit für öffentliche Auftraggeber gesprochen werden[582]. § 108 Abs. 1 Nr. 2 GWB hat diese Vorgabe auf 80 % gesenkt. Gerade deshalb ist es für die Genossenschaft des öffentlichen Rechts wichtig, den Förderverkehr mit ihren Mitgliedern für diese möglichst attraktiv zu gestalten.

3. *Ausschluss der Beteiligung privaten Kapitals*

Der EuGH schließt jedoch eine Kontrolle im Sinne des § 108 Abs. 1 Nr. 1 GWB von vornherein aus, wenn privates Kapital, unabhängig von der Größe des Anteils, an der Gesellschaft beteiligt ist, da dann auch private Interessen verfolgt werden[583]. Die bloße Möglichkeit einer Öffnung des Kapitals einer ausschließlich vom öffentlichen Auftraggeber gehaltenen Gesellschaft ist nur dann relevant, wenn zum Beurteilungszeitpunkt bereits eine konkrete Aussicht auf eine baldige entsprechende Kapitalöffnung besteht[584].

---

580 Zur Rechtfertigung der Pflichtmitgliedschaft unten Kap. 6 C. III. 3. b).
581 EuGH, NZBau 2006, 452 (455 f.) – Carbotermo
582 EuGH, NZBau 2007, 381 (386) – Asemfo/Tragsa.
583 EuGH, EuZW 2005, 86 (90) – Stadt Halle.
584 EuGH, NZBau 2009, 793 (801) – Se.T.Co.SpA.

Die Vergaberichtlinie und auch § 108 Abs. 1 Nr. 3 GWB sehen aber nunmehr eine Ausnahme für solche nicht beherrschende Formen der privaten Kapitalbeteiligung oder Formen privater Kapitalbeteiligung ohne Sperrminorität vor, die gesetzlich vorgeschrieben sind und die keinen maßgeblichen Einfluss auf die kontrollierte juristische Person vermitteln. Die Vergaberichtlinie nennt in diesem Zusammenhang öffentliche Einrichtungen mit Pflichtmitgliedschaft[585]. Basierend auf der Annahme, dass dieser Ausnahmetatbestand auf Art. 4 Abs. 2 EUV gründet, kann die bloße Möglichkeit der Beteiligung Privater, wie es sie bei Zweckverbänden gibt, nicht ausreichen[586]. Der Vorteil der Genossenschaft des öffentlichen Rechts wäre in diesem Fall, dass bei funktionalen Selbstverwaltungsträgern grundsätzlich die Möglichkeit einer Pflichtmitgliedschaft besteht (und in der Praxis vielfach auch genutzt wird). Allerdings verengt die Pflichtmitgliedschaft gleichzeitig ihren möglichen Wirkungsradius, weil ein öffentliches Interesse bestehen muss, das erhöhte sachliche Anforderungen an die Einbeziehung Privater in die Pflichtkörperschaft stellt. Die daraus folgende Begrenzung der potenziellen Mitgliederzahl wäre zumindest hinderlich für eine Genossenschaft des öffentlichen Rechts, die privates Kapital in größerem Umfang akkumulieren will.

II. Vergaberechtsfreie Aufgabenübertragung

Im Vergaberecht wurde oftmals zwischen der (ausschreibungspflichtigen) Mandatierung (Verlagerung der Durchführung einer Aufgabe) und der als innerstaatlicher Organisationsakt vergaberechtlich irrelevanten Übertragung der jeweiligen Verwaltungsaufgabe (Delegation) unterschieden[587], was aber noch bis vor kurzem als aufgegeben galt[588]. Dahinter steckt die Überlegung, dass der öffentliche Auftraggeber sich nur einer anderen Dienststelle zur Erledigung einer Aufgabe bedienen kann, wenn er überhaupt noch Träger der Aufgabe ist[589]. Eine solche Übertragung kann in zwei Konstellationen vorkommen: Zum einen kann

---

585 Erwägungsgrund 32 der RL 2014/24/EU.

586 *Neun/Otting*, EuZW 2014, 446 (448); *Pfannkuch*, Die Gemeinde SH 2008, 186 (189); a.A. *Schulz*, Die Gemeinde SH 2014, 180 (182).

587 Anders zuvor noch OLG Naumburg, NZBau 2006, 58 (60) – Nachbarlandkreis.

588 Dazu insb. EuGH, NZBau 2013, 522 – Piepenbrock; zuvor OLG Düsseldorf, NZBau 2006, 662 – Zweckverband RegioEntsorgung; OLG Düsseldorf, NZBau 2004, 398; EuGH, NZBau 2009, 527 (527 f.) – Stadtreinigung Hamburg; *Noch*, Vergaberecht kompakt, Kap. A Rn. 338 m.w.N.

589 *Schulz*, Die Gemeinde SH 2014, 180 (184 f.).

bei der Gründung eines Zweckverbands die Aufgabe, zu dessen Erledigung er gegründet wurde, von Gesetzes wegen von der Gebietskörperschaft auf diesen übergehen(so zum Beispiel nach § 3 Abs. 1 S. 1 GkZ SH)[590]. Zum anderen kann dies durch eine Verwaltungsvereinbarung zwischen abgebender und empfangender öffentlicher Dienststelle geschehen[591].

In einer jüngeren Entscheidung des EuGH hat dieser die Unterscheidung jedoch wieder aufgegriffen. So handele es sich bei der Aufgabenübertragung einer Gebietskörperschaft auf einen Zweckverband nicht um einen öffentlichen Auftrag im Sinne des § 99 GWB, da es ihm am Synallagma fehle: Die Mittelverlagerungen an den Zweckverband zur Ausübung der übertragenen Befugnis stellten kein Entgelt dar, sondern seien logische und notwendige Folge der Übertragung oder Kompetenzverlagerung und damit dem hoheitlichen, innerorganisatorischen Bereich des Mitgliedsstaates zuzuordnen[592]. Gleiches gelte in dem Fall, dass die übertragende Dienststelle die aufgrund der Aufgabenübertragung entstandenen, die Einnahmen übersteigenden Mehrkosten übernehme[593]. Der EuGH weitet insoweit seine Rechtsprechung zur punktuellen Übertragung öffentlicher Gewalt auf eine Einrichtung zur Durchführung eines Vorhabens[594] auf eine vollständige Kompetenzübertragung in einem bestimmten Bereich, hier der Abfallentsorgung, aus[595].

Eine solche Einordnung als Maßnahme interner Organisation im Sinne des Art. 4 Abs. 2 S. 2 EUV setze aber voraus, dass eine vollständige Kompetenzübertragung stattfinde, die der begünstigten Dienststelle eine rechtliche und tatsächliche Handlungs- und Finanzautonomie verschaffe[596]. Diese sei nicht gegeben, wenn die ursprünglich zuständige Stelle die Hauptverantwortung für die Aufgabe behalte, sich die finanzielle Kontrolle vorbehalte oder sich einen Zustimmungsvorbehalt gegenüber der begünstigten Einrichtung einräumen lasse[597]. Zwar könne sich die übertragende Dienststelle ein gewisses Überwachungsrecht vorbehalten, eine Einmischung in die konkrete Aufgabendurchführung überschreite jedoch grundsätzlich diese Grenze[598], sodass eine Fachaufsicht

590 Dazu und zum Folgenden *Gruneberg/Frank*, AbfallR 2016, 77 (77 ff.).

591 Zur Anwendbarkeit der Rechtsprechung auch auf diese Konstellation *Siederer/Viezens*, AbfallR 2017, 138 (140) m.w.N.

592 EuGH, NZBau 2017, 105 (107) – Remondis.

593 EuGH, NZBau 2017, 105 (107) – Remondis.

594 EuGH, VergabeR 2006, 54; EuGH, Slg 1994, I-1409, 1444.

595 *Frenz*, GewArch 2017, 97 (97).

596 EuGH, NZBau 2017, 105 (108) – Remondis.

597 EuGH, NZBau 2017, 105 (108) – Remondis.

598 EuGH, NZBau 2017, 105 (108) – Remondis.

ausscheiden, während eine Rechtsaufsicht unproblematisch sein soll[599]. Auf die Vergaberechtsfreiheit wirke es sich nicht aus, wenn die Kompetenzübertragung nur für eine begrenzte Zeit erfolge oder die begünstigte Dienststelle ihre Tätigkeit auf dem Markt, in welchem Umfang auch immer, ausübe[600]. Bei Letzterem sei es aber erforderlich, dass die Tätigkeit mit den institutionellen und satzungsmäßigen Zielen der beteiligten öffentlichen Stellen vereinbar sei.[601]

Diese Ausführungen verdeutlichen, dass es sich hier gerade nicht um einen Fall der Inhouse-Vergabe handelt, sondern diese Konstellation einer Prüfung der Vergaberechtsfreiheit nach § 108 GWB zeitlich vorgelagert ist[602]. Da sich die Aussagen des EuGH auch auf das neue Vergaberecht[603] sowie die Aufgabenübertragung außerhalb dieses konkreten Falls der Abfallentsorgung durch einen Zweckverband übertragen lassen[604], ist das Urteil in zweierlei Hinsicht für die Genossenschaft des öffentlichen Rechts interessant. Zum einen, weil bei freiwilliger Mitgliedschaft Privater eine Vergaberechtsfreiheit in dieser Konstellation nicht ausscheidet und zum anderen, weil der EuGH bei der Aufgabenübertragung eine Markttätigkeit für zulässig erachtet und das Wesentlichkeitskriterium aus der Inhouse-Vergabe ausdrücklich nicht gilt. Dies verdeutlicht zudem den Vorteil öffentlich-rechtlicher Organisationsformen gegenüber privatrechtlichen, die außerhalb von Beleihungskonstellationen nicht der Aufgabenträgerschaft fähig sind. Zu erörtern ist daher, was genau unter der Voraussetzung der rechtlichen und tatsächlichen Handlungs- und Finanzautonomie zu verstehen ist und wie dies bei der Genossenschaft des öffentlichen Rechts umgesetzt werden müsste.

Zur Bejahung der Finanzautonomie ist es nicht zwingend erforderlich, dass die übernehmende Dienststelle über ein selbst vereinnahmtes Abgabenaufkommen für die Finanzierung ihrer neuen Zuständigkeit verfügen muss; ihre zur Verfügung stehenden Mittel dürfen jedoch auch nicht von der Budgetplanung

---

599 *Frenz*, GewArch 2017, 97 (98); allerdings kennt der EuGH diese Unterscheidung zwischen Rechts- und Fachaufsicht nicht, dazu später unter Kap. 6 C. V.

600 EuGH, NZBau 2017, 105 (108) – Remondis.

601 EuGH, NZBau 2017, 105 (108) – Remondis; dazu *Frenz*, GewArch 2017, 97 (98); *Portz*, VergabeR 2017, 143 (145).

602 *Portz*, VergabeR 2017, 143 (145); *Wachinger/Scholz*, NVwZ 2017, 376 (377) sprechen insofern von einem „Stufenverhältnis".

603 *Wachinger/Scholz*, NVwZ 2017, 376 (377); *Siederer/Viezens*, AbfallR 2017, 138 (142); vgl. auch BT-Drs. 18/6281, S. 80.

604 So auch *Portz*, VergabeR 2017 (143 (145); krit. offenbar *Wachinger/Scholz*, NVwZ 2017, 376 (378).

der delegierenden Dienststelle abhängen[605]. Unter diesem Aspekt bestehen daher keine Bedenken hinsichtlich der grundsätzlichen Geeignetheit der Genossenschaft des öffentlichen Rechts für eine vergaberechtsfreie Aufgabendelegation[606].

Hinsichtlich der tatsächlichen Handlungsautonomie erteilte der EuGH jedenfalls einem Zustimmungsvorbehalt zugunsten eines Mitglieds des Zweckverbands eine eindeutige Absage, während eine Überwachung durch Vertreter in der Verbandsversammlung zulässig sei, sofern eine Einflussnahme auf die konkreten Modalitäten der Durchführung der Aufgabe ausscheide[607]. Insoweit bezieht er sich zwar auf die Ausführungen des Generalanwalts, greift jedoch nicht auch dessen Nennung der Mitgliedschaft in einem Leitungsorgan des Zweckverbands oder Informationsrechte als noch zulässige Einflussmittel auf[608]. Die Rechtslage wird noch unklarer, wenn der Generalanwalt in Bezug auf die organisatorische Ausgestaltung des Zweckverbands feststellt, dass dessen Autonomie deswegen zu bejahen sei, weil die Verbandsversammlung den Mitgliedern nur eine Kontrolle „politischer Art", aber keine „Einflussnahme auf strategische Zielsetzungen oder bedeutende Entscheidungen" vermittle und sich dabei auf §§ 7, 8 der Verbandsordnung des Zweckverbandes Abfallwirtschaft Region Hannover bezieht[609]. Zwar beschäftigt sich der EuGH nicht eingehender mit diesen Erwägungen, es stellt sich jedoch trotzdem die Frage, wie maßgeblich sie sind und was aus ihnen folgt[610].

Der betreffenden Verbandsordnung, insbesondere § 11 Abs. 2 S. 1 und Abs. 3 S. 2 und 3, ist zu entnehmen, dass der Verbandsgeschäftsführer die laufenden Geschäfte eigenverantwortlich in eigener Zuständigkeit und mithin weisungsfrei leitet, während die Verbandsversammlung nach § 8 der Verbandsordnung die grundlegenden Entscheidungen trifft. Diese Aufgabenverteilung trifft grundsätzliche auf alle Zweckverbandsordnungen der Länder zu[611]. Inwiefern diese Vorschrift der Verbandsversammlung hier keinen Einfluss auf strategische Zielsetzungen oder bedeutende Entscheidungen vermitteln soll, ist nicht ersichtlich. § 8 der Verbandsordnung weicht insoweit auch nicht (relevant)

---

605 *Wachinger/Scholz*, NVwZ 2017, 376 (377).

606 Zur Finanzierung der Genossenschaften des öffentlichen Rechts s. unten unter Kap. 6 C. IV.

607 EuGH, NZBau 2017, 373 (376) – Remondis.

608 Vgl. *Mengozzi*, ECLI:EU:C:2016:504, Rz. 56 mit Fn. 36.

609 *Mengozzi*, ECLI:EU:C:2016:504, Rz. 68.

610 *Wachinger/Scholz*, NVwZ 2017, 376 (377).

611 *Lange*, Kommunalrecht, Kap. 19 Rn. 51 ff.; *Wolff* u.a., Verwaltungsrecht II, § 98 Rn. 61 ff.

von der generellen Vorgabe aus § 13 NKomZG ab, sodass man ebenfalls nicht von einer vergaberechtlich unzulässigen Ausnahme von der grundsätzlichen Zweckverbandsverfassung reden könnte, die hier eine Differenzierung gestatten würde. Dies könnte bedeuten, dass die Freiheit des Verbandsgeschäftsführers von Weisungen der Mitglieder, zumindest bei Geschäften der laufenden Verwaltung, neben dem bereits erwähnten Fehlen von Zustimmungsvorbehalten das entscheidende Kriterium für die Bejahung der Autonomie von körperschaftlich organisierten juristischen Personen des öffentlichen Rechts darstellt. Dafür spricht, dass Weisungsrechte ein Mehr im Vergleich zu Zustimmungsvorbehalten darstellen, da sich Letztere in einer Ja/Nein-Entscheidung erschöpfen, während Weisungsrechte inhaltlich konkretisierte Handlungsvorgaben ermöglichen. Dies wird durch die Gegenüberlegung gestützt, dass bei enger Auslegung des Handlungsautonomiekriteriums der Anwendungsbereich der vergaberechtsfreien Aufgabenübertragung sehr gering wäre, da das Kommunalrecht der Länder grundsätzlich darauf gerichtet ist, dass die strategische Ausrichtung und die wesentlichen Entscheidungen von Zweckverbänden durch die Gremien bestätigt werden, in denen die Kommunen ihren Einfluss ausüben[612].

Dass diese Thematik vor allem in Deutschland relevant ist[613] und der EuGH, wie zuvor erwähnt, weitere Ausführungen des Generalanwalts diesbezüglich nicht aufgegriffen hat, lässt die Annahme zu, dass nur eine Einmischung in die konkreten Modalitäten der Aufgabenerfüllung zu der Annahme eines vergaberechtlich relevanten öffentlichen Auftrags führt.

Eine Übertragbarkeit der Ausführungen des EuGH auf die vergaberechtsfreie Zuständigkeitsübertragung bei Anstalten des öffentlichen Rechts ist hingegen in Zweifel zu ziehen[614]. Hiergegen spricht die Grundkonzeption der Anstalt als top-down-legitimierte Organisationsform, die von außen von ihrem Träger und Muttergemeinwesen bestimmt wird und nicht die Fähigkeit zur eigenen Willensbildung besitzt und deshalb auch nur Benutzer und keine Mitglieder hat[615]. Eine Handlungsautonomie, wie diese beim Zweckverband möglich ist, kann ihr deswegen nicht zuerkannt werden. Der Unterschied wird umso deutlicher bei Zweckverbandsgesetzen, die den Vertreterinnen und Vertretern der

612 Auf diese zukünftige Schwierigkeit bereits hinweisend *Gniechwitz*, EuZW 2017, 147 (148).

613 *Gniechwitz*, EuZW 2017, 147 (147).

614 So aber *Siederer/Viezens*, AbfallR 2017, 138 (143).

615 *Mayer*, Deutsches Verwaltungsrecht II, S. 590 ff.; *Wolff* u.a., Verwaltungsrecht II, § 86 Rn. 5.

Verbandsmitglieder in bestimmten Angelegenheiten Weisungsfreiheit zubilligen, so zum Beispiel in § 9 Abs. 6 GkZ SH.

Ob jedoch ein weitgehend von dem Willen der Mitglieder entkoppeltes Leitungsorgan, wie es auch bei der eingetragenen Genossenschaft derzeit der Fall ist, bei einem funktionalen Selbstverwaltungsträger überhaupt zulässig und konkret bei der Genossenschaft des öffentlichen Rechts mit ihrem Zweck der Mitgliederorientierung vereinbar wäre, muss an dieser Stelle offen gelassen werden[616]. Aufgrund ihrer Nähe zur öffentlich-rechtlichen Körperschaft ist die Möglichkeit der vergaberechtsfreien Aufgabenübertragung, im Gegensatz zur Anstalt des öffentlichen Rechts, jedenfalls nicht von vornherein abzulehnen.

III. Genossenschaft des öffentlichen Rechts als öffentlicher Auftraggeber

Die Genossenschaft des öffentlichen Rechts könnte vom Begriff des öffentlichen Auftraggebers ausgenommen sein, sofern die Voraussetzungen des § 99 Nr. 2 GWB nicht auf sie zutreffen. Insbesondere bei bestimmten Bürgergenossenschaften könnte sich bereits die Frage stellen, ob ihre im Allgemeininteresse liegende Aufgabe nichtgewerblicher Art ist. Indizien für eine Gewerblichkeit sind die gänzliche Ausrichtung des Handelns nach wirtschaftlichen Überlegungen, eine Gewinnerzielungsabsicht, das Bestehen eines ausgebildeten Wettbewerbs[617] sowie das Fehlen von grundsätzlich mit der Tätigkeit verbundenen Risiken, welches vor allem bei einer Bestandsgarantie durch eine staatliche Stelle angenommen wird[618]. So kann beispielsweise eine Bürgergenossenschaft trotz ihrer Mitgliederorientierung mit Gewinnerzielungsabsicht handeln[619], gleichzeitig ist ihr Handeln aber schon aufgrund ihrer öffentlich-rechtlichen Natur sowie spezieller Mechanismen aus dem Bereich des sozialen Unternehmertums auch durch gesellschaftliche, politische und soziale Erwägungen geprägt. Zudem wird sie meist dort eingesetzt werden, wo aufgrund der Marktlage kein ausgebildeter Wettbewerb stattfindet, während ihr Insolvenzrisiko grundsätzlich von der gesetzgeberischen Ausgestaltung abhängen wird.

---

616 Dazu aber später unter Kap. 6 C. II.

617 *Wieddekind*, in: Willenbruch/ders., Vergaberecht, § 99 GWB Rn. 24 ff.

618 EuGH, NZBau 2003, 396; *Wieddekind*, in: Willenbruch/ders., Vergaberecht, § 99 GWB Rn. 27.

619 Vgl. *Irriger*, Genossenschaftliche Elemente bei öffentlich-rechtlichen Körperschaften, S. 157.

Jedenfalls kann dies dahin stehen, wenn die besondere Staatsgebundenheit einer Genossenschaft des öffentlichen Rechts zu verneinen ist und daher die Voraussetzungen des § 99 Nr. 2 GWB nicht vorliegen. Eine Finanzierung der öffentlichen Hand durch Beteiligung oder auf sonstige Weise ist anzunehmen, wenn mindestens 51 % der Gesamtfinanzierung der Einrichtung durch öffentliche Träger erfolgt[620]. Dabei muss auf sämtliche Finanzmittel der juristischen Person abgestellt werden[621]. Eine Transferleistung liegt nicht vor, wenn die öffentliche Hand eine spezifische Gegenleistung für ihre Zahlung erhält[622]. Eine mittelbare Finanzierung über Gebühren und Beiträge kann nur dann eine besondere Staatsnähe begründen, wenn der Gesetzgeber Höhe oder Verwendungszweck dem Umfang nach festlegt[623]. Diese kann jedoch nicht über den Fall hinweghelfen, dass der größte Beitragszahler eine öffentliche Stelle ist[624]. Letztlich kommt es also für die Annahme des Finanzierungsmerkmals bei der Genossenschaft des öffentlichen Rechts auf die organisationsrechtliche Ausgestaltung und den Umfang des Fördergeschäftsverkehrs an, sein Vorliegen ist weder von vornherein anzunehmen noch auszuschließen.

Für die Beurteilung der Aufsicht ist zunächst klarzustellen, dass die Unterscheidung zwischen Rechts- und Fachaufsicht insoweit nicht weiterhilft, als das Europarecht diese nicht kennt[625]. Das Vorliegen dieses Merkmals ist daher bei einem funktionalen Selbstverwaltungsträger, bei dem die Aufsicht grundsätzlich auf eine Rechtmäßigkeitskontrolle beschränkt ist, nicht per se ausgeschlossen. Entscheidend ist vielmehr, ob die Aufsicht eine Verbindung dieser Einrichtung zur öffentlichen Hand herstellt, die dieser die Möglichkeit zur Einflussnahme auf Entscheidungen dieser Einrichtung bezüglich öffentlicher Aufträge eröffnet[626]. Relevant ist für diese Beurteilung auch der Handlungsspielraum, der der Einrichtung nach den gesetzlichen Vorgaben bleibt[627]. Grundsätzlich ist das Merkmal des § 99 Nr. 2 lit. b GWB bei der Genossenschaft des öffentlichen Rechts als funktionaler Selbstverwaltungsträger aber wegen der begrenzten Aufsicht nicht

---

620 EuGH, NZBau 2001, 218 (220) – University of Cambridge.

621 *Wieddekind*, in: Willenbruch/ders., Vergaberecht, § 99 GWB Rn. 34.

622 EuGH, NZBau 2013, 717 (719) – Ärztekammer Westfalen-Lippe.

623 EuGH, NZBau 2013, 717 (719) – Ärztekammer Westfalen-Lippe, dazu *Wieddekind*, in: Willenbruch/ders., Vergaberecht, § 99 GWB Rn. 34; *Dreher*, in: Immenga/Mestmäcker, Wettbewerbsrecht, § 98 GWB a.F. Rn. 129.

624 *Dreher*, in: Immenga/Mestmäcker, Wettbewerbsrecht, § 98 GWB a.F. Rn. 99.

625 *Dreher*, in: Immenga/Mestmäcker, Wettbewerbsrecht, § 98 GWB a.F. Rn. 102.

626 EuGH, NZBau 2001, 215 (217).

627 *Wieddekind*, in: Willenbruch/ders., Vergaberecht, § 99 GWB Rn. 44.

erfüllt[628], alles Weitere hängt von den Entscheidungen des Organisationsgesetzgebers ab. Dies gilt insbesondere auch für organisationsrechtliche Aufsichtsbefugnisse staatlicher Stellen außerhalb der Rechtsaufsicht[629]. Ähnliche Maßstäbe gelten auch für § 99 Nr. 2 lit. c GWB.

Festzuhalten ist mithin, dass die Genossenschaft des öffentlichen Rechts sich außerhalb des Begriffs des öffentlichen Auftraggebers bewegen kann, dies aber von der konkreten organisationsgesetzlichen Ausgestaltung abhängt.

B. Öffentliches Kooperationsrecht

Interkommunale Kooperation, also die Zusammenarbeit eines Kreises oder einer Gemeinde mit anderen kommunalen Trägern[630], wird vor allem als Antwort auf die Herausforderungen des demografischen Wandels an die, insbesondere ländliche, kommunale Infrastruktur genannt[631]. So sind Kooperationen im Hinblick auf die Auslastung technischer und sozialer Infrastruktur sowie im Kulturbereich, dem öffentlichen Personennahverkehr und bei Standortbedingungen für Unternehmen wie für Einwohner denkbar[632]. Als Organisationsform für interkommunale Zusammenarbeit verschiedener Hoheitsträger und zusammen mit Bürgern kann die Genossenschaft des öffentlichen Rechts ebenfalls Chancen eröffnen und an die Stelle der Rechtsform des Zweckverbandes treten. Mit einer interkommunalen Kooperation können aber auch negative Auswirkungen einher gehen, wie mangelnde Mitsprache- und Kontrollmöglichkeiten, ein subjektiv empfundener Identitätsverlust und eine geringe Bürgernähe[633]. Diese Partizipationsdefizite im Rahmen der Kooperation lassen sich exemplarisch anhand der Regelungen vieler Zweckverbände zu den Stimmverhältnissen und den dahinter stehenden Anforderungen aus dem Demokratieprinzip des Art. 20 Abs. 2 GG demonstrieren. Ohne den späteren Ausführungen zu weit vorgreifen zu wollen, zeigt sich, dass in aus öffentlichen und privaten Mitgliedern bestehenden Zweckverbänden die öffentlich-rechtlichen Mitglieder im Konfliktfall stets die

628 *Dreher*, in: Immenga/Mestmäcker, Wettbewerbsrecht, § 98 GWB a.F. Rn. 129.

629 *Wieddekind*, in: Willenbruch/ders., Vergaberecht, § 99 GWB Rn. 39 f.

630 *Burgi*, Kommunalrecht, § 19 Rn. 2.

631 *Hansen*, Die Gemeinde SH 2015, 162 (162 ff.); *Düsterdiek*, Die Gemeinde SH 2015, 153 (155); *Rehm*, Public Governance 2014, 19 (19 f.).

632 *Hansen*, Die Gemeinde SH 2015, 162 (162).

633 *Schmidt*, Kommunale Kooperation, S. 9 ff.; *Hansen*, Die Gemeinde SH 2015, 162 (163).

Entscheidungsträger sind[634]; ihnen hat schon aus verfassungsrechtlichen Gründen jederzeit eine virtuelle Vollentscheidungsgewalt zuzustehen[635]. Werden diese Nachteile bisheriger interkommunaler Kooperation behoben, indem insbesondere bei der Ausgestaltung der Stimmrechte genossenschaftliche Prinzipien beachtet und finanzielle Lasten überlegt verteilt werden[636], können ihre Vorteile, wie eine durch Kooperation gestärkte Unabhängigkeit gegenüber übergeordneten Institutionen (zum Beispiel den Ländern)[637], umso stärker hervortreten. Die gewonnene Unabhängigkeit steht wiederum in Wechselbeziehung zum Selbstverwaltungsgedanken.

C. Steuerrecht

Auch hinsichtlich der Besteuerung ergeben sich bei juristischen Personen des öffentlichen Rechts Besonderheiten. So trifft sie eine unbeschränkte Körperschaftssteuerpflicht nach § 1 Abs. 1 Nr. 6 KStG nur, wenn sie einen „Betrieb gewerblicher Art" unterhalten. Ein solcher liegt nach § 4 Abs. 1 KStG bei Einrichtungen vor, die einer nachhaltigen wirtschaftlichen Tätigkeit zur Erzielung von Einnahmen dienen und sich innerhalb der Gesamtbetätigung der juristischen Person wirtschaftlich herausheben. Im Übrigen gilt für Einkünfte außerhalb des Betriebes gewerblicher Art nur eine beschränkte Körperschaftssteuerpflicht, § 2 Nr. 2 KStG.

Die Gewerbesteuer fällt für juristische Personen des öffentlichen Rechts nach § 2 Abs. 1 GewStDV nur an, wenn sie als „stehender Gewerbebetrieb" gemäß § 15 EStG anzusehen sind und damit eine Gewinnerzielungsabsicht verfolgen sowie sich mit einer werbenden Tätigkeit am wirtschaftlichen Verkehr beteiligen. Hoheitsbetriebe unterliegen nach § 2 Abs. 2 GewStDV, parallel zum Körperschaftssteuergesetz, keiner Besteuerung. Ferner befreit § 3 Nr. 20 lit. a GewStG von der Gewerbesteuer für den Betrieb bestimmter, dort genannter, Einrichtungen.

Nur die Tätigkeiten des Betriebes gewerblicher Art einer juristischen Person des öffentlichen Rechts nach § 1 Abs. 1 Nr. 6 und § 4 KStG unterliegen gemäß § 2 Abs. 3 S. 1 UStG einer Umsatzsteuerpflicht. Für hoheitliche Betriebe entfällt

---

634 *Böckenförde*, Demokratie als Verfassungsprinzip, in: Isensee/Kirchhof (Hrsg.), HStR II³, § 24 Rn. 20.

635 Vgl. *Leisner*, Mitbestimmung im öffentlichen Dienst, S. 40.

636 Vgl. *Schmidt*, Kommunale Kooperation, S. 15.

637 *Hansen*, Die Gemeinde SH 2015, 162 (162 f.).

diese somit vollends[638]. § 2b UStG hat den Unternehmerbegriff zwar nunmehr weiter gefasst, sieht in den Absätzen 2 und 3 jedoch Ausnahmen für Konstellationen vor, in denen keine größeren Wettbewerbsverzerrungen vorliegen. Unter diese fällt unter den dort genannten Voraussetzungen auch die interkommunale Zusammenarbeit.

Zudem ist auf die Anwendbarkeit des § 8 Abs. 7 S. 1 Nr. 1 KStG auf juristische Personen des öffentlichen Rechts hinzuweisen, die ein Dauerverlustgeschäft ausüben, wie es zum Beispiel bei kommunalen Schwimmbädern oftmals der Fall ist.

D. Arbeitsrecht

Aus dem Funktionsvorbehalt des Art. 33 Abs. 4 GG folgt, dass nur juristische Personen des öffentlichen Rechts als Ausfluss ihrer Hoheitsgewalt Dienstherren im Sinne des Beamtenrechts sein können, sodass auch die Genossenschaft des öffentlichen Rechts solche beschäftigen könnte, sofern ihr dies durch ein Landesgesetz oder aufgrund eines Landesgesetzes ermöglicht wird[639]. Die Möglichkeit der Verbeamtung ist im Hinblick auf den Konkurrenzkampf der öffentlichen Arbeitgeber mit Privaten um qualifizierte Arbeitskräfte grundsätzlich ein Vorteil. Zu beachten ist aber, dass die engen Vorgaben des öffentlichen Dienstrechts teilweise auch mit Nachteilen verbunden sein können[640].

---

638 *Beier/Maier*, Grundlagen der Besteuerung von juristischen Personen des öffentlichen Rechts, in: Bolsenkötter (Hrsg.), Öffentlich-rechtliche Unternehmen der Gemeinden, Kap. 4 Rn. 1664 ff.

639 *Wichmann/Langer*, Öffentliches Dienstrecht, Rn. 53; vgl. *Kluth*, Funktionale Selbstverwaltung, S. 256 ff.

640 *Uechtritz/Reck*, Rechtsform kommunaler Unternehmen: Rechtliche Vorgaben und Entscheidungskriterien, in: Hoppe/dies. (Hrsg.), Handbuch kommunale Unternehmen, § 16 Rn. 68.

Kapitel 4 Typen der Genossenschaft des öffentlichen Rechts

Aus den vorherigen Ausführungen zu den Chancen der Genossenschaft des öffentlichen Rechts und ihren fachrechtlichen Besonderheiten ergeben sich vorrangig zwei „Grundtypen". Zum einen die Infrastrukturgenossenschaft, die bei großen, konfliktträchtigen Infrastrukturvorhaben eingesetzt werden könnte. Zum anderen die Bürgergenossenschaft, die insbesondere zur Bewältigung der Folgen des demografischen Wandels in den strukturschwachen ländlichen Räumen geeignet ist und dies überwiegend mit Hilfe bürgerschaftlichen Engagements tun soll. Zusätzlich kann sie auch als interkommunale Kooperationsform genutzt werden. Die Einsatzbereiche, die im Folgenden näher skizziert werden sollen, sind nicht trennscharf zu verstehen. Sie dienen aber in den darauffolgenden Kapiteln als Anhaltspunkte für die Auswahl aus dem Kreis der diversen organisationsrechtlichen Ausgestaltungsmöglichkeiten.

A. Infrastrukturgenossenschaft

Bei konfliktträchtigen Großvorhaben, insbesondere bei großflächigen Infrastrukturprojekten, könnten vor allem die Eigentümer der betroffenen Grundstücke, aber in gewissem Umfang auch die anderweitig betroffenen Bürger zu einer Genossenschaft des öffentlichen Rechts zusammengeschlossen werden, die ähnlich einer Kammer vorrangig die Interessen ihrer Mitglieder filtrieren und artikulieren soll[641]. Die Gründung würde top-down durch einen Hoheitsträger, entweder durch oder aufgrund eines entsprechenden Organisationsgesetzes, erfolgen. Die Teilbestandteile Transparenz und Partizipation des Open Government-Ansatzes spielen hier eine exponierte Rolle. Die Möglichkeiten ihrer Implementierung würden weiter steigen und um das Element der Kollaboration ergänzt werden, wenn die Infrastrukturgenossenschaft nicht nur Beteiligte an dem Verfahren, sondern selbst Projektträger wäre, weil dies erhebliche Vorteile bei der Ausgestaltung von Transparenz und finanzieller Bürgerbeteiligung

641 Vgl. *Fröhler/Oberndorfer*, Körperschaften des Öffentlichen Rechts und Interessenvertretung, passim.

brächte[642]. Hinsichtlich des Partizipationsaspekts könnte eine erhöhte Teilhabe der zusammengeschlossenen Betroffenen und damit eine Akzeptanzsteigerung bei den Bürgern dadurch erreicht werden, dass die Genossenschaft des öffentlichen Rechts an einem gewissen Punkt des Planungsprozesses, über das Maß der üblichen verfahrensrechtlichen Beteiligungsmöglichkeiten hinaus[643], echte Mitbestimmungsrechte in Gestalt eines Zustimmungsvorbehalts erhält. Dadurch könnte die sog. Partizipationsverflechtungsfalle umgangen werden, mit der ein Auseinanderfallen von Beteiligungserwartungen und Beteiligungsmöglichkeiten beschrieben wird, das aus einer Erhöhung der Transparenz bei gleichzeitiger faktischer Stagnation der Mitbestimmungsmöglichkeiten resultiert[644]. Daraus kann eine Verkehrung des bürgerschaftlichen Engagements ins Negative resultieren[645].

Weitergehend könnte darüber nachgedacht werden, ob den Mitgliedern der Infrastrukturgenossenschaft die Entscheidung überlassen wird, ob sie eine gewisse Beeinträchtigung in Kauf nehmen wollen und dafür eine Kompensation erhalten (insbesondere in Geld). Die Lösung von Konflikten würde auf diese Weise internalisiert, sodass die öffentliche Verwaltung von moderierenden Maßnahmen entlastet würde, weniger Klagen erhoben würden und Infrastrukturvorhaben schneller realisiert werden könnten[646]. Allerdings ergeben sich hier Bedenken hinsichtlich der Vereinbarkeit mit höherrangigem Planungsrecht des Bundes, zumindest sofern die Genossenschaft auf Basis von Landesrecht gegründet wird. So wurde im Rahmen des schleswig-holsteinischen Landesentwicklungsplans 2010 bei der Auswahl von Windeignungsflächen für Windräder den Gemeinden bei der Aufstellung des Kreiskonzeptes ein Vetorecht eingeräumt, bei dessen Ausübung die Landesplanungsbehörde entsprechende Flächen als Ausschlussflächen behandelte. Die Behörde rechtfertigte dies als „gelungene[n]

642 Vgl. *Kluth*, Die Rolle von Genossenschaften und Kooperationen (einschließlich Kammern) im Bereich der Bildungsinfrastrukturen, in: Schmidt-Trenz/Stober (Hrsg.), Der Dritte Sektor als Infrastrukturakteur, S. 161 (173 f.).

643 Dazu ausführlich oben unter Kap. 2 B. II. 5. b).

644 *Bogumil/Kuhlmann*, dms 2015, 237 (248); *Bauer*, dms 2015, 273 (274).

645 *Bogumil/Kuhlmann*, dms 2015, 237 (248); *Bauer*, dms 2015, 273 (274); ders. VerwArch (106) 2015, 112 (121).

646 Zur Institutionalisierung von internen Konflikten durch Recht *Teubner*, Organisationsdemokratie und Verbandsverfassung, S. 329 f.; vgl. zur Voraussetzung der Interessenhomogenität der Mitglieder funktionaler Selbstverwaltungsträger *Holzner*, Konsens im Allgemeinen Verwaltungsrecht, S. 162 ff., der diese nicht als zwingendes Erfordernis ansieht, solange keine „strukturelle Entscheidungsblockade“ vorliegt.

Prozess der Bürgerbeteiligung“[647]. Bereits in dieser Konstellation urteilte das Schleswig-Holsteinische Oberverwaltungsgericht, dass die Ergebnisse schlichter Mehrheitsentscheidungen nicht mit der auf Abwägung basierenden Planung zu vereinbaren seien, welche Ausfluss des Rechtsstaatsgebots aus Art. 20 Abs. 3 GG sei[648]. Für die im Rahmen des § 7 Abs. 2 S. 1 ROG stattfindende Abwägung zwischen öffentlichen und privaten Belangen seien nur Kriterien wie die Grundsätze der Raumordnung in § 2 Abs. 2 ROG oder die Planungsleitsätze aus § 1 Abs. 6 BauGB relevant, auf keinen Fall jedoch der bloße Gemeindewille als allein maßgebliches Kriterium einer Abwägungsentscheidung[649]. Dies verdeutlicht zwar, dass einer Genossenschaft des öffentlichen Rechts als funktionalem Selbstverwaltungsträger aufgrund der planerischen Relevanz aller konfliktträchtigen Großprojekte ebenso wenig wie einem kommunalen Selbstverwaltungsträger einseitige Mitbestimmungsrechte zugestanden werden können, aber auch schon nach jetziger Rechtslage Ausnahmen denkbar sind (wie der Fall des § 249 Abs. 3 BauGB[650]). Diese auf den Bereich der Windkraft bezogene Problematik verdeutlicht aber, dass eine grundsätzliche Öffnung des Planungsrechts zugunsten derartiger Partizipationsformen sinnvoll wäre.

Ferner könnten aus der Mitgliedschaft folgende Duldungspflichten im Hinblick auf Beeinträchtigungen des Eigentums durch Infrastrukturmaßnahmen und entsprechende Kompensationsansprüche für die Infrastrukturgenossenschaft sprechen. Dies ist in gewissem Umfang auch gegenüber Dritten zulässig, wie Regelungen in Organisationsgesetzen von Realkörperschaften zeigen.

---

647 OVG Schleswig, ZUR 2015, 498 (501).

648 OVG Schleswig, ZUR 2015, 498 (501).

649 OVG Schleswig, ZUR 2015, 498 (501); zustimmend *Wegner*, ZUR 2015, 468 (475), der auf die Gefahr der Zurücksetzung regionaler Belange zugunsten einer größeren Akzeptanz von betroffenen Gemeinden und Einwohnern hinweist.

650 § 249 Abs. 3 BauGB: „Die Länder können durch bis zum 31. Dezember 2015 zu verkündende Landesgesetze bestimmen, dass § 35 Absatz 1 Nummer 5 auf Vorhaben, die der Erforschung, Entwicklung oder Nutzung von Windenergie dienen, nur Anwendung findet, wenn sie einen bestimmten Abstand zu den im Landesgesetz bezeichneten zulässigen baulichen Nutzungen einhalten. Die Einzelheiten, insbesondere zur Abstandsfestlegung und zu den Auswirkungen der festgelegten Abstände auf Ausweisungen in geltenden Flächennutzungsplänen und Raumordnungsplänen, sind in den Landesgesetzen nach Satz 1 zu regeln. Die Länder können in den Landesgesetzen nach Satz 1 auch Abweichungen von den festgelegten Abständen zulassen.“

B. Bürgergenossenschaft

Die Bürgergenossenschaft weist enge Bezüge zur eingetragenen Genossenschaft auf. In ihr sollen vorrangig Bürger ihren wirtschaftlichen, kulturellen oder sozialen Bedürfnissen auf lokaler oder regionaler Ebene nachkommen und dadurch vor allem strukturschwache ländliche Räume mit Daseinsvorsorgeleistungen unterstützen. Bei den Tätigkeitsbereichen handelt es sich um freiwillige kommunale Aufgaben, welche die jeweilige Gemeinde, der Gemeindeverband oder der Kommunalverband aufgrund von Aufgabenüberlastung und/oder Unterfinanzierung nicht erledigen kann oder möchte. Weil die Bürger aber bei vielen freiwilligen kommunalen Aufgaben einen starken Partner brauchen, ist die Bürgergenossenschaft auch als Kollaborationsinstrument zwischen einem oder mehreren Hoheitsträgern, meist mindestens einer kommunalen Gebietskörperschaft, und den betroffenen Bürgern, die nicht notwendig auch ihre Einwohner sind, gedacht. Damit gleichzeitig das Eigenengagement und das Gefühl von Eigenverantwortlichkeit aktiviert werden, sollte eine solche Kollaboration möglichst auf Augenhöhe erfolgen. Zwar ist es durchaus denkbar, dass die Bürgergenossenschaft von einem Hoheitsträger gegründet wird und die Bürger ihr dann beitreten, doch sollte es zur besseren Aktivierung bürgerschaftlichen Engagements ebenso möglich sein, dass die Bürger die Bürgergenossenschaft aus Eigeninitiative, das heißt ohne Mitwirkung eines Hoheitsträgers, gründen können. Dieser Prozess läuft jedoch anders als bei der Gründung einer privatrechtlichen Organisationsform ab, da Private keine öffentlich-rechtliche Organisationsform aufgrund eines Gesetzes gründen können. Vielmehr wird diese durch einen genehmigungspflichtigen Gründungsbeschluss errichtet, so zum Beispiel nach § 22 Abs. 1 S. 1 und 3 LFischG SH. Auch die Satzung bedarf einer solchen Genehmigung durch die staatliche Aufsichtsbehörde (vgl. zum Beispiel § 23 Abs. 2 LFischG SH)[651].

Einem Erfolg der Bürgergenossenschaft könnte allerdings entgegenstehen, dass im Zusammenhang mit der Koproduktion wiederholt festgestellt worden ist, dass konkurrierende Akteure aus verschiedenen Bereichen aus Angst vor der Verschiebung von Machtverhältnissen solches bürgerschaftliches Engagement in „ihrem" Aufgabenbereich untergraben, was vor allem in den durch

651 *Klein*, ZfgG 1957, 145 (153) vertritt die Ansicht, dass die Genehmigung der Satzung der öffentlich-rechtlichen Genossenschaft lediglich ihre Rechtsfähigkeit zur Folge hat, da die Bildung durch die Beteiligten selbst, also „freiwillig", gerade im Interesse des Staates liege.

sektorspezifische Interessen beherrschten Fachbereichen, wie dem Jugend- und Sozialbereich, in Bezug auf die Wohlfahrtsverbände der Fall ist[652]. Insbesondere bei fortschreitender Einschränkung des Budgetrechts könnten sogar Gemeindevertretungen selbst eine Verweigerungshaltung dahingehend einnehmen, die wenigen verbliebenen Spielräume in der Kommunalpolitik noch mit den Bürgern zu teilen[653], obgleich mit der Koproduktion eine Förderung des Gemeinwohls verfolgt wird. Die Frage ist daher, inwieweit es für die Bürgergenossenschaft von Vorteil sein könnte, dass sie Aufgabenträgerin sein kann und ihr insoweit, per Gesetz ex ante oder qua Verwaltungsvereinbarung ex post, bestimmte öffentliche Aufgaben zur Erledigung übertragen werden können. Besonders interessant wäre der Fall, dass das Organisationsgesetz ein gewisses Spektrum an Aufgaben für die Bürgergenossenschaft im Sinne einer Art Vormerkung aufführt, die diese im Fall ihrer Gründung durch Bürger aufgrund dieses Gesetz zur Erledigung einer der dort aufgeführten Aufgaben an sich und damit aus dem Aufgabenbestand der kommunalen Gebietskörperschaft herausziehen kann.

Ginge die Aufgabenträgerschaft mit einem Recht auf exklusive Aufgabenerfüllung einher, könnte dies dazu führen, dass öffentlich-rechtliche oder privatrechtliche Träger bereits vorhandener Einrichtungen in diesem Aufgabenbereich zu einer Kooperation mit der Bürgergenossenschaft gezwungen wären. Für Private ist diese Wirkung der Aufgabenträgerschaft jedoch in jedem Fall abzulehnen, da zwischen Aufgabenträgerschaft und Aufgabenwahrnehmung zu differenzieren ist[654]. Öffentliche Aufgaben werden in zahlreichen Fällen durch Private wahrgenommen[655]. Wird eine Aufgabe, also eine zur Lösung anstehende Angelegenheit aus dem gesellschaftlichen Bereich[656], in die staatliche Sphäre gezogen[657], stellt sich dies für Private zunächst grundrechtsneutral dar. Der Ausschluss Privater ist demgegenüber eine grundrechtsrelevante, besondere Form der Aufgabenwahrnehmung, die rechtfertigungsbedürftig ist.

Anders stellt sich die Situation bei der Aufgabenwahrnehmung durch Öffentliche dar. Hier ergeben sich zwei Themenkomplexe: Zunächst stellt sich bereits

---

652 *Timm-Arnold/Loeffler*, VM 2013, 197 (202).

653 *Timm-Arnold/Loeffler*, VM 2013, 197 (203).

654 *Schulz*, Verfahren und Grenzen der Staatsaufgabenfindung im föderal-kommunal gegliederten Staat, in: Brüning (Hrsg.), Nachhaltige Staatsfinanzierung, S. 89 (100 ff.).

655 S. dazu nur *Schoch*, NVwZ 2008, 241.

656 Zur Begriffsdefinition ausführlich *Schulz*, Verfahren und Grenzen der Staatsaufgabenfindung im föderal-kommunal gegliederten Staat, in: Brüning (Hrsg.), Nachhaltige Staatsfinanzierung, S. 89 (93 ff.) m.w.N.

657 Vgl. dazu BVerfGE 12, 205 (143) sowie *Peters*, in: FS Nipperdey, S. 877 (880).

das Problem der hinreichenden Konkretisierbarkeit einer bestimmten Aufgabe. Grundbedingung für eine exklusive Aufgabenerfüllung ist die grundsätzliche Möglichkeit, objektiv bestimmen zu können, welchen Umfang die Aufgabenwahrnehmung haben soll. Dies wird unter anderem am Beispiel der Aufgabe „Sicherung der Nahversorgung" deutlich, die aber noch konkret genug sein sollte. Zentraler Gesichtspunkt dieser Überlegungen sind jedoch die Konsequenzen, die sich aus dem Übergang der Aufgabe aus dem allgemeinen Bereich der Staatsverwaltung oder der kommunalen Selbstverwaltung auf die Bürgergenossenschaft ergeben. Folgt aus der Aufgabenträgerschaft eine sachliche und örtliche Zuständigkeit für die Aufgabenwahrnehmung – was bisher in der Literatur weitestgehend unbehandelt geblieben ist – wären andere Hoheitsträger auf eine Kooperation mit der Bürgergenossenschaft verwiesen.

Geht man von der Richtigkeit dieser Annahme aus, ergibt sich daraus das Folgeproblem der Vereinbarkeit eines solchen Gesetzes mit der kommunalen Selbstverwaltungsgarantie aus Art. 28 Abs. 2 GG. Eine Delegation aus der unmittelbaren Staatsverwaltung heraus scheidet zwar bei bestimmten klassischen Staatsaufgaben von vornherein aus, dieser Bereich ist aber insgesamt klein[658] und für die hier angedachten Einsatzgebiete irrelevant. Fraglich ist jedoch, ob in der mittelbaren, gesetzlich normierten Aufgabenentziehung durch Private ein Eingriff in den verfassungsrechtlich geschützten Aufgabenbestand der Gemeinde vorliegt. Dabei sind Parallelen zu der sog. heterogenen Privatisierung zu erkennen, die einen Vorgang bezeichnet, bei dem eine Gemeinde von Gesetzes wegen zur Privatisierung von Angelegenheiten der örtlichen Gemeinschaft gezwungen wird und in dessen Zusammenhang ebenfalls eine Verletzung des Aufgabenbestandes der Gemeinde thematisiert wird[659].

Der Unterschied besteht hier zum einen darin, dass dieser Begriff bislang nur mit Fällen der Hochzonung von Aufgaben, nicht aber mit einer Niederzonung bzw. „Funktionalisierung" verbunden worden ist, zum anderen im Übergang der Aufgabe auf eine Bürgergenossenschaft, der in diesem streitigen Fall zwar zunächst nur Private angehören, dem kommunalen Selbstverwaltungsträger als vorherigen Aufgabenträger aber die Mitgliedschaft offen stünde. Innerhalb der Aufgaben des eigenen Wirkungskreises der Gemeinden wird zwischen freiwilligen Aufgaben und Pflichtaufgaben ohne Weisung differenziert[660]. Hinsichtlich der freiwilligen Aufgaben, die meist aus dem sozialen, sportlichen

---

658 *Wolff* u.a., Verwaltungsrecht II, § 94 Rn. 12.

659 *Engels*, Die Verfassungsgarantie kommunaler Selbstverwaltung, S. 494 ff.

660 *Lange*, Kommunalrecht, Kap. 11 Rn. 7 ff.

und kulturellen Bereich stammen, besteht ein Aufgabenfindungsrecht der Gemeinde, die solche nach frei gebildeter politischer Einschätzung übernimmt und das somit in den Schutzbereich der kommunalen Selbstverwaltungsgarantie fällt[661]. Der Eingriff könnte darin bestehen, dass die Gemeinde durch den Zuständigkeitswechsel zur Kooperation mit der Bürgergenossenschaft bei der Aufgabenwahrnehmung gezwungen wäre. Diese Kooperation würde sich zudem nach dem Organisationsgesetz der Bürgergenossenschaft richten, im Rahmen dessen die Gemeinde, je nach Verteilung der Stimmrechte, gegebenenfalls von anderen Mitgliedern überstimmt werden könnte. Ein Eingriffstatbestand könnte zwar dadurch umgangen werden, dass den Gemeinden die Entscheidung überlassen wird, ob und welche freiwilligen Aufgaben sie qua Satzung ex ante für eine Heranziehung durch eine von Bürgern gegründete Genossenschaft des öffentlichen Rechts freigeben[662]. Jedoch steht zu befürchten, dass innovationsskeptische Gemeinden ein solches Experiment dann lieber vermeiden und ganz auf die Aufgabenwahrnehmung verzichten. Es ist daher auch die grundsätzliche Möglichkeit der Rechtfertigung eines solchen Eingriffs zu prüfen.

Nach Art. 28 Abs. 2 S. 1 GG besteht das Recht auf kommunale Selbstverwaltung nur „im Rahmen der Gesetze", was als ein Gesetzesvorbehalt[663] hinsichtlich Art und Umfang der gemeindlichen Aufgaben sowie deren eigenverantwortlicher Aufgabenwahrnehmung zu interpretieren ist[664]. Als „Gesetze" sind formelle Parlamentsgesetze, unabhängig von der föderalen Ebene, und materielle Gesetze, insbesondere Rechtsverordnungen, zu verstehen[665]. Es wäre daher denkbar, dass der Landesgesetzgeber entweder bereits bestimmte Bereiche freiwilliger Aufgaben im Organisationsgesetz ex ante festlegt (so zum Beispiel nach § 5 Abs. 1 AO SH) oder besser, weil eine Ebene sachnäher, Kreise zum Erlass einer Rechtsverordnung ermächtigt werden, die bestimmte Aufgabenbereiche festlegt[666]. Letztere unterläge insbesondere dem Bestimmtheitsgebot aus Art. 80 Abs. 1 S. 2 GG[667]. Die Entziehung einer Aufgabe mit örtlich relevantem Charakter durch den Gesetzgeber ist nur aus Gründen des Gemeininteresses zulässig, insbesondere dann, wenn die ordnungsgemäße Aufgabenerfüllung

661 *Burgi*, Kommunalrecht, § 8 Rn. 13.
662 Vgl. *Mehde*, in: Maunz/Dürig, GG, Art. 28 Abs. 2 Rn. 98.
663 BVerfGE 79, 127 (143).
664 BVerfGE 107, 1 (12).
665 *Mehde*, in: Maunz/Dürig, GG, Art. 28 Abs. 2 Rn. 105.
666 Vgl. *Blanke*, VM 2009, 115 (121).
667 Dazu näher *Uhle*, in: Epping/Hillgruber, GG, Art. 80 Rn. 17 ff.

anders nicht sicherzustellen wäre[668]. Die Errichtung der Bürgergenossenschaft führt dazu, dass eine vormals nicht oder in den Augen der betroffenen Bürger nicht ausreichend erfüllte Aufgabe nun durch die Einbeziehung des Sachverstands der Betroffenen überhaupt oder besser, jedenfalls bürgernäher, erfüllt wird. Durch die allgemeine und spezielle Bindung der Bürgergenossenschaft an das Gemeinwohl und gleichzeitige Entlastung der Gemeinde durch die Aktivierung bürgerschaftlichen Engagements kann mithin davon ausgegangen werden, dass der Aufgabenentzug dem Gemeinwohl dienen würde, also ein legitimer Zweck ist.

Der Schwerpunkt der Argumentation liegt demnach auf der Verhältnismäßigkeit im engeren Sinne, erforderlich ist eine umfassende Güterabwägung zwischen der eingeschränkten Selbstverwaltungsaufgabe und den mit der Einschränkung verfolgten öffentlichen Interessen[669]. Zugunsten der Verhältnismäßigkeit kann angeführt werden, dass eine vollständige oder teilweise Entlastung der Gemeinde von der Aufgabenerledigung sie gerade vor einer Aufgabenüberbürdung bewahren kann, die zunehmend als Bedrohung für die kommunale Selbstverwaltung an sich wahrgenommen wird[670]. Zudem ist bei der Beurteilung der Intensität des Eingriffs mildernd zu berücksichtigen, dass die Gemeinde ihren Zugriff auf die Aufgabenwahrnehmung nicht vollständig verliert, sondern sich Mitwirkungsrechte durch den Beitritt zur Bürgergenossenschaft sichern kann. Aufgrund der Einzelfallabhängigkeit der Beurteilung kann im Rahmen dieser Arbeit aber keine umfassende verfassungsrechtliche Abwägung stattfinden. Es muss bei der Erkenntnis bleiben, dass die Aufgabenübertragung auf die Bürgergenossenschaft durch oder aufgrund eines Gesetzes nicht von vornherein mit der kommunalen Selbstverwaltungsgarantie unvereinbar wäre.

---

668 BVerfGE 79, 127 (153).

669 *Mehde*, in: Maunz/Dürig, GG, Art. 28 Abs. 2 Rn. 122.

670 Vgl. BVerfGE 79, 127 (147 f.).

Kapitel 5 Rückgriff auf existierende Organisationsformen

Bevor weiter auf die Schaffung der neuen Genossenschaft des öffentlichen Rechts und ihre organisationsrechtliche Verwirklichung eingegangen werden kann, müssen zunächst bereits existierende privat- und öffentlich-rechtliche Gesellschaftsformen daraufhin untersucht werden, ob sie die im vorigen Kapitel skizzierten Typen der Genossenschaft des öffentlichen Rechts adäquat umsetzen können. Nur wenn dies nicht der Fall ist, könnte der Gesetzgeber zum Handeln aufgefordert sein, da ihm vor dem Hintergrund des Grundsatzes funktions- und aufgabengerechter Organisationsstruktur in gewisser Weise eine Bereitstellungsgesetzgebung aufgetragen ist[671]. Die privatrechtlichen Organisationsformen können zwar offensichtlich keine Träger funktionaler Selbstverwaltung sein. Dieses Merkmal rückt aber in den Hintergrund, sofern sie die oben dargestellten Chancen verwirklichen und auch ansonsten andere Vorteile gegenüber öffentlich-rechtlichen Organisationsformen bieten.

A. Privatrechtliche Organisationsformen

Ganz allgemein werden mit privatrechtlichen Organisationsformen Vorteile wie die allgemeine Zulässigkeit der Kooperation mit Privaten, die Befreiung vom öffentlichen Dienstrecht, die Möglichkeit der Haftungsbeschränkung sowie Flexibilität sowohl hinsichtlich der Ausgestaltung der Organisationsform als auch des Handelns der Unternehmensleitung verbunden, wobei letzteres Kriterium in beiden Fällen stark von der konkreten privatrechtlichen Organisationsform abhängt[672].

Daneben wird die Wahl zwischen den diversen privatrechtlichen Organisationstypen in bedeutendem Maße durch die Möglichkeit der Erfüllung der Ingerenzpflichten beeinflusst, die alle öffentlichen Hoheitsträger treffen, die

---

671 *Schulz*, Der „thätige Staat“ als Hilfe zur Selbsthilfe – die Bedeutung des bürgerschaftlichen Infrastrukturmodells Lorenz von Steins für aktuelle Herausforderungen, in: Brüning/Schliesky (Hrsg.), Lorenz von Stein und die rechtliche Regelung der Wirklichkeit, S. 131 (173).

672 *Uechtritz/Reck*, Rechtsform kommunaler Unternehmen: Rechtliche Vorgaben und Entscheidungskriterien, in: Hoppe/dies. (Hrsg.), Handbuch Kommunale Unternehmen, § 16 Rn. 23 ff.

sich in einer privatrechtlichen Gesellschaftsform betätigen. Sie leiten sich zum einen aus dem in Art. 20 Abs. 3, 1 Abs. 3 und 28 Abs. 2 GG verankerten Rechtsstaatsprinzip her, das unabhängig von der gewählten – privatrechtlichen oder öffentlich-rechtlichen – Handlungsform Bund, Länder und Gemeinden an die Grundsätze rechtsstaatlichen Handelns bindet, weshalb diese Akteure in den privatrechtlichen Organisationsformen auch nicht sämtliche privatautonomen Freiheiten in Anspruch nehmen können[673]. Die öffentlichen Hoheitsträger sind daher verpflichtet, diese Unternehmen einem Kontrollsystem mit Aufsichts- und Einwirkungsrechten zu unterstellen, welches die Rechtsstaatlichkeit der Aufgabenerfüllung sichert[674]. Zum anderen folgen sie aus dem Demokratieprinzip aus Art. 20 Abs. 2 GG, das eine wirksame parlamentarische Kontrolle der mit staatlichen Aufgaben betrauten Organe und Amtswalter verlangt, die insbesondere auch die Art und Weise der Ausführung der übertragenen Aufgabe umfasst[675].

Das Sozialstaatsprinzip aus Art. 20 Abs. 1 und 28 Abs. 1 GG fordert hinsichtlich kommunalrechtlicher Benutzungsansprüche ebenfalls Aufsichts-, Kontroll- und Weisungsrechte der Kommunen, wenn diese ihrer Pflicht zur Errichtung von nach den örtlichen sozialen Verhältnissen erforderlichen Einrichtungen mittels eines öffentlichen Unternehmens nachkommen[676]. Ferner ist aus der kommunalen Selbstverwaltungsgarantie aus Art. 28 Abs. 2 GG zu folgern, dass die aufgrund der in Art. 28 Abs. 1 S. 2 GG genannten Wahlen demokratisch legitimierte Gemeindevertretung, wenn sie in Verantwortung gegenüber dem Gemeindevolk alle Angelegenheiten der örtlichen Gemeinschaft gemeinwohlbezogen zu erledigen hat, diese Verantwortung nur tragen kann, wenn sie auch tatsächlich die Möglichkeit hat, bestimmenden Einfluss auf die Aufgabenerledigung auszuüben[677].

Weitere verfassungsrechtliche Anhaltspunkte bieten Art. 33 Abs. 4 GG, die Grundrechte in ihrer Schutzpflichtfunktion jedenfalls für Bereiche, in denen die Grundrechtsgewährleistung nur durch einen entsprechenden Schutz des Staates sichergestellt werden kann, sowie die Pflicht zur gegenseitigen Rücksichtnahme bezüglich der Einhaltung der Kompetenzverteilung der in einem bundesstaatlichen Kompetenzgefüge stehenden Hoheitsträger[678].

---

673 *Wolff* u.a., Verwaltungsrecht II, § 80 Rn. 63.
674 *Brenner*, AöR 127 (2002), 222 (226).
675 *Brenner*, AöR 127 (2002), 222 (226 f.).
676 *Brenner*, AöR 127 (2002), 222 (228).
677 *Mann*, Die öffentlich-rechtliche Gesellschaft, S. 89 f.
678 *Brenner*, AöR 127 (2002), 222 (229 ff.).

Die nachfolgende Betrachtung soll sich im Wesentlichen auf die kommunale Ebene beschränken, da besonders Gemeinden für die Kooperation mit Bürgern bei der öffentlichen Aufgabenerfüllung infrage kommen. Die Gemeindeordnungen sprechen angesichts der verfassungsrechtlichen Ingerenzpflichten von der Sicherung eines angemessenen Einflusses, dessen Vorliegen anhand der Summe aller Einwirkungsmöglichkeiten beurteilt wird und dessen Grad sich nach der Rechtsform, dem Beteiligungsgrad, der personellen Struktur und der Größe des Unternehmens sowie nach seinem Aufgabengebiet bzw. der öffentlichen Zielsetzung[679] richtet[680]. Eine Grundsicherung kommunalen Einflusses soll die anteilsgerechte Vertretung in der Gesellschafterversammlung vermitteln, soweit sie mit einer hinreichenden Einflussmöglichkeit auf die kommunalen Vertreter flankiert wird[681]. Daneben kommen weitere Steuerungsmittel in Betracht, von denen einige genauer auf ihre Anwendbarkeit überprüft werden sollen. Dieser Betrachtung vorwegzunehmen ist aber der Hinweis, dass ihre Anwendbarkeit vom Verhältnis zwischen dem Öffentlichen Recht, das die Ingerenzpflichten begründet, und dem Privatrecht, das die Steuerungsmittel bereitstellt, abhängt. Nach herrschender Meinung richten sich die Rechte und Pflichten der Gesellschaftsorgane und ihrer Mitglieder ausschließlich nach dem jeweiligen Gesellschaftsrecht; der für das Kommunalrecht zuständige Gesetzgeber kann insoweit nicht in dieses Rechtsregime eindringen, es sei denn, es weist Lücken oder Gestaltungsspielräume auf[682].

Die eingetragene Genossenschaft auf ihre Geeignetheit als kommunales Handlungsinstrument zu untersuchen, liegt angesichts der vorherigen Darstellungen nahe. Insbesondere profitiert sie von Vorteilen bei der passiven finanziellen Bürgerbeteiligung, die anderen privatrechtlichen Organisationsformen bereits nicht zugutekommen[683]. Zusätzlich sollen aber auch noch die Gesellschaft mit beschränkter Haftung (GmbH) und die Aktiengesellschaft geprüft werden.

---

679 *Wolff* u.a. Verwaltungsrecht II, § 80 Rn. 63; *Brenner*, AöR (127) 2002, 222 (225) m.w.N.

680 *Pauly/Schüler*, DÖV 2012, 339 (345) m.w.N.; vgl. BT-Drs. V/3040 Nr. 391.

681 *Pauly/Schüler*, DÖV 2012, 339 (345) m.w.N.

682 BGHZ 36, 296 (304 ff.); 69, 334 (340 f.); *Püttner*, DVBl 1986, 748 (751 ff.); zust. *Brenner*, AöR (127) 2002, 222 (236); a.A. *v. Danwitz*, AöR (120) 1995, 595 (622 ff.) mit seiner Lehre vom Verwaltungsgesellschaftsrecht; zur Lösung im Rahmen einer Kollisionsdogmatik *Towfigh*, DVBl. 2015, 1016 (1019 ff.).

683 Dazu bereits oben unter Kap. 2 B. II. 5. b) bb) (1).

I. Eingetragene Genossenschaft

Die grundlegenden Organisationsprinzipien der eingetragenen Genossenschaft wurden bereits zu Anfang dargestellt[684]. Hier sollen die Strukturen des Organisationsgesetzes nunmehr einer genaueren Betrachtung unterzogen werden.

1. Organisationsverfassung

Die Organe der eingetragenen Genossenschaft sind der Vorstand, die Generalversammlung und, unter bestimmten Voraussetzungen, der Aufsichtsrat. Die durch das Organisationsgesetz vorgegebene Zuständigkeitsverteilung zwischen den Organen und deren interne Organisation haben auch Auswirkungen auf die Steuerung. Bei der Organisationsverfassung der eingetragenen Genossenschaft ist zunächst daran zu erinnern, dass nach § 18 S. 2 GenG Satzungsstrenge herrscht, es besteht demnach kaum Spielraum bei der Ausgestaltung der Organe.

a) Vorstand

Der Vorstand vertritt die Genossenschaft nach § 24 Abs. 1 S. 1 GenG gerichtlich und außergerichtlich, ersatzweise wird dies durch den Aufsichtsrat übernommen. Nach § 27 Abs. 1 GenG leitet er die Genossenschaft eigenverantwortlich und muss dabei lediglich satzungsmäßige Beschränkungen beachten, die aber gemäß § 27 Abs. 2 GenG nicht im Außenverhältnis wirken. Die Geschäftsführungsbefugnis umfasst alle organisatorischen Maßnahmen und alle geschäftlichen Handlungen sowie solche Bereiche, die nicht durch Gesetz oder Satzung anderen Genossenschaftsorganen zugewiesen sind[685]. Allerdings findet die Leitungsmacht ihre Grenze im Förderzweck und Unternehmensgegenstand, wobei auch diese Beschränkungen nur im Innenverhältnis wirken[686]. Er besteht gemäß § 24 Abs. 2 GenG grundsätzlich aus zwei Personen, wird von der Generalversammlung gewählt und abberufen, die Satzung kann aber diesbezüglich Abweichendes regeln. § 9 Abs. 2 S. 1 GenG normiert als Ausdruck des genossenschaftlichen Selbstverwaltungsprinzips, dass Mitglieder des Vorstands nur natürliche Personen sein dürfen.

---

684 S. dazu oben unter Kap. 1 D. I.

685 *Beuthien*, GenG, § 27 Rn. 4.

686 *Beuthien*, GenG, § 27 Rn. 15 f.

b) *Generalversammlung*

Als oberstes Willensbildungsorgan weist das Genossenschaftsgesetz der Generalversammlung umfassende Zuständigkeiten zu. Zu den wichtigsten gehören Satzungsänderungen nach § 16 Abs. 1 GenG, die Wahl und Abbestellung der Aufsichtsratsmitglieder nach § 36 GenG und die Entlastung von Vorstand und Aufsichtsrat gemäß § 48 Abs. 1 GenG; auch besteht eine Beschlusszuständigkeit für alle Gegenstände, die nicht durch Gesetz oder Satzung anderen Organen zugewiesen sind, sowie für alle Kernbereiche der Genossenschaft[687]. Sie wird nach § 44 Abs. 1 GenG vom Vorstand einberufen, dies kann aber nach § 38 Abs. 2 S. 1 GenG auch durch den Aufsichtsrat oder nach § 45 Abs. 1 S. 1 GenG durch eine qualifizierte Minderheit von 10 % der Mitglieder passieren. Herausragendes Merkmal der eingetragenen Genossenschaft ist das egalitäre Stimmrecht aus § 43 Abs. 3 S. 1 GenG, nach welchem jedem Mitglied grundsätzlich nur eine Stimme zusteht. Zwar kann die Satzung Mehrstimmrechte gemäß § 43 Abs. 3 S. 2 GenG vorsehen, jedoch müssen dabei die Voraussetzungen des § 43 Abs. 3 S. 3 GenG beachtet werden, insbesondere dürfen keinem Mitglied mehr als drei Stimmen gewährt werden. Eine weitere Ausnahme sieht § 43 Abs. 3 S. 3 Nr. 2 GenG mit der Unternehmergenossenschaft vor, bei dessen Vorliegen einzelnen Mitgliedern Mehrstimmrechte höchstens bis zu einem Zehntel der in der Generalversammlung anwesenden Stimmen gewährt werden können. Als Unternehmer zählen aber nicht lediglich investierende Mitglieder[688]. Die Generalversammlung kann durch eine Vertreterversammlung ersetzt werden, wenn die Genossenschaft mehr als 1.500 Mitglieder hat, wobei bestimmte Beschlüsse per Satzung weiterhin der Generalversammlung vorbehalten werden können, § 43a Abs. 1 GenG. Sie besteht nach § 43a Abs. 3 S. 1 GenG aus mindestens 50 Vertretern, § 43a Abs. 4 S. 1 GenG bestimmt die Grundsätze ihrer Wahl.

c) *Aufsichtsrat*

Die Regelungen zum Aufsichtsrat finden sich in den §§ 36 ff. GenG. Grundsätzlich ist der Aufsichtsrat ein obligatorisches Organ. Nach § 9 Abs. 1 S. 2 GenG kann aber durch Satzung von der Errichtung abgesehen werden, wenn die Genossenschaft nicht mehr als 20 Mitglieder hat. Die Mindestanzahl an Mitgliedern beträgt nach § 36 Abs. 1 S. 1 GenG drei und richtet sich nach der Komplexität der

---

687 Zusammenfassend *Korte*, Genossenschaften, in: Wurzel/Schraml/Becker (Hrsg.), Rechtspraxis der kommunalen Unternehmen, Kap. D Rn. 805 ff.

688 *Fandrich*, in: Pöhlmann/Fandrich/Bloehs, GenG, § 43 Rn. 41.

wahrzunehmenden Kontrollfunktion, wobei sich aus einschlägigen mitbestimmungsrechtlichen Gesetzen andere Vorgaben ergeben können. Nach § 38 GenG hat er vor allem die Geschäftsführung durch den Vorstand zu überwachen, ihm stehen dafür umfassende Auskunfts- und Prüfungsrechte zu. Überwachungsgegenstand ist aber nicht die Gesamtheit der Vollzugsmaßnahmen und Routineangelegenheiten im alltäglichen Geschäftsverkehr, sondern dies sind Prozesse des Steuerns und Lenkens und die damit verbundenen zukunftsorientierten Handlungen, die die Entwicklung der eingetragenen Genossenschaft ganz oder teilweise nachhaltig beeinflussen und Ausdruck planerisch vollzogener Verwirklichung des Unternehmenszwecks und daraus konkret hergeleiteter Unternehmensziele sind[689]. Die in §§ 27 Abs. 1 S. 1, 38 Abs. 1 GenG verwendeten Begriffe „Leitung" und „Geschäftsführung" bezeichnen denselben Gegenstand[690]. Diese Führungsfunktionen umfassen Zielbildung, Planung und Entscheidung, Ausführung, Kontrolle, Information sowie Koordination[691].

Dem Aufsichtsrat kommen verschiedene Kompetenzen zu: Er hat das Geschäftsführungsorgan zu besetzen und dessen Organisationsbereich durch Handlungsgrundsätze zu bestimmen, sich stets ein vollumfängliches Bild von der Lage und der Entwicklung des Unternehmens zu machen, falls erforderlich die Geschäftsführung mitzugestalten bzw. zu beeinflussen, in bestimmten Bereichen mitzuentscheiden und für die Entscheidungen Verantwortung zu tragen sowie die Gesellschaft gegenüber den Vorstandsmitgliedern zu vertreten[692]. Hervorzuheben sind dabei die Regelungsbefugnisse der vorläufigen Amtsenthebung der Vorstandsmitglieder nach § 40 GenG und der Erlass einer Geschäftsordnung für den Vorstand analog § 77 Abs. 2 AktG[693]. Nach § 38 Abs. 3 GenG können ihm zudem weitere Befugnisse übertragen werden. Auch Aufsichtsratsmitglieder dürfen nach § 9 Abs. 1 S. 1 GenG nur natürliche Personen sein. Der Vorstand ist dem Aufsichtsrat nicht übergeordnet, der Aufsichtsrat hat aber auch kein Weisungsrecht gegenüber dem Vorstand[694]. Eine Regelung wie § 394 AktG zur Befreiung von der Verschwiegenheitspflicht der Aufsichtsratsmitglieder

689 *Habersack*, in: Goette/ders., Münchener Kommentar zum AktG, Bd. 2, § 111 Rn. 18 ff.

690 *Schlickmann*, Unternehmensmitbestimmung in der eingetragenen Genossenschaft, S. 96.

691 *Wöhe/Döring*, Einführung in die allgemeine Betriebswirtschaftslehre, S. 47.

692 *Schlickmann*, Unternehmensmitbestimmung in der eingetragenen Genossenschaft, S. 101 f.

693 *Schlickmann*, Unternehmensmitbestimmung in der eingetragenen Genossenschaft, S.102 m.w.N.

694 *Fandrich*, in: Pöhlmann/ders./Bloehs, GenG, § 38 Rn. 1.

gegenüber einer teilhabenden Gebietskörperschaft existiert im Genossenschaftsgesetz nicht, jedoch kann die Verschwiegenheitspflicht, die sich aus § 41 in Verbindung mit § 34 Abs. 1 S. 2 GenG ergibt, im Rahmen einer Interessenabwägung ausgesetzt werden, wenn die Offenlegung der Informationen beispielsweise im Interesse der Genossenschaft erfolgt[695].

2. *Steuerung*

Die kommunalrechtliche Zulässigkeit, aber auch die operative Geeignetheit der eingetragenen Genossenschaft als Mittel kommunaler Aufgabenerfüllung ist wesentlich von den dem kommunalen Mitglied zur Verfügung stehenden Steuerungsmitteln abhängig. Diese Notwendigkeit wird insbesondere bei der eingetragenen Genossenschaft deutlich, weil sie wegen § 4 GenG gerade nicht als eingliedrige Gesellschaftsform gegründet werden kann.

a) Gesellschaftsrechtliche und satzungsmäßige Vorgaben

Aufgrund des § 1 GenG muss der Gesellschaftszweck einer eingetragenen Genossenschaft auf die Förderung des Erwerbs oder der Wirtschaft ihrer Mitglieder oder ihrer sozialen oder kulturellen Belange durch gemeinschaftlichen Förderbetrieb gerichtet sein. Insofern besteht hier einerseits wenig Spielraum für die gesellschaftsrechtliche Ausgestaltung, andererseits besteht aber auch eine strikte Bindung sämtlicher Genossenschaftsorgane an die Interessen der Mitglieder. §§ 24, 27 Abs. 1 S. 1 GenG stellen klar, dass neben dem Vorstand keinem anderen vergleichbaren Organ Leitungsverantwortung zustehen darf[696]. Die Generalversammlung ist für den Grundlagenbereich und die ihr gesetzlich explizit zugewiesenen Aufgaben zuständig, darüber hinaus erfüllt sie keine Auffangfunktion bei nicht durch ein anderes Gesellschaftsorgan ausgeübten Kompetenzen[697]. Auch eine mit § 119 Abs. 2 AktG vergleichbare Regelung fehlt in § 43 GenG. Die Lenkung der eingetragenen Genossenschaft durch die Mitglieder der Generalversammlung mittels Beschlüssen wird durch das zuvor bereits erwähnte Kopfstimmrecht grundsätzlich deutlich erschwert. Nach § 18 S. 2 GenG herrscht zudem Satzungsstrenge.

---

695 *Althanns*, ZfBR-Beil. 2012, 36 (41).

696 *Fandrich*, in: Pöhlmann/ders./Bloehs, GenG, § 24 Rn. 1.

697 *Beuthien*, GenG, § 43 Rn. 2 ff.

b) Auskunfts- und Kontrollrechte

Den Aufsichtsratsmitgliedern nach § 38 GenG und den Mitgliedern der Generalversammlung entsprechend § 131 Abs. 1 S. 1 und 2 AktG[698] kommen Auskunfts- und Kontrollrechte zu. Im Übrigen ist auf die vorherigen Ausführungen zur Organisationsverfassung hinzuweisen.

c) Sonderrechte

Als Sonderrechte werden solche Rechte bezeichnet, deren Inhalte über die allen Mitgliedern in gleicher Weise zustehenden allgemeinen Mitgliedschaftsrechte hinausreichen[699]. Weil sie dem genossenschaftlichen Gleichbehandlungsgrundsatz unterstehen, können sie nur im Falle einer sachlich gerechtfertigten Ungleichbehandlung eingeräumt werden, weshalb sie bei dieser Gesellschaftsform eine eher untergeordnete Rolle spielen[700]. Sonderrechte können Einberufungsrechte, besondere Auskunfts- und Einsichtsrechte, Zustimmungs- oder Widerspruchsvorbehalte bei Satzungsänderungen und andere sein[701]. Unzulässig hingegen sind ein § 43 Abs. 3 S. 5 GenG übersteigendes Mehrstimmrecht, wegen § 36 Abs. 1 GenG bzw. § 43a Abs. 3 GenG das Recht, den Aufsichtsrat zu besetzen bzw. Vertreter zu bestellen oder das ausschließliche Recht, diesbezüglich Wahlvorschläge zu machen oder ein Vetorecht gegen Vorstandsbeschlüsse, das gegen § 27 Abs. 1 GenG verstoßen würde[702]. Ausführungsbedürftige Besonderheiten ergeben sich bei der eingetragenen Genossenschaft im Hinblick auf Weisungsrechte und Beherrschungsverträge.

aa) Weisungen

Weisungen können gegenüber kommunalen Vertretern in Vorstand, Generalversammlung und Aufsichtsrat ergehen. Die Weisungsgebundenheit von Aufsichtsratsmitgliedern nimmt bei der Erfüllung der Ingerenzpflichten einen besonderen Stellenwert ein, weil die meisten Gemeindeordnungen angemessene Einflussnahmemöglichkeiten auf den Aufsichtsrat oder ein entsprechendes Überwachungsorgan explizit fordern. § 105 S. 2 GO SH weist insoweit eine Besonderheit auf, als diese Anforderungen nur an solche eingetragenen Genossenschaften gestellt werden, die sich wirtschaftlich betätigen.

---

698 *Beuthien*, GenG, § 43 Rn. 17.

699 BGHZ 63, 14 (19).

700 *Pöhlmann*, in: ders./Fandrich/Bloehs, GenG, § 18 Rn. 11.

701 *Beuthien*, GenG, § 18 Rn. 28.

702 Weiterführend *Beuthien*, GenG, § 18 Rn. 28.

(1) *Weisungen an kommunale Vertreter in der Mitgliederversammlung*

Haben kommunale Vertreter in der Gesellschafterversammlung der Gesellschaft einen Sitz, haben sie sich bei der Ausübung des Stimmrechts und sonstiger Gesellschafterrechte an die Weisungen der zuständigen Gemeindeorgane zu halten. Dies ist deswegen selbstverständlich, weil derjenige, der im Auftrag eines anderen dessen Interessen wahrnimmt, auch dessen Weisungen unterliegen muss; insbesondere kommunalverfassungsrechtlich gibt es diesbezüglich auch keine gegenteiligen Anhaltspunkte[703]. Diverse Gemeindeordnungen regeln dies zusätzlich explizit[704]. Dabei ist allerdings entgegenstehendes bundesrechtliches Gesellschaftsrecht zu beachten[705]. Für die eingetragene Genossenschaft ergeben sich insoweit keine Besonderheiten, das Genossenschaftsgesetz trifft keine entgegenstehenden Regelungen.

(2) *Weisungen an kommunale Vertreter im Vorstand*

Aufgrund der zuvor dargestellten Stellung des Vorstands im Organgefüge der eingetragenen Genossenschaft und des klaren Wortlauts von § 27 Abs. 1 S. 1 GenG können kommunalen Vertretern im Vorstand keine Weisungen erteilt werden.

(3) *Weisungen an kommunale Vertreter im Aufsichtsrat*

Die Frage der Weisungsgebundenheit kommunaler Vertreter im Aufsichtsrat bedarf einer tieferen dogmatischen Aufarbeitung[706], da diese Problematik bei der eingetragenen Genossenschaft bisher soweit ersichtlich unbehandelt geblieben ist und diese Gesellschaftsform ohnehin erst in den letzten Jahren als kommunales Handlungsinstrument an Bedeutung gewonnen hat. Dabei muss zunächst eine Betrachtung der parallelen Diskussion bei Aktiengesellschaft und GmbH erfolgen, bevor daraus Schlüsse für die eingetragene Genossenschaft gezogen werden können.

---

703 *Lange*, Kommunalrecht, Kap. 14 Rn. 239; *Nesselmüller*, Rechtliche Einwirkungsmöglichkeiten der Gemeinden auf ihre Eigengesellschaften, S. 53 ff.; *Mann*, VBlBW. 2010, 7 (13).

704 § 97 Abs. 1 S. 6 BbgKomVerf; § 125 Abs. 1 S. 4 HessGO; § 71 Abs. 1 S. 5 MV-KomVerf.; vgl. auch § 104 Abs. 1 S. 3 GO SH „vorbehaltlich entgegenstehender gesetzlicher Bestimmungen".

705 *Lange*, Kommunalrecht, Kap. 14 Rn. 240.

706 Vgl. u.a. § 105 S. 1 GO SH, der wohl auf diese Problematik Bezug nimmt.

(a) Weisungen an kommunale Vertreter im Aufsichtsrat einer Aktiengesellschaft

Die Weisungsfreiheit des Aufsichtsrats ist bei einer Aktiengesellschaft unumstritten, sie wird aus der höchstpersönlichen Amtsführung nach § 111 Abs. 6 AktG gefolgert, die eine Weisungsfreiheit der Aufsichtsratsmitglieder voraussetzt[707]. Zudem wird argumentiert, dass die Haftung der Aufsichtsratsmitglieder nach §§ 116, 93 AktG die Möglichkeit eigenverantwortlichen und somit weisungsfreien Handelns voraussetzt[708]. Dies steht in einer Linie mit der Grundsatzentscheidung des Gesetzgebers von 1937, dass die Geschäfte der Aktiengesellschaft nicht mehr von der Hauptversammlung beherrscht oder zumindest beherrschend kontrolliert werden dürfen, während es vorher der Hauptversammlung aufgrund ihrer Allzuständigkeit insbesondere möglich war, im Verhältnis zur Geschäftsleitung Weisungen zu erteilen[709]. Vielmehr besteht bei der Aktiengesellschaft gar keine Hierarchie, sondern eine Machtbalance zwischen den Organen[710], was ebenfalls als Argument für eine Weisungsfreiheit dient.

Explizite Aussagen zum Thema der Unabhängigkeit finden sich im Aktiengesetz hingegen kaum, lediglich in § 100 Abs. 5 AktG in Bezug auf einen „unabhängigen Bilanzexperten". Der Begriff der Unabhängigkeit kann aber aus der generellen aktienrechtlichen Leitmaxime für die Tätigkeit des Überwachungsorgans gefolgert werden[711]. Nach dem Deutschen Corporate Governance Kodex (DCGK) sind die Aufsichtsratsmitglieder bei der Erfüllung ihrer Aufgaben zur Wahrung des Unternehmensinteresses verpflichtet[712], welches „unter Berücksichtigung der Belange der Aktionäre, seiner Arbeitnehmer und der sonstigen dem Unternehmen verbundenen Gruppen (Stakeholder) mit dem Ziel nachhaltiger Wertschöpfung" zu formulieren ist (Tz 4.1.1. DCGK). Damit das Unternehmensinteresse einzelfallbezogen adäquat konkretisiert und auf dieser Grundlage beurteilt werden kann, ob anstehende Führungsmaßnahmen dem nachhaltigen Wohl des Unternehmens dienen, müssen die Aufsichtsratsmitglieder in ihrer

---

707 *Spindler*, in: ders./Stilz, AktG, Bd. 1, § 111 Rn. 79.

708 *Schwintkowski*, NJW 1995, 1316 (1318).

709 *Altmeppen*, Zur Rechtsstellung der Aufsichtsratsmitglieder einer kommunalen GmbH, in: FS Schneider, S. 1 (4 f.) m.w.N.

710 *Schäfer*, Gesellschaftsrecht, § 41 Rn. 1; *Kubis*, in: Goette/Habersack, Münchener Kommentar zum AktG, Bd. 3, § 118 Rn. 10; *Hoffmann*, in: Spindler/Stilz, AktG, Bd. 1, § 118 Rn. 6.

711 *Kremer/v. Werder*, AG 2013, 340 (341).

712 *Marsch-Barner*, in: Semler/Schenck (Hrsg.), Arbeitshandbuch für Aufsichtsratsmitglieder, § 12 Rn. 91 ff.

Gesamtheit sowohl ausreichend fachlich qualifiziert als auch unabhängig sein, wobei letztere Voraussetzung auf die Gewährleistung einer objektiven, unvoreingenommenen Bewertung und Verfolgung des Unternehmensinteresses zielt[713]. Zweck ist, zu verhindern, dass Aufsichtsratsmitglieder in Versuchung oder unter Druck geraten, durch unangemessene Rücksichtnahmen auf eigene oder fremde Belange das Unternehmenswohl aus dem Auge zu verlieren bzw. zu verletzen[714].

Schließlich hat der Bundesgerichtshof entschieden, dass auch solche Aufsichtsratsmitglieder, die von einem Anteilseigner entsendet wurden, nicht weisungsgebunden handeln; vielmehr auch sie den Belangen der Gesellschaft den Vorzug vor denen des Entsendungsberechtigten zu geben und die Interessen der Gesellschaft wahrzunehmen haben[715].

(b) Weisungen an kommunale Vertreter im Aufsichtsrat einer GmbH

Unbestritten weisungsfrei sind die Mitglieder eines obligatorischen Aufsichtsrats einer GmbH, da die mitbestimmungsrechtlichen Regelungen, die die Bildung eines Aufsichtsrats vorschreiben, ausnahmslos auf die aktienrechtlichen Vorschriften zum Aufsichtsrat verweisen, also auch auf die eine Weisungsfreiheit begründenden § 111 Abs. 6 AktG und §§ 116, 93 AktG.

Ob der öffentliche Träger einer kommunalen GmbH Weisungen an die kommunalen Vertreter in einem fakultativen Aufsichtsrat erteilen kann, ist demgegenüber sehr umstritten. Die Diskussion kreist dabei vor allem um den § 52 Abs. 1 GmbHG, der die Möglichkeit eröffnet, auch die §§ 111, 116 AktG von einer entsprechenden Anwendung der aktienrechtlichen Vorschriften auf den Aufsichtsrat einer GmbH auszunehmen, wenn der Gesellschaftsvertrag dies normiert. Dabei wird zwischen eingliedriger und mehrgliedriger GmbH unterschieden. Auch wenn die eingetragene Genossenschaft von Natur aus nur eine mehrgliedrige sein kann, ist es zum besseren Verständnis der Argumente bei einer mehrgliedrigen GmbH notwendig, zunächst die Diskussion zur eingliedrigen GmbH darzustellen.

---

713 *Kremer/v. Werder*, AG 2013, 340 (341).

714 *Hoffmann-Becking*, NZG 2014, 801 (802); *Kremer/v. Werder*, AG 2013, 340 (341).

715 BGHZ 36, 296 ff.; dazu *Spindler*, in: ders./Stilz, Aktiengesetz, Bd. 1, § 101 Rn. 79; *Hambloch-Gesinn/Gesinn*, in: Hölters, AktG, § 111 Rn. 64.

(aa) Weisungen an kommunale Vertreter im Aufsichtsrat einer eingliedrigen GmbH

Gegen das Urteil des Bundesverwaltungsgerichts, das die Möglichkeit der Weisungsgebundenheit einer eingliedrigen GmbH bejahte (ohne jedoch explizit zwischen einer solchen und mehrgliedrigen GmbHs zu differenzieren)[716], argumentiert ein bedeutender Teil der Literatur, dass die Weisungsfreiheit zum „Wesenskern" des Kontrollorgans Aufsichtsrat gehöre und der Aufsichtsrat einen entsprechenden Funktionsschutz erfahre[717]. Würde man den Charakter des Aufsichtsrats derart verändern, müsse man vielmehr von einem Beirat sprechen[718]. Des Weiteren werden Vertrauensschutzgesichtspunkte angeführt: So verknüpfe der Rechtsverkehr mit der Bezeichnung „Aufsichtsrat" bestimmte Erwartungen an die Art und Weise der Ausführung der Überwachungstätigkeit, insbesondere dessen Weisungsfreiheit, womit sich auch die Pflicht zur Veröffentlichung der Namen der Aufsichtsratsmitglieder gem. § 52 Abs. 2 S. 2 GmbHG erklären ließe, mit deren Persönlichkeit auch gewisse Kompetenzen verknüpft werden[719]. Jedoch räumen Vertreter dieser Ansicht mit der Beschränkung auf eingliedrige GmbHs bereits ein, dass bei diesen der Rechtsverkehr nicht ernsthaft davon ausgehen könne, dass die Aufsichtsratsmitglieder ein anderes Interesse als das ihres Alleingesellschafters vertreten könnten[720].

Argumentiert wird weiter, der Aufsichtsrat sei nur dem Unternehmensinteresse verpflichtet[721]. Hinzu kommt, dass der Weg der Begründung einer Weisungsfreiheit über Vertrauensschutzgesichtspunkte aufgrund der empirisch schwer feststellbaren Größe dieses Vertrauens ein sehr unscharfes Kriterium darstellt[722]. Der Ableitung der Weisungsfreiheit der Aufsichtsratsmitglieder aus deren persönlicher Verantwortlichkeit wird ein Zirkelschluss vorgeworfen: Denn

---

716 BVerwGE 140, 300; zuvor OVG Münster, GmbHR 2010, 92.

717 *Zöllner/Noack*, in: Baumbach/Hueck, GmbHG, § 52 Rn. 130; *Schodder*, EWiR 2009, 715 (716); *Schwintkowski*, NJW 1995, 1316 (1318).

718 *Spindler*, in: Fleischer/Goette, Münchener Kommentar zum GmbHG, Bd. 2, § 52 Rn. 200.

719 *Zöllner/Noack*, in: Baumbach/Hueck, GmbHG, § 52 Rn. 130; dies offen lassend, aber jedenfalls für die eingliedrige GmbH ablehnend *Altmeppen*, NJW 2003, 2561 (2564 f.).

720 Vgl. *Zöllner/Noack*, in: Baumbach/Hueck, GmbHG, § 52 Rn. 130; *Altmeppen*, NJW 2003, 2561 (2565).

721 *Altmeppen*, NJW 2003, 2561 (2565) m.w.N.

722 Vgl. *Krämer/Winter*, in: FS Goette, S. 253 (257).

die persönliche Verantwortung kann ihrerseits nur bei Weisungsfreiheit bestehen, Letzteres ist aber gerade der strittige Punkt[723].

Wird argumentiert, der Aufsichtsrat sei nur dem Unternehmensinteresse verpflichtet, so ist dabei zunächst herauszustellen, dass die Konturierung dieses unbestimmten Rechtsbegriffs aufgrund der Pluralität von Unternehmenszielen schwer fällt[724] und aufgrund dieser Unsicherheit auch kaum für die eine oder die andere Ansicht zur Begründung herangezogen werden kann. Jedenfalls kann aber gesagt werden, dass bei einer eingliedrigen GmbH, die aufgrund der öffentlich-rechtlichen Zweckbindung ihres Trägers zusätzlich noch einen stark eingeschränkten Tätigkeitsbereich umfasst, der Umfang der Stakeholderinteressen derart eingeschränkt ist, dass das Unternehmensinteresse nahezu ausschließlich vom Alleingesellschafter bestimmt wird[725] und somit auch durch Weisung an die Aufsichtsratsmitglieder konkretisiert werden kann. Den dann noch übrigen Gläubigerinteressen ist durch die zwingenden Kapitalerhaltungsregeln (§§ 30, 31, 43 Abs. 3 GmbHG) Genüge getan; in diesem gesetzlichen Rahmen steht das Unternehmensinteresse im Übrigen zur Disposition der Gesellschafter[726].

Ein weiteres Argument zugunsten der Möglichkeit einer Weisungsbindung der Aufsichtsratsmitglieder könnte die generelle gesellschaftsrechtliche Struktur der GmbH liefern. So stellte bereits *Flume* fest, dass bei Personenunternehmen das Unternehmensinteresse kein selbstständiges Moment gegenüber den Interessen der Gesellschafter bzw. des Einzelkaufmanns habe, während bei Aktiengesellschaften die Aktionäre nicht einmal unmittelbarer Bezugspunkt für die Verfolgung von Unternehmensinteressen seien[727]. Er hält bei seiner Analyse aber nicht an der formellen Unterteilung der Gesellschaftsformen in die Grundtypen Personengesellschaft und Körperschaft[728] fest, sondern ordnet die einzelnen Gesellschaftsformen diesen Grundtypen im Rahmen einer materiellen Beobachtung der jeweiligen Organisationsverfassung zu. So kommt er zu dem Schluss, dass die GmbH aufgrund der unselbstständigen Position des Geschäftsführers gegenüber den Gesellschaftern, welche ihre Interessen vorbehaltlich

723 *Altmeppen*, NJW 2003, 2561 (2564).
724 *Spindler*, in: Fleischer/Goette, Münchener Kommentar zum GmbHG, Bd. 2, § 76 Rn. 63 ff.; *Krämer/Winter*, in: FS Goette, S. 253 (258).
725 Für eine *ausschließliche* Bestimmung des Unternehmensinteresses durch den Gesellschafter in dieser Konstellation *Altmeppen*, NJW 2003, 2561 (2565).
726 *Altmeppen*, NJW 2003, 2561 (2565).
727 *Flume*, Allgemeiner Teil des Bürgerlichen Rechts, Bd. 1, Teil 2, S. 59.
728 *Schäfer*, Gesellschaftsrecht, § 3 Rn. 5.

gesetzlicher Regelungen über das Unternehmensinteresse stellen dürften, materiell betrachtet eine Personengesellschaft sei, die nur zwecks Haftungsbeschränkung vermögensmäßig gegenüber den Gesellschaftern verselbstständigt sei[729].

Die oben benannten unverzichtbaren Regeln des Gläubigerschutzes, ergänzt durch von der Rechtsprechung geschaffene ungeschriebene Gläubigerschutzinstrumente, sind nur auf die Haftungsbeschränkung zurückzuführen, abseits derer die Gesellschafter gleich einer Personengesellschaft über das Unternehmensinteresse der GmbH privatautonom verfügen dürfen[730]. Übertragen auf die hiesige Problematik bedeutet dies, dass § 52 GmbHG diesem materiellen Rechtsformcharakter der GmbH Rechnung trägt, indem bezüglich des fakultativen Aufsichtsrats Satzungsautonomie eingeräumt wird, die aufgrund der übergeordneten Geschäftsführungskompetenz der GmbH-Gesellschafter auch beinhaltet, ob ein Überwachungsorgan geschaffen wird und wie es seine Überwachungstätigkeit, ob weisungsgebunden oder nicht, erledigt[731].

(bb) Weisungen an kommunale Vertreter im Aufsichtsrat einer mehrgliedrigen GmbH

Eine Beschränkung der Argumente auf die eingliedrige GmbH wird zunächst damit gerechtfertigt, dass selbst die entsendeten Aufsichtsratsmitglieder einer mehrgliedrigen GmbH nicht die Interessen einzelner, mit anderen rivalisierenden Gesellschaftern verfolgen dürften und deshalb auch weisungsfrei handeln können müssten[732]. Deshalb könne der Rechtsverkehr auch im Gegensatz zur eingliedrigen GmbH erwarten, dass der Aufsichtsrat andere Interessen als die eines alle Gesellschaftsanteile haltenden Gesellschafters verfolge[733].

Diese Betrachtung greift jedoch zu kurz, wenn man eine Konstellation betrachtet, in der der Alleingesellschafter selbst eine juristische Person ist. Stellt man sich als Beispielsfall vor, dass eine GmbH zu 100 % von einer Gesellschaft bürgerlichen Rechts gehalten wird, die zwar keine juristische Person, sondern eine Gesamthandsgesellschaft, aber – jedenfalls im Außenverhältnis – rechtsfähig ist[734], stellt sich die Frage, warum gerade hier nur ein einziges privates Interesse vorliegen soll[735]. Damit lässt sich ebenso das Argument in Zweifel ziehen,

729 *Flume*, Allgemeiner Teil des Bürgerlichen Rechts, Bd. 1, Teil 2, S. 61 f.
730 *Altmeppen*, in: FS Schneider, S. 1 (7 f.).
731 *Altmeppen*, in: FS Schneider, S. 1 (8).
732 RGZ 165, 68 (79).
733 *Altmeppen*, NJW 2003, 2561 (2565).
734 *Schäfer*, Gesellschaftsrecht, § 18 Rn. 2.
735 Vgl. *Krämer/Winter*, in: FS Goette, S. 253 (256).

dass ein missbräuchlich verwendetes Weisungsrecht gegenüber dem Aufsichtsrat nur dem Gesellschafter selbst schade, was innerhalb der Grenzen zwingenden Gläubigerschutzes zulässig sei[736]. Denn bleibt man bei eben beschriebener Konstellation, kann auch ein Mehrheitsbeschluss einer Personengesellschaft über eine schädliche Weisung einzelnen Mitgliedern dieser Personengesellschaft, die gegen diesen Beschluss gestimmt haben, schaden und eine persönliche Haftung, zumindest bis zu der im Gesellschaftsvertrag festgelegten Summe, auslösen. Den geschädigten Gesellschaftern bleiben dann nur wie jedem anderen die ihnen zustehenden zivilrechtlichen Instrumente.

Insofern kann den Gegnern einer Weisungsgebundenheit von Aufsichtsratsmitgliedern einer mehrgliedrigen GmbH jedenfalls entgegen gehalten werden, dass bei einer mehrgliedrigen Gesellschaftsform nicht von vornherein derart divergierende Interessen vorliegen müssen, dass deren Wahrung nur durch einen unabhängigen Aufsichtsrat gewährleistet werden kann.

(c) Weisungen an kommunale Vertreter im Aufsichtsrat einer eingetragenen Genossenschaft

Schaut man in die Kommentarliteratur, ist die Freiheit der Aufsichtsratsmitglieder von Weisungen durch Mitglieder in der Generalversammlung entweder eindeutig und ohne jede weitere Diskussion zu bejahen[737] oder sie wird nur im Hinblick auf das Verhältnis zwischen Vorstand und Aufsichtsrat erwähnt[738]. Keine Darstellung findet die Möglichkeit der Weisung an Aufsichtsratsmitglieder durch ein (kommunales) Mitglied der eingetragenen Genossenschaft. Diese soll daher im Folgenden erörtert werden.

(aa) Organsystem der eingetragenen Genossenschaft

Gegen die Möglichkeit der Weisungsgebundenheit könnte zunächst das grundsätzlich dualistische Organsystem der Genossenschaft mit den beiden gleichberechtigten, ihren jeweiligen Aufgabenstamm unabhängig voneinander erfüllenden Organen Vorstand und Aufsichtsrat sprechen[739]. Diese Organisationsstruktur wird noch dadurch verstärkt, dass nach § 18 S. 2 GenG, wie bei

736 *Altmeppen*, in: FS Schneider, S. 1 (9).

737 Vgl. *Beuthien*, GenG, § 38 Rn. 3; *Schaffland*, in: Lang/Weidmüller, GenG, § 38 Rn. 1.

738 *Geibel*, in: Henssler/Strohn, Gesellschaftsrecht, § 36 GenG Rn. 1; *Fandrich*, in: Pöhlmann/ders./Bloehs, GenG, § 36 Rn. 1.

739 *Fandrich*, in: Pöhlmann/ders./Bloehs, GenG, § 36 Rn. 1; *Geibel*, in: Henssler/Strohn, Gesellschaftsrecht, § 36 GenG Rn. 1.

der Aktiengesellschaft gemäß § 23 Abs. 5 AktG, Satzungsstrenge herrscht. Entscheidend ist dabei, ob diesem Konzept der Organisationsverfassung der gleiche Gedanke der Machtbalance zugrunde liegt, der auch bei der Aktiengesellschaft zu finden ist, mit zwei der Generalversammlung zur Seite gestellten Organen, die die eigentliche Verwaltung der Gesellschaft besorgen[740].

Der Hauptversammlung der Aktiengesellschaft wird zwar zugestanden, dass sie in Anbetracht ihrer exklusiven Satzungsänderungskompetenz und ihrer mittelbaren Einflussnahme auf die personelle Zusammensetzung des Vorstands in bestimmten Konstellationen faktisch die Position des obersten Organs einnimmt, rechtlich hingegen wird sie in Ermangelung von Weisungsrechten gegenüber dem Vorstand und mangels Letztentscheidungskompetenz in Belangen der Geschäftsführung auf einer Ebene mit Vorstand und Aufsichtsrat eingeordnet[741]. Gerade auf eine derartige „Kompetenzkompetenz" sowie die Einräumung eines Weisungsrechts für den Kompetenzbereich anderer Organe kommt es aber an; ansonsten kann bei einem qualitativen Vergleich der Einzelkompetenzen von der Hauptversammlung allenfalls als „primus inter pares" gesprochen werden[742]. § 119 Abs. 1 AktG normiert den Zuständigkeitsbereich der Hauptversammlung zwar nicht abschließend, doch besitzt sie jedenfalls keine umfassende Zuständigkeit für alle die Gesellschaft betreffenden Themen[743]. Über Geschäftsführungsfragen kann die Hauptversammlung gem. § 119 Abs. 2 AktG nur entscheiden, wenn der Vorstand dies verlangt.

Die herrschende Meinung in der Literatur vertritt den Standpunkt, dass die Situation der eingetragenen Genossenschaft mit der der Aktiengesellschaft vergleichbar ist. Es wird von einem dualistischen System mit strikt voneinander abgetrennten Aufgabenbereichen gesprochen[744], mit denen eine Gleichordnung der Organe einher gehe[745]. So kennt das Genossenschaftsgesetz zwar keine Regelung wie § 119 Abs. 2 AktG, die der Generalversammlung die Entscheidung über Fragen der Geschäftsführung nur dann zugestehen würde, wenn der Vorstand dies verlangt. Unzulässig sind aber Beschlüsse über Gegenstände, die in die ausschließliche Zuständigkeit von Vorstand und Aufsichtsrat fallen[746];

---

740 Vgl. *Schäfer*, Gesellschaftsrecht, § 41 Rn. 1.

741 *Kubis*, in: Goette/Habersack, Münchener Kommentar zum AktG, Bd. 3, § 118 Rn. 10.

742 *Hoffmann*, in: Spindler/Stilz, AktG, § 118 Rn. 6.

743 *Kubis*, in: Goette/Habersack, Münchener Kommentar zum AktG, Bd. 3, § 119 Rn. 9.

744 *Fandrich*, in: Pöhlmann/ders./Bloehs, GenG, § 36 Rn. 1.

745 *Fandrich*, in: Pöhlmann/ders./Bloehs, GenG, § 38 Rn. 1; *Schaffland*, in: Lang/Weidmüller, GenG, § 38 Rn. 1, spricht von „Kollegialorgan"; *Beuthien*, GenG, § 38 Rn. 3.

746 *Cario*, in: Lang/Weidmüller, GenG, § 43 Rn. 4 ff.

insbesondere ist die Generalversammlung weder übergeordnetes Geschäftsführungsorgan noch steht ihr eine Richtlinienkompetenz gegenüber dem Vorstand zu[747]. Auch das Kompetenzkompetenz-Merkmal im Sinne einer subsidiären Zuständigkeit für alle nicht eindeutig zugeordneten Kompetenzen trifft auf die Generalversammlung nicht zu. Über ihren Grundlagenbereich hinaus erfüllt sie gerade keine Auffangfunktion[748]. Werden Kompetenzen nicht ausgeübt, muss die eingetragene Genossenschaft vielmehr den Organmangel auf die satzungsmäßig dafür vorgesehene Art beseitigen[749].

§ 27 Abs. 1 GenG, der den Vorstand berechtigt, die Genossenschaft unter eigener Verantwortung zu leiten, stützt diese Einordnung der Generalversammlung. Aber obwohl § 27 Abs. 1 S. 1 GenG vom Wortlaut her § 76 Abs. 1 AktG weitestgehend entspricht, ist doch die Möglichkeit der satzungsmäßigen Beschränkung der Vorstandskompetenzen in § 27 Abs. 1 S. 2 GenG bei gleichzeitiger Wahrung seiner Stellung im Organgefüge der Genossenschaft ein wesentlicher Unterschied zur Aktiengesellschaft. Da die Satzungshoheit durch § 16 Abs. 1 GenG abschließend der Generalversammlung zugesprochen ist, kann hier schon einmal keine exakte Gleichstellung der Genossenschaftsorgane Generalversammlung und Vorstand vorliegen. Vielmehr obliegt das Ausmaß der Arbeitsteilung zum Teil dem Willen der Generalversammlung. Ein anderes Ergebnis wäre auch angesichts des § 1 GenG überraschend, der den Fördergeschäftsverkehr zum wichtigsten Ziel einer in welchem Bereich auch immer tätigen eingetragenen Genossenschaft erklärt. Man sollte jedoch beachten, dass die Einführung von Zustimmungsvorbehalten zugunsten der Generalversammlung nicht die Möglichkeit nach sich zieht, eigene Vorgaben machen zu dürfen, sondern auf Ja/Nein-Entscheidungen beschränkt ist[750]. Können satzungsmäßige Bestimmungen wegen des Wortlauts des § 27 Abs. 1 S. 2 GenG die Leitungsmacht des Vorstands nur relativ begrenzen, ergeben sich doch absolute, gesetzliche Beschränkungen aus dem Förderauftrag und dem (satzungsmäßigen) Unternehmensgegenstand[751]. Eine solche Fixierung auf die Mitglieder, die ihren Willen in der Generalversammlung ausdrücken, spricht gegen eine vollständige Gleichsetzung der Organe Generalversammlung und Vorstand.

---

747 *Fandrich*, in: Pöhlmann/ders./Bloehs, GenG, § 43 Rn. 3 m.w.N.

748 BT-Drs. 7/97, S. 22.

749 *Beuthien*, GenG, § 43 Rn. 5.

750 *Fandrich*, in: Pöhlmann/ders./Bloehs, GenG, § 43 Rn. 4.

751 *Schaffland*, in: Lang/Weidmüller, GenG, § 38 Rn. 19.

Sind demnach Unterschiede zwischen Generalversammlung und Hauptversammlung und Vorständen von eingetragener Genossenschaft und Aktiengesellschaft feststellbar, ist letztendlich aber nicht abzustreiten, dass auch diese einen rechtlich eher weniger relevanten Unterschied in der Qualität der Einzelkompetenzen darstellen, als eine Organhierarchie zu begründen. Für die Begründung der Möglichkeit einer Weisungsbindung kann das Organgefüge daher nur subsidiär dienen.

(bb) Anpassungen in der Genossenschaftsnovelle von 2006

Ein Anhaltspunkt für die Möglichkeit einer Weisungsgebundenheit könnte sein, dass die zentrale Vorschrift des § 111 Abs. 6 AktG (§ 111 Abs. 5 AktG a.F.), aus der die herrschende Meinung die Unabhängigkeit der Aufsichtsratsmitglieder einer Aktiengesellschaft ableitet, durch den Gesetzgeber nicht in das Genossenschaftsgesetz aufgenommen wurde, obwohl davon ausgegangen werden muss, dass der Gesetzgeber diese gesehen hat, als er in der Genossenschaftsnovelle von 2006 den § 38 Abs. 2 GenG an § 111 Abs. 2 AktG anpasste[752]. Die Validität dieses Arguments hängt aber davon ab, ob man in der Argumentation zu § 111 Abs. 6 AktG einen Zirkelschluss erblickt[753] oder nicht. Der Begriff der „Unabhängigkeit" jedoch taucht als Adjektiv in § 36 Abs. 4 GenG auf, der vorschreibt, dass bei im Sinne des § 264d HGB kapitalmarktorientierten Genossenschaften mindestens ein unabhängiges Mitglied des Aufsichtsrats über Sachverstand bei der Rechnungsauslegung oder Abschlussprüfung verfügen muss. Diese Vorschrift basiert auf den europäischen Vorgaben der Abschlussprüferrichtlinie. In Ermangelung einer europäischen Definition dieser Unabhängigkeit lehnt sich die Gesetzesbegründung an Ziffer 5.4.2. S. 2 des Deutschen Corporate Governance Kodex in der Fassung vom 14.6.2007 an [754] und beschreibt diese als die Freiheit eines Aufsichtsratsmitglieds von jeglichen geschäftlichen oder persönlichen Verbindungen zur eingetragenen Genossenschaft oder dessen Vorstand[755]. Ein Umkehrschluss dahin gehend, dass die Anforderung der Unabhängigkeit außerhalb von kapitalmarktorientierten Genossenschaften an Aufsichtsratsmitglieder einer Genossenschaft nicht gestellt wird, kann daher nicht gezogen werden.

---

752 Vgl. BT-Drs. 16/1025, S. 85.

753 So *Altmeppen*, NJW 2003, 2561 (2564).

754 BT-Drs. 16/10067, S. 101.

755 *Fandrich*, in: Pöhlmann/ders./Bloehs, GenG, § 36 Rn. 9c.

(cc) Vertrauensschutz für Gläubiger

Für eine Weisungsfreiheit werden außerdem Vertrauensschutzgesichtspunkte ins Feld geführt, da sich der Rechtsverkehr und die Gläubiger der Gesellschaft darauf verlassen können müssten, dass ein unabhängiger Aufsichtsrat ihre Interessen gegenüber den Interessen der Mitglieder vertritt.

Dagegen ist aber zum einen zu sagen, dass der Gläubiger einer eingetragenen Genossenschaft im Vergleich zu einer GmbH zumindest hinsichtlich der Stammkapitalregeln grundsätzlich noch weniger vertrauen kann, weil das Gesetz bei der GmbH in § 5 Abs. 1 GmbHG ein Stammkapital von mindestens 25.000 € vorschreibt. Demgegenüber steht es der Generalversammlung nach § 6 Nr. 3 GenG frei, eine volle, beschränkte oder gar keine Nachschusspflicht zu normieren, ohne dass bei einem Ausschluss oder einer Beschränkung dies offen für jeden Gläubiger, beispielsweise anhand der Firma, ersichtlich wäre.

Zum anderen besteht das Grundkonzept der eingetragenen Genossenschaft darin, dass es vorrangig Mitglieder sind, die in Geschäftsbeziehungen zu dieser treten und somit ihre Interessen bereits durch ihre Mitgliedschaftsrechte in der Mitgliederversammlung einbringen können. Wie bereits oben dargestellt, ist dies Ausdruck des genossenschaftlichen Identitätsprinzips. Das Nichtmitgliedergeschäft kann gem. § 8 Abs. 1 Nr. 5 GenG nur per satzungsmäßiger Bestimmung zugelassen werden und diese wiederum fällt in den Zuständigkeitsbereich der Generalversammlung, also der Mitglieder. Ist das Nichtmitgliedergeschäft demnach der Ausnahmefall und ist es externen Geschäftspartnern nach dem Grundkonzept der eingetragenen Genossenschaft stets möglich, selbst Mitglied zu werden, tritt etwaiges Vertrauen der externen Geschäftspartner bis zur Grenze der zwingenden Gläubigerschutzregeln hinter die Interessen und Ausgestaltungsoptionen der Mitglieder zurück[756].

Im Gegensatz zu anderen Gesellschaftsformen hätte diese potenzielle Überwachungslücke durch einen weisungsgebundenen Aufsichtsrat aber auch keine negativen Folgen, da jede eingetragene Genossenschaft gemäß § 54 GenG Pflichtmitglied in einem Prüfungsverband ist. Die genossenschaftliche Prüfungspflicht bezweckt den Schutz der Genossenschaftsmitglieder vor Einlageverlust, Nachschüssen und eigenwirtschaftlichen Rückschlägen, ebenso wie den Schutz der Gläubiger vor Forderungsausfall[757]. Ihre Einführung im Jahre 1889 ist vor dem Hintergrund einer Reihe von Unternehmenszusammenbrüchen zu

756 Im Übrigen gilt auch der genossenschaftliche Gleichbehandlungsgrundsatz für Nichtmitgliedergeschäfte nicht, *Beuthien*, GenG, § 18 Rn. 62.

757 *Beuthien*, GenG, § 53 Rn. 1.

sehen, die unter anderem auf den Mangel an fachlich ausgebildeten Leitungspersönlichkeiten zurückzuführen waren[758]. Sie hängt aber auch damit zusammen, dass die Genossenschaftsgläubiger im Gegensatz zu Kapitalgesellschaften (§ 5 Abs. 1 GmbHG, § 7 AktG) kein Mindestkapital aufbringen müssen und im Genossenschaftsgesetz kein uneingeschränktes Geschäftsguthabenverzinsungs- und Einlagenrückgewährverbot gilt, wie dies in § 57 Abs. 2 AktG oder § 30 Abs. 1 S. 1 GmbHG und § 57 Abs. 1 S. 1 AktG der Fall ist. Außerdem ist das Vermögensverlustrisiko bei den Mitgliedern gering, da in der Regel nur die verhältnismäßig geringen Geschäftsguthaben gefährdet sind[759]. Dementsprechend legt § 53 Abs. 1 GenG auch fest, dass der Prüfungsverband die Ordnungsgemäßheit der Geschäftsführung beurteilt[760]. Darunter fällt unter anderem die Prüfung der Einhaltung des Unternehmensgegenstands und Förderzwecks sowie gesetzlicher und statutarischer Regeln, insbesondere des Gleichbehandlungsgebots, wobei auch die Zweckmäßigkeit untersucht wird[761]. Nach umstrittener, aber richtiger Ansicht überwacht der Prüfungsverband ebenfalls Vorgänge im Unternehmen, die zwar zur Geschäftsführung im institutionellen Sinne zu rechnen sind, aber mit den Kompetenzen von Aufsichtsrat und Generalversammlung zusammenhängen; so zum Beispiel die formale Ordnungsmäßigkeit des Geschäftsgangs im Überwachungsorgan und die weitestgehende Erfüllung der Überwachungsaufgabe des Aufsichtsrats gegenüber dem Vorstand[762]. Im Vergleich zum aktienrechtlichen Prüfauftrag ergeben sich daher große Unterschiede, auch weil der Kapitalgesellschaftsprüfer nicht beeinflussen kann, welche Konsequenzen Vorstand und Aufsichtsrat aus den Prüfungsfeststellungen ziehen; die Zweckmäßigkeitskontrolle obliegt dort ausschließlich dem Aufsichtsrat[763].

Dem Prüfungsverband stehen nach § 57 GenG umfassende Einsichts- und Untersuchungsrechte zu, welche er im Klagewege und im registergerichtlichen Zwangsgeldverfahren gegen eine unkooperative eingetragene Genossenschaft durchsetzen kann[764]. Die Prüfungsverfolgung des Prüfungsverbands besteht grundsätzlich nur darin, die Genossenschaftsorgane zur

758 *Korte*, in: Lang/Weidmüller, GenG, § 53 Rn. 1.

759 *Beuthien*, GenG, § 53 Rn. 1.

760 Kritisch zum Verständnis des Begriffs „Geschäftsführung" aus heutiger Sicht *Glenk*, Genossenschaftsrecht, Rn. 816.

761 *Bloehs*, in: Pöhlmann/Fandrich/Bloehs, GenG, § 53 Rn. 16.

762 *Schlickmann*, Unternehmensmitbestimmung in der eingetragenen Genossenschaft, S. 87 f. m.w.N.

763 *Glenk*, Genossenschaftsrecht, Rn. 809.

764 *Beuthien*, GenG, § 57 Rn. 3 ff.

Beachtung der Prüfungsfeststellungen zu bewegen; ein Weisungsrecht würde dem Selbstverwaltungs- und Selbstverantwortungsgrundsatz widersprechen[765]. Jedoch kann eine Missachtung der Empfehlungen des Prüfungsverbandes ab einem bestimmten Ausmaß als ultima ratio zu einem Ausschluss der eingetragenen Genossenschaft aus diesem führen, sofern ihr Verhalten einen wichtigen Grund im Sinne des § 314 BGB darstellt[766]. Dieser Ausschluss wiederum kann dann die Rechtsfolge des § 54a Abs. 2 GenG nach sich ziehen, also die Auflösung der Genossenschaft durch das Registergericht von Amts wegen. Im Fall der Fälle ist der genossenschaftliche Prüfungsverband also keineswegs bloß ein „zahnloser Tiger". Dies verdeutlicht, dass die Gläubiger einer eingetragenen Genossenschaft selbst bei einem weisungsgebundenen Aufsichtsrat immer noch ein einflussreiches Kontrollorgan hinter sich haben, das von Gesetzes wegen die Wahrung ihrer Interessen in Bezug auf sämtliche Genossenschaftsorgane, wenn auch ex post, hinsichtlich der Recht- und Zweckmäßigkeit überwacht.

(dd) Fakultativität des Aufsichtsrats

Jedenfalls bei einem fakultativen Aufsichtsrat lässt sich die Argumentation *Altmeppens* zur Möglichkeit der Weisungsgebundenheit des Aufsichtsrats einer kommunalen GmbH übertragen. Gemäß § 9 Abs. 1 S. 3 GenG fallen die Rechte und Pflichten des Aufsichtsrats im Falle eines zulässigen Verzichts auf selbigen der Generalversammlung zu. An sie werden dann die Sorgfaltsanforderungen gestellt, die normalerweise die Aufsichtsratsmitglieder erfüllen müssen[767]. Dies stützt die sich an *Altmeppens* Überlegungen orientierende Annahme, dass bei einer Anzahl von nicht mehr als 20 Mitgliedern die Überwachungskompetenz originär bei der Generalversammlung zu verorten ist[768]. Wenn die Generalversammlung dann freiwillig ihre Überwachungskompetenz an ein durch sie geschaffenes Organ delegiert, muss sie auch befugt sein zu regeln, in welchem Umfang das Organ diese Kompetenzen im Auftrag ihres „Schöpfers" ausübt. Zudem kann ein solcher Aufsichtsrat auch nicht in einem Maße Vertrauen für sich in Anspruch nehmen, wie es bei einem obligatorischen der Fall wäre.

765 *Glenk*, Genossenschaftsrecht, Rn. 851.; *Korte*, in: Lang/Weidmüller, GenG, § 53 Rn. 17.
766 *Beuthien*, GenG, § 54a Rn. 5.
767 BT-Drs. 16/1025, S. 85.
768 Vgl. *Pöhlmann*, in: Pöhlmann/ders./Bloehs, GenG, § 36 Rn. 5.

(ee) *Unternehmensinteresse der eingetragenen Genossenschaft und Mitgliederinteressen*

Ein letztes Argument gegen eine Weisungsgebundenheit könnte sein, dass die Handlungsmaxime des Aufsichtsrats stets die Wahrung des Unternehmensinteresses sei[769]. Die Klärung des Begriffs des Unternehmensinteresses bereitet aber seit jeher große Schwierigkeiten. Jedenfalls kann bei einer unternehmensrechtlichen Betrachtung des Unternehmensinteresses aber gesagt werden, dass dieses sich bei einem Wechsel des Unternehmensträgers ändert, insofern also zwar Objekt ist, dennoch immer existenziell auf ein Subjekt, nämlich den Unternehmensträger, angewiesen ist[770]. Die Gesellschafter wiederum, egal ob natürliche Person oder (juristische) Personengemeinschaft, verfolgen in einem Unternehmen die verschiedensten Interessen mit ihren Gesellschaftsanteilen[771]. Man könnte also argumentieren, dass der Aufsichtsrat partiell dem Unternehmensinteresse zuwider handelt, wenn er weisungsgebunden die Partikularinteressen des weisungsbefugten Gesellschafters befolgt. Dies setzt aber die Möglichkeit voraus, das Unternehmensinteresse zumindest annähernd inhaltlich ermitteln zu können. Unterstellt man das soeben Gesagte als wahr, läuft dies auf die Frage hinaus, in welchem Maße das Unternehmensinteresse durch die Gesellschafter geprägt ist. Dabei kommt es entscheidend auf die jeweilige Gesellschaftsform an.

Während im Rahmen der Trägerschaft eines Unternehmens durch Einzelunternehmer und Personengesellschaften noch grundsätzlich eindeutig gesagt werden kann, dass das Unternehmensinteresse durch das faktische und wahre Interesse im Sinne *Wolffs*[772] bzw. durch den gemeinsamen Gesellschaftszweck bestimmt wird[773], ist dies bei den körperschaftlich strukturierten Gesellschaftsformen nicht der Fall. Bei diesen folgt das Unternehmensträgerinteresse nur mittelbar aus den Interessen der Mitglieder, weshalb eine inhaltliche Konkretisierung des Unternehmensinteresses nur anhand der besonderen Struktur der Körperschaft, insbesondere hinsichtlich des Verhältnisses zwischen Mitgliedern und Organen, vorgenommen werden kann[774].

---

769 *Schlickmann*, Unternehmensmitbestimmung in der eingetragenen Genossenschaft, S. 169.

770 *Jürgenmeyer*, Das Unternehmensinteresse, S. 169 f.

771 Exemplarisch *Jürgenmeyer*, Das Unternehmensinteresse, S. 61.

772 *Wolff/Bachof*, Verwaltungsrecht II, S. 168

773 *Jürgenmeyer*, Das Unternehmensinteresse, S. 174 ff.

774 *Jürgenmeyer*, Das Unternehmensinteresse, S. 177.

Hinsichtlich des Ausmaßes der Bestimmung des Unternehmensinteresses durch die Unternehmensträgerinteressen kommt es auf den dem Unternehmen innewohnenden Anstaltscharakter an; charakteristisch für diesen ist insbesondere die Institutionalisierung, das heißt die Loslösung von Gliedpersonen als Einzelrechtspersonen und somit die Tendenz zur Herrschaft der Organpersonen[775]. Der Grad der Ausprägung des Anstaltsfaktors ist durch die, durch eine entsprechende gesellschaftsrechtliche Ausgestaltung geschaffene, Möglichkeit einer mehr oder weniger mitgliederunabhängigen Unternehmenspolitik, die Größe der Gesellschaft, die sie zwecks Erhaltung einer effektiven Geschäftspolitik zu einer Übertragung der entsprechenden Kompetenzen auf die Organglieder zwingt, und etwaige mitbestimmungsrechtliche Einflüsse bestimmt[776]. Aufgrund der Vielfältigkeit der Strukturunterschiede bei den einzelnen Genossenschaften, bei denen teils das körperschaftliche oder das personalistische, teils das anstaltliche Element akzentuiert ist, ist keine pauschale Aussage möglich[777].

Die grundsätzlich starke Ausprägung ihrer personalistischen Struktur wird in bestimmten Fällen durch anstaltsmäßige Einflüsse modifiziert: Zu diesen gehört insbesondere zum einen die Marktgenossenschaft, die ein derart ausgeprägtes Nichtmitgliedergeschäft betreibt, dass der Unternehmenserfolg auf dem Markt sich unabhängig vom Fördererfolg entwickelt, wodurch die Mitglieder ein weniger ausgeprägtes Interesse an der Geschäftsführung haben[778]. Zum anderen zählt zu diesen die integrierte Genossenschaft, bei der die Mitglieder unternehmerische Teilfunktionen auf die eingetragene Genossenschaft übertragen haben und dadurch der Genossenschaft bei den Mitgliederunternehmen eine erhebliche Leitungsmacht eingeräumt wird[779].

Gerade aufgrund des Selbstverwaltungsprinzips in § 9 Abs. 2 GenG und des Rechts der Generalversammlung aus § 24 Abs. 2 GenG, einen Vorstand zu wählen und ihn jederzeit wieder abzuberufen, ist der anstalthaften Ausgestaltung einer eingetragenen Genossenschaft aber eine Grenze durch das Genossenschaftsgesetz gesetzt[780]. Dies grenzt zum einen das Risiko ein, dass der Inhalt von Weisungen eines Mitglieds der eingetragenen Genossenschaft eklatant dem Unternehmensinteresse zuwider läuft.

775 *Jürgenmeyer*, Das Unternehmensinteresse, S. 180 f.
776 *Jürgenmeyer*, Das Unternehmensinteresse, S. 181.
777 vgl. *Jürgenmeyer*, Das Unternehmensinteresse, S. 186.
778 *Jürgenmeyer*, Das Unternehmensinteresse, S. 188 f.
779 *Jürgenmeyer*, Das Unternehmensinteresse, S.188 f.
780 *Jürgenmeyer*, Das Unternehmensinteresse, S. 189.

Zum anderen kommt hinzu, dass wegen der genossenschaftlichen Treuepflicht aus § 18 GenG, die als echte Rechtspflicht zu begreifen ist[781], die Wahrscheinlichkeit sinkt, dass ein Mitglied durch seine Weisung den anderen Mitgliedern direkt oder indirekt, über den Weg der Gesellschaft, schadet. Ganz allgemein verbietet sie jedes genossenschafts- oder mitgliederschädliche Verhalten[782]. Die dahinter stehende Überlegung ist, dass die Umsetzung der genossenschaftlichen Grundsätze gegenseitiges Vertrauen der Mitglieder aufeinander und somit auf die durch sie besetzten Organe der eingetragenen Genossenschaft voraussetzt, zu dessen Schaffung und Stärkung die Mitglieder verpflichtet sind und mithin umgekehrt vertrauensschädigende Maßnahmen zu unterlassen haben[783]. Gegenüber der eingetragenen Genossenschaft haben die Mitglieder eine Schadensabwendungs- und -minderungspflicht, die Pflicht, aktiv in den Genossenschaftsorganen mitzuwirken und diese nicht zu behindern sowie in speziellen Fällen in einem bestimmten Sinne in der Generalversammlung abzustimmen[784]. Betonenswert ist auch die Verpflichtung zur Inanspruchnahme der genossenschaftlichen Einrichtungen und zur Teilnahme am genossenschaftlichen Geschäftsverkehr, sofern dies dem jeweiligen Mitglied zumutbar ist[785]. Ferner hat das Mitglied für den Geschäftsbetrieb der eingetragenen Genossenschaft nachteilige Konkurrenz zu unterlassen und muss im Sinne eines verbundgerechten Verhaltens überdies die Interessen des nach § 54 GenG zuständigen Genossenschaftsverbands und der in ihm zusammengeschlossenen Mitgenossenschaften gebührend berücksichtigen[786]. Umgekehrt gilt die Treuepflicht aber auch für die eingetragene Genossenschaft gegenüber ihren Mitgliedern, sodass sie zum Beispiel ohne entsprechende Satzungsermächtigung nicht in Konkurrenz zu ihren Mitgliedern auf den Markt treten darf[787] oder Nichtmitgliedergeschäfte zu günstigeren Konditionen betreiben darf als Mitgliedergeschäfte[788]. Der Treuepflicht widersprechende Beschlüsse der Generalversammlung haben ihre Anfechtbarkeit zur Folge[789]. Das treuepflichtwidrig handelnde Mitglied

781 Vgl. BGHZ 110, 323 (330).
782 *Beuthien*, GenG, § 18 Rn. 44.
783 *Schulte*, in: Lang/Weidmüller, GenG, § 18 Rn. 39.
784 *Beuthien*, GenG, § 18 Rn. 45.
785 *Schulte*, in: Lang/Weidmüller, GenG, § 18 Rn. 41.
786 *Beuthien*, GenG, § 18 Rn. 45.
787 *Pöhlmann*, in: Pöhlmann/Fandrich/Bloehs, GenG, § 18 Rn. 14.
788 *Beuthien*, GenG, § 18 Rn. 51.
789 Vgl. *Pöhlmann*, in: Pöhlmann/ders./Bloehs, GenG, § 36 Rn. 14.

können Erfüllungs- und Schadensersatzansprüche sowie Vereinsstrafen bis hin zum Ausschluss aus der eingetragenen Genossenschaft treffen[790].

Anerkannt sind ebenfalls genossenschaftliche Treuepflichten zwischen den Mitgliedern einer eingetragenen Genossenschaft [791], aus deren Verletzung sich Schadensersatzansprüche des geschädigten Mitglieds gegen das schädigende Mitglied ergeben können[792]; sie treten allerdings hinter Treuepflichtverletzungen der Mitglieder gegenüber der Genossenschaft zurück[793]. Mithin kann die Problematik des Unternehmensinteresses, sofern die Vagheit des Begriffs des Unternehmensinteresses nicht ohnehin schon eine argumentative Heranziehung verbietet, bei der eingetragenen Genossenschaft in geringerem Maße als bei anderen juristischen Personen des Privatrechts zur Begründung einer Weisungsfreiheit der Aufsichtsratsmitglieder herangezogen werden.

(ff) Zwischenfazit

Die vorherigen Ausführungen lassen den Schluss zu, dass jedenfalls die Mitglieder eines fakultativen Aufsichtsrats einer eingetragenen Genossenschaft den Weisungen von einzelnen Mitgliedern unterworfen werden können, sofern die Satzung dies vorsieht. Auch bei einem obligatorischen Aufsichtsrat, der nicht aufgrund mitbestimmungsrechtlicher Regelungen gebildet wurde, sprechen einige Argumente dafür. Eine eindeutige Aussage kann dort hingegen nicht getroffen werden.

bb) Zustimmungsvorbehalte

Zustimmungsvorbehalte können zumindest gegenüber Beschlüssen der Mitgliederversammlung geltend gemacht werden[794]. In Bezug auf Vorstandsbeschlüsse gilt nach § 27 Abs. 2 S. 2 GenG, dass die Zustimmungsvorbehalte einem Genossenschaftsorgan nur per Satzung gewährt werden können und sich auch nur auf bestimmte Geschäfte oder Arten von Geschäften erstrecken dürfen. Da eine solche Regelung bezüglich des Aufsichtsrats nicht existiert und der Zustimmungsvorbehalt, im Gegensatz zur Weisung, auch lediglich ein Kontrollinstrument darstellt[795], ist für diesen die Möglichkeit der Einräumung eines Zustimmungsvorbehalts zugunsten eines Mitglieds anzunehmen.

790 *Beuthien*, GenG, § 18 Rn. 49.
791 *Paulick*, Das Recht der eingetragenen Genossenschaft, S. 201.
792 *Pöhlmann*, in: Pöhlmann/ders./Bloehs, GenG, § 36 Rn. 28.
793 *Beuthien*, GenG, § 18 Rn. 52.
794 *Beuthien*, GenG, § 18 Rn. 28.
795 Zu dieser Einordnungsproblematik s.u. Kap. 6 C V.

cc) *Entsenderechte*

Nach der Änderung des Genossenschaftsgesetzes vom 17.7.2017[796] regelt der neu geschaffene § 36 Abs. 5 GenG, dass die Satzung für bestimmte Mitglieder das Recht vorsehen kann, Mitglieder in den Aufsichtsrat zu entsenden. Dies soll insbesondere für kommunale Gebietskörperschaften die Beteiligung an eingetragenen Genossenschaften attraktiver machen[797]. Für Entsenderechte bezüglich anderer Organe gilt demnach aber im Umkehrschluss weiterhin das für alle Sonderrechte geltende genossenschaftliche Gleichbehandlungsprinzip.

d) *Beherrschungsvertrag als Sonderrecht*

Die Fähigkeit einer eingetragenen Genossenschaft, beherrschtes Unternehmen im Sinne von § 17 AktG zu sein, ist umstritten, aber im Ergebnis anzunehmen[798]. Ihr können aber nur förderzweckgerechte Weisungen erteilt werden; sie dürfen inhaltlich nicht dem Gesetz oder der Satzung der abhängigen Genossenschaft widersprechen, weshalb somit beispielsweise die Verfolgung förderzweckfremder kapitalistischer eigen- oder hauptsächlich drittnütziger Verbundinteressen unzulässig wäre[799].

3. *Haftung*

Nach § 6 Nr. 3 GenG können die Mitglieder qua Satzung selbst bestimmen, ob sie unbeschränkt, beschränkt oder gar nicht nachschusspflichtig sind.

4. *Zwischenfazit*

Die Ausführungen zu den gesellschaftsrechtlichen Eigenheiten der eingetragenen Genossenschaft zeigen, dass diese Gesellschaftsform für die kommunale Beteiligung eher ungeeignet ist, weil den Ingerenzpflichten aufgrund der begrenzten Anzahl an Steuerungsmitteln bzw. ihrer spärlicheren Verfügbarkeit nur schwerlich Genüge getan werden kann[800]. Dies gilt zumindest für den

---

796 Gesetz zum Bürokratieabbau und zur Förderung der Transparenz bei Genossenschaften, BGBl. I S. 2434.

797 BT-Drs. 18/11506, S. 28.

798 Zu dem Streitstand ausführlich *Beuthien*, Die eingetragene Genossenschaft als verbundenes Unternehmen, in: Mestmäcker/Behrens (Hrsg.), Das Gesellschaftsrecht der Konzerne im internationalen Vergleich, S. 133 ff.

799 *Beuthien*, GenG, § 1 Rn. 118.

800 A.A. *Korte*, Genossenschaften, in: Wurzel/Schraml/Becker (Hrsg.), Rechtspraxis der kommunalen Unternehmen, S. 239 ff.; *Kluth*, LKV 2017, 337 (342).

Bereich wirtschaftlicher Betätigung. Ein Paradebeispiel dafür ist die Regelung des § 43 Abs. 3 GenG zu den Stimmverhältnissen, die es der Gemeinde mit Ausnahme der Konstellation, dass die eingetragene Genossenschaft lediglich drei Mitglieder hat, unmöglich macht, wenigstens die Geschäftspolitik dieser Organisation über Beschlüsse der Generalversammlung zu steuern. Letztlich muss aber eine Einzelfallbetrachtung erfolgen. Hinzu kommen weitere nachteilige Organisationsmerkmale, wie die durch ihre Satzungsstrenge bedingte Unflexibilität und die Tatsache, dass sie erst ab drei Mitgliedern gegründet werden kann.

II. Sonstige privatrechtliche Organisationsformen

Die organisationsrechtlichen Besonderheiten der eingetragenen Genossenschaft sind dieser nicht exklusiv zu eigen. Denkbar ist daher, eine andere privatrechtliche Organisationsform mit genossenschaftlichen Elementen aufzuladen, um die Vorteile der eingetragenen Genossenschaft mit Ingerenzmöglichkeiten der umzubauenden Gesellschaftsform zu kombinieren. Solche fallen dann unter den materiellen Genossenschaftsbegriff[801]. In Betracht kommen dafür die genossenschaftliche Aktiengesellschaft und die genossenschaftliche GmbH.

1. Die genossenschaftliche Aktiengesellschaft

Obwohl die Aktiengesellschaft aufgrund ihrer kapitalistischen Grundkonzeption teilweise als Gegenentwurf zur personalistischen Ausrichtung der eingetragenen Genossenschaft gesehen wird[802], weisen die beiden Organisationsformen Gemeinsamkeiten auf und kann die Aktiengesellschaft in bestimmter Weise mit genossenschaftlichen Elementen aufgeladen werden. Dies kann zum Beispiel über die Wahl des genossenschaftsspezifischen Förderzwecks, die Ausgabe vinkulierter Aktien, ggf. ergänzt um individualvertragliche Vorkaufsrechte und Anbietungspflichten, sowie die Beschränkung des Stimmrechts und andere Regeln realisiert werden[803]. Auch die Haftung ist gemäß § 1 Abs. 1 S. 2 AktG

801 *Kluth*, Kooperationsrecht – Zur (möglichen) Vielfalt institutionalisierter Kooperation, in: Brockmeier/ders. (Hrsg.), 100 Jahre Genossenschafts- und Kooperationsforschung in Halle, Bd. 1, S. 127 (130).

802 Vgl. *Steding*, NZG 2002, 449 (449 ff.).

803 Ausführlich *Luther*, Die genossenschaftliche Aktiengesellschaft, S. 15 ff.; *Steding*, ZfgG 2004, 282 (285 ff.); mit Praxisbeispielen ders., NZG 2002, 449 (454 f.); vgl. auch *Brixner*, Zweckmäßigkeit und Möglichkeiten genossenschaftlicher Betätigung, passim; *Vollmer*, Die kapitalistische Genossenschaft, passim.

auf das Grundkapital beschränkt, wobei dieses nach § 7 AktG mindestens 50.000 Euro betragen muss.

Allerdings teilt sich die Aktiengesellschaft mit der eingetragenen Genossenschaft mit Blick auf Steuerungsmöglichkeiten auch einige Nachteile. So handelt der Vorstand nach § 76 Abs. 1 AktG ebenfalls weisungsfrei, wobei diese Formulierung im Vergleich zu § 27 Abs. 1 GenG noch weiter geht. Darüber hinaus sind kommunale Vertreter im Aufsichtsrat einer Aktiengesellschaft unstreitig nicht an Weisungen der entsendenden Kommune gebunden[804]. Im Übrigen herrscht nach § 23 Abs. 5 AktG ebenfalls Satzungsstrenge.

2. *Die genossenschaftliche GmbH*

Aufgrund ihrer weitreichenden Satzungsfreiheit kann die GmbH noch deutlich weitgehender als die Aktiengesellschaft der Rechtsform der eingetragenen Genossenschaft angenähert werden[805]. Gleichzeitig lässt diese Gesellschaftsform die Implementierung einer großen Bandbreite an Steuerungsmitteln zu, die die Erfüllung der Ingerenzpflichten zweifelsfrei ermöglichen[806]. Insbesondere ist höchstrichterlich geklärt, dass kommunale Vertreter im, jedenfalls fakultativen, Aufsichtsrat einer eingliedrigen GmbH an Weisungen der Gebietskörperschaft gebunden werden können[807].

3. *Zwischenfazit*

Die genossenschaftliche Aktiengesellschaft ist eine stabile Organisationsform, mit der insbesondere die Einbindung vieler Privater und die Einsammlung deren Kapitals zur Finanzierung größerer Projekte verfolgt werden kann. Jedoch

---

804 *Spindler*, in: ders./Stilz, Münchener Kommentar zum AktG, § 111 Rn. 79; *Schwintkowski*, NJW 1995, 1316 (1318).

805 Vgl. auch *Kluth*, Die Rolle von Genossenschaften und Kooperationen (einschließlich Kammern) im Bereich der Bildungsinfrastrukturen, in: Schmidt-Trenz/Stober (Hrsg.), Der Dritte Sektor als Infrastrukturakteur, S. 161 (168) mit Fn. 47.

806 Vgl. *Kluth*, Kooperationsrecht – Zur (möglichen) Vielfalt institutionalisierter Kooperation, in: Brockmeier/ders. (Hrsg.), 100 Jahre Genossenschafts- und Kooperationsforschung in Halle, Bd. 1, S. 127 (130).

807 BVerwGE 140, 300; weiterführend *Altmeppen*, NJW 2003, 2561 (2565); ders., Zur Rechtsstellung der Aufsichtsratsmitglieder einer kommunalen GmbH, in: FS Schneider, S. 1 (4 ff.); a.A. *Zöllner/Noack*, in: Baumbach/Hueck, GmbHG, § 52 Rn. 130; *Schwintkowski*, NJW 1995, 1316 (1318); *Spindler*, in: Fleischer/Goette, Münchener Kommentar zum GmbHG, Bd. 2, § 52 Rn. 200.

kann ihre personalistische Modifizierung nicht einen solch hohen Grad erreichen, dass sie die eingetragene Genossenschaft vollends ersetzen könnte[808]. Außerdem werden ihre organisationsrechtlichen Vorteile, die sich aus ihrer eindeutigen Zuordnung zum Typus der Kapitalgesellschaft ergeben, insbesondere durch die größeren Hürden bei der Überwindung der kommunalrechtlichen Schrankentrias aufgewogen[809], die auf ihre beschränkten Ingerenzmöglichkeiten zurückzuführen sind[810].

Inkonsequenterweise werden diese aber nicht vollständig auch für die eingetragene Genossenschaft normiert. So sieht § 105 S. 1 GO SH einfachgesetzliche Erleichterungen bei nicht-wirtschaftlicher Betätigung vor[811], wobei dessen Verhältnis zu verfassungsrechtlichen Ingerenzpflichten fraglich ist, und die § 65 Abs. 4 BHO/§§ 65 Abs. 5 LHO[812] implizieren durch ihre sehr beschränkte Bezugnahme auf §§ 65 Abs. 1 Nr. 2 BHO/LHO, dass für die eingetragene Genossenschaft nur diese Anforderung gilt, was aber bei systematischer und teleologischer Auslegung abzulehnen ist[813].

Die genossenschaftliche GmbH hingegen vereint die Vorteile einer genossenschaftlich strukturierten Wirtschaftsform mit umfangreichen Steuerungsmöglichkeiten für öffentliche Hoheitsträger. Allerdings ist ihre Flexibilität Fluch und Segen zugleich, da das Genossenschaftsgesetz diese Strukturen umfassend vor einer Änderung oder gänzlichen Abschaffung schützt, während sie bei einer genossenschaftlichen GmbH vom Willen der Gesellschafter abhängen. Dass das Gesetz betreffend die Gesellschaften mit beschränkter Haftung auch umfassende Mehrstimmrechte zugunsten einzelner Gesellschafter zulässt, erhöht das Risiko eines genossenschaftswidrigen Umbaus der GmbH.

Insbesondere im Hinblick auf Aspekte des Vergaberechts und des sozialen Unternehmertums ergeben sich aber für öffentlich-rechtliche Organisationsformen Vorteile, die privatrechtliche Organisationsformen nicht bieten. Auch eine Beleihung, durch die ein Privatrechtssubjekt (natürliche oder juristische

808 *Steding*, NZG 2002, 449 (455 ff.).

809 Vgl. zum Beispiel § 102 Abs. 4 GO SH.

810 *Schuppert*, Verwaltungsorganisation als Steuerungsfaktor, in: Hoffmann-Riem/Schmidt-Aßmann/Voßkuhle (Hrsg.), Grundlagen des Verwaltungsrechts, Bd. 1, § 16 Rn. 189; *Wolff* u.a., Verwaltungsrecht II, § 80 Rn. 61.

811 So insbesondere hinsichtlich der angemessenen Einflussnahmemöglichkeiten auf Überwachungsorgane der juristischen Person.

812 Gleicher Wortlaut in sämtlichen Landeshaushaltsordnungen.

813 *Eibelshäuser/Nowak*, in: Engels/Eibelshäuser, BHO, § 65 Rn. 74.

Person[814]) mit der hoheitlichen Wahrnehmung bestimmter Verwaltungsaufgaben betraut wird, also dazu befugt ist, Staatsaufgaben in den öffentlich-rechtlichen Handlungsformen (durch Verwaltungsakt, Verwaltungsvertrag oder schlichthoheitlich) selbstständig wahrzunehmen[815], kann jedenfalls nicht sämtliche Vorteile öffentlich-rechtlicher Organisationsformen für die privatrechtlichen Gesellschaftsformen zugänglich machen. Bei der Beleihung ist der ungeschriebene institutionell-organisatorische Gesetzesvorbehalt für die Verselbstständigung für Verwaltungseinheiten zu beachten, die Regelung muss daher insbesondere Art und Umfang der übertragenen Befugnisse beinhalten[816]; Regel-Zuständigkeiten dürfen wegen eines Verstoßes gegen Art. 33 Abs. 4 GG nicht begründet werden[817]. Allgemeine (deklaratorische) Zulässigkeitsvoraussetzungen für eine Beleihung sind die Gewähr für eine sachgerechte Aufgabenerfüllung, das öffentliche Interesse an der Beleihung und die Zuverlässigkeit des zu Beleihenden[818]. Nimmt der Beliehene öffentlich-rechtliche Zuständigkeiten wahr, wird er in der Regel durch eine staatliche (Fach-)Aufsicht überwacht[819]. Somit kann die Beleihung nur im Einzelfall und unter engen Voraussetzungen erfolgen und geht meist mit einer Fachaufsicht einher. Beide Aspekte sind der Aktivierung bürgerschaftlichen Engagements abträglich, sodass auch die Beleihung keine adäquate Lösung darstellt. Der Blick ist somit auf öffentlich-rechtliche Organisationsformen zu richten.

B. Öffentlich-rechtliche Organisationsformen

Öffentlich-rechtliche Organisationsformen können Träger einer öffentlichen Aufgabe sein und diese mit hoheitlichen Mitteln verfolgen, die Etablierung einer effektiven Steuerung durch ihre Träger gestaltet sich unproblematisch und sie können Dienstherren sein. Außerdem sind sie bereits von Natur aus auf die Gemeinwohlverfolgung verpflichtet[820] und genießen steuerrechtliche Vorteile[821]. Ihre Finanzierung ist auch über öffentliche Abgaben möglich.

---

814 Zur Problematik der Beleihung juristischer Personen des Privatrechts *Blessing*, Öffentlich-rechtliche Anstalten unter Beteiligung Privater, S. 89 m.w.N.

815 *Burgi*, in: Ehlers/Pünder (Hrsg.), Allgemeines Verwaltungsrecht, § 10 Rn. 23 f.

816 *Burgi*, in: Ehlers/Pünder (Hrsg.), Allgemeines Verwaltungsrecht, § 10 Rn. 26.

817 *Wolff* u.a., Verwaltungsrecht II, § 90 Rn. 35; einschränkend *Kämmerer*, Privatisierung, in: Ehlers/Fehling/Pünder (Hrsg.), Besonderes Verwaltungsrecht, Bd. 1, § 14 Rn. 54.

818 *Wolff* u.a., Verwaltungsrecht II, § 90 Rn. 42 f.

819 *Pieper*, Aufsicht, S. 382 ff.

820 Dazu bereits oben unter Kap. 2 B. III. 4. a).

821 S. dazu oben unter Kap. 3 C.

Als Organisationsformen kommen Körperschaft, Anstalt sowie Stiftung des öffentlichen Rechts in Betracht.

I. Körperschaften des öffentlichen Rechts

Als für Selbstverwaltungseinheiten typische Rechtsform ist zuvorderst die Körperschaft des öffentlichen Rechts zu untersuchen. Zunächst sind allgemeine körperschaftliche Organisationsstrukturen öffentlich-rechtlicher Natur darzulegen. Daraufhin findet eine tiefergehende Betrachtung der Zweckverbände als Unterart der öffentlich-rechtlichen Körperschaft statt, die regelmäßig zur öffentlich-öffentlichen und öffentlich-privaten Kooperation genutzt werden.

1. Die Körperschaft des öffentlichen Rechts im Allgemeinen

Als Körperschaften des öffentlichen Rechts werden solche juristischen Personen bezeichnet, die nicht durch einen Akt der Privatautonomie, sondern durch Gesetz oder aufgrund eines Gesetzes errichtet werden und mitgliedschaftlich verfasst sind, also auf der Mitgliedschaft natürlicher oder juristischer Personen basieren, ohne aber vom konkreten Mitgliederbestand abhängig zu sein[822]. Der hinter ihnen stehende Grundgedanke ist der der Selbstverwaltung, das heißt die Erledigung öffentlicher Aufgaben durch die Betroffenen bei gleichzeitiger Entlastung der staatlichen Verwaltung[823], weshalb die Körperschaften als Verwaltungsträger regelmäßig hoheitliche Befugnisse ausüben können[824]. Zwar müssen Körperschaften des öffentlichen Rechts, soweit es sich bei ihnen um Verwaltungsträger oder Teile der Verwaltungsorganisation handelt, immer öffentlichen Zwecken dienen, zugleich ist ihnen aber die faktische oder reflexhafte Förderung privater Interessen nicht verwehrt[825]. Sie knüpfen dabei immer an Charakteristika ihrer Mitglieder an; man unterscheidet daher, je nach Anknüpfungspunkt, zwischen

---

822 *Burgi*, in: Ehlers/Pünder (Hrsg.), Allgemeines Verwaltungsrecht, § 8 Rn. 12; ausführlich zur Entstehung und Entwicklung des Begriffs der Körperschaft des öffentlichen Rechts *Endrös*, Entstehung und Entwicklung des Begriffs „Körperschaft des öffentlichen Rechts", S. 12 ff.

823 Zur dogmengeschichtlichen Entwicklung dieser Organisationsform *Brohm*, Strukturen der Wirtschaftsverwaltung, S. 144 ff.

824 *Sodan/Ziekow*, Grundkurs Öffentliches Recht, § 60 Rn. 2.

825 *Wolff* u.a., Verwaltungsrecht II, § 85 Rn. 12.

verschiedenen Kategorien von Körperschaften wie Gebietskörperschaften, Personalkörperschaften, Realkörperschaften und Verbandskörperschaften[826].

Die Mitgliedschaft ist durch eine „bottom-up"-Struktur gekennzeichnet und eignet sich damit insbesondere für demokratisch verfasste Organisationsformen sowie die diversen Arten der Selbstverwaltung, da die Mitglieder die Körperschaft steuern, beispielsweise durch Berechtigung und teilweise Verpflichtung zur Teilhabe an der Bestimmung der Leitungsorgane und der Tätigkeitsziele[827]. Daneben ist es möglich, außerordentliche oder fördernde Mitglieder aufzunehmen, die aber keine oder nur begrenzte Mitwirkungs- und Mitbestimmungsrechte haben und daher nur beratende oder fördernde Funktionen ausüben (beispielsweise sachverständige Bürger in einem kommunalen Ausschuss)[828]. Grundsätzlich können Mitglieder einer öffentlich-rechtlichen Körperschaft natürliche und juristische Personen des Privatrechts sowie juristische Personen des öffentlichen Rechts sein[829].

Das Spektrum mitgliedschaftlicher Rechte setzt sich aus Wahlrechten zur Bestimmung der Repräsentations- und Leitungsorgane und Abstimmungsrechten zur Mitwirkung an der Entscheidung von Sachfragen zusammen[830]. Daneben können Leistungsrechte für die Mitglieder bestehen, die sich nicht unmittelbar aus dem Mitgliedschaftsstatus, sondern aus der gesetzlichen oder satzungsmäßigen Ausgestaltung der Körperschaft bzw. ihres Widmungszwecks ergeben und in diesem Rahmen einen Anspruch auf gleichberechtigte respektive chancengleiche Teilhabe gewähren[831]. Informationsrechte der Mitglieder spielen bei Körperschaften eine herausgehobene Rolle, wobei Unterschiede bei den verschiedenen Konstellationen und Begründungsformen zu machen sind[832]. So kommen Mitgliedern von Kollegialorganen, insbesondere von Repräsentativorganen, besonders umfangreiche Informationsrechte zu, da diese Bestandteil und Voraussetzung der übrigen Mitwirkungsrechte sind, während Informationsrechte, die unmittelbar aus dem Mitgliedschaftsrecht erwachsen, vor allem bei Personal- und Realkörperschaften vorzufinden sind[833]. Die mit den Rechten

826 *Jestaedt*, Grundbegriffe des Verwaltungsorganisationsrechts, in: Hoffmann-Riem/Schmidt-Aßmann/Voßkuhle (Hrsg.), Grundlagen des Verwaltungsrechts, Bd. 1, § 14 Rn. 27.

827 *Wolff* u.a., Verwaltungsrecht II, § 85 Rn. 7; *Maurer*, Staatsrecht I, § 23 Rn. 40.

828 *Wolff* u.a., Verwaltungsrecht II, § 85, Rn. 10.

829 *Wolff* u.a., Verwaltungsrecht II, § 85 Rn. 53.

830 *Wolff* u.a., Verwaltungsrecht II, § 85 Rn. 57.

831 *Wolff* u.a., Verwaltungsrecht II, § 85 Rn. 60.

832 *Wolff* u.a., Verwaltungsrecht II, § 85 Rn. 62.

833 *Wolff* u.a., Verwaltungsrecht II, § 85 Rn. 62.

korrespondierenden Pflichten der Mitglieder bestehen zuvorderst darin, Beiträge oder Umlagen zur Finanzierung der Körperschaft zu zahlen[834].

Obligatorisch ist für eine Körperschaft des öffentlichen Rechts ein kollegial verfasstes Leitungsorgan, in welchem grundsätzlich alle Mitglieder unmittelbar vertreten sind[835]; von den verschiedenen Bezeichnungen dieses Organs wird im Folgenden diejenige der „Mitgliederversammlung" verwendet. Für die Wahlen und Abstimmungen in der Mitgliederversammlung ist der streng egalitäre Grundsatz demokratischer Wahlrechtsgleichheit zu beachten[836], wobei bei entsprechender sachlicher Rechtfertigung und Beachtung der Eigenart der Organisation oder der ihr übertragenen Aufgabe Ausnahmen und Modifikationen zulässig sind[837]. Bei der Schaffung eines Organs zur Wahrnehmung der Leitungsaufgaben (im Folgenden als „Vorstand" bezeichnet) besteht große Gestaltungsfreiheit. So kann auf das Organ insgesamt verzichtet werden, wenn die Leitung aufgrund der Größe der Körperschaft des öffentlichen Rechts auch durch die Mitgliederversammlung wahrgenommen werden kann; der Vorstand kann als Kollegial- oder Einzelorgan ausgestaltet sein und es besteht die Wahl zwischen Eigen- oder Fremdorganschaft, daneben können weitere Organe geschaffen werden[838]. Ebenso frei ist der Träger der Körperschaft bei der Zuständigkeitsverteilung der einzelnen Organe; es muss lediglich darauf geachtet werden, dass die Zuständigkeit für Entscheidungen von besonderem Gewicht oder Grundrechtsrelevanz mit dem Grad der demokratischen Legitimation des zuständigen Organs korrespondiert[839].

Zu der Aufsicht bei öffentlich-rechtlichen Körperschaften können kaum allgemeingültige Aussagen getroffen werden, da diese in großem Umfang vom Status der jeweiligen Körperschaft abhängt. Jedenfalls bei der Wahrnehmung staatlicher Aufgaben ist aber regelmäßig eine Fachaufsicht erforderlich[840].

Demnach ist zu konstatieren, dass die Körperschaft des öffentlichen Rechts als Betätigungsform der öffentlichen Hand durchaus Vorteile hat. Vor allem ihre organisationsrechtliche Flexibilität, die eine adäquate Umsetzung

---

834 *Kirchhof*, Nichtsteuerliche Abgaben, in: Isensee/ders. (Hrsg.), HStR V[3], § 119 Rn. 66 ff.
835 *Wolff* u.a., Verwaltungsrecht II, § 85 Rn. 69.
836 BVerfGE 47, 253 (276); 51, 222 (235)
837 Vgl. BVerfGE 39, 247 (254); *Kluth*, Funktionale Selbstverwaltung, S. 460 ff.
838 *Wolff* u.a., Verwaltungsrecht II, § 85 Rn. 73 ff.
839 *Wolff* u.a., Verwaltungsrecht II, § 85 Rn. 79.
840 *Wolff* u.a., Verwaltungsrecht II, § 85 Rn. 81 ff.; ausführlich *Knöpfle*, Die Körperschaften des öffentlichen Rechts im formellen Sinn, in: Blümel/Merten/Quaritsch (Hrsg.), Verwaltung im Rechtsstaat, S. 93 (106 ff.) m.w.N.

genossenschaftlicher Konzepte ermöglicht[841], ist positiv hervorzuheben, aber auch die Möglichkeit der Einbindung natürlicher und juristischer Personen des Privatrechts spielt eine bedeutende Rolle. Zudem weist sie ideale organisationsrechtliche Entfaltungsbedingungen für die mitgliedschaftliche Binnenstruktur auf und ist deswegen für den Einsatz im Rahmen funktionaler Selbstverwaltung überaus geeignet[842].

Als Nachteil wird aber zu Recht angeführt, dass sich die Körperschaft trotz ihrer mitgliedschaftlichen Konstruktion und somit konträr zum genossenschaftlichen Förderansatz überwiegend an der Erfüllung der ihr gesetzlich zugewiesenen Aufgabe orientiert und nicht (mehr[843]) am Mitgliedernutzen[844]. Darüber hinaus ist diese Organisationsform nicht hinreichend für die wirtschaftliche Tätigkeit und die flexible Trägerschaft von Infrastrukturprojekten geeignet[845]. Während die Gründung von Körperschaften des öffentlichen Rechts zudem aufgrund eines Gesetzes in einigen Bundesländern zumindest Hoheitsträgern möglich ist (zum Beispiel § 38 Abs. 1 Nr. 2 LVwG SH)[846], steht die bottom-up-Gründung einer Bürgergenossenschaft auf Grundlage des Körperschaftsrechts engagierten Bürgern nicht offen. Das tradierte Körperschaftsverständnis eignet sich mithin nicht mehr dazu, die Kombination aus dem genossenschaftlichen

841 *Kluth*, Kooperationsrecht – Zur (möglichen) Vielfalt institutionalisierter Kooperation, in: Brockmeier/ders. (Hrsg.), 100 Jahre Genossenschafts- und Kooperationsforschung in Halle, Bd. 1, S. 127 (137).

842 *Jestaedt*, Demokratieprinzip und Kondominialverwaltung, S. 546.

843 Zur Situation nach 1873 s. *Bieback*, Die öffentliche Körperschaft, S. 344 ff.

844 *Schliesky*, Das Modell der öffentlich-rechtlichen Genossenschaft als Träger öffentlicher Daseinsvorsorge und Infrastruktur, in: Schmidt-Trenz/Stober (Hrsg.), Der Dritte Sektor als Infrastrukturakteur, S. 149 (154); *Weller*, Aufgaben, Organisation und Finanzierung der Wasser- und Bodenverbände, S. 21; vgl. zu derselben Problematik selbst bei einigen eingetragenen Genossenschaften *Ringle*, ZfgG 2010, 176 (182 ff.).

845 *Schliesky*, Das Modell der öffentlich-rechtlichen Genossenschaft als Träger öffentlicher Daseinsvorsorge und Infrastruktur, in: Schmidt-Trenz/Stober (Hrsg.), Der Dritte Sektor als Infrastrukturakteur, S. 149 (154).

846 *Schliesky*, Das Modell der öffentlich-rechtlichen Genossenschaft als Träger öffentlicher Daseinsvorsorge und Infrastruktur, in: Schmidt-Trenz/Stober (Hrsg.), Der Dritte Sektor als Infrastrukturakteur, S. 149 (154) sieht in diesem Fall „keine eindeutige Regelungslücke", die Platz für eine genossenschaftliche öffentlich-rechtliche Organisationsform ließe.

Fördergedanken und der Trägerschaft für Daseinsvorsorge- und Infrastrukturprojekte bei gleichzeitigem Einbezug einer intensiven Bürgerbeteiligung zu gewährleisten[847].

2. *Der Zweckverband*

Zweckverbände sind rechtsfähige Verbandskörperschaften, deren Zweck die gemeinsame Erfüllung einzelner, den zusammenwirkenden Kommunen zugewiesener und die sonstigen Mitglieder betreffenden Aufgaben ist[848]. Mitglieder können neben den Kommunen auch Privatrechtssubjekte sein[849], (mindestens) vorausgesetzt, der verfolgte Zweck wird dadurch gefördert und die Mitgliedschaft ist von besonderer Bedeutung für die Erreichung des Zwecks[850]. Diese kumulativen Voraussetzungen zeigen, dass gemischt besetzte Zweckverbände meist mit der Hoffnung auf Nutzung privater Eigeninitiative oder besonderer Sachkunde sowie privaten Kapitals verbunden sind[851]. Somit decken sich die Gründungsmotive bei Zweckverband und Genossenschaft des öffentlichen Rechts teilweise. Allerdings führt die Einbeziehung Privater in den Zweckverband keinesfalls dazu, dass diese funktionale Selbstverwaltung betreiben; vielmehr partizipieren sie an der kommunalen Selbstverwaltung aufgrund einer besonderen Qualifikation oder Kompetenz[852].

Dies hat zur Folge, dass, ohne den unten ausführlich dargestellten Anforderungen der demokratischen Legitimation zu weit vorgreifen zu wollen[853], auch dort ein den Anforderungen aus Art. 20 Abs. 2 GG genügendes Legitimationsniveau hergestellt werden muss, was insbesondere wegen der Einbeziehung Privater auf organisatorisch-personeller Ebene einen Handlungsbedarf verursacht. Dementsprechend treffen die Zweckverbandsgesetze in den Ländern unterschiedliche Maßnahmen: So wird teilweise verlangt, dass die Stimmen der natürlichen oder juristischen Personen des Privatrechts nicht die Hälfte der in der Verbandsversammlung festgelegten Stimmzahl erreichen, teilweise müssen die kommunalen

847 *Schliesky*, Das Modell der öffentlich-rechtlichen Genossenschaft als Träger öffentlicher Daseinsvorsorge und Infrastruktur, in: Schmidt-Trenz/Stober (Hrsg.), Der Dritte Sektor als Infrastrukturakteur, S. 149 (155).

848 *Wolff* u.a., Verwaltungsrecht II, § 98 Rn. 44.

849 So zum Beispiel nach § 2 Abs. 2 S. 2 GkZ SH.

850 *Wolff* u.a., Verwaltungsrecht II, § 98 Rn. 51.

851 *Stork*, DVBl. 2011, 69 (70).

852 *Stork*, DVBl. 2011, 69 (76) mit Fn. 98.

853 Dazu unten unter Kap. 6 A.

Mitglieder sowohl die Mehrheit der Stimmen als auch die Mehrheit der Mitglieder in der Verbandsversammlung stellen und vereinzelt liegt die Höchstgrenze des Stimmgewichts der Privaten bei zwei Fünfteln aller Stimmen oder darf diese zwei Fünftel nicht erreichen[854]. Dahinter steht die Überlegung, dass die Entscheidungsträgerschaft im Konfliktfall bei den öffentlichen Mitgliedern verbleiben soll[855], was aber voraussetzt, dass diese zu einer Blockbildung imstande sind[856]. Bereits dies offenbart eine ungleichwertige Stellung zwischen hoheitlichen Mitgliedern und Privaten innerhalb des Verbands. Sollten die vom Bundesverfassungsgericht aufgestellten Forderungen zum schleswig-holsteinischen Mitbestimmungsgesetz auch auf Zweckverbände mit privaten Mitgliedern und somit das Prinzip der doppelten Mehrheit anzuwenden sein[857], würde die Beteiligung der Privaten bei erforderlicher einfacher Stimmenmehrheit sogar auf eine negative Entscheidungsrelevanz reduziert, was die Attraktivität einer Mitgliedschaft für Private erheblich senken dürfte[858]. Letztlich kann also der Zweckverband trotz seiner Möglichkeit der Einbindung Privater die oben dargestellten Chancen nicht hinlänglich verwirklichen.

II. Anstalt des öffentlichen Rechts

Der Begriff der Anstalt des öffentlichen Rechts bezeichnet einen nicht notwendig mit Rechtsfähigkeit ausgestatteten Sach- oder Personenbestand, der in der Hand eines Trägers öffentlicher Verwaltung einem besonderen öffentlichen Zweck dauernd zu dienen bestimmt ist[859]. Diese Zwecke bestehen überwiegend in der Erbringung von Leistungen für Bürger oder sonstige außerhalb der Verwaltung stehende Rechtssubjekte[860]. Da sich der Selbstverwaltungsbegriff grundsätzlich auch auf Anstalten erstreckt, haben sie eine eigene Satzungsgewalt und können partiell Selbstverwaltungsrechte geltend machen; der Umfang der Selbstverwaltung hängt dabei vom Organisationsgesetzgeber ab[861].

---

854 *Stork*, DVBl. 2011, 69 (70) m.w.N.

855 So die Lösung von *Böckenförde*, Demokratie als Verfassungsprinzip, in: Isensee/Kirchhof (Hrsg.), HStR II³, § 24 Rn. 20.

856 *Stork*, DVBl. 2011, 69 (73).

857 BVerfGE 93, 37 (72); zur Übertragbarkeit skeptisch *Stork*, DVBl. 2011, 69 (73).

858 *Stork*, DVBl. 2011, 69 (74).

859 *Mayer*, Deutsches Verwaltungsrecht II, S. 268.

860 *Maurer/Waldhoff*, Allgemeines Verwaltungsrecht, § 23 Rn. 53.

861 *Wolff* u.a., Verwaltungsrecht II, § 86 Rn. 28.

Aus historischer Sicht hatte die Anstalt des öffentlichen Rechts immer im besonderen Maße den Zweck, dem Einzelnen die Möglichkeit zu vermitteln, seine Freiheit zu entfalten und befähigt noch heute viele Bürger zum Grundrechtsgebrauch[862]. Anfangs in Bayern und danach in den meisten anderen Bundesländern in die Kommunalordnungen aufgenommen, hat die Anstalt des öffentlichen Rechts dort den Zweck, eine Lücke zu schließen zwischen den überkommenen, rechtlich unselbstständigen öffentlich-rechtlichen Organisationsformen des Regie- oder Eigenbetriebs einerseits und den privatrechtlichen Rechtsformen wie Kapital- und Personengesellschaften andererseits[863].

Organisationsrechtlich kann die Anstalt des öffentlichen Rechts als von einer oder mehreren, ihr nicht mitgliedschaftlich angehörigen Personen getragene und in der Regel ständig beeinflusste, rechtlich subjektivierte Organisation zur Wahrnehmung eigener oder gesetzlich auferlegter Angelegenheiten der Träger beschrieben werden und ist damit zwischen der Körperschaft des öffentlichen Rechts und der öffentlich-rechtlichen Stiftung zu verorten[864]. Eine Mitgliedschaft gibt es in diesem Sinne also nicht; die Empfänger der durch die Anstalt aufgrund eines einmaligen, wiederkehrenden oder länger dauernden Benutzungsverhältnisses erbrachten Leistungen werden Benutzer genannt[865]. Dementsprechend sind die Organe der Anstalt auch lediglich der Vorstand, der vorbehaltlich alternativer gesetzlicher oder satzungsmäßiger Regelungen die Anstalt in eigener Verantwortung leitet, und der Verwaltungsrat als Überwachungsorgan, dem meist bestimmte Entscheidungsbefugnisse zwingend vorbehalten sind[866]. Zwingend ist jedoch nur ein kollegialer Vorstand oder ein monokratischer Vorsteher[867].

Eben diese Organisationsstruktur, die teilweise mit derjenigen der Aktiengesellschaft verglichen wird[868], aber im Gegensatz zu dieser eine große Satzungsfreiheit aufweist, wirft auch Probleme auf. Der Anstaltsträger, also regelmäßig der die Anstalt errichtende Hoheitsträger, übt in der Regel selbst oder durch sein hierfür zuständiges Organ stetigen Einfluss auf die Anstalt aus, sorgt im Rahmen seiner Gewährträgerhaftung und Anstaltslast für die finanzielle Ausstattung der

862 *Wolff* u.a., Verwaltungsrecht II, § 86 Rn. 3; zur dogmengeschichtlichen Entwicklung der Anstalt *Brohm*, Strukturen der Wirtschaftsverwaltung, S. 168 ff.
863 *Holz/Kürten/Grabolle*, KommJur 2014, 281 (281).
864 *Wolff* u.a., Verwaltungsrecht II, § 86 Rn. 4 f.
865 *Mayer*, Deutsches Verwaltungsrecht II, S. 269; *Maurer/Waldhoff*, Allgemeines Verwaltungsrecht, § 23 Rn. 54.
866 *Holz/Kürten/Grabolle*, KommJur 2014, 281 (283).
867 *Wolff* u.a., Verwaltungsrecht II, § 86 Rn. 56.
868 *Holz/Kürten/Grabolle*, KommJur 2014, 281 (283).

Anstalt[869], soweit dies nicht die Benutzer tun, und kontrolliert meist durchgängig die Tätigkeit der im Übrigen selbstständig verwaltenden Anstaltsorgane[870]. Dies hat zur Folge, dass die Anstalt auch als Organ oder Glied ihres externen Trägers wahrgenommen wird[871]. Die Einflussmöglichkeiten des Anstaltsträgers gehen teilweise so weit, dass beispielsweise bestimmte Gemeindeordnungen in einigen Bereichen wie Satzungserlassen oder Beteiligung an anderen Unternehmen ein direktes Weisungs- oder Entscheidungsrecht der Gemeindevertretung normieren oder ihr jedenfalls einen Zustimmungsvorbehalt einräumen[872]. Dies untermauert die bereits oben[873] getroffene Einschätzung, dass einer Anstalt des öffentlichen Rechts eine Aufgabe wohl nicht vergaberechtsfrei übertragen werden kann. Erschwerend kommt für den Zweck der Einbeziehung bürgerschaftlichen Engagements und der Akzeptanzherstellung hinzu, dass die Anstalt nur Benutzer kennt, Private daher nicht mitgliedschaftlich einbezogen werden können und demnach auch keine auf demokratischen und egalitären Grundsätzen beruhende Teilhabe für sie möglich ist[874]. Den Benutzern wird die Wirksamkeit der Organisation nicht rechtselementar zugerechnet; sie sind demnach nicht (aktive) Träger, sondern lediglich Betroffene der Wirksamkeit der Anstalt, deren Interessenförderung Gegenstand, nicht aber Inhalt des Organisationszwecks der Anstalt ist[875]. Eine mit dem genossenschaftlichen Identitätsprinzip korrespondierende Prosumer-Beziehung ist ihr somit fremd.

Dem Anstaltsträger obliegt im Rahmen seiner Organisationsgewalt lediglich die Entscheidung über Zulässigkeit und Form einer kapitalmäßigen Beteiligung Privater, wobei die Organisationsform Anstalt grundsätzlich beibehalten wird[876]. Diese eingeschränkte Form der Partizipation wird, in Ermangelung flexibler

869 Umstritten ist aber, inwieweit diese Rechtsinstitute zwingende Elemente dieser Organisationsform sind. Dazu *Burgi*, in: Ehlers/Pünder (Hrsg.), Allgemeines Verwaltungsrecht, § 8 Rn. 14.

870 *Wolff* u.a., Verwaltungsrecht II, § 86 Rn. 18.

871 *Wolff* u.a., Verwaltungsrecht II, § 86 Rn. 17.

872 So § 114a Abs. 4 und 7 GO NRW.

873 S. dazu oben unter Kap. 3 A. II.

874 Vgl. *Schliesky*, Das Modell der öffentlich-rechtlichen Genossenschaft als Träger öffentlicher Daseinsvorsorge und Infrastruktur, in: Schmidt-Trenz/Stober (Hrsg.), Der Dritte Sektor als Infrastrukturakteur, S. 149 (155); *Kluth*, Kooperationsrecht – Zur (möglichen) Vielfalt institutionalisierter Kooperation, in: Brockmeier/ders. (Hrsg.), 100 Jahre Genossenschafts- und Kooperationsforschung in Halle, Bd. 1, S. 127 (129).

875 *Wolff* u.a., Verwaltungsrecht II, § 86 Rn. 24.

876 *Wolff* u.a., Verwaltungsrecht II, § 86 Rn. 20.

rechtlicher Handlungsalternativen[877], über eine Holding-Konstruktion realisiert, in der der öffentliche Träger eine privatrechtliche Gesellschaft, meist eine (beliehene) Aktiengesellschaft, gründet, an der Private beteiligt sind, und diese qua Beherrschungsvertrag zum herrschenden Unternehmen und die Anstalt des öffentlichen Rechts zum abhängigen Unternehmen wird[878]. Auf die Problematik der eigenverantwortlichen Leitungsmacht des Vorstands aus § 76 AktG in Bezug auf die Partizipation von Bürgern wurde bereits an anderer Stelle ausdrücklich hingewiesen[879].

III. Stiftung des öffentlichen Rechts

Die öffentlich-rechtliche Stiftung schließlich ist eine rechtsfähige Organisation zur Verwaltung eines von einem Stifter zweckgebunden übergebenen Bestands an Vermögenswerten (Kapital oder Sachgüter)[880]. Im Gegensatz zur Anstalt des öffentlichen Rechts[881], bei der die Erledigung der ihr übertragenen Verwaltungsaufgabe betont wird, stehen bei der Stiftung des öffentlichen Rechts also Vermögensmassen im Vordergrund, deren Erträge bestimmten Personen zugutekommen sollen[882]. Von der privatrechtlichen Stiftung unterscheidet sie sich insofern, als sie nur öffentliche Zwecke verfolgen kann, ansonsten beinhaltet auch sie die stiftungstypischen Elemente Vermögen, Zweck und Organisation[883]. Jede Stiftung des öffentlichen Rechts muss eine Stiftungsordnung haben, in der unter anderem ihre Organe festgelegt werden, zu denen zwingend ein Vorstand und fakultativ weitere Organe gehören; Letztere können zum Beispiel ganze Gemeindeorgane, beispielsweise in Gestalt eines Kuratoriums, sein[884]. Die Stiftung hat Nutznießer, mitgliedschaftliche Strukturen sind ihr fremd[885]. Zudem ist sie staatlicher Aufsicht unterworfen, die aber auf eine Rechtsaufsicht beschränkt ist[886].

---

877 Zu den begrenzten Möglichkeiten ausführlich *Blessing*, Öffentlich-rechtliche Anstalten unter Beteiligung Privater, S. 72 ff.

878 *Wolff* u.a., Verwaltungsrecht II, § 86 Rn. 20.

879 S. dazu oben unter Kap. 5 A. II. 1.

880 *Maurer/Waldhoff*, Allgemeines Verwaltungsrecht, § 23 Rn. 62.

881 Zu diesem Verhältnis ausführlich *Ebersbach*, Die Stiftung des öffentlichen Rechts, S. 28 ff., 64 ff.

882 *Wolff* u.a., Verwaltungsrecht II, § 86 Rn. 55.

883 Dazu *Ebersbach*, Die Stiftung des öffentlichen Rechts, S. 37 ff.

884 *Wolff* u.a., Verwaltungsrecht II, § 87 Rn. 34 ff.

885 *Maurer/Waldhoff*, Allgemeines Verwaltungsrecht, § 23 Rn. 62.

886 *Pieper*, Aufsicht, S. 19; *Wolff* u.a., Verwaltungsrecht II, § 87 Rn. 40 ff.

Problematisch ist hier zum einen die bereits bei der Anstalt des öffentlichen Rechts angesprochene fehlende mitgliedschaftliche Struktur. Zum anderen, dass das Stiftungsvermögen nur für einen von vornherein abschließend festgelegten Zweck zugunsten Dritter verwendet werden darf[887].

IV. Zwischenfazit

Während Anstalt und Stiftung des öffentlichen Rechts als Organisationsformen zur Verwirklichung oben genannter Chancen unter vielen Aspekten ausscheiden, weist die öffentlich-rechtliche Körperschaft von Natur aus mannigfaltige Bezüge zum Genossenschaftswesen auf[888] und wäre aufgrund ihrer organisationsrechtlichen Flexibilität in der Lage, beide Organisationstypen abzubilden. Es drängt sich daher die Frage auf, inwieweit es tatsächlich einer eigenen, vierten öffentlich-rechtlichen Organisationsform neben der etablierten Trias aus Körperschaft, Anstalt und Stiftung bedarf, zumal aktuell wie bereits oben dargelegt öffentlich-rechtliche Genossenschaften in der Rechtsform der öffentlich-rechtlichen Körperschaft existieren.

Die soeben erwähnte Flexibilität ist aber gleichzeitig auch Argument für die Schaffung der Genossenschaft des öffentlichen Rechts, weil die genossenschaftlichen Strukturen bei der Körperschaft nicht änderungsfest sind, also im Belieben der Mitglieder stehen. Hierzu gesellt sich der Befund, dass selbst bei einer expliziten Regelung der Mitgliederförderung als Körperschaftszweck die Mitgliederinteressen regelmäßig vernachlässigt werden. Dementsprechend sind feste Strukturen zur Verankerung der Mitgliederförderung über ihre bloße Nennung im Organisationsgesetz hinaus nötig. Dies gilt umso eher, je mehr öffentliche Mitglieder gegenüber privaten in der Überzahl sind. Werden die soeben genannten Elemente noch um weitere, den Körperschaften bislang fremde Strukturen ergänzt, wird der Unterschied zur Genossenschaft des öffentlichen Rechts so deutlich, dass ein Charakter als eigenständige Organisationsform zuerkannt werden muss[889]. Der Bedarf an einer neuen öffentlich-rechtlichen Organisationsform ist dann gegeben.

---

887 *Wolff* u.a., Verwaltungsrecht II, § 87 Rn. 15.

888 *Groß*, DVBl. 2002, 1182 (1191 f.).

889 Vgl. dazu aber auch *Weller*, Aufgaben, Organisation und Finanzierung der Wasser- und Bodenverbände, S. 34 f.

Kapitel 6 Die Konstruktion der Genossenschaft des öffentlichen Rechts

Vergegenwärtigt man sich die Ziele der Schaffung der Genossenschaft des öffentlichen Rechts, so sind diese kurz gefasst die Etablierung einer genossenschaftlich strukturierten Selbstverwaltung bei gleichzeitiger Einräumung ausreichender Handlungsspielräume, um eine sachnahe Aufgabenerledigung – entweder die Schaffung von Akzeptanz für Infrastrukturprojekte oder die kooperative Erledigung öffentlicher, vornehmlich freiwilliger kommunaler, Aufgaben (oder einer Kombination aus beidem) – zu gewährleisten und das bürgerschaftliche Engagement nicht durch ein zu enges organisationsrechtliches Korsett zu behindern.

Weil unter der Weimarer Reichsverfassung vielfältige Ausprägungen funktionaler Selbstverwaltung existierten und diese Formen im Rahmen der Grundgesetzgebung relativ offen rezipiert wurden, sind auch künftige Weiterentwicklungen von der funktionalen Selbstverwaltung mitumfasst, soweit durch sie die tradierten Grundsätze den veränderten Umständen entsprechend angemessen fortentwickelt werden[890]. Hingegen ist ein Bruch dieser angelegten Entwicklungslinien, vor allem eine grundsätzliche Änderung der allgemeinen Verwaltung, vom geltenden Verfassungsrecht nicht gedeckt[891]. Insoweit wäre eine Verfassungsänderung nötig[892].

A. Die demokratische Legitimation der Genossenschaft des öffentlichen Rechts

In Art. 20 Abs. 1 GG wird die Bundesrepublik Deutschland als demokratischer Staat festgelegt, was auch als Demokratieprinzip bezeichnet wird[893]. Dieses wird in Absatz 2 konkretisiert. Nach Art. 20 Abs. 2 S. 1 GG geht alle Staatsgewalt vom Volke aus, nach Art. 20 Abs. 2 S. 2 GG wird sie vom Volke in Wahlen und Abstimmungen und durch besondere Organe der Gesetzgebung, der vollziehenden Gewalt und der

890 *Grzeszick*, in: Maunz/Dürig, GG, Art. 20 Abs. 2 Rn. 193.

891 *Grzeszick*, in: Maunz/Dürig, GG, Art. 20 Abs. 2 Rn. 193; vgl. *Emde*, Die demokratische Legitimation der funktionalen Selbstverwaltung, S. 373 ff.

892 *Köller*, Funktionale Selbstverwaltung und ihre demokratische Legitimation, S. 321 ff.

893 *Grzeszick*, in: Maunz/Dürig, GG, Art. 20 II Rn. 11 f.

Rechtsprechung ausgeübt[894]. Wird die Herrschaftsgewalt demnach nicht unmittelbar durch die Beherrschten selbst ausgeübt, muss via Organisation und Verfahren ein legitimatorischer Zusammenhang zwischen Volkswille und Staatshandeln hergestellt werden[895]. Das Legitimationsobjekt ist dabei die Ausübung von „Staatsgewalt" (dazu sogleich), das Legitimationssubjekt das „Volk". Nach dem überwiegenden Begriffsverständnis fallen unter den Begriff des Volkes die deutschen Staatsangehörigen und die sogenannten Status-Deutschen nach Art. 116 Abs. 1 GG[896]. Nach dem Bundesverfassungsgericht muss sich die Ausübung von Staatsgewalt auf den Willen des Volkes zurückführen lassen und ihm gegenüber verantwortet werden[897]. Entsprechende Organe müssen mithin demokratisch legitimiert sein, sofern sie Staatsgewalt ausüben. Im Endeffekt geht es darum, dem Volk die Bewirkung eines effektiven Einflusses auf die Ausübung der Staatsgewalt zu sichern, was nach der überwiegenden Lesart des Art. 20 Abs. 2 GG auf verschiedene Weisen möglich ist: So zum einen durch die institutionelle und die funktionelle demokratische Legitimation, zum anderen durch die organisatorisch-personelle Rückführbarkeit staatlichen Handelns auf das Volk und schließlich durch die sachlich-inhaltliche Verantwortlichkeit staatlichen Handelns gegenüber dem Volk[898].

Zunächst ist fraglich, ob Genossenschaften des öffentlichen Rechts überhaupt Adressaten des verfassungsrechtlichen Demokratieprinzips sind, weil bei diesen wie auch bei anderen Selbstverwaltungsverbänden (zum Beispiel der Kommunalverwaltung), insofern insbesondere der Genossenschaftslehre *Gierkes* folgend, ein pluralistisches Demokratieverständnis anzulegen sein könnte. Dieses führte dazu, dass Genossenschaften eine eigene Legitimation zukäme, weil sie gerade nicht Ausfluss der in Art. 20 Abs. 2 S. 1 GG genannten Staatsgewalt wären[899]. Dem steht jedoch die herrschende Lehre entgegen, die – die Ansicht *Jellineks* teilend – auch die Selbstverwaltungseinheiten als Teil der vom Volk im

894 Das Prinzip der Volkssouveränität und das Demokratieprinzip finden sich zudem beispielsweise nahezu wortgleich in Art. 2 LVerf SH.

895 *Sommermann*, in: v. Mangoldt/Klein/Starck, GG, Art. 20 Rn. 143.

896 BVerfGE 107, 59 (87); 83, 60 (73); 83, 37 (51); *Grzeszick*, in: Maunz/Dürig, GG, Art. 20 II Rn. 79; *Dreier*, in: ders., GG, Art. 20 (Demokratie) Rn. 90.

897 BVerfGE 93, 37 (66); 83, 60 (72); vgl. auch BVerfGE 107, 59 (87).

898 *Böckenförde*, Demokratie als Verfassungsprinzip, in: Isensee/Kirchhof (Hrsg.), HStR II³, § 24 Rn. 14.

899 Vgl. dazu *Stolleis*, Geschichte des öffentlichen Rechts, Bd. 2, S. 359 ff.; vgl. *Kluth*, Kooperationsrecht – Zur (möglichen) Vielfalt institutionalisierter Kooperation, in: Brockmeier/ders. (Hrsg.), 100 Jahre Genossenschafts- und Kooperationsforschung in Halle, Bd. 1, S. 127 (135).

Sinne des Art. 20 Abs. 2 S. 1 GG ausgehenden Staatsgewalt begreift[900]. Daran hat sich auch nichts durch eine Grundsatzentscheidung des Bundesverfassungsgerichts zur demokratischen Legitimation der funktionalen Selbstverwaltung geändert, das eher eine Kompromisslösung entwickelte[901]. Die Genossenschaften des öffentlichen Rechts als funktionale Selbstverwaltungsträger unterliegen daher ebenfalls den Anforderungen des Demokratieprinzips[902].

Die Vorgaben des Demokratieprinzips, ausdifferenziert durch ihre verschiedenen Legitimationsstränge, sind bei der organisationsrechtlichen Ausgestaltung der funktionalen Selbstverwaltungsträger neben anderen verfassungsrechtlichen Vorgaben zu beachten. Ihre Einhaltung nimmt jedoch eine herausgehobene Stellung ein. Die vom Demokratieprinzip aufgestellte verfassungsrechtliche Grenze des Zulässigen verläuft dort, wo Selbstverwaltungskörperschaften nicht mehr für einen jeweils klar zu benennenden Personenkreis und Aufgabenbereich begrenzter Tragweite ergänzend neben die unmittelbare Staatsverwaltung treten, sondern wo sie zu den dominierenden Verwaltungsträgern an sich werden, sodass nicht mehr die vom Staatsvolk hergeleitete, sondern eine von den jeweils Betroffenen ausgehende, mithin fragmentierte personelle Legitimation für die Verwaltung prägend würde[903]. Zu beachten ist aber, dass die Anforderungen der demokratischen Legitimation nur greifen, wenn die Tätigkeit der Träger funktionaler Selbstverwaltung als Ausübung von Staatsgewalt einzuordnen ist; auf die

900 *Jellinek*, Allgemeine Staatslehre, S. 637 ff.; vgl. *Hendler*, Selbstverwaltung als Ordnungsprinzip, S. 128 f.; vgl. dazu kritisch *Kluth*, Die Rolle von Genossenschaften und Kooperationen (einschließlich Kammern) im Bereich der Bildungsinfrastrukturen, in: Schmidt-Trenz/Stober (Hrsg.), Der Dritte Sektor als Infrastrukturakteur, S. 161 (167), der diese Rezeption als „einseitig" bezeichnet und in *Jellineks* Lehre eine vermittelnde Sichtweise zwischen einheitlicher Staatsgewalt und Selbstverwaltung feststellt.

901 BVerfGE 107, 59, welches einerseits Selbstverwaltung als Verwirklichung des Demokratieprinzips auffasst („Verwirklichungsmodell"), andererseits die funktionale Selbstverwaltung als Ausnahme zum herrschenden Verständnis der demokratischen Legitimation einordnet („Ausnahmemodell"); eine Tendenz zum Verwirklichungsmodell erkennend *Köller*, Funktionale Selbstverwaltung und ihre demokratische Legitimation, S. 304 ff.; vgl. zum Gedanken einer genossenschaftsspezifischen Ausnahme von diesen Legitimationsanforderungen kritisch *Kluth*, Die Rolle von Genossenschaften und Kooperationen (einschließlich Kammern) im Bereich der Bildungsinfrastrukturen, in: Schmidt-Trenz/Stober (Hrsg.), Der Dritte Sektor als Infrastrukturakteur, S. 161 (167).

902 Dazu *Jestaedt*, Demokratieprinzip und Kondominialverwaltung, S. 548 ff. m.w.N.

903 *Sommermann*, in: v. Mangoldt/Klein/Starck, GG, Art. 20 Abs. 2 Rn. 182.

bloße Aufgabenträgerschaft kommt es hingegen nicht an[904]. Ob dies bei der hier zu konstruierenden Organisationsform und ihren speziellen Einsatzbereichen der Fall ist, ist daher zu prüfen, bevor auf die allgemeinen Anforderungen des Demokratieprinzips und dessen spezielle Ausprägungen im Bereich funktionaler Selbstverwaltung eingegangen werden kann.

I. Die Ausübung von Staatsgewalt bei der Genossenschaft des öffentlichen Rechts

Als Ausübung von Staatsgewalt kann jedenfalls alles amtliche Handeln mit Entscheidungscharakter qualifiziert werden[905]. Fraglich ist zunächst, ob die Ausübung von Staatsgewalt dem Begriff der funktionalen Selbstverwaltung inhärent ist. Die Meinungen dazu gehen auseinander[906], im Ergebnis hat die Vermischung von staatlicher Aufgabenwahrnehmung und gesellschaftlicher Selbstorganisation aber richtigerweise zur Folge, dass eine pauschale Antwort nicht möglich ist und die funktionalen Selbstverwaltungsträger vielmehr für sich zu betrachten sind und auf ihre konkrete Aufgabenträgerschaft abgestellt werden muss[907].

Staatsgewalt ist als Herrschaftsbefugnis aufzufassen, die sowohl Akte der Eingriffsverwaltung als auch solche der Leistungsverwaltung sowie andere schlicht-hoheitliche, privatrechtliche oder auch rein fiskalische Betätigungen des Staates umfasst[908], soweit die fragliche Betätigung eine rechtserhebliche Wirkung entfaltet[909]. Auf eine unmittelbare Außenwirkung kommt es dabei nicht an, es genügt ebenso eine behördeninterne Schaffung der Voraussetzungen für die Wahrnehmung von Amtsaufgaben[910]. Dementsprechend sind lediglich rein vorbereitende, beratende oder auch rein faktische Hilfsverrichtungen nicht von diesem

904 BVerfGE 107, 59 (94).

905 BVerfGE 83, 60 (73); *Böckenförde*, Demokratie als Verfassungsprinzip, in: Isensee/Kirchhof (Hrsg.), HStR II^3, § 24 Rn. 12.

906 Zu diesem Streitstand ausführlich *Emde*, Die demokratische Legitimation funktionaler Selbstverwaltung, S. 229 ff.

907 *Köller*, Funktionale Selbstverwaltung und ihre demokratische Legitimation, S. 37; vgl. *Emde*, Die demokratische Legitimation funktionaler Selbstverwaltung, S. 37.

908 *Jestaedt*, Demokratieprinzip und Kondominialverwaltung, S. 246; *Kluth*, Funktionale Selbstverwaltung, S. 355.

909 *Emde*, Die demokratische Legitimation funktionaler Selbstverwaltung, S. 214; *Jestaedt*, Demokratieprinzip und Kondominialverwaltung, S. 255 ff.

910 BVerfGE 93, 37 (68).

Begriff erfasst[911]. Eine Beschränkung des Demokratieprinzips auf wichtige Aufgaben im Sinne eines Bagatellvorbehalts, weil nur solche unter den Begriff der Staatsgewalt fielen[912], ist demgegenüber abzulehnen[913].

Anknüpfend an den Entscheidungscharakter der Ausübung von Staatsgewalt, der sich durch einen gestaltenden Eingriff in die staatliche oder private Sphäre auszeichnet, wird zum einen die demokratische Legitimationsbedürftigkeit im Bereich der Interessenvertretung in Zweifel gezogen, da es hierbei lediglich um die Einwirkung auf staatliche oder private Stellen geht[914]. Darunter ist auch eine Genossenschaft des öffentlichen Rechts mit bloßen Beteiligungsmöglichkeiten zu subsumieren, während eine solche mit Partizipationsmöglichkeiten, wie sie sich viele Bürger wünschen, den sachlichen Anwendungsbereich des Art. 20 Abs. 2 GG eröffnet. Außerdem wird bei funktionalen Selbstverwaltungskörperschaften, die dem Zweck der Interessenvertretung und -artikulation dienen, oftmals eine Pflichtmitgliedschaft als Ausfluss des demokratischen Gestaltungsprinzips zur Ermöglichung einer gleichberechtigten Mitwirkung aller Betroffenen eingeführt[915], welche gleichzeitig eine effektive und repräsentative Aufgabenwahrnehmung gegenüber staatlichen Stellen gewährleistet[916]. In diesen Fällen müssen dann auch die demokratischen Legitimationsanforderungen erfüllt sein.

Zum anderen soll es bei der Bereitstellung von Dienstleistungsangeboten an einem Entscheidungscharakter mangeln, sofern ihre Inanspruchnahme freiwillig erfolgt und durch sie das Verhalten der Adressaten inhaltlich nicht bestimmt wird[917]. Eine indirekte Einflussnahme auf den Empfänger durch Ausgestaltung der Leistungsbedingungen findet hier nicht statt, insbesondere, sofern die Leistung auch auf dem freien Markt verfügbar ist[918]. Damit sind die das Demokratieprinzip betreffenden Ausführungen zur organisationsrechtlichen Ausgestaltung

---

911 *Emde*, Die demokratische Legitimation funktionaler Selbstverwaltung, S. 214 f.; *Böckenförde*, Demokratie als Verfassungsprinzip, in: Isensee/Kirchhof (Hrsg.), HStR II^3, § 24 Rn. 13; BVerfGE 47, 253 (273); 83, 60 (73), 93, 37 (68).

912 BVerfGE 47, 253 (274).

913 *Jestaedt*, Demokratieprinzip und Kondominialverwaltung, S. 252; *Köller*, Funktionale Selbstverwaltung und ihre demokratische Legitimation, S. 41 f.

914 *Kluth*, Funktionale Selbstverwaltung, S. 373.

915 Vgl. *Kluth*, WiVerw 2012, 50 (51).

916 *Kluth*, Funktionale Selbstverwaltung, S. 326; vgl. *Weller*, Aufgaben, Organisation und Finanzierung der Wasser- und Bodenverbände, S. 28 f.

917 *Kluth*, Funktionale Selbstverwaltung, S. 373.

918 *Kluth*, Funktionale Selbstverwaltung, S. 373.

vor allem für solche Bürgergenossenschaften unbeachtlich, die ausschließlich Waren und Dienstleistungen zur freien Inanspruchnahme anbieten. Dies kann beispielsweise bei Dorfläden, Kindertagesstätten oder Museen der Fall sein. Allerdings wären eine Nutzungspflicht und die Erhebung von Abgaben zur Sicherstellung der Finanzierung der Genossenschaften des öffentlichen Rechts auch hier ein großer Vorteil gegenüber einer privatrechtlichen Organisationsform, die in jedem Fall eine demokratische Legitimation erforderten. Unabhängig von der konkreten Art der Aufgabenerledigung sind aber zumindest die im Folgenden dargelegten grundsätzlichen organisationsrechtlichen Erwägungen auch für nicht-legitimationsbedürftige Genossenschaften des öffentlichen Rechts von Bedeutung.

II. Die Formen demokratischer Legitimation

Im formal-organisatorischen Modell demokratischer Legitimation setzt sich die demokratische Legitimation aus drei verschiedenen Legitimationsformen zusammen: Der funktionellen und institutionellen, der organisatorisch-personellen sowie der sachlich-inhaltlichen Legitimation. Diese Legitimationsstränge sind wechselbezüglich[919]; sie müssen zusammen genommen ein gewisses Legitimationsniveau erreichen, um die Ausübung von Staatsgewalt demokratisch legitimieren zu können[920]. Hinsichtlich der organisatorisch-personellen und der sachlich-inhaltlichen Legitimation ist umstritten, ob ein Totalausfall des einen Stranges durch eine höhere Verwirklichung des anderen Stranges kompensiert werden kann[921].

1. Funktionelle und institutionelle demokratische Legitimation

Mit der funktionellen und institutionellen demokratischen Legitimation ist die aus der Gewaltenteilung folgende Eigenständigkeit der drei Staatsfunktionen (Legislative, Exekutive, Judikative) und ihre jeweils eigene Aufgabenwahrnehmung

---

919 *Sommermann*, in: v. Mangoldt/Klein/Starck, GG, Art. 20 Rn. 170.

920 BVerfGE 107, 59 (87); 93, 37 (67); 83, 60 (72); *Dreier*, in: ders., GG. Art. 20 (Demokratie) Rn. 113 m.w.N. in Fn. 423.

921 Dies verneinend *Böckenförde*, Demokratie als Verfassungsprinzip, in: Isensee/Kirchhof (Hrsg.), HStR II^3, § 24 Rn. 23; *Emde*, Die demokratische Legitimation der funktionalen Selbstverwaltung, S. 329 f., 331 f.; a.A. *Köller*, Funktionale Selbstverwaltung und ihre demokratische Legitimation, S. 184; *Kluth*, Funktionale Selbstverwaltung, S. 367; *Grzeszick*, in: Maunz/Dürig, GG, Art. 20 Abs. 2 Rn. 128 ff.; *Dreier*, in: ders., GG, Art. 20 (Demokratie) Rn. 113, auch mit Fn. 424.

durch eigenständige Organisationen gemeint, aufgrund dessen beispielsweise die Exekutive nicht unter einen allumfassenden Parlaments- oder Gesetzesvorbehalt gestellt werden darf[922]. Sie sagt aber noch nichts über die konkrete Legitimation der jeweiligen Amtswalter und ihres Handelns im zugewiesenen Funktionsbereich aus[923]. Auf sie wird daher nicht weiter eingegangen.

2. Organisatorisch-personelle demokratische Legitimation

In ihrer organisatorisch-personellen Ausprägung besteht die demokratische Legitimation darin, dass zwischen dem Volk und den mit der Wahrnehmung staatlicher Angelegenheiten betrauten Amtswaltern eine ununterbrochene Legitimationskette besteht, wobei eine mittelbare Rückführbarkeit durch eine Kette individueller Berufungsakte ausreicht[924]. Die personelle Komponente der Bestellung wird um eine organisatorische ergänzt, die sich durch die Zuweisung eines Funktions- und Aufgabenbereichs an den Amtswalter auszeichnet, innerhalb dessen sein Handeln legitimiert ist[925]. Einschränkungen der personellen demokratischen Legitimation sind nur unter engen Voraussetzungen zulässig, wobei ein klassisches Beispiel der Bereich der Selbstverwaltung ist[926].

Dabei stellt sich die Frage, ob die an den Entscheidungen eines bestimmten Organs (und somit am staatlichen Handeln) Beteiligten allesamt auf diese Weise demokratisch legitimiert sein müssen oder ob dies nur für die Entscheidung des Organs selbst gilt, denn nur im letzteren Fall dürfen auch solche Personen beteiligt sein, die nicht durch einen individuellen Berufungsakt ausgewiesen sind[927]. Teilweise wird vertreten, dass sämtliche an der Entscheidung Beteiligte demokratisch legitimiert sein müssten[928], was zur Folge hätte, dass jedes Entsendungs-,

---

922 *Böckenförde*, Demokratie als Verfassungsprinzip, in: Isensee/Kirchhof (Hrsg.), HStR II^3, § 24 Rn. 15.

923 *Böckenförde*, Demokratie als Verfassungsprinzip, in: Isensee/Kirchhof (Hrsg.), HStR II^3, § 24 Rn. 15.

924 BVerfGE 38, 258 (271), 47, 253 (275); 52, 95 (130); *Dreier*, in: ders., GG, Art. 20 (Demokratie) Rn. 111.

925 *Jestaedt*, Demokratieprinzip und Kondominialverwaltung, S. 269; *Köller*, Funktionale Selbstverwaltung und ihre demokratische Legitimation, S. 129; *Mehde*, Neues Steuerungsmodell und Demokratieprinzip, S. 180 f.

926 *Sommermann*, in: v. Mangoldt/Klein/Starck, GG, Art. 20 Abs. 2 Rn. 173.

927 Dazu *Dreier*, in: ders., GG, Art. 20 (Demokratie) Rn. 111; *Böckenförde*, Demokratie als Verfassungsprinzip, in: Isensee/Kirchhof (Hrsg.), HStR II^3, § 24 Rn. 17.

928 BVerfGE 38, 258 (271); VerfGH NRW, NVwZ 1987, 211 (212), *Oebbecke*, Weisungs- und unterrichtungsfreie Räume in der Verwaltung, S. 92 ff.

Wahl- oder verbindliche Vorschlagsrecht von Verbänden, gesellschaftlichen Gruppen und ähnlichem unzulässig wäre, selbst wenn es sich nur auf einzelne Mitglieder des kollegialen Organs erstreckte[929]. Nach anderer Ansicht können nicht-demokratisch legitimierte Beteiligte in einem solchen Umfang an den Entscheidungen eines Organs beteiligt sein, wie nicht die Möglichkeit demokratisch legitimierter Mitglieder, im Konfliktfall ihre Auffassung durchzusetzen, beeinträchtigt wird[930]. Dafür ist ein bloßes Vetorecht nicht ausreichend.

Dies ist deshalb pragmatisch vorzugswürdig, da, wie soeben erwähnt, lediglich die Entscheidung demokratisch legitimiert sein muss, was auch die letztere Ansicht gewährt, während sie aber gleichzeitig und in Abgrenzung zur ersten Ansicht in begrenztem Umfang Vertreter gesellschaftlicher Interessen gerade an solchen Verwaltungsentscheidungen teilnehmen lässt, die auf den Ausgleich divergierender Interessen abzielen[931]. Andernfalls wäre die Einbindung bürgerschaftlichen Engagements und Sachwissens kaum möglich. Daraus folgt das zuvor bereits angeschnittene und vom Bundesverfassungsgericht mehrfach angewandte Prinzip der doppelten Mehrheit, nach welchem das Kollegialorgan mehrheitlich mit demokratisch legitimierten Mitgliedern besetzt sein und das Organisationsgesetz gewährleisten muss, dass dessen Entscheidungen stets auch mit einer Mehrheit der demokratisch legitimierten Mitglieder getroffen werden[932], um eine organisatorisch-personelle Legitimation bejahen zu können.

3. *Sachlich-inhaltliche demokratische Legitimation*

Die sachlich-inhaltliche Legitimation als materielle Legitimationskomponente setzt sich aus zwei Teilelementen zusammen, die die Staatstätigkeit an den Willen des unmittelbar vom Volk gewählten Parlaments binden: Dies ist einerseits die Gesetzesbindung der Verwaltung, über die das Parlament als unmittelbar legitimiertes Repräsentativorgan der Verwaltung mittels seiner

---

929 *Böckenförde*, Demokratie als Verfassungsprinzip, in: Isensee/Kirchhof (Hrsg.), HStR II³, § 24 Rn. 18; kritisch daher auch *Emde*, Die demokratische Legitimation der funktionalen Selbstverwaltung, S. 331 mit Fn. 27.

930 *Böckenförde*, Demokratie als Verfassungsprinzip, in: Isensee/Kirchhof (Hrsg.), HStR II³, § 24 Rn. 19.

931 *Böckenförde*, Demokratie als Verfassungsprinzip, in: Isensee/Kirchhof (Hrsg.), HStR II³, § 24 Rn. 19.

932 BVerfGE 93, 37 ff.; *Böckenförde*, Demokratie als Verfassungsprinzip, in: Isensee/Kirchhof (Hrsg.), HStR II³, § 24 Rn. 17 mit Fn. 28; einschränkend dazu *Mann*, Die öffentlich-rechtliche Gesellschaft, S. 65; *Battis/Kersten*, DÖV 1996, 584 (592).

Gesetzgebungskompetenz weitreichende Handlungsvorgaben machen kann[933]. Daneben tritt das Haushaltsrecht als zusätzliches parlamentarisches Steuerungsinstrument[934]. Hinzu kommen parlamentarische Kontrollrechte, so vor allem Zitier- und Interpellationsrechte sowie Untersuchungsrechte[935]. Die Regierung andererseits hat ebenfalls zahlreiche Einflussnahmemöglichkeiten, so zum Beispiel administrative Rechtsetzung sowie Weisungs- und Selbsteintrittsrechte[936]. Zudem bewirken die Weisungsabhängigkeit der Amtswalter sowie die administrativen Aufsichts- und Kontrollrechte eine weitere Bindung an den Volkswillen[937].

Zu beachten ist dabei, dass ein Defizit bei einem sachlich-inhaltlichen Element durch ein Mehr bei dem anderen Element ausgeglichen werden muss[938]. Ist ein Bereich wegen seiner besonderen Beschaffenheit einer Ziele und Inhalte umfassenden Steuerung durch den Gesetzgeber nicht zugänglich, ist eine stärkere Ausprägung der verwaltungsseitigen Instrumente zur Verantwortungssicherung erforderlich, wohingehen die sachlich-inhaltliche Legitimation in Fällen, in denen diese Kontrollmechanismen nur in geringem Umfang ausgebildet sind, durch entsprechend enge gesetzliche Vorgaben hergestellt wird[939].

III. Verortung der funktionalen Selbstverwaltung im Demokratieprinzip des Grundgesetzes

Im Folgenden wird die Einordnung der funktionalen Selbstverwaltung unter dem verfassungsrechtlichen Demokratieprinzip in den Blick genommen, dabei soll der Fokus auf die sachlich-inhaltliche und die organisatorisch-personelle demokratische Legitimation im Bereich der funktionalen Selbstverwaltung gelegt werden. Wie zuvor bereits dargelegt, stellt das Demokratieprinzip sicher, dass der Einfluss des Volkes auf die Ausübung der Staatsgewalt durch

933 *Grzeszick*, in: Maunz/Dürig, GG, Art. 20 II Rn. 122.
934 *Dreier*, in: ders., GG, Art. 20 (Demokratie) Rn. 112.
935 *Tischer*, Bürgerbeteiligung und demokratische Legitimation, S. 210.
936 *Böckenförde*, Demokratie als Verfassungsprinzip, in: Isensee/Kirchhof (Hrsg.), HStR II[3], § 24 Rn. 21.
937 *Grzeszick*, in: Maunz/Dürig, GG, Art. 20 II Rn. 122.
938 *Köller*, Funktionale Selbstverwaltung und ihre demokratische Legitimation, S. 140 f.; vgl. *Böckenförde*, Demokratie als Verfassungsprinzip, in: Isensee/Kirchhof (Hrsg.), HStR II[3], § 24 Rn. 22; *Jestaedt*, Demokratieprinzip und Kondominialverwaltung, S. 272 f.
939 *Tischer*, Bürgerbeteiligung und demokratische Legitimation, S. 211.

die besonderen Organe hinreichend effektiv ist, was auch als legitimatorisches Grundniveau bezeichnet werden kann, dessen Anforderungen je nach Erscheinungsform von Staatsgewalt jedoch variieren können[940]. Die verfassungsrechtlichen Grundzüge der hierarchisch-bürokratischen Ministerialverwaltung stellen das verfassungsrechtliche Grundmodell der demokratischen Legitimation der Verwaltung dar[941].

Beide Teilaspekte weichen hiervon bei der demokratischen Legitimation der funktionalen Selbstverwaltung teilweise deutlich ab und können gegebenenfalls erst zusammen genommen eine hinreichende demokratische Legitimation des Trägers gewährleisten[942]. Die Addition verschiedener Arten von Legitimation ist aufgrund des wechselbezüglichen Verhältnisses zwischen sachlich-inhaltlicher und organisatorisch-personeller Legitimation möglich und verlangt, dass die Summe aus beiden ein gewisses legitimatorisches Grundniveau erreicht[943]. Dabei wird lediglich auf die Effektivität der demokratischen Legitimation staatlichen Handelns abgestellt[944]. Der Begriff des Legitimationsniveaus setzt sich in seinem Grundmodell[945] aus verfassungsrechtlichen Mindestvorgaben zur Gesetzesbindung sowie Aufsichts- und Weisungsbefugnissen einerseits und den Ernennungsketten andererseits zusammen[946]. Die Legitimationsstränge stehen in einem Gleichordnungsverhältnis[947], die Legitimation kann daher grundsätzlich nicht nur auf einem dieser Legitimationsstränge beruhen[948].

---

940 *Böckenförde*, Demokratie als Verfassungsprinzip, in: Isensee/Kirchhof (Hrsg.), HStR II^3, § 24 Rn. 23 ff.

941 *Grzeszick*, in: Maunz/Dürig, GG, Art. 20 II Rn. 139.

942 Grzeszick, in: Maunz/Dürig, GG, Art. 20 II Rn. 174 f.

943 *Sommermann*, in: v. Mangoldt/Klein/Starck, GG, Art. 20 Abs. 2 Rn. 170.

944 BVerfGE 83, 60 (72); 93, 37 (67); 107, 59 (87).

945 S. dazu auch *Dreier*, in: ders., GG, Art. 20 (Demokratie) Rn. 121.

946 *Grzeszick*, in: Maunz/Dürig, GG, Art. 20 II Rn. 140.

947 *Kluth*, Funktionale Selbstverwaltung, S. 366; in diese Richtung *Oebbecke*, Weisungs- und unterrichtungsfreie Räume, S. 76 f.; a.A. *Jestaedt*, Demokratieprinzip und Kondominialverwaltung, S. 271 ff.

948 BVerwG, NVwZ 1999, 870 (873 ff.); *Böckenförde*, Demokratie als Verfassungsprinzip, in: Isensee/Kirchhof (Hrsg.), HStR II^3, § 24 Rn. 23; *Emde*, Die demokratische Legitimation funktionaler Selbstverwaltung, S. 329 ff.; *Jestaedt*, Demokratieprinzip und Kondominialverwaltung, S. 547, der aber auch die Möglichkeit einer verfassungsrechtlichen Ausnahme anerkennt; *Sommermann*, in: v. Mangoldt/Klein/Starck, GG, Art. 20 Abs. 2 Rn. 170; a.A. *Voßkuhle*, Sachverständige Beratung des Staates, in: Isensee/Kirchhof (Hrsg.), HStR III^3, § 43 Rn. 58; *Grzeszick*, in: Maunz/Dürig, GG, Art. 20 II Rn. 130; begrenzt *Kluth*, Funktionale Selbstverwaltung, S. 367, der die

1. *Die sachlich-inhaltliche Legitimation in der funktionalen Selbstverwaltung*

Die sachlich-inhaltliche Legitimation kann in der funktionalen Selbstverwaltung dadurch herbeigeführt werden, dass die zu erledigende Aufgabe sowie die organisatorische Ausgestaltung der Selbstverwaltungseinheit durch ein Gesetz näher bestimmt werden und eine staatliche Rechtsaufsicht eingeführt wird, wobei diese Vorgehensweise gleichwohl nicht das Legitimationsniveau der Ministerialverwaltung erreichen kann, weil den Selbstverwaltungseinheiten für ihre Tätigkeit meist erhebliche inhaltliche Entscheidungsspielräume, oft in Gestalt von Satzungsautonomie, eingeräumt werden[949]. Deshalb reicht die sachlich-inhaltliche Legitimation allein für das Erreichen des erforderlichen demokratischen Legitimationsniveaus nicht aus[950].

2. *Die organisatorisch-personelle demokratische Legitimation in der funktionalen Selbstverwaltung*

Wie oben bereits erwähnt[951], geht es bei der funktionalen Selbstverwaltung um aufgabenbezogene Selbstverwaltung. Damit kommen für die funktionale Selbstverwaltung vorwiegend Mitglieder einer homogenen[952] persönlichen, funktions- oder interessenbestimmten Gruppe in Betracht[953]. Trotz des möglicherweise zahlenmäßigen demokratischen Potenzials stehen sie aber nicht automatisch schon für eine Gesamtheit der Bürger, sondern ihre Ziele und Bestrebungen sind erst dann demokratisch legitimiert, wenn sie von der Gesamtheit der Bürger legitimiert sind[954]. Auch weist die personelle Legitimation der Entscheidungsorgane, die durch die Betroffenen der Verwaltungsaufgabe besetzt werden, keine demokratischen oder strukturähnlichen Elemente auf, sondern ist eine autonome (je nach Ausgestaltung auch genossenschaftliche) Legitimation, der der Bezug auf eine von den oben genannten Merkmalen abgelöste Allgemeinheit

---

Totalsubstitution des sachlich-inhaltlichen durch den personell-organisatorischen Legitimationsstrang für möglich hält.

949 *Grzeszick*, in: Maunz/Dürig, GG, Art. 20 II Rn. 174.

950 *Grzeszick*, in: Maunz/Dürig, GG, Art. 20 II Rn. 174.

951 S. dazu oben unter Kap. 2 B. I. 1.

952 Vgl. *Jestaedt*, Demokratieprinzip und Kondominialverwaltung, S. 545.

953 *Böckenförde*, Demokratie als Verfassungsprinzip, in: Isensee/Kirchhof (Hrsg.), HStR II^3, § 24 Rn. 33.

954 *Böckenförde*, Demokratie als Verfassungsprinzip, in: Isensee/Kirchhof (Hrsg.), HStR II^3, § 24 Rn. 30.

fehlt[955]. Dem im Demokratieprinzip enthaltenen egalitären Gleichheitsgedanken widerspricht der mit der Betroffenenbeteiligung einher gehende Sondereinfluss, der einer bestimmten Personengruppe zugestanden wird[956], die gerade nicht – im Gegensatz zu Art. 28 Abs. 2 GG – als „Teilvolk“ bezeichnet werden kann[957]. Das Demokratiekonzept beinhaltet, auch in seinen partizipativen Ausprägungen, immer noch ein hierarchisches Element und soll also Herrschaft organisieren[958]. Es hat somit die einheitliche Herrschaft des gesamten Volkes als Ziel[959]. Mit diesem Absolutheitsanspruch des ganzen Volkes ist also die demokratische Egalität verbunden, die im Spannungsverhältnis zur Selbstverwaltung partikularer Einheiten steht[960].

Hinzu kommt das Ausbleiben des entscheidenden horizontalen Egalitätsaspekts, mit dem die wechselseitige Anerkennung der Verbandsmitglieder als politisch gleichwertig gemeint ist[961]. Aus praktischer Sicht ist weiterhin problematisch, wie das Maß der Betroffenheit bestimmt werden soll, das Bürgern besondere Teilhaberechte einräumt, denn anders als das Kriterium der Egalität ist dieses nicht aus sich selbst heraus handhabbar[962]. Unter Bezugnahme auf das tradierte Legitimationsmodell ist demnach die organisatorisch-personelle Legitimation ein wunder Punkt der funktionalen Selbstverwaltung mit ihren autonomen Entscheidungsträgern[963].

Hält man für die Erfüllung des organisatorisch-personellen Legitimationsstrangs bei Einbeziehung Privater die Verwirklichung des Prinzips der doppelten Mehrheit für erforderlich sowie den Ausfall eines kompletten Legitimationsstrangs für gegeben[964] und eine Totalsubstitution für unzulässig, ergeben sich

955 *Kolbe*, Mitbestimmung und Demokratieprinzip, S. 82; *Böckenförde*, Demokratie als Verfassungsprinzip, in: Isensee/Kirchhof (Hrsg.), HStR II³, § 24 Rn. 33.

956 *Böckenförde*, Demokratie als Verfassungsprinzip, in: Isensee/Kirchhof (Hrsg.), HStR II³, § 24 Rn. 33; vgl. aber BVerfGE 107, 59 (92).

957 *Jestaedt*, Demokratieprinzip und Kondominialverwaltung, S. 210 f.; *Grawert*, Staatsvolk und Staatsangehörigkeit, in: Isensee/Kirchhof (Hrsg.), HStR II³, § 16 Rn. 34.

958 *Kolbe*, Mitbestimmung und Demokratieprinzip, S. 79; *Böckenförde*, Demokratie als Verfassungsprinzip, in: Isensee/Kirchhof (Hrsg.), HStR II³, § 24 Rn. 9.

959 *Jestaedt*, Demokratieprinzip und Kondominialverwaltung, S. 161 f.

960 *Kolbe*, Mitbestimmung und Demokratieprinzip, S. 80.

961 *Jestaedt*, Demokratieprinzip und Kondominialverwaltung, S. 220.

962 *Kolbe*, Mitbestimmung und Demokratieprinzip, S. 80 f.

963 In dieser Folge auch BVerwGE 106, 64 (79 f.).

964 So auch *Kolbe*, Mitbestimmung und Demokratieprinzip, S. 82; *Jestaedt*, Demokratieprinzip und Kondominialverwaltung, S. 548; vgl. dazu auch *Papenfuß*, Die personellen Grenzen der Autonomie öffentlich-rechtlicher Körperschaften, S. 150.

für die demokratische Legitimation der Genossenschaft des öffentlichen Rechts erhebliche Schwierigkeiten: Während bei der Infrastrukturgenossenschaft durch das Organisationsgesetz jedenfalls theoretisch Einfluss auf den Mitgliederkreis und seine Rechte genommen werden kann, sodass durch die Einbeziehung einer größeren Anzahl von Gebietskörperschaften als Privater und entsprechender Verteilung der Stimmrechte die Wahrung des Prinzips der doppelten Mehrheit sichergestellt werden könnte, wäre dies bei der Bürgergenossenschaft, die als allgemeines Rechtsformangebot auch ausschließlich durch Private getragen werden könnte, keineswegs sicher.

Darüber hinaus bezwecken beide Einsatzmodelle eine möglichst weitgehende Partizipation des Bürgers, die sich zudem nach der individuellen Betroffenheit des einzelnen Mitglieds richten soll, weshalb eine starre Verwirklichung des Prinzips der doppelten Mehrheit kontraproduktiv wäre. Aber auch wenn man die Möglichkeit einer Totalsubstitution in die Überlegungen miteinbezieht, insbesondere weil sich das Bundesverfassungsgericht zu dieser Problematik bislang nicht geäußert hat[965], müssten dafür die sachlich-inhaltlichen Vorgaben derart konkret und engmaschig sein[966], dass dies mit dem Charakter einer Selbstverwaltungseinheit kaum vereinbar geschweige denn rechtlich umsetzbar wäre[967]. Um die Genossenschaft des öffentlichen Rechts trotz Totalausfalls des organisatorisch-personellen Legitimationsstrangs demokratisch legitimieren zu können, ist daher der Blick auf alternative Legitimationsmodelle einerseits und andererseits auf die Entscheidung des Bundesverfassungsgerichts zum Lippeverbands- und Emschergenossenschaftsgesetz zu richten.

a) Lösung über alternative Legitimationsmodelle

Teilweise werden die aus dem verfassungsrechtlichen Konzept des Legitimationsniveaus und der Legitimationsstränge folgenden Anforderungen als überholt

965 Zur Prognose über eine mögliche Haltung des Bundesverfassungsgerichts zu dieser Frage *Köller*, Funktionale Selbstverwaltung und ihre demokratische Legitimation, S. 179 mit Fn. 617.

966 Zur Möglichkeit der Totalsubstitution qua Ausnahme und dem dafür erforderlichen sachlich-inhaltlichen Legitimationsniveau ausführlich *Jestaedt*, Demokratieprinzip und Kondominialverwaltung, S. 543 ff.

967 Nach *Köller*, Funktionale Selbstverwaltung und ihre demokratische Legitimation, S. 208 f., dürfte dem Verwaltungsträger kein Ermessensspielraum mehr zukommen, was aber aufgrund einer beschränkten Aufsicht und der begrenzten Wirksamkeit von Verwaltungsvorschriften bei funktionalen Selbstverwaltungsträgern nicht der Fall sein könne.

bezeichnet. An ihre Stelle sollen Alternativmodelle partizipatorischer, autonomer oder pluraler Art treten, die die Mitwirkung von Personen an der Ausübung von Staatsgewalt insbesondere mit ihrer Betroffenheit, Sachnähe und ihrem Sachverstand sowie mit der Effizienz und Effektivität des Verwaltungshandelns begründen[968]. Dies könnte eine Legitimation der funktionalen Selbstverwaltung und damit auch aller Einsatzformen der Genossenschaft des öffentlichen Rechts außerhalb der Anforderungen des Art. 20 Abs. 2 GG ermöglichen.

Die Kritik hängt sich dabei vor allem am Prinzip der ununterbrochenen Legitimationskette auf. Zusammenfassend wird bemängelt, dass das Konzept einseitig an einem zentralistischen Modell hierarchisch strukturierter Staatsgewalt orientiert sei und daher somit erstens jegliche Form der Einbeziehung der „Zivilgesellschaft" – sei es in Gestalt der Betroffenenpartizipation, sei es in Gestalt der Aktivierung von Sachverstand oder Mitarbeit – grundsätzlich als Fremdkörper markieren und im Zweifel auch abstoßen müsse[969]. Ferner lasse es außer Acht, dass die Partizipation der von einer Entscheidung Betroffenen über den instrumental gedachten Akzeptanzgewinn hinaus einer demokratischen Grundregel entspreche, die nicht weniger Wahrheit besitze als die Maxime vom Selbstbestimmungsrecht des Gesamtvolks[970]. Erschwerend komme hinzu, dass das Konzept operativ geschlossen bleibe gegenüber „weichen" Legitimationsfaktoren wie Klage-, Informations- und Mitwirkungsrechten, prozeduralen, formalen oder materiellen Garantien von Entscheidungsrichtigkeit oder der Befriedigungswirkung von Kompromissen mit gegebenenfalls entsprechend vorgelagerten Mechanismen, die den Bürger mit- und ernst nähmen[971]. Aber auch die sachlich-inhaltliche Legitimation, die an eine personelle Legitimationskette anknüpfe und fachliche Weisungsrechte verlange, verschließe sich mit einer derartigen Betonung von Hierarchie der modernen Entwicklung des Verwaltungsrechts[972].

---

968 *Grzeszick*, in: Maunz/Dürig, GG, Art. 20 II Rn. 152; vgl. darstellend *Tischer*, Bürgerbeteiligung und demokratische Legitimation, S. 217 m.w.N.; anders hingegen *Kolbe*, Mitbestimmung und Demokratieprinzip, S. 82 ff., der die wechselseitige Anerkennung politischer Gleichberechtigung als Grund und Legitimationsquelle der Demokratie ansieht.

969 Dies darstellend *Wittreck*, ZG 2011, 209 (217) m.w.N.

970 *Wittreck*, ZG 2011, 209 (218) m.w.N.

971 *Wittreck*, ZG 2011, 209 (218) m.w.N.

972 *Grzeszick*, in: Maunz/Dürig, GG, Art. 20 II Rn. 152.

Von den diversen Legitimationsmodellen[973] sei insbesondere die Akzeptanz als legitimationsrelevanter Faktor für die funktionale Selbstverwaltung erwähnt, da diese im Allgemeinen und die Genossenschaft des öffentlichen Rechts im Besonderen aufgrund ihres zentralen Elements der Betroffenenpartizipation, sowie die Genossenschaft auch aufgrund zusätzlicher Mechanismen, zur Akzeptanzsteigerung geeignet erscheinen[974]. So wird vertreten, dass Akzeptanz unabdingbar für eine dauerhafte und stabile Herrschaft sei, daher enge Zusammenhänge mit der demokratischen Staatsform aufweise[975] und somit neben empirischen auch normative Anknüpfungspunkte für den rechtswissenschaftlichen Legitimitätsbegriff beinhalte[976].

Der Kritik am tradierten Legitimationsmodell wird entgegnet, dass sie außer Acht lässt, dass die demokratische Legitimation als normative Größe prozedural zu verwirklichen ist und somit an empirischen Größen anknüpfen muss, um überhaupt praktikabel sein zu können, auch wenn die Effektivität bestimmter Mechanismen letztlich erst ex post festgestellt werden kann und diese deshalb fortwährend auf ihre Geeignetheit überprüft werden müssen[977]. Dem Vorwurf der Starrheit gegenüber der Verwirklichung moderner verwaltungsrechtlicher Konzepte kann entgegnet werden, dass die sich ergänzenden Legitimationsaspekte der organisatorisch-personellen und sachlich-inhaltlichen Legitimation Variationsmöglichkeiten beinhalten und die Zuordnung der Legitimationsmodalitäten zu bestimmten Staatsfunktionen oder -aufgaben gemäß dem „Maßstab funktioneller Richtigkeit“ oder „Grundsatz funktionsgerechter Organstruktur“ mit den sich im modernen Leistungsstaat herausbildenden Steuerungsinstrumenten in Einklang gebracht werden können[978]. Im Übrigen gibt es genug Beispiele auf Ebene von Bund, Ländern und Gemeinden, die zeigen, dass die dortige Ausdifferenzierung der Verwaltungsträger und somit die für die Vermittlung demokratischer Legitimation erforderlichen Strukturen auch verfassungsgerichtlich mit einer dezentralen Aufgabenwahrnehmung als vereinbar gesehen werden und die Gleichsetzung des verfassungsgerichtlichen Demokratieverständnisses

---

973 Ausführlich *Köller*, Funktionale Selbstverwaltung und ihre demokratische Legitimation, S. 210 ff.

974 Vgl. *Köller*, Funktionale Selbstverwaltung und ihre demokratische Legitimation, S. 226.

975 *Würtenberger*, Die Akzeptanz von Verwaltungsentscheidungen, S. 57; *Schliesky*, Souveränität und Legitimität von Herrschaftsgewalt, S. 172.

976 *Schliesky*, Souveränität und Legitimität von Herrschaftsgewalt, S. 172 ff.

977 *Sommermann*, in: v. Mangoldt/Klein/Starck, GG, Art. 20 Abs. 2 Rn. 192.

978 *Sommermann*, in: v. Mangoldt/Klein/Starck, GG, Art. 20 Abs. 2 Rn. 193.

mit dem Zwang zu einer das gesamte Verwaltungssystem erfassenden monokratischen Hierarchie nach dem Muster hierarchischer Ministerialverwaltung überzogen ist[979].

Die oben genannte Kritik kann demnach kein tragfähiges Alternativmodell anführen, das die notwendigen Abgrenzungen demokratischer Legitimation und Verantwortungszurechnung nach intersubjektiv nachprüfbaren Kriterien ermöglicht und die Gefahr der Dominanz selbst ernannter Interpretatoren des Volkswillens ausschließt[980]. Insbesondere wird gegen die Akzeptanz als Legitimationsfaktor angeführt, dass die Legitimation staatlichen Handelns vor Erlass der Entscheidung vorliegen muss und nicht erst durch eine naturgemäß nachträgliche Entscheidung der durch sie betroffenen Bevölkerung herbeigeführt werden kann[981].

Eine umfassendere Auseinandersetzung mit diesem und anderen alternativen Legitimationsmodellen soll hier nicht weiter erfolgen. Es soll der Hinweis genügen, dass das Bundesverfassungsgericht die darauf bezogenen Argumentationsstränge in seiner Entscheidung zum Lippeverbands- und Emschergenossenschaftsgesetz[982], in der es sich erstmalig fokussiert und ausdrücklich mit der demokratischen Legitimation in der funktionalen Selbstverwaltung befasst, teilweise frei und ohne Rücksicht auf ihre dogmatische Kompatibilität kombiniert[983], weshalb sich hieran eine intensivere Beschäftigung mit dessen Endprodukt, nämlich der Beantwortung der Legitimationsfrage im Rahmen dieses Beschlusses anschließt.

b) Rechtsprechung des Bundesverfassungsgerichts zum Lippeverbands- und Emschergenossenschaftsgesetz

Wie zuvor bereits erwähnt, kombiniert das Bundesverfassungsgericht in dem Beschluss zum Lippeverbands- und Emschergenossenschaftsgesetz frei verschiedene Argumentationslinien[984]. Wenn es die Verschiedenheit der

979 *Sommermann*, in: v. Mangoldt/Klein/Starck, GG, Art. 20 Abs. 2 Rn. 194.

980 *Sommermann*, in: v. Mangoldt/Klein/Starck, GG, Art. 20 Abs. 2 Rn. 194; zum Ganzen ferner *Tischer*, Bürgerbeteiligung und demokratische Legitimation, S. 229 ff. m.w.N.

981 Ausführliche Auseinandersetzung zu den verschiedenen Legitimationsmodellen mit konkretem Bezug zur funktionalen Selbstverwaltung bei *Köller*, Funktionale Selbstverwaltung und ihre demokratische Legitimation, S. 210 ff.; vgl. *Trute*, Die demokratische Legitimation der Verwaltung, in: Hoffmann-Riem/Schmidt-Aßmann/Voßkuhle (Hrsg.), Grundlagen des Verwaltungsrechts, Bd. 1, § 6 Rn. 83 m.w.N.

982 BVerfGE 107, 59, bestätigt durch BVerfGE 146, 164.

983 *Köller*, Funktionale Selbstverwaltung und ihre demokratische Legitimation, S. 305.

984 Kritisch dazu *Jestaedt*, JuS 2004, 649 (652); *v. Unruh*, JZ 2002, 1061 (1062).

funktionalen Selbstverwaltung im Vergleich zur unmittelbaren Staatsverwaltung und kommunalen Selbstverwaltung andeutet und das Erfordernis einer ausreichenden gesetzlichen Bestimmung der Aufgaben und Handlungsbefugnisse der Selbstverwaltungsorgane sowie einer Rechtsaufsicht aufstellt [985], was insbesondere im Zusammenhang mit der Rechtfertigung der Ausübung von Staatsgewalt gegenüber Nichtmitgliedern geschieht[986], sind hierin Anklänge an das Ausnahmemodell zu erkennen[987]. Nach diesem ist die demokratische Legitimation in der funktionalen Selbstverwaltung als Ausnahme von der herrschenden Legitimationsdogmatik zu verstehen. Demgegenüber weisen andere Passagen des Beschlusses auf das Verwirklichungsmodell, also die funktionale Selbstverwaltung als besondere Ausgestaltungsform des Demokratieprinzips, hin, wenn die Offenheit des Demokratieprinzips[988] unterstrichen, die Idee der Selbstbestimmung des Menschen thematisiert und funktionale Selbstverwaltung als ergänzend und verstärkend zum demokratischen Prinzip eingeordnet werden[989]. Insgesamt liegt der Schwerpunkt der Argumentation des Gerichts aber auf der Legitimation der funktionalen Selbstverwaltung im Rahmen des Art. 20 Abs. 2 GG[990], sodass den sachlich-inhaltlichen Regelungen entscheidendes Gewicht bei der demokratischen Legitimation der Ausübung von Staatsgewalt durch die Genossenschaft des öffentlichen Rechts zukommt[991].

B. Anforderungen aus dem institutionellen Gesetzesvorbehalt

Die in Art. 20 Abs. 3 GG enthaltene Bindung der Exekutive an Recht und Gesetz und die (unter anderem) aus ihr abgeleitete Wesentlichkeitstheorie[992]

---

985 BVerfGE 107, 59 (91 ff.).

986 BVerfGE 107, 59 (94).

987 *Köller*, Funktionale Selbstverwaltung und ihre demokratische Legitimation, S. 306.

988 *V. Unruh*, JZ 2002, 1061 (1062), ordnet diese Äußerung des Gerichts hingegen dem Ausnahmemodell zu.

989 BVerfGE 107, 59 (92); zur Zuordnung dieser Inhalte zum Verwirklichungsmodell *Köller*, Funktionale Selbstverwaltung und ihre demokratische Legitimation, S. 306.

990 *Köller*, Funktionale Selbstverwaltung und ihre demokratische Legitimation, S. 309; vgl. zu dieser Einordnung BVerfGE 111, 191 (218).

991 BVerfGE 107, 59 (94 ff.); kritisch zur Verortung dieses Lösungsansatzes des Bundesverfassungsgerichts unterhalb der Verfassungsebene *Köller*, Funktionale Selbstverwaltung und ihre demokratische Legitimation, S. 312.

992 BVerfGE 45, 400 (417 f.); 47, 46 (78 f.); 49, 89 (126 f.).

sind Grundlage des institutionellen Gesetzesvorbehalts[993], der auch insofern eine Verbindung zu den vorherigen Ausführungen aufweist, als er die demokratische Legitimation von Selbstverwaltungsträgern in partiell sachlich-inhaltlicher Weise durch Errichtungs- und Einrichtungs- sowie Auflösungsgesetze und Rechtsaufsicht fordert[994]. Er verlangt, dass die Errichtung einer rechtsfähigen juristischen Person des öffentlichen Rechts durch oder aufgrund eines Gesetzes geschieht.

Die Schaffung funktionaler Selbstverwaltungsträger löst aus mehreren Gründen den institutionellen Gesetzesvorbehalt aus. Zum einen, weil die Verselbstständigung einer Verwaltungseinheit zu einem politisch bedeutsamen Vorgang wird, wenn eine Ausgliederung aus der staatsunmittelbaren, parlamentsabhängigen Verwaltung eine Verselbstständigung administrativer Entscheidungszüge nach sich zieht und somit als „wesentliche Entscheidung" wahrzunehmen ist, was jedenfalls in den Fällen anerkannt ist, in denen der juristischen Person hoheitliche Befugnisse übertragen oder neu geschaffen werden[995]. Die ist bei funktionalen Selbstverwaltungsträgern in der Regel der Fall. Um diesen Verlust unmittelbarer Kontrolle durch eine angemessene Aufsicht kompensieren zu können, muss der Aufgabenkreis ausreichend bestimmt sein[996].

In Zweifel gezogen wird dies jedoch in Konstellationen, in denen die juristische Person des öffentlichen Rechts entweder ausschließlich im Bereich der Leistungsverwaltung tätig wird oder sich nach außen nur in privatrechtlicher Form betätigen darf, ist letztlich aber auch hier zu bejahen, da das Errichtungsgesetz eine Kompensation für den Verlust staatlicher Steuerungsmöglichkeit darstellt bzw. eine Hinweis- und Transparenzfunktion zur Gewährleistung von Rechtssicherheit für den Bürger erfüllt[997]. Der zuletzt angesprochene Aspekt spielt eine exponierte Rolle bei der Einrichtung von Selbstverwaltungseinheiten, deren innere Ausgestaltung dieser in großem Umfang selbst überlassen ist. Dies ist aufgrund der Vielfältigkeit der Einsatzmöglichkeiten von Genossenschaften des öffentlichen Rechts insbesondere bei diesen von Bedeutung, weil die Implementierung aller genossenschaftlichen und zusätzlichen Strukturen nicht in jedem

---

993 *Mann*, Die öffentlich-rechtliche Gesellschaft, S. 75; ausführlich *Köttgen*, VVDStRL (16) 1958, 154 (161 ff.).

994 *Jestaedt*, Demokratieprinzip und Kondominialverwaltung, S. 547 f.; vgl. *Papenfuß*, Die personellen Grenzen der Autonomie öffentlich-rechtlicher Körperschaften, S. 142 ff., 147.

995 *Mann*, Die öffentlich-rechtliche Gesellschaft, S. 75 f. m.w.N.

996 *Ohler*, AöR (131) 2006, 336 (359).

997 *Ohler*, AöR (131) 2006, 336 (359 ff.).

Kontext sinnvoll ist. Deshalb muss das Errichtungsgesetz organisatorische Vorkehrungen zum Schutz der Interessen der von der Satzungsgewalt Betroffenen treffen; zu diesen gehören die Bildung der Organe, ihre Aufgaben und Handlungsbefugnisse in ihren Grundstrukturen[998]. Dies verdeutlicht, dass ein Errichtungsgesetz mit gewissen Mindestinhalten unabhängig davon erforderlich ist, ob die Genossenschaft des öffentlichen Rechts Staatsgewalt ausübt und dadurch der demokratischen Legitimation bedarf.

Darüber hinaus wird auf Basis einer „seitenverkehrten" Anwendung der Lehre vom Parlamentsvorbehalt (bzw. der Wesentlichkeitstheorie) vertreten, dass die Delegation der Erfüllung von Aufgaben, durch die der Staat eine grundrechtliche Schutzpflicht erfüllt, nur an solche Träger erfolgen darf, die eine der unmittelbaren Staatsverwaltung gleichende demokratische Legitimation aufweisen[999]. Dies wird aber nur dann der Fall sein, wenn es um den Schutz besonders hochwertiger Rechtsgüter vor erheblichen Gefahren geht und das Delegationsverbot daran anknüpft, dass der Träger funktionaler Selbstverwaltung bestimmte Anforderungen nicht erfüllt, die sich als für die Erfüllung der Schutzpflicht wesentlich erweisen, wozu vor allem eine mangelnde Verwaltungskraft (personelle oder sachliche Ausstattung, örtliche Verbreitung etc.), unzureichende sachliche Qualifikation, schwerwiegende Interessenkonflikte oder eine unzureichende demokratische Legitimation gehören[1000]. Insoweit zieht der institutionelle Gesetzesvorbehalt also auch eine Grenze im Rahmen der Funktionalisierung oder Herabzonung öffentlicher Aufgabenerledigung.

C. Obligatorische und fakultative Inhalte des Organisationsgesetzes

Bei der funktionalen Selbstverwaltung lassen sich Inhalt und Grenzen des jeweiligen Selbstverwaltungsrechts nur anhand der konkreten gesetzlichen Regelung ermitteln, auf der das spezifische Selbstverwaltungsrecht für den jeweiligen Selbstverwaltungsträger und für die ihm jeweils übertragenen Aufgaben beruht[1001].

998 *Ohler*, AöR (131) 2006, 336 (374); insoweit verwischen hier aber die Anforderungen aus dem Demokratieprinzip und dem institutionellen Gesetzesvorbehalt, vgl. dazu BVerfGE 107, 59 (92 ff.); 111, 191 (217).

999 *Kluth*, Funktionale Selbstverwaltung, S. 266 f.

1000 *Kluth*, Funktionale Selbstverwaltung, S. 268.; die Sicherung der demokratischen Legitimation nach den Vorgaben des Bundesverfassungsgerichts wird erst im Folgenden behandelt.

1001 BVerwGE 51, 115 (118 f.).

Ein allgemein anerkanntes Verständnis von Selbstverwaltung existiert mithin nicht[1002]. Für die Wasser- und Bodenverbände hat die Rechtsprechung daraus gefolgert, dass dem Gesetzgeber bei der Ausgestaltung des betreffenden Selbstverwaltungsrechts ein weiter Ermessensspielraum zukommt[1003]. Er darf ihre Organisation und die Rechtsstellung ihrer Mitglieder entsprechend der Besonderheit der zu ordnenden Lebens- und Wirtschaftsverhältnisse und der von ihm abzuschätzenden Gemeingefahr regeln[1004]. Diese Einschätzung ist auf sämtliche funktionale Selbstverwaltungsträger übertragbar, die alle bis auf die Sozialversicherungen in Art. 87 Abs. 2 GG keine Erwähnung im Grundgesetz finden und eine dementsprechend schwache Stellung im Verfassungsgefüge haben.

Wie bereits erwähnt, ergibt sich somit auch für die Genossenschaft des öffentlichen Rechts ein weiter gesetzgeberischer Ausgestaltungsspielraum. Die Leitlinien des Organisationsgesetzes werden aber zum einen aus obligatorischen verfassungsrechtlichen Untergrenzen sowie weiteren verwaltungsorganisationsrechtlichen Grundsätzen gespeist, zum anderen fakultativ durch das Ziel einer möglichst genossenschaftlichen Prägung der Organisationsform bei gleichzeitiger optimaler Verwirklichung der oben genannten Chancen[1005] bestimmt. Diese gilt es nachfolgend einer allgemeinen Betrachtung zu unterziehen.

Zunächst ist auf die organisationsrechtlichen Anforderungen zu blicken, die aus dem Begriff der funktionalen Selbstverwaltung selbst folgen. So muss die jeweilige öffentliche Aufgabe einen spezifischen Bezug zu den Mitgliedern der Selbstverwaltungskörperschaft haben, die Gründe für die Übertragung der Aufgabe auf sie müssen sich von der allgemeinen Erledigung von Gemeinwohlbelangen durch die Verwaltung deutlich unterscheiden[1006]. Insoweit wird auch ein ausgliederungsfähiges Sonderinteresse verlangt[1007]. Zudem ist es dem Gesetzgeber bei der Entscheidung für eine Organisationsform funktionaler Selbstverwaltung verboten, eine Ausgestaltung zu wählen, die mit dem Grundgedanken autonomer interessengerechter Selbstverwaltung einerseits

---

1002 *Hendler*, Das Prinzip der Selbstverwaltung, in: Isensee/Kirchhof (Hrsg.), HStR VI³, § 143 Rn. 1; a.A. *Oebbecke*, VVDStRL (62) 2003, 366 (369).

1003 BVerwGE 51, 115 (118 f.); 7, 17 (29 f.); 7, 30 (34); *Köller*, Funktionale Selbstverwaltung und ihre demokratische Legitimation, S. 871.

1004 BVerfGE 10, 89 (102).

1005 S. dazu oben unter Kap. 2 B.

1006 *Grzeszick*, in: Maunz/Dürig, GG, Art. 20 II Rn. 192.

1007 *Jestaedt*, Demokratieprinzip und Kondominialverwaltung, S. 545; *Grzeszick*, in: Maunz/Dürig, GG, Art. 20 II Rn. 192 m.w.N.

und effektiver öffentlicher Aufgabenwahrnehmung andererseits unvereinbar wäre[1008]. Aufgrund dessen wird von einer spezifischen aufgaben- und interessengerechten Organisationsstruktur der Träger funktionaler Selbstverwaltung gesprochen, die es im Einzelnen auszugestalten gilt[1009]. Die Erfüllung dieser Kriterien ist Bedingung dafür, dass von den Anforderungen der demokratischen Legitimation aus Art. 20 Abs. 2 GG abgewichen werden darf[1010].

Die Legitimität der Ausübung von Staatsgewalt im Sinne des Art. 20 Abs. 2 GG durch Träger funktionaler Selbstverwaltung setzt zum einen voraus, dass die Aufgaben und Handlungsbefugnisse der Organe gesetzlich hinreichend bestimmt sind[1011]. Wie detailliert diese Vorgaben tatsächlich sein müssen, lässt das Gericht zunächst offen. Später prüft es dann verschiedene Bestandteile der Organisationsgesetze des Lippeverbandsgesetzes und des Emschergenossenschaftsgesetzes und bemerkt, dass „ein noch höheres Maß an gesetzlicher Festlegung von Aufgaben, innerer Organisation und Handlungsbefugnissen des Verbands (...) schwerlich denkbar [ist], ohne dass ihm dadurch die Qualität als Selbstverwaltungskörperschaft verloren ginge"[1012]. Die in diesen Gesetzen enthaltenen und durch das Bundesverfassungsgericht anerkannten Regelungen stellen mithin die hinreichende Regelungsdichte für einen Staatsgewalt ausübenden funktionalen Selbstverwaltungsträger dar und liefern daher einen wichtigen Anhaltspunkt für den Inhalt eines entsprechenden Organisationsgesetzes für die Genossenschaft des öffentlichen Rechts[1013]. Gleichzeitig scheinen sie aber auch eine Obergrenze für das sachlich-inhaltliche Regelungsniveau funktionaler Selbstverwaltungsträger aufzustellen. Thematisch greift das Gericht Regelungen der Organisationsgesetze zur Verbandskompetenz, Mitgliedschaft oder Nichtmitgliedschaft, Satzungsautonomie und der Organstruktur der Wasserverbände sowie deren Zuständigkeitsbereiche auf.

Im Blick zu behalten sind dennoch, wenn auch nachrangig, organisationsrechtliche Vorgaben, die aus der Annahme einer autonomen Legitimation folgen, weil das Bundesverfassungsgericht diese teilweise in seiner Rechtsprechung

---

1008 BVerfGE 107, 59 (91 ff.).

1009 *Wolff* u.a., Verwaltungsrecht II, § 99 Rn. 7.

1010 *Grzeszick*, in: Maunz/Dürig, GG, Art. 20 II Rn. 192.

1011 BVerfGE 107, 59 (94).

1012 BVerfGE 107, 59 (96 f.)

1013 An die Übertragbarkeit der zuvor ergangenen Rechtsprechung zur Qualität der Aufgabe anknüpfend BVerwG, NVwZ 1999, 870 (873); vgl. dazu *Muckel*, NZS 2002, 118 (123); gegen diese Differenzierung *Köller*, Funktionale Selbstverwaltung und ihre demokratische Legitimation, S. 302 mit Fn. 435.

aufgegriffen hat[1014]. Ohne an dieser Stelle zu weit auf die durch dieses Legitimationsmodell gestellten Anforderungen einzugehen, ist jedenfalls die Beachtung des Grundsatzes gleichmäßiger Interessenberücksichtigung sowie die Rechtfertigung von Differenzierungen anhand des jeweiligen Bezugs zur Aufgabenstellung und der Betroffenheit in eigenen Angelegenheiten zu gewährleisten[1015].

Fraglich ist, ob daneben noch Vorgaben aus anderen Rechtskreisen zu beachten sind. Da diese neue Genossenschaft des öffentlichen Rechts weiterhin ein körperschaftlich ausgestaltetes Institut sein soll und wie oben[1016] bereits dargelegt die Genossenschaft des öffentlichen Rechts eine natürliche Nähe zur öffentlich-rechtlichen Körperschaft aufweist, sind, ebenso wie bei den traditionellen öffentlich-rechtlichen Genossenschaften der funktionalen Selbstverwaltung, die allgemeinen Grundsätze des öffentlichen Körperschaftsrechts einzubeziehen[1017]. Insoweit decken sich die von verfassungsgerichtlicher Seite aufgestellten Organisationsvorgaben weitestgehend mit diesen Grundsätzen, lediglich die Finanzierung muss nach körperschaftlichen Grundsätzen noch zusätzlich geregelt werden[1018].

Außerdem könnte das Genossenschaftsgesetz anwendbar sein. Über den Weg der satzungsmäßigen Aufnahme der Bestimmungen ist dies bei Genossenschaften öffentlichen Rechts, die die wirtschaftlichen Interessen ihrer Mitglieder fördern sollen, insbesondere hinsichtlich der §§ 43 Abs. 2-4, 43a Abs. 2-4, 44-46, 47 GenG denkbar, da diese auf organisatorischer Ebene die Definitionsbefugnis der Mitglieder in Bezug auf ihren Förderauftrag sicherstellen[1019]. Eine analoge Geltung des Genossenschaftsgesetzes außerhalb einer Aufnahme von Regelungen in die Satzung muss indes abgelehnt werden; insoweit ist das Körperschaftsrecht des bürgerlichen Rechts nur in Fällen anwendbar, in denen es einen allgemeinen Grundsatz des gesamten Körperschaftsrechts ausdrückt[1020].

1014 Dazu bereits oben unter Kap. 6 A. III. 2. b).

1015 *Trute*, Die demokratische Legitimation der Verwaltung, in: Hoffmann-Riem/Schmidt-Aßmann/Voßkuhle (Hrsg.), Grundlagen des Verwaltungsrechts, Bd. 1, § 6 Rn. 85.

1016 S. dazu unter Kap. 5 B. I.

1017 BVerwG, RDL 1969, 275 (275); BGH, MDR 1964, 586; *Wolff* u.a., Verwaltungsrecht II, § 100 Rn. 1.

1018 *Wolff* u.a., Verwaltungsrecht II, § 86 Rn. 38 ff.

1019 Vgl. *Irriger*, Genossenschaftliche Elemente bei öffentlich-rechtlichen Körperschaften, S. 70.

1020 *Irriger*, Genossenschaftliche Elemente bei öffentlich-rechtlichen Körperschaften, S. 69 ff. m.w.N.; vgl. *Klein/Leidel*, ZfgG 1962, 1 (16).

Je nachdem, welche genossenschaftlichen Elemente man für wesensbestimmend hält, ist ihre Übertragung auf die Genossenschaft des öffentlichen Rechts obligatorisch oder fakultativ, um eine eindeutige Abgrenzung zu den Körperschaften des öffentlichen Rechts zu vollziehen[1021]. Teilweise wird für die öffentlich-rechtliche Genossenschaft eine vollständige[1022], wesentliche[1023] oder teilweise[1024] Selbstbetroffenheit und Selbstverwaltung gefordert, wobei bei der Genossenschaft des öffentlichen Rechts die Prämisse verfolgt werden soll, dass der Grad der Ausprägung ihres Genossenschaftswesens im Hinblick auf die öffentliche Aufgabenerfüllung und auch auf oben genannte Chancen optimiert werden soll[1025].

Hinsichtlich der sich anschließenden Ausführungen zu den Inhalten des Organisationsgesetzes ist jedoch zu beachten, dass diese keine detailgenauen Vorgaben enthalten können, sondern eher ein Grundgerüst beschreiben. Die Anforderungen an die Organisationsstrukturen der Genossenschaft des öffentlichen Rechts sind sehr variabel, weil sie von ihrer Einbettung in verschiedenste Sachzusammenhänge abhängen. Zudem stehen die Organisationsstrukturen oftmals in Wechselwirkung zueinander. Wie bereits oben dargestellt, führt der Totalausfall des organisatorisch-personellen Legitimationsstrangs zu höheren Anforderungen an die sachlich-inhaltliche Legitimation und muss innerhalb Letzterer eine Einschränkung der Staatsaufsicht durch höhere materielle Steuerungsvorgaben kompensiert werden. Ähnliches gilt für die Optimierung der Aktivierung bürgerschaftlichen Engagements, weil die denkbaren

1021 Gegen diese Möglichkeit *Weller*, Aufgaben, Organisation und Finanzierung der Wasser- und Bodenverbände, S. 34 f.

1022 *Schliesky*, Das Modell der öffentlich-rechtlichen Genossenschaft als Träger öffentlicher Daseinsvorsorge und Infrastruktur, in: Schmidt-Trenz/Stober (Hrsg.), Der Dritte Sektor als Infrastrukturakteur, S. 149 (156), der Organisations- und Verhaltensprinzipien benennt.

1023 *Weller*, Aufgaben, Organisation und Finanzierung der Wasser- und Bodenverbände, S. I, die auf wesentliche Elemente der privatrechtlichen Genossenschaften abstellt.

1024 *Kluth*, Kooperationsrecht – Zur (möglichen) Vielfalt institutionalisierter Kooperation, in: Brockmeier/ders. (Hrsg.), 100 Jahre Genossenschafts- und Kooperationsforschung in Halle, Bd. 1, S. 132, wobei es ausreiche, dass die Kriterien im Schwerpunkt beachtet würden. Gewisse Abweichungen an einzelnen Stellen, die den Typus als solchen nicht gefährdeten oder in Frage stellten, könnten hingegen zugelassen werden.

1025 Vgl. *Beuthien*, 100 Jahre Genossenschaftsgesetz – wie genossenschaftlich ist die genossenschaftliche Rechtsform?, S. 9; *ders.*, Genossenschaftsrecht – woher, wohin?, S. 47.

Einsatzbereiche der Genossenschaft des öffentlichen Rechts zu heterogen sind, als dass man die Potenziale genossenschaftlicher Aktivierung einheitlich bewerten und heben könnte[1026]. Dies gilt insbesondere, wenn eine nachhaltige Aktivierung erreicht werden soll[1027]. Es werden mithin überwiegend Ausführungen zu den Inhalten eines Organisationsgesetzes gemacht, die unabhängig vom Einsatzgebiet und demzufolge auch bei totalem Ausfall des organisatorisch-personellen Legitimationsstrangs gültig sind. Diese werden durch notwendige oder sinnvolle einzelfallbezogene Ergänzungen komplettiert. Sind die organisationsrechtlichen Grundbedingungen gegeben, ist auf die in Bahnen gelenkte bürgerschaftlichen Selbsthilfe- und Selbstverwaltungskräfte zu vertrauen, die sich im Rahmen ihrer Satzungsautonomie[1028] selbst die aufgabengerechte Organisationsstruktur zur Förderung der eigenen sowie der Belange der Allgemeinheit schaffen und dabei von einer Rechtsaufsicht kontrolliert werden.

I. Verbandskompetenz

Die wahrzunehmenden Aufgaben der Genossenschaft des öffentlichen Rechts müssen hinreichend bestimmt zugewiesen werden. Soll sie sich von der Körperschaft des öffentlichen Rechts abgrenzen und will man auf die geäußerte Kritik an diesen eingehen[1029], muss der Verbandszweck durch die Aufnahme einer Förderklausel klar und deutlich die Mitgliederorientierung abbilden, wodurch die lediglich mittelbare Förderung des Gemeinwohls impliziert wird. Nur auf diese Weise kann verhindert werden, dass die Genossenschaft Gefahr läuft, sich wie eine Körperschaft zu verselbstständigen und dadurch die Mitgliederbelange sowie letztendlich auch die Aktivierung Privater für Gemeinwohlbelange aus dem Auge zu verlieren[1030]. Dies wurde teilweise als wesensbestimmend für bereits existierende öffentlich-rechtliche Genossenschaften erkannt[1031] und

1026 Vgl. *Adams/Roth/Doluschitz*, ZfgG 2016, 127 (133 f.).

1027 *Eichhorn/Macdonald/Greiling*, ZögU 2016, 5 (14 f.).

1028 *Kluth*, Funktionale Selbstverwaltung, S. 487 ff.; zahlreiche Beispiele bei *Papenfuß*, Die personellen Grenzen der Autonomie öffentlich-rechtlicher Körperschaften, S. 29 ff.

1029 Dazu oben unter Kap. 5 B.

1030 Vgl. *Irriger*, Genossenschaftliche Elemente bei öffentlich-rechtlichen Körperschaften, S. 116; vgl. auch *Westermann*, ZfgG 1963, 273 (292): „Darüber hinaus garantiert die gesetzliche Festlegung der Genossenschaft auf den Förderungszweck den Eintretenden, daß der Kennzeichnung als Genossenschaft auch wirklich eine Förderungswirtschaft entspricht und sich nicht hinter der ‚Förderungsfassade' eine erwerbswirtschaftliche Zielsetzung verbirgt."

1031 Vgl. *Klein/Scheder*, ZfgG 1967, 241 (260).

sollte bei dieser neuen Organisationsform obligatorischer gesetzlicher Inhalt sein[1032]. Dies legt jedoch nur den Modus der Aufgabenerfüllung fest und sagt noch nichts über den Inhalt der Aufgabe selbst aus. Dieser Inhalt ist aber bedeutend, da es dem Typus der funktionalen Selbstverwaltung entspricht, dass die jeweilige öffentliche Aufgabe einen spezifischen Bezug zu den Mitgliedern des Selbstverwaltungsträgers hat[1033]. Dies wird unter anderem auch als ausgliederungsfähiges Sonderinteresse der Betroffenen bezeichnet[1034]. Die Verbandskompetenz steht damit in einer Wechselbeziehung zur Mitgliedschaft.

Das Bundesverfassungsgericht untersucht beispielsweise die nähere Ausgestaltung der Aufgaben der beiden Wasserverbände in § 2 LippeVG sowie § 2 EmscherGG und erwähnt deren katalogartige Aufzählung der verschiedenen Aufgaben[1035]. Während eine ex ante-Bestimmung der Verbandskompetenz bei der Infrastrukturgenossenschaft jedenfalls bei der Gründung durch Gesetz stattfindet und wegen ihres thematisch eher begrenzten Einsatzbereichs auch bei Gründung aufgrund eines Gesetzes eher möglich erscheint[1036], steht die unter diesem Aspekt notwendige Regelungsdichte der Idee der Bürgergenossenschaft als ein allgemeines Rechtsformangebot diametral gegenüber[1037]. Sollen die Bürger selbst entscheiden können, welche Aufgaben sie aus dem großen Spektrum freiwilliger kommunaler Selbstverwaltungsaufgaben im Rahmen einer öffentlich-rechtlichen genossenschaftlichen Kooperation erledigen wollen, kann das Organisationsgesetz, aufgrund dessen die Gründung erfolgen soll, die Verbandskompetenz nicht auch nur annähernd in der Ausführlichkeit der zuvor genannten Organisationsgesetze beschreiben. Demgegenüber fordern aber Art. 20 Abs. 2 S. 2 GG und der institutionelle Gesetzesvorbehalt gerade, dass insbesondere die wirtschaftliche Betätigung durch die Festlegung einer Verbandsaufgabe von vornherein begrenzt wird[1038]. Es stellt sich daher die Frage, ob

1032 Vgl. zum ähnlichen Vorschlag einer Präferenzaussage zugunsten der öffentlichen Aufgabe vor erwerbswirtschaftlichen Zielsetzungen *Mann*, Die öffentlich-rechtliche Gesellschaft, S. 360.

1033 *Grzeszick*, in: Maunz/Dürig, GG, Art. 20 II Rn. 192.

1034 *Jestaedt*, Demokratieprinzip und Kondominialverwaltung, S. 545; weiterführend *Grzeszick*, in: Maunz/Dürig, Art. 20 II Rn. 192 m.w.N.

1035 BVerfGE 107, 59 (95 f.).

1036 Im Übrigen sind durch die bei dieser eher vorhandenen organisatorisch-personellen Legitimation, sofern diese durch das Prinzip der doppelten Mehrheit abgesichert wird, qua Legitimationskompensation die sachlich-inhaltlichen Anforderungen ohnehin nicht so hoch.

1037 Vgl. *Mann*, Die öffentlich-rechtliche Gesellschaft, S. 358.

1038 Vgl. *Mann*, Die öffentlich-rechtliche Gesellschaft, S. 358 f.

den Anforderungen von Demokratie- und Rechtsstaatsprinzip an die inhaltliche Festlegung der Verbandskompetenz auch bei solchen Bürgergenossenschaften Genüge getan werden kann, die sich wirtschaftlich betätigen.

Zum einen könnte eine abstrakte Auflistung zulässiger öffentlicher Aufgaben ins Gesetz aufgenommen werden, wodurch den Bürgern aber die Definitionskompetenz für die Anerkennung legitimer öffentlicher Aufgaben genommen und ihnen auf diese Weise in bestimmten Fällen das Engagement im Rahmen einer Bürgergenossenschaft verwehrt werden könnte[1039]. Dies wäre jedoch das kleinere Übel im Vergleich zu einer kompletten Unzulässigkeit der Organisationsform der Bürgergenossenschaft im Bereich wirtschaftlicher Betätigung. Die Aufnahme einer Öffnungsklausel würde hingegen den Sinn eines verbindlichen Aufgabenkatalogs insgesamt in Frage stellen, weshalb sich *Mann* bei seiner öffentlich-rechtlichen Gesellschaft für den Weg über eine gesetzlich aufgetragene Verpflichtung der Träger zur Festlegung der Instrumentalfunktion des jeweiligen Unternehmens und der von ihm zu erfüllenden Aufgaben im Zeitpunkt der Gründung im Rahmen der Unternehmenssatzung ausspricht[1040]. Allerdings arbeitet *Mann* mit einer Anstaltslösung, die sich dadurch auszeichnet, dass die Kompetenz für die Unternehmensverfassung nicht zwingend auf die Gesellschaftsorgane übergeht, sondern bei den Gründungskörperschaften verbleiben kann[1041]. Dies ist bei der den öffentlich-rechtlichen Körperschaften angenäherten Genossenschaft des öffentlichen Rechts nicht der Fall. Mithin muss ein anderer Lösungsweg beschritten werden, soll eine Bürgergenossenschaft sich wirtschaftlich in einer nicht von vornherein festgeschriebenen Anzahl von öffentlichen Aufgabenbereichen betätigen können[1042].

1039 Vgl. *Mann*, Die öffentlich-rechtliche Gesellschaft, S. 359, der sich dieses Problems im Rahmen der aus dem institutionellen Gesetzesvorbehalt folgenden Zweckverdeutlichungspflicht annimmt, welche fordert, dass der die unternehmerische Tätigkeit rechtfertigende Zweck in der Rechtsgrundlage näher, wenn auch unter Rücksichtnahme auf künftige Variabilitätsbedürfnisse nicht akribisch genau, konkretisiert wird; vgl. dazu auch *Püttner*, Die öffentlichen Unternehmen, S. 123 f.; *Ossenbühl*, VVDStRL (29) 1971, 137 (175).

1040 *Mann*, Die öffentlich-rechtliche Gesellschaft, S. 359.

1041 *Mann*, Die öffentlich-rechtliche Gesellschaft, S. 359 f.

1042 Einen Mittelweg könnte es darstellen, dem Organisationsgesetz eine Rechtsverordnungsermächtigung beizufügen, durch die die Exekutive etwas flexibler als über den Umweg des formellen Gesetzes zulässige Verbandsaufgaben festlegen könnte; zur sachlich-inhaltlichen Legitimationsvermittlung durch Rechtsverordnung ferner *Köller*, Funktionale Selbstverwaltung und ihre demokratische Legitimation, S. 150 f.

Einen solchen könnte der Beschluss des Bundesverfassungsgerichts zur Notarkassensatzung darstellen, in dem das Bundesverfassungsgericht den Grundsatz „angemessener Interessenberücksichtigung und das Verbot der Privilegierung von Sonderinteressen“[1043] konkretisiert hat. Zum einen betont es dort, dass die Dichte der für den Träger funktionaler Selbstverwaltung geltenden gesetzlichen Vorgaben mit Blick auf den jeweiligen Sachbereich von der Eigenart des betroffenen Regelungsgegenstands, insbesondere der Intensität der Grundrechtseingriffe, abhängt[1044]. Insbesondere organisationsrechtliche und verfahrensrechtliche Bestimmungen, die eine angemessene Interessenberücksichtigung aller Mitglieder gewährleisten, können Anforderungen an die materiell-rechtlichen Regelungen im Gesetz entsprechend verringern[1045]. Insoweit kann von einem Kompensationsverhältnis gesprochen werden[1046], das aufgrund der oben dargestellten engen Beziehung auch auf das Rechtsstaatsprinzip übertragen werden kann. Zum anderen ist bemerkenswert, dass die Dichte der organisationsrechtlichen und verfahrensrechtlichen Regelungen des Organisationsgesetzes in Anbetracht der Tatsache, dass der Verwaltungsrat der dem Beschluss gegenständlichen Anstalt qua Satzung einen großen Gestaltungsspielraum besitzt und insbesondere die im Errichtungsgesetz umschriebenen Aufgaben laut Satzung näher konkretisieren kann[1047], für das Gericht von besonderer Bedeutung ist[1048]. Dies lässt den Schluss zu, dass es für die Bürgergenossenschaft durchaus unter Wahrung von Demokratie- und Rechtsstaatsprinzip möglich ist, eine ähnliche Förderklausel, wie sie in § 1 Abs. 1 GenG zu finden ist, als Aufgabe in das Organisationsgesetz aufzunehmen und die nähere Ausgestaltung durch Satzung einem Organ der Bürgergenossenschaft zu übertragen. Dies gilt jedenfalls, solange das Organisationsgesetz die demokratische Binnenstruktur der Selbstverwaltungseinheit gewährleistet, indem es insbesondere die Bildung der Organe sowie die ihnen zugewiesenen Aufgaben und Handlungsbefugnisse

---

1043 BVerfGE 107, 59 (99); dazu auch *Grzeszick*, in: Maunz/Dürig, GG, Art. 20 II Rn. 192 m.w.N.

1044 BVerfGE 111, 191 (216 f.).

1045 BVerfGE 111, 191 (218).

1046 *Köller*, Funktionale Selbstverwaltung und ihre demokratische Legitimation, S. 310 mit Fn. 474, die dazu aber kritisch Stellung nimmt.

1047 Vgl. dazu BGH NJW 1987, 329 (330); *Irriger*, Genossenschaftliche Elemente bei öffentlich-rechtlichen Körperschaften, S. 115 f.

1048 BVerfGE 111, 191 (219).

ausreichend bestimmt, damit alle Mitglieder an den hoheitlichen Tätigkeiten der Genossenschaft des öffentlichen Rechts in angemessener Weise beteiligt sind[1049].

Zudem können Zielvorgaben aus anderen Gesetzen und Rechtsverordnungen sowie Verwaltungsvorschriften begrenzend für die Tätigkeit des Selbstverwaltungsträgers wirken[1050], wobei bei Letzteren wohl eine Klausel deren Geltung auch für die funktionale Selbstverwaltung anordnen muss[1051]. Letztlich ist auch noch die Grundrechtsbetroffenheit der Mitglieder der Genossenschaft miteinzubeziehen. Während diese bei der Infrastrukturgenossenschaft in einem mittleren bis schweren Maße in Bezug auf Art. 14 und 2 Abs. 1 GG gegeben sein kann, je nachdem, um was für Infrastruktur es sich handelt und ob der Zusammenschluss freiwillig oder zwangsweise erfolgt, sind bei der Bürgergenossenschaft, die als freiwillige Kooperationsform zur Förderung des Erwerbs oder der Wirtschaft oder kultureller oder sozialer Zwecke ihrer Mitglieder gegründet wird – wenn überhaupt – Grundrechte nur in sehr geringem Maße betroffen. Festzuhalten ist demnach, dass bei beiden Einsatzformen der Genossenschaft des öffentlichen Rechts eine organisationsrechtliche Ausgestaltung getroffen werden kann, die ihrem jeweiligen Zweck entspricht und gleichzeitig die Vorgaben des Bundesverfassungsgerichts zum Demokratie- und Rechtsstaatsprinzip wahrt.

II. Organe

Den Ausführungen zur Organstruktur der Genossenschaft des öffentlichen Rechts ist die Erinnerung daran vorwegzunehmen, dass diese sich vor allem an der Judikatur des Bundesverfassungsgerichts orientieren. Wenn demnach beispielsweise im rechtswissenschaftlichen Schrifttum die sinngemäße Anknüpfung an die Wesentlichkeitslehre zur Bestimmung der Organe und ihrer Kompetenzen vorgeschlagen wird[1052], weil von einer kollektiven personellen Legitimation des Verbandsvolks ausgegangen wird[1053], dann findet dies hier keine Berücksichtigung. Wie oben[1054] bereits dargelegt, muss die Organisationsstruktur der funktionalen Selbstverwaltungseinheit zur Wahrung des Demokratieprinzips eine angemessene Interessenwahrnehmung aller Betroffenen gewährleisten

1049 *Irriger*, Genossenschaftliche Elemente bei öffentlich-rechtlichen Körperschaften, S. 120 f.; vgl. auch *Hepp*, DNotZ 2004, 942 (954).

1050 Dazu später noch unter Kap. 6 C VI 2. a).

1051 *Köller*, Funktionale Selbstverwaltung und ihre demokratische Legitimation, S. 202 ff.

1052 *Kluth*, Funktionale Selbstverwaltung, S. 476.

1053 *Kluth*, Funktionale Selbstverwaltung, S. 369 ff.

1054 Kap. 6 A. III. 2. b).

und einer Bevorzugung bestimmter Partikularinteressen vorbeugen. Konkret bedeutet dies, dass die demokratische Binnenstruktur der Selbstverwaltungseinheit gewährleistet sein muss, indem das Organisationsgesetz insbesondere die Bildung der Organe sowie die ihnen zugewiesenen Aufgaben und Handlungsbefugnisse ausreichend bestimmt[1055]. Weiter treten körperschaftliche und andere Strukturanforderungen hinzu. Zu beachten sind hier wiederum die in Wechselbeziehung stehenden Verhältnisse von organisatorisch-personeller und sachlich-inhaltlicher Legitimation einerseits sowie materieller und solcher auf die Organstruktur bezogener Vorgaben andererseits. Dies gilt insbesondere – jeweils auf grundsätzlich gegenüberliegenden Seiten des Spektrums – für Infrastrukturgenossenschaften auf der einen und im bottom-up-Verfahren gegründete Bürgergenossenschaften auf der anderen Seite.

Weiterhin ist nach Gesichtspunkten autonomer Legitimation zu fordern, dass bei einem Zusammenschluss heterogener Interessen durch Anforderungen an die Homogenität der jeweils vertretenen Gruppen und durch eine ausgewogene Gewährung von Einflusschancen eine relativ zur Aufgabenstellung interessengerechte Binnenstruktur sichergestellt wird[1056]. Zudem muss ein wirksamer Zurechnungszusammenhang zwischen Repräsentierten und Amtsträgern bestehen, um autonome Legitimation vermitteln zu können, weshalb Grundsatzfragen dem Leitungs- bzw. Repräsentativorgan überlassen und ein kontinuierlicher Einfluss durch hinreichende Mechanismen der Rückkoppelung sichergestellt werden sollten; die Grenze ist jedenfalls bei einer Abkoppelung von dem Leitungs- bzw. Repräsentativorgan zu ziehen[1057].

Untersucht werden sollen nachfolgend die Mitgliederversammlung, der Vorstand und der Verwaltungsrat sowie sonstige Organe. Ein in Bezug auf alle Organe relevanter Aspekt ist die Umsetzung des genossenschaftlichen Selbstverwaltungsprinzips, da eine Fremdorganschaft bei funktionalen Selbstverwaltungsträgern mit Ausnahme des wahlberechtigten Leitungsorgans grundsätzlich möglich ist[1058]. Da es schon bei traditionellen öffentlich-rechtlichen Genossenschaften keine Selbstverständlichkeit war, bestimmte Organe ausschließlich

1055 BVerfGE 111, 191 (217).

1056 *Trute*, Die demokratische Legitimation der Verwaltung, in: Hoffmann-Riem/Schmidt-Aßmann/Voßkuhle (Hrsg.), Grundlagen des Verwaltungsrechts, Bd. 1, § 6 Rn. 85.

1057 *Trute*, Die demokratische Legitimation der Verwaltung, in: Hoffmann-Riem/Schmidt-Aßmann/Voßkuhle (Hrsg.), Grundlagen des Verwaltungsrechts, Bd. 1, § 6 Rn. 87 f.

1058 *Kluth*, Funktionale Selbstverwaltung, S. 473 f.

durch Mitglieder des Selbstverwaltungsträgers zu besetzen[1059], sollte das Organisationsgesetz Selbstorganschaft, angelehnt an § 9 Abs. 2 S. 1 GenG, für Vorstand und Aufsichtsrat vorsehen[1060] – jedoch nicht vorbehaltlos.

Im juristischen Schrifttum zur eingetragenen Genossenschaft wurde der von dieser Vorschrift ausgehende Zwang zur Selbstorganschaft im Hinblick auf bei bestimmten Genossenschaften wesentlich erhöhte Anforderungen an betriebswirtschaftliche Fähigkeiten der den Organen angehörenden Mitgliedern mit dem Appell hin zu mehr Flexibilität, wie sie beispielsweise in öffentlich-rechtlichen Verbänden für alle oder zumindest einen Teil der Organe vorzufinden ist, problematisiert[1061]. Dies wird noch bei den einzelnen Organen ausführlicher angesprochen. Auch bezüglich der komplexen Planungsprozesse in Infrastrukturgenossenschaften wäre es sinnvoll, wenn das Organisationsgesetz die Mitgliedschaft von sachverständigen, durch eine Landesregierung berufenen Mitgliedern in einzelnen oder sämtlichen Organen der Genossenschaft zumindest qua Satzungsregelung zuließe[1062]. Dies ist dort deswegen unproblematischer, weil diese Art von Genossenschaft eher im Top-down-Verfahren gegründet wird, demnach die Wahrscheinlichkeit einer in welchem Maße auch immer ausgeprägten organisatorisch-personellen Legitimation steigt und das Legitimationsniveau daher nicht durch strengere organisationsrechtliche Vorgaben erhöht werden muss. In Kombination mit Entsenderechten würde dies einer erhöhten Steuerungsfähigkeit für Dritte zuträglich sein[1063].

1. *Mitgliederversammlung*

Da die Genossenschaft des öffentlichen Rechts, ähnlich wie die Körperschaft, von ihren Mitgliedern getragen und gesteuert wird sowie jedes Mitglied die Möglichkeit der Interessenartikulation haben soll, ist ein zentrales Organ als kollegial verfasstes Leitungsorgan zwingend erforderlich[1064]. Dabei sollte an den direktdemokratischen Idealtypus der Körperschaften angeknüpft werden und die Mitgliederversammlung vorzugsweise nicht als Repräsentativorgan ausgestaltet sein, sondern allen Mitgliedern einen Platz bieten[1065]. Allerdings ist auch

---

1059 Vgl. zum Beispiel *Klein/Leidel*, ZfgG 1962, 1 (24).

1060 Vgl. *Irriger*, Genossenschaftliche Elemente bei öffentlich-rechtlichen Körperschaften, S. 186.

1061 *Beuthien*, GenG, § 9 Rn. 6; vgl. *Kluth*, ZRP 2017, 108 (110).

1062 *Breuer*, in: FG v. Unruh, S. 855 (877) m.w.N.

1063 Dazu unten Kap. 6 C. VI. 2. b) cc).

1064 Vgl. *Wolff* u.a., Verwaltungsrecht II, § 85 Rn. 69.

1065 Vgl. *Emde*, Die demokratische Legitimation funktionaler Selbstverwaltung, S. 121.

zu beachten, dass eine Vertreterversammlung aus Partizipationsgründen ab einer bestimmten Mitgliederzahl sinnvoll sein kann, weil das einzelne Mitglied andernfalls Gefahr liefe, in der Masse unterzugehen und sein Engagement dann völlig einzustellen[1066]. Die Satzung kann vorschreiben, dass ein bestimmter Anteil der in die Verbandsversammlung entsandten Vertreter einer bestimmten (Berufs-)Gruppe angehören muss[1067]. Die Kompetenzen der Mitgliederversammlung liegen vor allem in der Ausgestaltung der Satzung sowie in der Entscheidung über Grundsatzfragen[1068]. Wird kein Verwaltungsrat gebildet, muss sie zudem die Geschäftsführung des Vorstands überwachen.

Beschlüsse sollten mit der einfachen Mehrheit der Mitglieder getroffen werden[1069]. Um die Mehrheit der Mitglieder vor einer dominierenden Minderheit zu schützen, können gerade bei Infrastrukturgenossenschaften wegen der Ähnlichkeit des Anknüpfungspunkts der Betroffenheit Regelungen wie bei Sachkörperschaften getroffen werden. So legt § 9 Abs. 3 BJagdG zum Beispiel fest, dass Beschlüsse der Jagdgenossenschaft sowohl der Mehrheit der anwesenden und vertretenen Jagdgenossen als auch der Mehrheit bei der Beschlussfassung vertretenen Grundfläche bedürfen. Schon aus dem Demokratieprinzip folgt außerdem das Erfordernis von minderheitenschützenden Quoren in bestimmten Sachfragen[1070], wobei teilweise die Selbstverwaltung selbst schon als Ausprägung des Minderheitenschutzes qualifiziert wird[1071]. Ähnlich wie in § 43 Abs. 4 GenG sollte der genossenschaftsrechtliche Grundsatz der persönlichen Stimmrechtsausübung aufgenommen und Ausnahmen davon zugelassen werden, die Anzahl von Stimmbevollmächtigten aber in Anlehnung an § 43 Abs. 5 S. 3 GenG auf zwei beschränkt werden, um der unpersönlichen Stimmrechtsausübung entgegenzuwirken[1072].

1066 *Irriger*, Genossenschaftliche Elemente bei öffentlich-rechtlichen Körperschaften, S. 202 f.

1067 BVerwG, NVwZ 2005, 1184 ff.; dazu *Köller*, Funktionale Selbstverwaltung und ihre demokratische Legitimation, S. 310 mit Fn. 474.

1068 Zu den weiteren Aufgaben vgl. beispielhaft § 14 LippeVG, § 13 EmscherGG.

1069 So beispielsweise auch § 15 Abs. 6 S. 1 LippeVG, § 14 Abs. 6 S. 1 EmscherGG, § 22 Abs. 4 S. 3 LFischG SH, § 13 Abs. 2 S. 2 GWaldG NW.

1070 *Kolbe*, Mitbestimmung und Demokratieprinzip, S. 67 f. m.w.N.; dies als Ausfluss autonomer Legitimation einordnend *Trute*, Die demokratische Legitimation der Verwaltung, in: Hoffmann-Riem/Schmidt-Aßmann/Voßkuhle (Hrsg.), Grundlagen des Verwaltungsrechts, Bd. 1, § 6 Rn. 85; vgl. auch BVerfGE 35, 79 (124 ff.).

1071 *Hendler*, Selbstverwaltung als Ordnungsprinzip, S. 306 ff.

1072 Vgl. *Beuthien*, GenG, § 43 Rn. 29.

2. *Vorstand*

Außer bei körperschaftlichen Organisationsformen mit kleiner Mitgliederzahl existiert bei den meisten von ihnen ein Leitungsaufgaben wahrnehmendes Kollegialorgan[1073], was für die Genossenschaft des öffentlichen Rechts übernommen werden sollte. Je nach Einsatzbereich sprechen dafür auch unternehmerische Erwägungen: So führt eine Vermischung von Leitung und Kontrolle auf Organebene erfahrungsgemäß zu einer Schwächung des betriebswirtschaftlich erwünschten Eigenlebens der juristischen Person und einer weniger effektiven Überwachung, während eine derartige Trennung der Aufgabenbereiche das Spannungsverhältnis der Genossenschaft zwischen individueller Nutzenförderung ihrer Mitglieder und öffentlicher Zweckbindung abbilden könnte[1074]. Bei auf die Mitgliederzahl bezogen kleinen Genossenschaften des öffentlichen Rechts bietet sich ein einköpfiger Vorstand wegen der einfacheren und kostengünstigeren Verwaltung an, gerade wenn die Mitgliederinteressen im Hinblick auf die Verbandskompetenz überwiegend gleichgerichtet sind und ein persönliches Vertrauensverhältnis zwischen den Mitgliedern besteht oder zu erwarten ist[1075]. Bei einer mitgliederstärkeren Genossenschaft des öffentlichen Rechts ist demgegenüber anzunehmen, dass eine Berücksichtigung divergierender Individualinteressen der Mitglieder und ein entsprechender Interessenausgleich durch einen mehrgliedrigen Vorstand besser gelingt, auch weil das einzelne Vorstandsmitglied meist selbst schon Interessent ist[1076].

Dies führt darüber hinaus zu der Frage, ob zur Gewährleistung sachlicher Distanz der Vorstand besser nur durch Nichtmitglieder besetzt werden sollte[1077]. Diese Möglichkeit ist beispielsweise nach einhelliger Meinung bei Wasserverbänden gegeben, was sich aus einem Umkehrschluss aus § 52 Abs. 2 WVG ergeben soll[1078]. Dies kann aber auch zur Folge haben, dass der Vorstand in Ermangelung einer persönlichen Förderung seiner Mitgliederwirtschaft die wirtschaftlichen Interessen der Genossenschaft der Förderung ihrer Mitglieder vorzieht[1079]. Dies

---

1073 *Wolff* u.a., Verwaltungsrecht II, § 85 Rn. 73.

1074 Vgl. *Mann*, Die öffentliche-rechtliche Gesellschaft, S. 361; *Klenk*, VM 2008, 3 (6).

1075 Vgl. *Rapsch*, WVVO, § 47 Rn. 3.

1076 Vgl. *Rapsch*, WVVO, § 46 Rn. 9 f.

1077 Vgl. *Weller*, Aufgaben, Organisation und Finanzierung der Wasser- und Bodenverbände, S. 105.

1078 *Brüning*, in: Reinhardt/Hasche (Hrsg.), WVG, § 52 Rn. 8 ff.; zur Fremdorganschaft bereits zuvor unter Kap. 6 C. II.

1079 *Weller*, Aufgaben, Organisation und Finanzierung der Wasser- und Bodenverbände. S. 105.

soll aber gerade vermieden werden, wenn sich die Genossenschaft des öffentlichen Rechts von der öffentlich-rechtlichen Körperschaft abgrenzen soll, indem unter anderem ihre Mitgliederorientierung verfestigt wird. Außerdem könnte dies wiederum das Engagement der Mitglieder hemmen, die sich über ihren einfachen Mitgliederstatus hinaus in die Führung des Verbandes einbringen wollen, da ihnen von vornherein der Anreiz genommen wird, sich durch überdurchschnittlichen Einsatz in den Augen der restlichen Mitglieder für eine Wahl auf eine Führungsposition zu empfehlen.

Zur Bestimmung der Reichweite des Selbstverwaltungsprinzips beim Vorstand sollte ein Vergleich zur Rechtslage bei den eingetragenen Genossenschaften bezüglich der Berufung fördernder Mitglieder, das heißt solcher, die für die privatrechtliche Genossenschaft oder deren Mitglieder förderlich sind, aber nicht zu den nach dem Förderzweck zu fördernden Personen gehören, gezogen werden[1080]. Demnach sollte eine Regelung in das Organisationsgesetz aufgenommen werden, die die Aufnahme einer begrenzten Zahl von Nichtmitgliedern in den Vorstand gestattet, wenn andernfalls der Förderzweck in Anbetracht der Art und des Umfangs des genossenschaftlichen Unternehmens gefährdet wäre[1081]. Die Wahl der Vorstandsmitglieder erfolgt durch die Mitgliederversammlung. Die Aufgaben des Vorstands sollten im Wesentlichen die Führung der laufenden Geschäfte und die außergerichtliche Vertretung der Genossenschaft sein. Die Grenzen seiner Befugnisse finden sich in der Verbandskompetenz und ihrer satzungsmäßigen Konkretisierung sowie sonstigen gesetzlichen und satzungsmäßigen Beschränkungen, insbesondere der Zuständigkeitsverteilung zwischen den Organen.

Eine wichtige Rolle für die Stellung des Vorstands im Organgefüge spielt die Frage, ob dieser den Weisungen der Mitgliederversammlung unterworfen ist, wie dies bei den eingetragenen Genossenschaften bis 1973 der Fall war. Um die Mitgliederförderung zu betonen, sollte der Vorstand grundsätzlich weisungsgebunden handeln, was im Übrigen auch der einer autonomen Legitimation entgegenstehenden Abkoppelung vom Repräsentativorgan vorbeugen würde[1082]. Angesichts einer Tendenz zur Bürokratisierung und zur Professionalisierung hin zu häufig bzw. ständig tätigen und zudem sachkundigeren sowie flexibleren

1080 Dazu *Beuthien*, GenG, § 9 Rn. 13.

1081 Vgl. *Kluth*, Funktionale Selbstverwaltung, S. 474.

1082 Vgl. *Trute*, Die demokratische Legitimation der Verwaltung, in: Hoffmann-Riem/Schmidt-Aßmann/Voßkuhle (Hrsg.), Grundlagen des Verwaltungsrechts, Bd. 1, § 6 Rn. 88.

exekutiven Leitungsorganen könnte man zwar an der Wirkkraft einer Einräumung von Weisungsrechten im Sinne einer Rückkehr zur Herrschaft der „Basis“ zweifeln[1083]. Diese skeptische Betrachtung im Bereich der Kammern kann aber bei der Genossenschaft des öffentlichen Rechts zumindest nicht vollständig geteilt werden. Zum einen fördern die Strukturen der Genossenschaft ein Engagement ihrer Mitglieder und sichern ein Mindestmaß an Teilhabe an den Willensbildungsprozessen, zum anderen ist eine Resignation der Mitglieder wenigstens bei einem freiwilligen Zusammenschluss wie der Bürgergenossenschaft und angesichts der mitgliedschaftlichen Verpflichtungen weniger wahrscheinlich als ein Austritt. Allerdings sollte es der Mitgliederversammlung möglich sein, per satzungsänderndem Beschluss von diesem Grundsatz abzuweichen, um eine der Art und Größe der jeweiligen Genossenschaft des öffentlichen Rechts angemessene Situation zu schaffen[1084]. Dies gilt auch vor dem Hintergrund einer gegebenenfalls erwünschten Möglichkeit einer vergaberechtsfreien Aufgabenübertragung.

3. *Verwaltungsrat*

Sofern ein Verwaltungsrat bestellt wird, besteht seine Hauptaufgabe darin, die Geschäfte des Vorstands zu überwachen, um die zuvor angesprochene Trennung von Leitung und Kontrolle darzustellen. Während ein Verwaltungsrat jedenfalls bei einer solchen Infrastrukturgenossenschaft, die selbst Projektträger ist, verpflichtend vorgesehen werden sollte, kommt die Schaffung dieses Überwachungsorgans aufgrund der damit verbundenen positiven betriebswirtschaftlichen Effekte am ehesten bei solchen Bürgergenossenschaften in Betracht, die in größerem Umfang erwerbswirtschaftlich tätig sind. Die Schaffung und die Kompetenzzuweisung könnten grundsätzlich zur Disposition der Mitgliederversammlung gestellt werden. Sachgerechter könnte es aber sein, im Organisationsgesetz ähnlich § 9 Abs. 1 S. 2 GenG erst ab einer gewissen Mitgliedergrenze einen obligatorischen Verwaltungsrat zu fordern und dies vorher der Entscheidung des Satzungsgebers zu überlassen. In beiden Fällen sollten zur sachgerechteren Einrichtung dieses Organs seine Zusammensetzung und Befugnisse, insbesondere hinsichtlich der Einrichtung von Zustimmungsvorbehalten, einer satzungsmäßigen Ausgestaltung zugänglich sein. Das Organisationsgesetz muss die Anzahl der Verwaltungsratsmitglieder festlegen, sie werden ebenfalls durch

---

1083 *Emde*, Die demokratische Legitimation funktionaler Selbstverwaltung, S. 448 f.; *Teubner*, Organisationsdemokratie und Verbandsverfassung, S. 81 ff., 190 ff.

1084 Vgl. *Beuthien*, GenG, § 27 Rn. 2.

die Mitgliederversammlung gewählt. Mitglieder des Verwaltungsrats sollten unter Berücksichtigung des Selbstverwaltungsgrundsatzes ebenfalls nur Mitglieder des Selbstverwaltungsträgers sein.

Erforderlichenfalls sollte die Satzung aber auch die Einbindung einer gewissen Anzahl an Nichtmitgliedern für einen Sitz im Kontrollorgan zulassen, wenn die Gefahr einer übermäßig einseitigen Interessendurchsetzung durch besonders einflussreiche Mitglieder im Vorstand oder Aufsichtsrat[1085] oder ein besonderes Bedürfnis an ausgeprägter fachlicher Expertise besteht. Insbesondere im Falle eines umfangreichen Nichtmitgliedergeschäfts sollten für Nichtmitglieder vorbehaltene Verwaltungsratssitze gesetzlich vorgesehen sein, sofern dafür nicht bereits gesonderte Organe vorgesehen sind.

4. *Sonstige Organe*

Infolge des zuvor bereits mehrfach erwähnten weiten Ausgestaltungsspielraums des Organisationsgesetzgebers kann dieser weitere Organe für die Genossenschaft des öffentlichen Rechts vorsehen. So kann aus der autonomen Legitimation zum einen das Erfordernis eines Kontrastorgans zur Gewährleistung des Minderheitenschutzes folgen[1086]. Zum anderen könnte ein solches aufgrund der häufig im Zusammenhang mit der Tätigkeit funktionaler Selbstverwaltungsträger auftretenden mittelbaren Auswirkungen auf nicht in diesen repräsentierte Dritte[1087] gebildet werden, weil der Gesetzgeber unter bestimmten Voraussetzungen die innerorganisatorischen Entscheidungsverfahren derart zu gestalten hat, dass eine hinreichende Responsivität für Drittinteressen gesichert ist[1088]. Dies gilt auch vor dem Hintergrund einer Akzeptanzherstellung bezüglich solcher von dem funktionalen Selbstverwaltungsträger „ausgegrenzten" Bürger.

1085 Vgl. *Beuthien*, GenG, § 9 Rn. 6: bis zu einem Drittel der Sitze.

1086 *Trute*, Die demokratische Legitimation der Verwaltung, in: Hoffmann-Riem/Schmidt-Aßmann/Voßkuhle (Hrsg.), Grundlagen des Verwaltungsrechts, Bd. 1, § 6 Rn. 85.

1087 Vgl. *Oebbecke*, Weisungs- und unterrichtungsfreie Räume, S. 91; *Kluth*, Funktionale Selbstverwaltung, S. 504 ff.; mit weiteren Beispielen *Papenfuß*, Die personellen Grenzen der Autonomie öffentlich-rechtlicher Körperschaften, S. 192 ff.

1088 *Trute*, Die demokratische Legitimation der Verwaltung, in: Hoffmann-Riem/Schmidt-Aßmann/Voßkuhle (Hrsg.), Grundlagen des Verwaltungsrechts, Bd. 1, § 6 Rn. 86; vgl. darüber hinaus zum sog. Stakeholder-Ansatz *Dierkes/Hanrath*, in: FS Beuthien, S. 285 (287 f.) sowie *Freeman* u.a., Stakeholder Theory, S. 1 ff.; zum Problem der Bestimmung der Stakeholder *Donaldson/Preston*, Academy of Management Review 1995, 65 (86).

Die Erforderlichkeit eines solchen Organs kann nach der Art der Regelung, ihrer Wirkung und dem Zusammenhang mit der Aufgabe der Einrichtungen und der Bedeutung der Drittinteressen bemessen werden[1089]. Da eine solche Drittwirkung sowohl bei Infrastruktur- als auch bei Bürgergenossenschaft denkbar ist, dies sich jedoch meist erst nach Aufnahme der Tätigkeit durch den funktionalen Selbstverwaltungsträger feststellen lässt, könnte die Bildung des Kontrastorgans der Mitgliederversammlung überlassen werden und die autonome Legitimation über andere verpflichtende Regelungen abgesichert werden.

Andererseits könnte man die Verpflichtung zur Bildung eines solchen Organs mit den oben dargestellten Instrumenten sozialen Unternehmertums, so insbesondere mit der Einführung des Organs des benefit directors, und des Open Governments assoziieren. Des Weiteren könnte das Kontrastorgan bei einer Bürgergenossenschaft Nichtmitglieder an diese im Sinne einer „Mitgliedschaft light" heranführen, um das Engagement potenzieller Mitglieder nutzbar machen zu können, die sich zwar noch nicht fest mitgliedschaftlich, aber doch schon vereinzelt bürgerschaftlich einbringen wollen. Gleichzeitig könnte dieser vertiefte Einblick auch das Interesse an echter Mitgliedschaft mit gewichtigen Mitwirkungsrechten befördern. In all diesen Fällen wäre die Disponibilität des Selbstverwaltungsgrundsatzes per Satzung von Vorteil.

III. Mitgliedschaft

Das Organisationsgesetz der Genossenschaft des öffentlichen Rechts muss auch Vorgaben zur Mitgliedschaft enthalten. Dies folgt sowohl aus Art. 20 Abs. 2 GG[1090] als auch aus einer etwaigen autonomen Legitimation, die aufgrund des Zusammenhangs zwischen Aufgabe, personellem Substrat und Entscheidungswirkungen eine sachgerechte Abgrenzung des Mitgliederkreises fordert[1091]. Der Mitgliederkreis steht in einer engen Wechselbeziehung zur Verbandskompetenz[1092]. Ist dieser bestimmt, ist danach zu fragen, ob und wenn ja, nach welchen Kriterien zwischen den Rechten und Pflichten der einzelnen

---

1089 *Trute*, Die demokratische Legitimation der Verwaltung, in: Hoffmann-Riem/Schmidt-Aßmann/Voßkuhle (Hrsg.), Grundlagen des Verwaltungsrechts, Bd. 1, § 6 Rn. 86.

1090 BVerfGE 107, 59 (96).

1091 *Trute*, Die demokratische Legitimation der Verwaltung, in: Hoffmann-Riem/Schmidt-Aßmann/Voßkuhle (Hrsg.), Grundlagen des Verwaltungsrechts, Bd. 1, § 6 Rn. 85.

1092 Vgl. *Jestaedt*, Demokratieprinzip und Kondominialverwaltung, S. 545 f.

Mitglieder zu differenzieren ist. Eine der wichtigsten Pflichten, die Finanzierungspflicht der Mitglieder, wird gesondert behandelt.

1. *Bestimmung des Mitgliederkreises*

Wie bereits erwähnt, wird die (funktionale) Selbstverwaltung auch als Betroffenenverwaltung bezeichnet[1093], weil ihre Mitglieder an der Erledigung solcher Aufgaben mitwirken, die sie thematisch und persönlich in herausgehobener Weise über das im Vergleich zur allgemeinen Betroffenheit als Staatsbürger hinausgehende Maß angehen; hierdurch erhält die Mitgliedschaft eine spezifische personale Prägung[1094]. Die Anknüpfungspunkte müssen demzufolge einen intensiven Gemeinschaftsbezug aufweisen[1095]; die Einbeziehung des jeweiligen Interesses muss durch die Sachaufgabe gerechtfertigt sein, was insbesondere bei gruppenpluraler oder gruppenantagonistischer Zusammensetzung relevant sein kann[1096]. Teilweise wird als äußerste Grenze gefordert, dass das Verbandsvolk eine gewisse soziale Homogenität aufweist, damit dieses eine kompensatorische autonome Legitimationswirkung neben Art. 20 Abs. 2 GG entfalten kann[1097]. Diese Gemeinsamkeit muss aber nicht von vornherein bestehen, sondern kann auch potenziell angelegt sein und durch den Zusammenschluss erst aktiviert werden[1098]. Zentrale Frage ist mithin, wann ein Mitglied als betroffen von einer Aufgabe gilt und damit zum Mitgliederkreis gehören kann.

Die funktionale Selbstverwaltung stellt nicht auf eine Einzelbetroffenheit im Sinne der aktuellen Beeinträchtigung rechtlich geschützter Positionen, sondern auf eine als Statusbetroffenheit bezeichnete Position ab, die die Mitwirkung an der Aufstellung und Durchführung auf solche Handlungen von Hoheitsträgern beschränkt, die geeignet sind, die Person des Mitwirkenden zumindest potenziell zu binden und insoweit zu betreffen[1099]. Diese Erkenntnis hilft aber insofern nicht weiter, als Betroffenheit, sofern ihr überhaupt ein juristischer Charakter zugesprochen werden kann[1100], eine grundrechtliche, rechts- und sozialstaatliche

1093 *Jestaedt*, Demokratieprinzip und Kondominialverwaltung, S. 80.
1094 *Wolff* u.a., Verwaltungsrecht II, § 100 Rn. 4.
1095 *Wolff* u.a., Verwaltungsrecht II, § 100 Rn. 4.
1096 *Trute*, Die demokratische Legitimation der Verwaltung, in: Hoffmann-Riem/Schmidt-Aßmann/Voßkuhle (Hrsg.), Grundlagen des Verwaltungsrechts, Bd. 1, § 6 Rn. 85.
1097 *Brohm*, Strukturen der Wirtschaftsverwaltung, S. 262 ff.
1098 *Brohm*, Strukturen der Wirtschaftsverwaltung, S. 262.
1099 *Jestaedt*, Demokratieprinzip und Kondominialverwaltung, S. 80 f.
1100 Bereits diesen verneinend *Papier*, KritV 1987, 309 (311).

Kategorie darstellt, die kein „Volk" als rechtliche Größe statuieren kann, sondern die Existenz eines solchen vielmehr voraussetzt[1101]. Diese Ausführungen beziehen sich zwar auf die autonome Legitimation durch Annahme eines demokratische Legitimation vermittelnden „Verbands"-Volks, zeigen jedoch ein ganz grundsätzliches Problem der Kategorie der Betroffenheit auf[1102]. Aus praktischer Sicht ergeben sich darüber hinaus zum einen das Problem des erforderlichen Grades der Betroffenheit, der die demokratischen Mitwirkungsrechte begründen soll; zum anderen das Problem der Prognose der Betroffenheit bei komplexen Entscheidungen[1103].

Allerdings muss bei aller berechtigten Kritik zunächst mildernd angemerkt werden, dass die Bestimmung des Mitgliederkreises anhand der Betroffenheit in diesem Zusammenhang nicht der Herstellung eines neuen Legitimationsmodus dienen soll, weil auch die Genossenschaft des öffentlichen Rechts auf die tradierten Legitimationsketten des Art. 20 Abs. 2 S. 2 GG zurückgreift. Zudem ist seine inhaltliche Vagheit irrelevant, entscheidend ist vielmehr die Möglichkeit der Aufladung des Begriffs „Mitgliedschaft" mit einer bestimmten Bedeutung durch seine Auslegung[1104]. Bei den funktionalen Selbstverwaltungsträgern dominieren aufgrund ihrer vergleichbaren sozialen Dimensionen die Anknüpfung der Mitgliedschaft an die berufliche und wirtschaftliche Betätigung einerseits sowie an die Inhaberschaft von Grundeigentum oder auf das Eigentum bezogenen Rechten und Pflichten andererseits[1105]. Ihnen kann daher eine anerkannte Indizwirkung für die Betroffenheit bescheinigt werden. Letztere Aussage ist jedoch zu relativieren: Während der Anknüpfungspunkt der beruflichen und wirtschaftlichen Betätigung eine eindeutige Zuordnung ermöglicht, weicht beispielsweise das Wasserverbandsgesetz durch uneindeutige Kriterien in § 8 WVG die Betroffenheit für die Sachkörperschaften der Wasser- und Bodenverbände wieder auf

1101 *Jestaedt*, Demokratieprinzip und Kondominialverwaltung, S. 217 ff.; *Köller*, Funktionale Selbstverwaltung und ihre demokratische Legitimation, S. 104 f.

1102 Kritisch daher *Grzeszick*, in: Maunz/Dürig, GG, Art. 20 II Rn. 164; *Holzner*, Konsens im Allgemeinen Verwaltungsrecht, S. 160 f. m.w.N.

1103 *Köller*, Funktionale Selbstverwaltung und ihre demokratische Legitimation, S. 105.

1104 *Holzner*, Konsens im Allgemeinen Verwaltungsrecht, S. 161, der dies für die Betroffenheit bejaht.

1105 *Wolff* u.a., Verwaltungsrecht II, § 100 Rn. 4 ff.

und erschwert dadurch die Bestimmung des Mitgliederkreises, wie auch § 6 LippeVG bzw. § 5 EmscherGG zeigen[1106].

Bei der Infrastrukturgenossenschaft wird sich der Mitgliederkreis ähnlich wie bei Realkörperschaften überwiegend anhand von für die jeweilige Aufgabe relevanten Sachen, Grundstücken und Rechten bestimmen. Am Beispiel einer Windkraft erzeugenden Infrastrukturgenossenschaft könnten Mitglieder beispielsweise die Eigentümer von Windrädern, von daran angrenzenden Grundstücken sowie von Grundstücken sein, die durch Überlandleitungen überquert werden. Außerdem sollte kommunalen Gebietskörperschaften und Gemeindeverbänden, in deren Gebiet sich diese Grundstücke befinden, die aber nicht notwendig Eigentümer sind, ebenfalls der Beitritt offen stehen.

Der Mitgliederkreis der Bürgergenossenschaft ist ungleich schwerer zu bestimmen. Da es bei ihr darum geht, dass Bürger – alleine oder in Kooperation mit Hoheitsträgern – lokale und regionale Daseinsvorsorgebedarfslücken schließen, muss eine Statusbetroffenheit an mehrere Merkmale anknüpfen, um einerseits die Anforderungen der funktionalen Selbstverwaltung zu erfüllen, andererseits aber auch eine zahlenmäßige „Explosion“ von Selbstverwaltungseinheiten zu verhindern[1107]. Die Betroffenheit wird bei der Bürgergenossenschaft kumulativ durch ein reales und ein personales Element bestimmt.

Das reale Element knüpft an die Einwohnereigenschaft des Bürgers in einer Gebietskörperschaft an, in der gewisse Daseinsvorsorgeleistungen nicht oder nicht ausreichend erbracht werden. Diese örtliche Beschränkung hat aber den Nachteil, dass ein Mangel an einer oder mehreren Daseinsvorsorgeleistungen oftmals nicht nur einzelne Gebietskörperschaften, sondern auch umliegende Nachbargemeinden oder ganze Regionen betrifft – nicht umsonst heißt es „strukturschwache ländliche *Räume*“, nicht bloß „Gemeinden“. Umso sinnvoller wird eine kommunenübergreifende Kooperation der Bürger, aber auch der Hoheitsträger. Die Einwohnereigenschaft könnte daher entweder auf die Zugehörigkeit zu einem Kreis oder höheren Kommunalverband als organisatorische Form der politischen Idee der Region[1108] bezogen werden. Um die potenzielle

1106 *Köller*, Funktionale Selbstverwaltung und ihre demokratische Legitimation, S. 108; vgl. zur ähnlichen Problematik bei den Bürgerenergiegesellschaften und dem BüGemBetG M-V bereits oben unter Kap. 2 A. IV. 2. b).

1107 Vgl. zur Problematik bei der Begriffsbestimmung des „Stakeholders“ *Pöschl*, Strategische Unternehmensführung zwischen Shareholder-Value und Stakeholder-Value, S. 127 ff.

1108 *Burgi*, Kommunalrecht, § 20 Rn. 6.

Anzahl der Bürgergenossenschaften zu begrenzen, könnte außerdem einer dieser überkommunalen Ebenen die Kompetenz eingeräumt werden, bestimmte strukturschwache Räume auszuweisen, in denen ein Bedarf an Bürgergenossenschaften bestünde[1109]. Dafür spricht deren größere Sachnähe im Vergleich zur Ebene der Landesregierung. Andererseits ist denkbar, dass die Ausweisung solcher Gebiete besser der Entscheidung eines Landesorgans überlassen würde, weil auch die höheren Kommunalverbände und Kreise von den oben dargestellten Problemen und Herausforderungen betroffen sind und diese ebenfalls dazu neigen könnten, bürgerschaftliches Engagement zu blockieren[1110]. Würde es allerdings bei diesem Kriterium bleiben, würde sich der Kreis der Mitglieder in seiner Bestimmtheit in keiner Weise von der Mitgliedschaft in einer kommunalen Gebietskörperschaft unterscheiden, bei der auch von „in unbestimmter Allgemeinheit abgegrenzte[n] Personengesamtheiten"[1111] die Rede ist[1112]. Im Vergleich dazu wäre die Mitgliedschaft bei der Bürgergenossenschaft noch unbestimmter. Um einen Missbrauch zu vermeiden, wäre gegebenenfalls auf eine „nachhaltige" Betroffenheit[1113], zum Beispiel im Sinne einer bestimmten Aufenthaltsdauer in dem festgelegten Gebiet, abzustellen[1114].

Zunächst ist bezüglich des personellen Elements zu sagen, dass Personalkörperschaften an eine bestimmte Eigenschaft der natürlichen oder juristischen Person anknüpfen und ihre starke soziale Einbindung aus den komplexen Austauschprozessen (in Bezug auf Waren und Dienstleistungen), die vielfältige ökonomische und rechtliche Konsequenzen haben, sowie aus eigenen Wertmaßstäben resultiert[1115]. Dies wäre im Hinblick auf die Einsatzbereiche der

---

1109 Dies birgt freilich politischen Sprengstoff, weil dies auch als politische Bankrotterklärung verstanden werden könnte, die keine Partei gerne freiwillig abgeben möchte; vgl. aber *Blanke*, VM 2009, 115 (121).

1110 Dazu bereits oben unter Kap. 4 B.

1111 *Engels*, Die Verfassungsgarantie kommunaler Selbstverwaltung, S. 193 f.

1112 Vgl. dazu *Engels*, Die Verfassungsgarantie kommunaler Selbstverwaltung, S. 257 ff., der für den territorialen Zuschnitt nicht nur die Örtlichkeit als relevant sieht, sondern zusätzliche Kriterien wie Überschaubarkeit, Bürgernähe sowie insbesondere die Möglichkeit der Partizipation durch ehrenamtliche Tätigkeit einbezieht.

1113 Vgl. dazu im Kontext des kommunalen Ausländerwahlrechts *Zuleeg*, KritV 1987, 322 (323); aufgrund seiner Vagheit jedenfalls in der Funktion als allgemeines Bestimmungsmerkmal ablehnend *Köller*, Funktionale Selbstverwaltung und ihre demokratische Legitimation, S. 105 mit Fn. 314.

1114 In diesem Sinne auch § 5 BüGemBeteilG M-V und § 3 Nr. 15 lit. b EEG 2017.

1115 *Wolff* u.a., Verwaltungsrecht II, § 85 Rn. 32 und § 100 Rn. 5.

Bürgergenossenschaft nicht anders. Auch können Personalkörperschaften auf den Willen eines Menschen rekurrieren[1116], bei einer juristischen Person ist ihr der Wille des gesetzlichen Vertreters zuzurechnen. Zudem muss, wie bereits zuvor erwähnt, dieses erforderliche Sonderinteresse nicht bereits beim Beitritt vorliegen, sondern lediglich im Mitglied angelegt sein und im Rahmen der Verbandstätigkeit aktiviert werden. Als personelles Element der Betroffenheit kann mithin der Wille der Bürger dienen, an einer defizitären Situation in der kommunalen Daseinsvorsorge etwas zu ändern, weil sie aufgrund der engen lokalen und regionalen Wechselwirkungsprozesse davon betroffen sind.

Zurecht kann an diesem Betroffenheitskriterium kritisiert werden, dass eine Überprüfung, ob es tatsächlich vorliegt, kaum möglich ist und Bürger sich auf diese Weise über das allgemeine Mittel der Wahl hinausgehende demokratische Partizipationsmöglichkeiten „erschleichen" könnten. Dem könnte aber vorgebeugt werden, indem an das tatsächliche Engagement der Mitglieder in der Bürgergenossenschaft angeknüpft wird, welches dann anhand objektiver Kriterien (Teilnahme an Sitzungen der Mitgliederversammlung, Übernahme von Ämtern im Rahmen des Betriebs der Bürgergenossenschaft, Fördergeschäftsverkehr usw.) überprüfbar wird. Das subjektive Element müsste sich nach außen erkennbar manifestieren. Für die Kontrolle wären die Leitungsorgane zuständig, die bei einem übermäßig inaktiven Mitglied den Ausschluss einleiten müssen, worüber letztlich auch die Rechtsaufsicht zu wachen hat. Zudem ist der Kritik entgegenzuhalten, dass auch das Anknüpfen an Beruf oder Eigentum eine bloße Fiktion sein kann, wenn auch diese Betroffenheitskriterien objektiv überprüfbar sind. Dies zeigt sich insbesondere bei durch Mehrheitsbeschluss gegründeten Pflichtkörperschaften, bei denen ein Sonderinteresse auch denjenigen unterstellt wird, die gegen eine Mitgliedschaft gestimmt haben. Mithin können sowohl natürliche als auch juristische Personen des Privatrechts sowie Gebietskörperschaften und Gemeindeverbände der Bürgergenossenschaft beitreten.

Bei Bürgergenossenschaften, besonders indes bei Infrastrukturgenossenschaften mit kapitalintensiven Projekten, spielt die Zulässigkeit der Aufnahme investierender Mitglieder im Sinne einer aktiven direkten finanziellen Bürgerbeteiligung eine gewichtige Rolle. Im Bereich der privatrechtlichen Genossenschaften werden so solche natürlichen und juristischen Personen des Privatrechts bezeichnet, die lediglich an einer kapitalzinswirtschaftlichen Förderung interessiert sind oder rein ideelle Zwecke verfolgen, denen ansonsten aber

1116 *Wolff/Bachof/Stober*, Verwaltungsrecht II, § 84 Rn. 26.

das verbandseigene Sonderinteresse fehlt[1117]. Da ihre Einbeziehung in den Mitgliederkreis eines funktionalen Selbstverwaltungsträgers in Ermangelung ihres engen Bezugs zur Verbandsaufgabe unzulässig ist, ihre Motive insbesondere kein Sonderinteresse darstellen oder eine qualifizierte Betroffenheit[1118] begründen, sind sie auf die passive finanzielle Bürgerbeteiligung verwiesen.

Allgemein sind schließlich Konsensfindungs- und Frustrationskosten zu beachten, die von Größe und Homogenitätsgrad eines Verbandes abhängen[1119]. Während bei großen Gebieten und damit verbundenen hohen Mitgliederzahlen Konsensfindungskosten und Frustrationskosten aus dem Gefühl individuellem Ausgeliefertseins ein hohes Niveau erreichen können, versprechen kleinere Verbände eine Reduzierung der eben genannten Posten, da sie eine bessere Berücksichtigung einzelner Mitglieder ermöglichen[1120]. Dadurch sind Motivationsschübe zugunsten eines Engagements der Mitglieder im Selbstverwaltungsträger sowie eine geringere Gefahr der Bildung von sich gegenseitig behindernden Mitgliedergruppen zu erwarten, wobei der Kreis der Mitglieder aber auch zahlenmäßig nicht derart eingeschränkt sein darf, dass die interkollektiven Entscheidungsfindungskosten zu groß werden[1121]. Dies gilt insbesondere für die Infrastrukturgenossenschaft.

2. *Mitgliedschaftliche Rechte und Pflichten*

Der äußere Anlass für eine körperschaftliche Organisation prägt die Rechtsbeziehung der Organisation zu ihren Mitgliedern in zweierlei Hinsicht insofern, als die Mitgliedschaft zum einen den zugewiesenen Sachbereich mittels aktiver Gestaltungsrechte personell und thematisch innerhalb des gesetzlich vorgegebenen Rahmens eigenverantwortlich gestalten kann[1122], wobei Eigeninteresse und Gemeinwohlbindung miteinander vereinbart werden müssen[1123]. Zum anderen

---

1117 *Kober*, ZfgG 2010, 37 (39 ff.); eingehend *Kling/Cobe*, ZfgG 2016, 93 (105 ff.) m.w.N.; zu den Beschränkungen ihrer mitgliedschaftlichen Rechte *Beuthien*, GenG, § 8 Rn. 13 f.

1118 So *Holzner*, Konsens im Allgemeinen Verwaltungsrecht, S. 161.

1119 Vgl. *Goldbeck*, Die Deichgenossenschaften, S. 24 f., der diese Erwägungen aber nur in Bezug auf Realkörperschaften mit Zwangsmitgliedschaft anstellt; *Groß*, DVBl. 2002, 1182 (1192 f.).

1120 *Goldbeck*, Die Deichgenossenschaften, S. 25; vgl. *Köller*, Funktionale Selbstverwaltung und ihre demokratische Legitimation, S. 105.

1121 *Goldbeck*, Die Deichgenossenschaften, S. 25; vgl. zum Ganzen auch *Kluth*, Funktionale Selbstverwaltung, S. 237.

1122 *Wolff* u.a., Verwaltungsrecht II, § 100 Rn. 7 f.

1123 BVerfGE 107, 59 (92 f.).

wird die Beziehung der Mitglieder untereinander dahin gehend ausgestaltet, dass sie im Hinblick auf die Außenbeziehungen, also sowohl gegenüber dem Staat als auch anderen Organisationen, zu einer Interessengemeinschaft zusammen gefasst werden, wofür im Gegenzug im Innenverhältnis ein Interessenausgleich stattfinden muss und das Solidarprinzip unter den Mitgliedern Anwendung findet, was sich unter anderem auf die unterschiedlichen Finanzierungspflichten der Mitglieder je nach deren Leistungsfähigkeit auswirkt[1124].

Zu den Ausgestaltungsentscheidungen des einfachen Gesetzgebers gehören insbesondere die verteilende Gestaltung der Mitwirkungsrechte, Stimmverhältnisse und Beitragslasten[1125], wobei Letztere in einem gesonderten Punkt angesprochen werden.

a) Mitgliedschaftliche Rechte

Anhand der mitgliedschaftlichen Rechte bemessen sich Quantität und Qualität der Partizipation an Verwaltungsentscheidungen durch die Betroffenen[1126]. Sie sind bei den freiwilligen Genossenschaften des öffentlichen Rechts Hauptgrund für die Gründung oder den Beitritt und bei den pflichtigen Kompensation für den Eingriff in die allgemeine Handlungsfreiheit der Zusammengeschlossenen. Dementsprechend weit reichen diese Rechte zumeist. Die mitgliedschaftliche Gleichheit sollte gedanklicher Ausgangspunkt aller Beteiligungsrechte der in der Genossenschaft des öffentlichen Rechts Zusammengeschlossenen sein, um Partizipation und Engagement zu fördern[1127].

Neben sonstigen Mitwirkungsrechten gehören zu den wichtigsten Mitgliederrechten die Stimmrechte in der Mitgliederversammlung, also das aktive Wahlrecht in Bezug auf Repräsentativ- und Leitungsorgane bzw. das Abstimmungsrecht bei Sachentscheidungen[1128]. Auf diesen soll im Folgenden der Fokus liegen. Des Weiteren wird auf das Recht auf Förderung, auf Beteiligung an Erträgen des Selbstverwaltungsträgers sowie sonstige Mitwirkungsrechte eingegangen.

1124 *Wolff* u.a., Verwaltungsrecht II, § 100 Rn. 10.

1125 Vgl. in Bezug auf Wasserverbände BVerfGE 10, 89 (105 ff. und 110 ff.); *Breuer*, in: FG v. Unruh, S. 855 (877).

1126 *Kluth*, Funktionale Selbstverwaltung, S. 237.

1127 Mit Gegenbeispielen bei Wasserverbänden *Breuer*, in: FG v. Unruh, S. 855 (876 f.).

1128 *Wolff* u.a., Verwaltungsrecht II, § 85 Rn. 59.

aa) Stimmrechte

Eng mit dem Demokratieprinzip hängen die Grundsätze der Allgemeinheit und Gleichheit der Wahl zusammen [1129], weshalb vertreten wird, dass diese auch bei der Ausgestaltung der mitgliedschaftlichen Mitwirkungsrechte durch den Gesetzgeber zu beachten seien und jede Abweichung vom Grundsatz der egalitären Legitimationsteilhabe eines besonderen sachlichen Grundes bedürfe[1130]. Dagegen wird aber von vielen Seiten geltend gemacht, dass die Wirkungen des Demokratieprinzips durch die verfassungsrechtlich anerkannte funktionale Selbstverwaltung zugunsten einer partikularen und jeweils gesondert zu begründenden Interessenwahrnehmung überlagert werden, sodass der Gesetzgeber die Beteiligungsrechte innerhalb des Selbstverwaltungsträgers nach den die jeweilige Selbstverwaltungseinheit tragenden Aspekten differenziert ausgestalten darf[1131]. Im Ergebnis folgen daraus jedoch kaum Unterschiede zwischen den Ansichten, in beiden Fällen muss die Differenzierung von sachlichen Erwägungen getragen sein[1132]. Anknüpfungspunkt dafür ist die Betroffenheit der Mitglieder[1133].

Solche Erwägungen waren in der Gesetzgebungspraxis außerhalb des verfassungsrechtlich Gebotenen bisher überwiegend neben dem beruflich-sozialen Status der Mitgliedergruppen der Grad der finanziellen Betroffenheit durch Beitragslasten[1134]. Insbesondere die letztere Ausgestaltung ist jedoch nicht obligatorisch, vielmehr ist eine Entkoppelung der Stimmen- und Beitragsverhältnisse zulässig und nicht unüblich[1135]. Die differenzierende Ausgestaltung findet ihre Grenzen in unverhältnismäßigen und damit willkürlichen Abweichungen des Stimmengewichts[1136]. Gleiches gilt im Übrigen für die Allgemeinheit der Wahl

---

1129 Vgl. BVerfGE 47, 253 (276); 51 222 (235); 60, 162 (167).

1130 *Wolff* u.a., Verwaltungsrecht II, § 85 Rn. 70; *Emde*, Die demokratische Legitimation funktionaler Selbstverwaltung, S. 421; *Irriger*, Genossenschaftliche Elemente in öffentlich-rechtlichen Körperschaften, S. 194.

1131 *Grzeszick*, in: Maunz/Dürig, GG, Art. 20 II Rn. 191 m.w.N.; *Böckenförde*, in: Isensee/Kirchhof (Hrsg.), HStR II³, § 24 Rn. 34 mit Fn. 66; vgl. *Jestaedt*, Demokratieprinzip und Kondominialverwaltung, S. 546 mit Fn. 560.

1132 So auch *Groß*, DVBl. 2002, 1182 (1193).

1133 *Irriger*, Genossenschaftliche Elemente in öffentlich-rechtlichen Körperschaften, S. 193; *Hendler*, Selbstverwaltung als Ordnungsprinzip, S. 310 und 315 mit Fn. 65; vgl. *Brohm*, Strukturen der Wirtschaftsverwaltung, S. 261 zur „qualitativen Gleichheit".

1134 *Kluth*, Funktionale Selbstverwaltung, S. 462.

1135 *Wolff/Bachof/Stober*, Verwaltungsrecht II, § 97 Rn. 21; *Breuer*, in: FG v. Unruh, S. 855 (876).

1136 *Kluth*, Funktionale Selbstverwaltung, S. 462.

und der Beschlüsse[1137]. Grundsätzlich problematisch ist auch hier wieder die unterschiedliche Gewichtung der Mitgliedschaftsrechte anhand der Betroffenheit, weil sich die Differenzierung nach dem Grad der Selbstbestimmung zu richten hat, Letztere sich aber aus der Einzelbetroffenheit ergibt[1138]. Dies verträgt sich schwerlich mit einer abstrakten Regelung. Dies wird sich erneut vor allem bei der Bürgergenossenschaft zeigen.

(1) Differenzierung bei der Gleichheit von Wahl und Abstimmung

Für Differenzierungen bei der Gleichheit der Wahl gibt es viele Beispiele. So richtet sich die Anzahl der Stimmrechte des Lippeverbandes und der Emschergenossenschaft nach § 12 Abs. 2 LippeVG bzw. § 11 Abs. 2 EmscherGG nach der Beitragshöhe des Mitglieds, die sich nach § 26 Abs. 1 LippeVG respektive § 25 Abs. 1 EmscherGG nach den sich aus der Verbandstätigkeit für das Mitglied ergebenden mittelbaren oder unmittelbaren Vorteilen, die umso größer ausfallen, je größer das dem jeweiligen Mitglied gehörende Verbandsgebiet ist. Demgegenüber stellt § 13 Abs. 2 GWaldG NW klar, dass sich das Stimmrecht der Mitglieder nach ihrer Anteilsberechtigung an der Gesamthandsgemeinschaft richtet, wobei dem kleinsten Anteil eine Stimme zukommt[1139]. Gleiches gilt nach § 19 Abs. 4 LFischG SH für Mitglieder von Fischereigenossenschaften in Bezug auf ihre Gewässerflächen. Gemeinsam ist den hier aufgeführten Regelungen, dass sie für die Mitglieder von Sachkörperschaften gelten. Insoweit wäre es also vor allem für die Infrastrukturgenossenschaft aufgrund ihrer Ähnlichkeit zu diesen denkbar, vergleichbare Stimmrechtsregelungen aufzustellen, sodass beispielsweise bei Überlandleitungen die Grundstückseigentümer umso mehr Stimmen erhalten, desto mehr Quadratmeter ihrer Grundstücke von Stromleitungen überspannt oder durch Stützpunkte unbrauchbar gemacht werden. Gleiches könnte für Windradparks oder Fernstraßen denkbar sein. Allerdings gibt es auch Bedenken hinsichtlich dieser Art von Stimmenverteilung. So wird bei den Wasserverbänden kritisiert, dass die Gewichtung der Betroffenheit anhand der Beitragshöhe allein auf abstrakte objektive Kriterien rekurriert, die individuelle Belastung eines Mitglieds aber ungleich höher sein könne, so im Vergleich eines gewerblichen Unternehmens mit einem Privateigentümer[1140]. Ein ähnliches Beispiel ließe sich mit Windrädern und von diesen ausgehenden Lärmemissionen

1137 *Kluth*, Funktionale Selbstverwaltung, S. 463.
1138 *Jestaedt*, Demokratieprinzip und Kondominialverwaltung, S. 509.
1139 Vgl. dazu das Kopfstimmrecht aus § 43 Abs. 3 S. 1 GenG.
1140 *Köller*, Funktionale Selbstverwaltung und ihre demokratische Legitimation, S. 109.

stricken: Ein Großgrundbesitzer, auf dessen Grundstück viele Windräder stehen, aber mit weitem Abstand zu seinem Wohnhaus, würde mehr Stimmrechte erhalten als ein privater Windenergieproduzent mit einem kleinen Grundstück, der nur ein Windrad auf seinem Grundstück hat, dies aber in kurzer Entfernung zu seinem Haus. Letzterer wäre offensichtlich individuell stärker belastet durch Nachteile wie Schattenwurf und andere als Ersterer.

Ferner ist auch denkbar, zusätzlich anhand der Beiträge der Mitglieder innerhalb der Genossenschaft des öffentlichen Rechts zu differenzieren: So leistet derjenige, der auf seinem Grundstück ein Windrad hat und Überlandleitungen duldet, einen quantitativ größeren Beitrag zur Erfüllung der öffentlichen Aufgabe „Produktion, Verwendung und Verteilung nachhaltigen Stroms" als derjenige, der nur eines von beidem tut. Es wird deutlich, dass es, insbesondere wenn auch die Herstellung von Akzeptanz verfolgt werden soll, einer größeren Anstrengung zur angemessenen Verteilung der Stimmrechte bedarf, als dies in bisherigen Organisationsgesetzen von Realkörperschaften vorzufinden ist. Diese haben die Selbstverwaltung sehr simplifiziert, weshalb auch hierin eine weitere Chance für die Genossenschaft des öffentlichen Rechts zu sehen ist. Alternativ wäre denkbar, die Statusbetroffenheit der Mitglieder weiter an den objektiven Kriterien der betroffenen Grundstücksfläche zu messen und die individuelle Betroffenheit über Kompensationszahlungen oder eine Verringerung der Pflichten, insbesondere solche finanzieller Art, auszugleichen.

Auch für die Bürgergenossenschaften sind derartige differenzierte Stimmgewichtungen denkbar, wobei es sich aufgrund ihrer Ähnlichkeit zur Erwerbs- und Wirtschaftsgenossenschaft hier eher anbietet, an die Mehrstimmenregelung des § 43 Abs. 3 S. 3 Nr. 1 GenG anzuknüpfen. Nach dieser sollen Mehrstimmrechte nur solchen Mitgliedern gewährt werden, die den Geschäftsbetrieb besonders fördern. Dafür haben sich als förderwirtschaftlich taugliche Kriterien insbesondere der (durchschnittliche) Umfang des Geschäftsverkehrs mit der eingetragenen Genossenschaft, die Höhe der Kapitalbeteiligung (Geschäftsanteile und -guthaben) an ihr, die Dauer der Mitgliedschaft sowie die Mitarbeit und Mitverantwortung in den Genossenschaftsorganen bewährt[1141]. Bei der Beurteilung der Übertragbarkeit der Kriterien auf die Bürgergenossenschaft ist jedoch im Hinterkopf zu behalten, dass diese für eine privatrechtliche Gesellschaftsform herausgearbeitet wurden, die keine Staatsgewalt ausübt. Die Auswahl der Kriterien, nach denen Mehrstimmrechte vergeben werden und in welcher Höhe dies geschieht, kann den eingetragenen Genossenschaften daher weitestgehend selbst

1141 *Beuthien*, GenG, § 43 Rn. 24.

überlassen werden. An das Organisationsgesetz einer Bürgergenossenschaft sind hingegen erhöhte Anforderungen hinsichtlich der Regelungsdichte zu stellen, um dem Demokratieprinzip Rechnung zu tragen. Dies gilt gerade auch vor dem Hintergrund, dass die Anzahl der Mehrstimmrechte bei einem funktionalen Selbstverwaltungsträger grundsätzlich nicht gedeckelt ist.

So sollten zunächst die zulässigen Differenzierungskriterien gesetzlich festgelegt sein und eine Indizwirkung in Bezug auf die Betroffenheit eines Mitglieds entfalten können, was bei den vorgenannten Kriterien der Fall ist. Hinzu können noch weitere Kriterien kommen, zu denen insbesondere das ehrenamtliche Engagement beim jeweiligen Fördergeschäft der Bürgergenossenschaft gehören sollte. Weiterhin sollte das Organisationsgesetz auch eine Ober- und eine Untergrenze dafür festlegen, wie viele Stimmrechte im Falle des Vorliegens eines solchen Kriteriums an ein Mitglied vergeben werden dürfen. Zwar ist bei einigen Kriterien auch eine sachliche Gewichtung möglich[1142], doch eröffnet dies vor allem die Möglichkeit zur Umsetzung rechtspolitischer Vorstellungen. So kann der Gesetzgeber zum Beispiel bei solchen Kriterien, bei denen es sich nicht um eine Ja/Nein-Bewertung (so wie beispielsweise die Mitgliedschaft in einem Leitungs- oder Überwachungsorgan), sondern um eine Einzelfallbetrachtung handelt (wie bei dem Umfang des Geschäftsverkehrs mit der Bürgergenossenschaft), bestimmte Wertgrenzen vorschreiben. Jedoch sind bereits hier auch schon satzungsmäßige Regelungen denkbar. Die konkrete Stimmrechtsvergabe fällt schließlich in den Bereich der Satzungsautonomie der Bürgergenossenschaft. Das Gesetz sollte vorschreiben, dass die Verteilung der Stimmrechte in regelmäßigen zeitlichen Abständen neu evaluiert werden muss.

Während die Kriterien zum Umfang der Betroffenheit grob durch ein Organisationsgesetz festgelegt werden müssen[1143], zeigen bereits die zuvor gewählten Beispiele, dass die konkrete Festlegung der Voraussetzungen zur Gewährung von Mehrstimmrechten durch die Satzung der Genossenschaft stattfinden sollte. Im selben Zug sollte aber auch sichergestellt werden, dass die Mehrstimmrechte nicht dazu führen, dass die Genossenschaft durch eine Minderheit von Mitgliedern, die mit entsprechenden Mehrstimmrechten ausgestattet ist, beherrscht wird. Dafür kommen verschiedene gesetzliche Ausgestaltungsmöglichkeiten in Betracht. So ist zum einen denkbar, dass, wie es beispielsweise

1142 So entfaltet beispielsweise ehrenamtliches Engagement eine größere Indizwirkung hinsichtlich der Statusbetroffenheit als die bloße Einlage von Kapital als Geschäftsguthaben.

1143 Vgl. dazu auch den Hinweis in BVerfGE 111, 191 (220 f.).

§ 29 Abs. 3 S. 2 LFischG RP oder § 12 Abs. 2 S. 3 LippeVG vorsehen, kein Mitglied mehr als 2/5 aller Stimmen haben darf, um eine stimmrechtsmäßige Beherrschung zu vermeiden[1144]. Zum anderen kommt gerade für die Bürgergenossenschaft, in Anlehnung an § 43 Abs. 3 S. 3 Nr. 1 GenG, der Ausschluss von Mehrstimmrechten im Fall wichtiger Beschlüsse in Betracht. In jedem Fall gilt es, die nötige Balance zu wahren zwischen einem Anreiz- und Belohnungssystem für das Engagement eines Mitglieds – ohne dabei jedoch das Kriterium der individuellen Betroffenheit aus dem Auge zu verlieren – und übermäßiger Gewährung von Mehrstimmrechten an einzelne Mitglieder und deren damit verbundener Dominanz in der Mitgliederversammlung. Bei Letzterem würde die Gefahr drohen, dass durch die immer weitere Entfernung vom genossenschaftlichen Ideal einer möglichst egalitären Beteiligung der Mitglieder an der Genossenschaft des öffentlichen Rechts die damit in Verbindung gebrachte Aktivierung bürgerschaftlichen Engagements und die Akzeptanzherstellung bei den „einfachen" Mitgliedern negativ beeinflusst werden.

(2) Differenzierung bei Allgemeinheit von Wahl und Abstimmung

Da der Grundsatz der Allgemeinheit der Wahl an die Status-Gleichheit der Bürger anknüpft, es an einer solchen aber im Bereich der funktionalen Selbstverwaltung fehlt[1145], sind unter den gleichen, zuvor dargelegten, allgemeinen Voraussetzungen Differenzierungen bei der Allgemeinheit der Wahl bzw. Abstimmung zulässig. Liegt eine Pflichtmitgliedschaft vor, ist zudem auf die Verhältnismäßigkeit von Eingriffen in Grundrechte zu achten[1146].

b) Anspruch auf Förderung

Ein weiteres wichtiges Mitgliedschaftsrecht, das im Gegensatz zum vorhergehenden nicht den partizipativen Grundgedanken, sondern den der genossenschaftlichen Selbsthilfe betrifft, ist der Anspruch der Mitglieder auf Förderung durch die Genossenschaft des öffentlichen Rechts. Dieser kann ganz verschiedene Formen annehmen[1147], bei der Bürgergenossenschaft

---

1144 Dazu auch *Klein/Berlin*, ZfgG 1963, 197 (227).

1145 *Kluth*, Funktionale Selbstverwaltung, S. 463; vgl. *Irriger*, Genossenschaftliche Elemente in öffentlich-rechtlichen Körperschaften, S. 193.

1146 Vgl. *Irriger*, Genossenschaftliche Elemente in öffentlich-rechtlichen Körperschaften, S. 204 ff.

1147 Vgl. ausführlich *Irriger*, Genossenschaftliche Elemente in öffentlich-rechtlichen Körperschaften, S. 121 ff.

wird er starke inhaltliche Bezüge zu dem der eingetragenen Genossenschaft aufweisen[1148].

c) Ertragsbeteiligungsrecht

Das Organisationsgesetz kann vorsehen, dass die Mitglieder an den Gewinnen aus der Tätigkeit des funktionalen Selbstverwaltungsträgers beteiligt werden[1149]. Insofern können also Elemente der finanziellen Bürgerbeteiligung abgebildet werden. Die Art und Weise der Ausschüttung kann dabei variieren und an unterschiedliche Betroffenheitsmaßstäbe anknüpfen; denkbar ist zum Beispiel eine Verteilung nach dem Verhältnis des Flächeninhalts der beteiligten Grundstücke, wie es § 10 Abs. 3 BJagdG vorsieht.

Eine typisch genossenschaftliche Weise der Ertragsbeteiligung ist die Rückvergütung in Gestalt von Waren- oder Umsatzrückvergütungen, Unkostenrückvergütungen oder Preisnachzahlungen[1150], verbunden mit den entsprechenden steuerrechtlichen Vorteilen[1151]. Da sie Ausdruck der Bindung der Genossenschaft an den Förderzweck ist[1152], besteht ein Anspruch auf sie auch innerhalb einer Genossenschaft des öffentlichen Rechts. Auch bei ihr sollte ein Vorrang der Naturalförderung bestehen, das Schwergewicht der Förderung also auf der unmittelbaren Förderung der Mitglieder durch Güter und Dienstleistungen liegen[1153]. Im Falle dessen, dass eine Nutzungspflicht unzulässig wäre, könnte gerade sie den Bürgern einen wichtigen Anreiz zur Nutzung ihrer Einrichtungen und Dienstleistungen liefern.

d) Sonstige Mitwirkungsrechte

Sonstige Mitwirkungsrechte sind unter anderem Kontrollrechte, auf Grundlage derer die Mitglieder die Leitungsorgane wählen und abwählen können, Klagerechte auf Einhaltung der Verbandskompetenz sowie Informations- und

---

1148 Dazu *Beuthien*, GenG, § 1 Rn. 8 ff.

1149 BVerfG, BayVBl 1986, 205 (207); BVerwG, BayVBl 1972, 589; *Wolff/Bachof/Stober*, Verwaltungsrecht II, § 97 Rn. 21.

1150 *Westermann*, Das rechtliche Wesen der Erwerbs- und Wirtschaftsgenossenschaften, in: Seraphim (Hrsg.), Vom Wesen der Genossenschaften und ihrer steuerlichen Behandlung, S. 62 (94).

1151 *Beuthien*, GenG, § 19 Rn. 17 ff.

1152 *Westermann*, ZfgG 1963, 273 (277).

1153 Vgl. *Beuthien*, AG 2012, 867 (870).

Auskunftsrechte, soweit Letztere unabhängig von einer Amtsinhaberschaft geltend gemacht oder begründet werden[1154].

3. *Mitgliedschaftliche Pflichten*

Aus der Mitgliedschaft folgt eine Treuepflicht zur Förderung des Verbandszwecks, die aufgrund ihrer auf mehreren Argumentationssträngen basierenden dogmatischen Herleitung für alle Verbände, gleich ob öffentlich-rechtlich oder privatrechtlich, mithin also auch für die Genossenschaft des öffentlichen Rechts[1155], Geltung beanspruchen kann und dessen Gegenstück die Treuepflicht des Verbandes zu jedem einzelnen Mitglied darstellt[1156]. Gleichwohl muss zugestanden werden, dass der Argumentationsstrang, der auf dem Verbot des venire contra factum proprium als Ausprägung des Gebots von Treu und Glauben basiert, zumindest bei Verbänden mit Pflichtmitgliedschaft nicht passt, da es an dem Element der Freiwilligkeit des Beitritts mangelt, an den eben dieses Argument anknüpft. Ferner besteht auch eine Treuepflicht der Mitglieder des Verbandes untereinander[1157]. Die Treuepflichten äußern sich in verschiedenen Formen des Handelns, Duldens und Unterlassens, die sich nach einer Vielzahl von Kriterien ermitteln lassen[1158]. So müssen die Mitglieder an der Erfüllung der Verbandsaufgaben mitwirken, loyal mit den Verbandsorganen kooperieren und deren rechtmäßige Beschlüsse und Anordnungen befolgen[1159]. Grundsätzlich kann aber angenommen werden, dass die Treuebindung zwischen Verband und Mitgliedern umso stärker ist, je zahlenmäßig kleiner der Verband ist, je größer der mitgliedschaftliche Einfluss auf die verbandsinterne Willensbildung ist und je gewichtiger die Verbandsaufgaben sind[1160]. Die mitgliedschaftlichen

---

1154 *Wolff* u.a., Verwaltungsrecht II, § 100 Rn. 12 ff.

1155 Vgl. zu den Treuepflichten in der eingetragenen Genossenschaft *Beuthien*, GenG, § 18 Rn. 43.

1156 Ausführlich *Schmidt*, Kommunale Kooperation, S. 335 ff. m.w.N.; *Irriger*, Genossenschaftliche Elemente in öffentlich-rechtlichen Körperschaften, S. 84; *Rapsch*, WVVO, § 4 Rn. 25.

1157 *Schmidt*, Kommunale Kooperation, S. 337.

1158 Vgl. dazu im Einzelnen *Schmidt*, Kommunale Kooperation, S. 339 f.; zu den Pflichten der Mitglieder einer eingetragenen Genossenschaft untereinander *Beuthien*, GenG, § 18 Rn. 52; *Pöhlmann*, in: ders./Fandrich/Bloehs, GenG, § 18 Rn. 28.

1159 *Irriger*, Genossenschaftliche Elemente in öffentlich-rechtlichen Körperschaften, S. 84 f.

1160 *Schmidt*, Kommunale Kooperation, S. 340.

Treuepflichten gelten aber in gewissen Maße auch zwischen den Mitgliedern[1161]. Bei den meisten funktionalen Selbstverwaltungsträgern sind neben allgemeinen Finanzierungs- und punktuellen Auskunftspflichten nur eine geringe Anzahl weiterer mitgliedschaftlicher Pflichten vorzufinden, wobei bei Realkörperschaften auch echte Mitwirkungspflichten existieren können, die allerdings mit der Belastung durch die Aufgabe zusammenhängen[1162]. So lässt § 33 WVG beispielsweise zur leichteren Durchführung der Verbandsaufgaben Beschränkungen des Grundeigentums zu, wie das Betreten und die Nutzung von Grundstücken der Verbandsmitglieder. Dies kann unter anderem für eine Infrastrukturgenossenschaft als Projektträger relevant sein.

Eine große Rolle für den Erfolg des Einsatzes von Bürgergenossenschaften in strukturschwachen ländlichen Räumen würde zudem die Möglichkeit spielen, Mitglieder und Dritte zur Nutzung ihrer Leistungen verpflichten zu können, da dadurch die Remanenzkosten durch eine höhere Nutzerzahl gesenkt werden könnten. Dies gilt insbesondere für den Bereich technischer Infrastrukturen[1163]. Im Übrigen könnte eine Pflichtmitgliedschaft diese Wirkung noch katalysieren, auch wenn eine solche bei der Bürgergenossenschaft von ihrer Grundkonzeption her nicht vorgesehen ist. Hierdurch ergeben sich Parallelen zum kommunalen Einsatzmittel des Anschluss- und Benutzungszwangs. Zwar gibt es auch im Recht der eingetragenen Genossenschaften mit § 16 Abs. 3 GenG die Möglichkeit der Einführung eines Andienungs- und Benutzungszwangs, doch bleibt dieser in seiner Wirkungskraft erheblich hinter den zuvor genannten Mitteln zurück, da er sich auf die Genossenschaftsmitglieder beschränkt und es für diese Organisationsform nur eine freiwillige Mitgliedschaft gibt[1164]. Im Folgenden soll daher insbesondere die Möglichkeit einer Benutzungspflicht für die Mitglieder der Genossenschaft des öffentlichen Rechts beleuchtet werden. Diese muss im Zusammenhang mit der Möglichkeit der Einführung einer Pflichtmitgliedschaft gesehen werden, die in diesem Zuge ebenfalls erörtert wird, zumal sie eine der umfassendsten Pflichten in Pflichtgenossenschaften des öffentlichen Rechts darstellt. Aufgrund seiner inhaltlichen Parallelen zu dieser Thematik soll zuvor jedoch auf den kommunalen Anschluss- und Benutzungszwang eingegangen werden[1165].

1161 *Wolff/Bachof/Stober*, Verwaltungsrecht II, § 97 Rn. 21.
1162 *Wolff* u.a., Verwaltungsrecht II, § 100 Rn. 18 f.
1163 S. dazu oben unter Kap. 2 A. III. 2.
1164 Vgl. *Beuthien*, GenG, § 16 Rn. 23.
1165 Vgl. *Rapsch*, WVVO, § 4 Rn. 26.

a) Der Anschluss- und Benutzungszwang

Während der Anschlusszwang die Duldung einer technischen Verbindung des Grundstücks zur betreffenden öffentlichen Einrichtung durch den Grundstückseigentümer meint, umfasst der Benutzungszwang, der nicht notwendig mit dem Anschlusszwang einher geht, die Pflicht zur Benutzung der öffentlichen Einrichtung bei gleichzeitigem Verbot der Benutzung anderer Einrichtungen[1166]. Der Anschluss- und Benutzungszwang wird in der Literatur für verschiedene Einsatzbereiche diskutiert, so zum Beispiel für Fernwärme[1167] oder Breitbandinternet[1168]. Interessant ist dabei gerade die Evolution des Anschluss- und Benutzungszwangs vom Instrument des Gesundheitsschutzes für die Bevölkerung hin zu einem Mittel des Umweltschutzes[1169]. Er ist auf der Kommunalebene weit verbreitet; sämtliche Gemeindeordnungen bzw. Kommunalverfassungen der Länder lassen dieses Instrument zu.

Zum einen setzt seine Einführung eine öffentliche Einrichtung voraus, unter der man eine Zusammenfassung personeller und sachlicher Mittel versteht, die von der Gemeinde zu Zwecken der Daseinsvorsorge durch Widmung bereit gestellt und unterhalten wird sowie zum Zwecke der bestimmungsgemäßen Nutzung (jedenfalls) durch die Einwohner geschaffen wurde[1170]. Bereits dies trifft nicht immer zu, da eine Bürgergenossenschaft auch bottom-up gegründet werden kann. Wird Gemeinden die Möglichkeit gegeben, der Genossenschaft beizutreten, so kann man ebenfalls nicht von einer Bereitstellung seitens der Gemeinde sprechen, zumal die Gemeinde angesichts der Stimmrechtsregelungen nicht notwendig einen beherrschenden Einfluss wird geltend machen können. Zwar ermöglichen es Regelungen in einigen Gemeindeordnungen, Kommunalunternehmen in Gestalt von Anstalten des öffentlichen Rechts die Befugnis zu übertragen, selbst per Satzung einen Anschluss- und Benutzungszwang einzuführen, doch sind die Anstalten top-down-legitimiert; ihr Wille entspricht dem Willen ihres Trägers[1171], was bei der Genossenschaft des öffentlichen Rechts grundlegend anders gedacht ist. Diese Kontrolle der Anstalt ist aber gerade die

---

1166 *Burgi*, Kommunalrecht, § 16 Rn. 61.

1167 *Gläß*, Rechtsfragen des kommunalen Anschluss- und Benutzungszwangs in Zeiten von Klimawandel und Energiewende, S. 144 ff.

1168 *Korte*, N&R 2014, 138.

1169 *Gläß*, Rechtsfragen des kommunalen Anschluss- und Benutzungszwangs in Zeiten von Klimawandel und Energiewende, S. 97.

1170 *Burgi*, Kommunalrecht, § 16 Rn. 5.

1171 Dazu bereits oben unter Kap. 5 B. II.

Bedingung für eine Übertragung der Entscheidung über einen Anschluss- und Benutzungszwang, was der Vergleich der Diskussion zur Einrichtung eines solchen zugunsten von privatrechtlichen Organisationsformen zeigt[1172]. Zudem sind Kommunalunternehmen und privatrechtliche Gesellschaftstypen Ausdruck der kommunalen Organisationshoheit[1173], während die Genossenschaft des öffentlichen Rechts der funktionalen Selbstverwaltung angehört. Im Übrigen ist die Genossenschaft des öffentlichen Rechts auch kein kommunaler, sondern ein funktionaler Selbstverwaltungsträger. Ihre Finanzautonomie steht daher einer „Unterhaltung" selbiger durch die Gemeinde entgegen.

Zum anderen verlangen die Gemeindeordnungen das Vorliegen eines öffentlichen Bedürfnisses, eines dringenden öffentlichen Bedürfnisses oder das Vorliegen von Gründen des öffentlichen Wohls, deren Annahme angesichts des stets mit einem Anschluss- und Benutzungszwang verbundenen Eingriffs in Art. 2 Abs. 1 GG und gegebenenfalls auch in Art. 14 Abs. 1 GG oder Art. 12 Abs. 1 GG zu erfolgen hat[1174]. Viele Gemeindeordnungen erwähnen in diesem Zusammenhang explizit die Erhaltung der Volksgesundheit und der natürlichen Lebensgrundlagen der Gemeindeeinwohner[1175], wobei umstritten ist, inwieweit dadurch der sachliche Anwendungsbereich des Anschluss- und Benutzungszwangs beschnitten wird. Teilweise wird eine starke Rückwirkung auf die Interpretation des öffentlichen Bedürfnisses angenommen, teilweise wird eine offenere Interpretation im Sinne einer lediglich vorrangigen Bezugnahme vertreten[1176]. Kommunalwirtschaftliche Erwägungen zur Rentabilität begründen für sich noch kein öffentliches Bedürfnis und können neben den als zulässig anerkannten Belangen nur eine untergeordnete Rolle spielen[1177]. Sie können aber eine Erstreckung des Anschluss- und Benutzungszwang auf Grundstücke, die andernfalls auf Basis des eigentlichen Anerkennungsgrundes nicht erfasst wären, rechtfertigen[1178]. Daraus folgt, dass zum Beispiel gemeindliche

1172 *Lange*, Kommunalrecht, Kap. 13 Rn. 128.

1173 *Burgi*, Kommunalrecht, § 6 Rn. 33.

1174 *Lange*, Kommunalrecht, Kap. 13 Rn. 133 ff.

1175 Überblick bei *Gläß*, Rechtsfragen des kommunalen Anschluss- und Benutzungszwangs in Zeiten von Klimawandel und Energiewende, S. 118 ff.

1176 *Lange*, Kommunalrecht, Kap. 13 Rn. 135 f. m.w.N.

1177 *Gläß*, Rechtsfragen des kommunalen Anschluss- und Benutzungszwangs in Zeiten von Klimawandel und Energiewende, S. 184.

1178 Vgl. BVerwG, NVwZ 1986, 754 (755 f.); OVG Schleswig, CuR 2004, 60 (63); OVG Schleswig, ZUR 2003, 92 (94).

Kultureinrichtungen (Büchereien, Theater), Leihhäuser, Leicheneinsargung oder Leichentransport[1179] sowie Breitband-Versorgung unzulässig sind[1180].

Diese Verengung des sachlichen Anwendungsbereichs des Anschluss- und Benutzungszwangs in zweierlei Hinsicht, nämlich erstens auf die Gesundheit und zweitens die Einwohner der Gemeinde, ist ein weiterer Nachteil des Anschluss- und Benutzungszwangs, insbesondere im Hinblick auf Aufgaben von solchem Umfang und Gewicht, dass sie zwar auf lokaler Ebene angegangen werden müssen, jedoch nur überörtlich in einem kooperativen, koordinierten Vorgehen gelöst werden können. So sah sich der Bundesgesetzgeber beispielsweise gezwungen, zur Verhinderung von in den Bundesländern voneinander abweichender Rechtsprechung zu der Zulässigkeit eines Anschluss- und Benutzungszwangs von Fernwärmeeinrichtungen mit dem Ziel des globalen Umweltschutzes[1181] den § 16 EEWärmeG[1182] einzuführen, der zahlreiche Fragen hinsichtlich verfassungsrechtlicher Zulässigkeit und Regelungsgehalt offen ließ[1183]. Im Bereich der Elektrizitäts- und Gasversorgung haben die Länder aufgrund des abschließenden Charakters des Energiewirtschaftsgesetzes hingegen keine Kompetenz zur Schaffung der Möglichkeit eines Anschluss- und Benutzungszwangs[1184]. Hier käme es auf den Bundesgesetzgeber an, eine solche Regelung für mit der entsprechenden Aufgabe betraute Genossenschaften des öffentlichen Rechts einzuführen.

Dementsprechend ist der Anschluss- und Benutzungszwang, abgesehen davon, dass er nach geltender Rechtslage für die Genossenschaft des öffentlichen Rechts ohnehin häufig nicht in Frage käme, in Anbetracht seiner eingeschränkten Nutzbarkeit ein Rechtsinstrument mit zahlreichen Schwächen, das darüber

---

1179 *Lange*, Kommunalrecht, Kap. 13 Rn. 130.

1180 *Korte*, N&R 2014, 138 (144 ff.).

1181 OVG Schleswig, ZUR 2003, 92 ff.; Urt. v. 5.1.2005 – 2 LB 62/04; VGH Mannheim, NuR 2004, 668 ff.

1182 § 16 EEWärmeG: „Die Gemeinden und Gemeindeverbände können von einer Bestimmung nach Landesrecht, die sie zur Begründung eines Anschluss- und Benutzungszwangs an ein Netz der öffentlichen Fernwärme- oder Fernkälteversorgung ermächtigt, auch zum Zwecke des Klima- und Ressourcenschutzes Gebrauch machen."

1183 Ausführlich dazu *Gläß*, Rechtsfragen des kommunalen Anschluss- und Benutzungszwangs in Zeiten von Klimawandel und Energiewende, S. 275 ff.; *Brüning*, KommJur 2014, 121 (124).

1184 *Gläß*, Rechtsfragen des kommunalen Anschluss- und Benutzungszwangs in Zeiten von Klimawandel und Energiewende, S. 102 und 149.

hinaus den Bereich der gesellschaftlichen Aktivierung der Angeschlossenen unberührt lässt.

b) *Die Nutzungspflicht innerhalb und außerhalb einer Pflichtmitgliedschaft*

Zu klären ist zunächst die Frage, ob für Mitglieder der Genossenschaft des öffentlichen Rechts eine Nutzungspflicht bezüglich ihrer Leistungen und Einrichtungen besteht. Wie ein Vergleich mit anderen funktionalen Selbstverwaltungsträgern zeigt, hängt das von ihrer jeweiligen Ausgestaltung ab. So wurde eine solche Pflicht bei Personalkörperschaften wie Innungen und Wirtschaftskammern verneint[1185], während die Möglichkeit bei Wasser- und Bodenverbänden nach § 4 Abs. 1 S. 2 und 3 WVVO bejaht wurde[1186]. Unklar ist zudem, ob eine solche Nutzungspflicht bereits aus der Mitgliedschaft folgt[1187]. Es ist anzunehmen, dass diese umso eher bereits aus der bloßen Mitgliedschaft folgt, je wichtiger die Nutzung der Leistung oder der Einrichtung durch eine möglichst große Anzahl der Mitglieder für die Aufgabenerfüllung ist. Dies kann aber aufgrund der Satzungsautonomie der funktionalen Selbstverwaltungskörperschaften dahinstehen, die Genossenschaft des öffentlichen Rechts wäre daher jedenfalls grundsätzlich in der Lage, ihren Mitgliedern eine Nutzungspflicht aufzuerlegen.

Der Wirkungsgrad der Nutzungspflicht könnte durch die Erweiterung des Kreises der Inpflichtgenommenen qua Pflichtmitgliedschaft noch weiter gesteigert werden. Diese Lösung wurde bereits im Zusammenhang mit der Problematik des Gebots einer angemessenen, flächendeckenden medizinischen Gesundheitsversorgung, das aus dem Sozialstaatsprinzip folgt, bei gleichzeitigem Rückgang der Bevölkerungszahl in bestimmten Regionen Deutschlands erwähnt[1188].

Vorteil der Pflichtmitgliedschaft ist, dass ihr die engen örtlichen und sachlichen Voraussetzungen der Gemeindeordnungen der Länder hinsichtlich der Einführung eines Anschluss- und Benutzungszwangs unbekannt sind. Sie setzt das Vorliegen einer legitimen öffentlichen Aufgabe voraus, weil sie einen Eingriff

1185 *Kormann*, GewArch 1988, 249 (255); *Brohm*, in: FG v. Unruh, S. 777 (789); *Irriger*, Genossenschaftliche Elemente in öffentlich-rechtlichen Körperschaften, S. 155; s. auch BVerwGE 64, 115 (121 f.).

1186 OVG Berlin, Urt. v. 18.1.1974, II B 69.71; *Rapsch*, WVVO, § 4 Rn. 26.

1187 OVG Berlin, Urt. v. 18.1.1974, II B 69.71; a.A. *Kormann*, GewArch 1988, 249 (255).

1188 *Bartholomae/Beivers*, ZögU 2009, 213 (235 f.), wodurch allerdings auch Konflikte mit dem Grundsatz der freien Arzt- und Krankenhauswahl entstehen könnten.

in Art. 2 Abs. 1 GG begründet, der nur im Rahmen der verfassungsmäßigen Ordnung zulässig ist[1189]. Mit dem Begriff der legitimen öffentlichen Aufgabe sind solche gemeint, an deren Erfüllung ein gesteigertes Interesse der Gemeinschaft besteht, die aber so beschaffen sind, dass sie weder im Wege privater Initiative wirksam wahrgenommen werden können noch zu den im engeren Sinne staatlichen Aufgaben zählen, die der Staat durch seine Behörden wahrnehmen muss[1190]. Da aber die Pflichtmitgliedschaft einen empfindlichen Eingriff in das Grundrecht der individuellen Freiheit des Verhaltens im Wirtschafts- und Arbeitsleben darstellt, muss diese auch verhältnismäßig sein[1191]. Dieser erhöhte Rechtfertigungsaufwand kann zwar als Nachteil gesehen werden, wird aber durch den überkommunalen Bezug der Pflichtmitgliedschaft wieder aufgewogen, der aus dem Aufgabenbezug der funktionalen Selbstverwaltung folgt. Darüber hinaus erhält das von Rechts wegen einbezogene Mitglied im Gegenzug Teilhaberechte an der Verbandstätigkeit, was als milderes Mittel im Vergleich zur unmittelbaren Staatsverwaltung gesehen werden kann[1192].

Weitergehend stellt sich die Frage, ob die Wirksamkeit der Aufgabenerfüllung dadurch noch weiter gesteigert werden kann, dass per Erlass einer Satzung durch die Genossenschaft des öffentlichen Rechts auch Nichtmitglieder zur Nutzung ihrer Dienstleistungen und Einrichtungen verpflichtet werden. Dass die Ausübung von Staatsgewalt durch funktionale Selbstverwaltungsträger gegenüber Dritten grundsätzlich möglich ist, zeigt beispielsweise § 8 LippeVG, der die Nutzung der Grundstücke Dritter zur Durchführung bestimmter Tätigkeiten statuiert. Dabei ist umstritten, ob überhaupt und wenn ja, unter welchen Bedingungen die Ausübung von Staatsgewalt gegenüber Außenstehenden zulässig ist[1193]. Während die meisten Legitimationsmodelle auf die Rechtfertigung dieser außenwirksamen Maßnahmen nicht explizit eingehen oder diese

1189 BVerfG, NJW 2017, 2744 (2746 f.); BVerfGE 10, 89 (102); 12, 319 (323); 15, 235; a.A. *Kluth*, Funktionale Selbstverwaltung, S. 293 ff.; ders., Selbstverwaltung der Wirtschaft und der freien Berufe, in: Ehlers/Fehling/Pünder (Hrsg.), Besonderes Verwaltungsrecht, Bd. 1, § 15 Rn. 37.

1190 BVerfGE 38, 281 (299).

1191 BVerfGE 38, 281 (301 f.).

1192 *Kluth*, Funktionale Selbstverwaltung, S. 328 f.; vgl. BVerfG, NVwZ 2002, 335 (337) sowie *Klein*, ZfgG 1957, 145 (152 f.).

1193 Vgl. insbesondere zu den umfangreichen mittelbaren Wirkungen der Ausübung von Staatsgewalt bereits oben unter Kap. 6 A. I.; ferner *Kluth*, Funktionale Selbstverwaltung, S. 504 ff.; *Papenfuß*, Die personellen Grenzen der Autonomie öffentlich-rechtlicher Körperschaften, S. 27 ff. und 177 ff.

ablehnen[1194], lässt die Theorie der kollektiven personellen Legitimation solche unter der Bedingung geringer Eingriffsintensität zu bzw. verlangt bei größerer Eingriffsintensität einen höheren Grad an Bestimmtheit der gesetzlichen Ermächtigungsgrundlage[1195]. Das Bundesverfassungsgericht stellt, auch wenn es von „begrenztem Umfang" spricht, weitaus großzügigere Anforderungen, weil es zum einen die mittelbare Beeinträchtigung von Nichtmitgliedern von der Legitimationsbedürftigkeit auszunehmen scheint[1196] und zum anderen für die unmittelbare Ausübung von Staatsgewalt lediglich fordert, dass die Entscheidungen des Selbstverwaltungsträgers gesetzlich ausreichend determiniert sein müssen und ihr Handeln durch eine Staatsaufsicht überwacht wird[1197]. Daher könnte beispielsweise die Bürgergenossenschaft zur besseren Auslastung ihrer Dienstleistungen und Einrichtungen grundsätzlich auch Dritte verpflichten.

IV. Finanzierung

Ferner stellt sich die Frage, wie die Genossenschaft des öffentlichen Rechts ihre Tätigkeit finanzieren soll. Soll eine Organisationsform selbstverwaltend tätig sein, muss sie über eigene finanzielle Mittel verfügen, um ihre Aufgaben erledigen zu können[1198]. Aufgrund der Unbestimmtheit des Selbstverwaltungsbegriffs wäre aber eine überwiegende Fremdfinanzierung ebenfalls zulässig, obwohl nicht zu leugnen ist, dass der Grad der Eigenfinanzierung mit dem Verantwortungsgefühl der Mitglieder des Selbstverwaltungsträgers für die Aufgabenerfüllung sowie mit der Gefahr staatlicher Einmischung korreliert[1199]. Zudem entspricht

1194 *Köller*, Funktionale Selbstverwaltung und ihre demokratische Legitimation, S. 315 f.

1195 *Kluth*, Funktionale Selbstverwaltung, S. 504 f.

1196 So die Deutung von *Köller*, Funktionale Selbstverwaltung und ihre demokratische Legitimation, S. 317.

1197 BVerfGE 107, 59 (94); dazu kritisch *Köller*, Funktionale Selbstverwaltung und ihre demokratische Legitimation, S. 320 ff., die sich deshalb für die Aufnahme einer Ausnahmebestimmung zugunsten der funktionalen Selbstverwaltung in das Grundgesetz ausspricht; eine genossenschaftsbezogene Förderklausel, die in einigen Landesverfassungen vorzufinden ist, reiche insoweit nicht, vgl. dies., Funktionale Selbstverwaltung und ihre demokratische Legitimation, S. 323 f.; darstellend zu den Förderklauseln *Kluth*, Funktionale Selbstverwaltung, S. 518 f.

1198 *Thieme*, in: FG v. Unruh, S. 1155 (1155); *Rapsch*, WVVO, Vor § 78 Rn. 5; vgl. *Westermann*, Das rechtliche Wesen der Erwerbs- und Wirtschaftsgenossenschaften, in: Seraphim (Hrsg.), Vom Wesen der Genossenschaften und ihrer steuerlichen Behandlung, S. 62 (77).

1199 *Weller*, Aufgaben, Organisation und Finanzierung der Wasser- und Bodenverbände, S. 159.

dies dem genossenschaftlichen Prinzip der Selbsthilfe[1200]. Bei zeitgerechter Interpretation sind staatliche Zuwendungen erst bei unmittelbarer Beeinflussung der Selbstverwaltung eines Verbands, also beispielsweise staatlichen Eingriffsrechten in Gestalt von Mitwirkungs- oder Mitentscheidungsrechten, verboten; unbedenklich ist jedenfalls die Kontrolle der Verwendung der bereitgestellten Mittel[1201]. Die Staatshilfen müssen die Selbstverwaltung erhalten oder fördern; ihr Umfang orientiert sich an der finanziellen Belastung durch die jeweilige Aufgabe, wobei staatliche Hilfe die Ausschöpfung der körperschaftlichen Geld- und Sachmittel voraussetzt[1202]. Dabei stellt sich letztlich immer die Frage, ob ein Umfang erreicht ist, der dauerhaft Selbstverantwortung, Eigeninitiative und das Eigeninteresse der Mitglieder für die Verbandsaufgaben negativ beeinflusst[1203]. Wie bereits oben[1204] dargelegt, ist dies auch für die vergaberechtsfreie Aufgabenübertragung relevant, weil diese neben der Handlungs- auch eine Finanzautonomie voraussetzt, wobei dieser Begriff weit zu verstehen ist, da er kein selbst vereinnahmtes Abgabenaufkommen verlangt.

In Betracht kommt dabei die Finanzierung durch eigene Einnahmequellen. Einerseits in öffentlich-rechtlicher Form von Abgaben wie Steuern, Gebühren und Beiträgen; andererseits in privatrechtlicher Form über entsprechende zivilrechtliche Verträge. Dabei ist eine Balance zwischen gesichertem Aufkommen auf der einen Seite und nutzenangemessener Heranziehung der einzelnen Beteiligten auf der anderen Seite zu finden, die sich aus einer allgemeinen aufkommensstarken (je nach Finanzbedarf) Finanzquelle und parallelen Sonderzahlungen zusammensetzt[1205]. Zugleich muss zugestanden werden, dass einige Betätigungsfelder gerade im Bereich freiwilliger kommunaler Selbstverwaltungsaufgaben immer mehr oder minder große Zuschussgeschäfte sein werden. Insofern kann eine solche bürgerschaftliche Initiative realistisch nur Erfolg haben, wenn sie durch staatliche Geldleistungen unterstützt wird, soll der Finanzierungsanteil der Bürger nicht eine Höhe erreichen, die nur solchen mit entsprechenden

---

1200 *Weller*, Aufgaben, Organisation und Finanzierung der Wasser- und Bodenverbände, S. 160.

1201 *Irriger*, Genossenschaftliche Elemente in öffentlich-rechtlichen Körperschaften, S. 166.

1202 *Irriger*, Genossenschaftliche Elemente in öffentlich-rechtlichen Körperschaften, S. 166.

1203 *Irriger*, Genossenschaftliche Elemente in öffentlich-rechtlichen Körperschaften, S. 166.

1204 S. dazu unter Kap. A II.

1205 Vgl. *Schmidt*, Kommunale Kooperation, S. 17.

finanziellen Ressourcen eine Mitgliedschaft gestattet. Dies würde den Genossenschaften des öffentlichen Rechts darüber hinaus auch Freiheiten schaffen, das Einbringen von Eigenengagement, wie beispielsweise Arbeitsleistungen, als geldwerte Leistung zu werten, die eine Aufnahme als Mitglied gestattet, ohne direkt den eigenen finanziellen Handlungsspielraum zu gefährden. Wie später noch darzulegen sein wird, besteht ferner im Bereich der Beitragserhebung, insbesondere bei Pflichtgenossenschaften, dort eine rote Linie, wo die Beitragshöhe außer Verhältnis zur wirtschaftlichen Leistungsfähigkeit der Mitglieder gerät[1206]. Als Quellen der Fremdfinanzierung kommen daher auch solche in Gestalt staatlicher Zuwendungen und staatlicher Darlehen in Betracht. Dabei ist jedoch auf die beihilfenrechtliche Konformität der Finanzierungsmaßnahme zu achten.

1. Öffentlich-rechtliche Geldleistungspflichten

Öffentlich-rechtliche Geldleistungspflichten sind Steuern, Gebühren und Beiträge sowie Sonderabgaben. Die Bemessung der Gebühren- und Beitragshöhe ist durch verfassungsrechtliche Zurechnungsgrundsätze eingeschränkt, zu denen insbesondere das Äquivalenzprinzip als beitragsrechtlicher Ausdruck des verfassungsrechtlichen Verhältnismäßigkeitsgrundsatzes[1207] gehört[1208]. Ein bedeutender Vorteil besteht darin, dass diese per Verwaltungsakt geltend gemacht werden können, der ein vollstreckbarer Titel ist. Der Vollstreckungstitel muss daher nicht erst vor Gericht erstritten werden.

a) Steuern

Unter Steuern versteht man einmalige oder laufende Geldleistungen, die dem Leistenden hoheitlich auferlegt sind und an den Bund, die Länder, die Gemeinden oder Gemeindeverbände sowie die öffentlich-rechtlich organisierten Religionsgesellschaften fließen und zur Deckung des öffentlichen Finanzbedarfs und somit nicht ausschließlich zum Ausgleich von Lasten und Vorteilen voraussetzungslos, das heißt unabhängig von einem erhaltenen Vorteil, erhoben werden[1209]. Da hier aber eine besondere staatliche Leistung der Genossenschaft

---

1206 *Führ*, Das Selbstverwaltungsrecht der Wasser- und Bodenverbände unter dem Einfluß staatlicher Finanzhilfen, S. 27.

1207 Vgl. BVerwG, GewArch 1990, 398 (399); OVG Münster, DVBl. 1994, 416 (419).

1208 *Kluth*, Funktionale Selbstverwaltung, S. 508.

1209 *Waldhoff*, Grundzüge des Finanzrechts des Grundgesetzes, in: Isensee/Kirchhof (Hrsg.), HStR V[3], § 116 Rn. 85.

des öffentlichen Rechts vergolten werden soll, scheidet ihre Finanzierung durch Steuern aus[1210].

b) Gebühren

Eine Gebühr kann nur für einen Aufwand erhoben werden, der in einem dem Einzelnen als Folge eines Verhaltens eines Hoheitsträgers (im weitesten Sinne) zugeflossenen individuellen (geldwerten) Vorteils oder in von dem Einzelnen individuell zu verantwortenden Kosten für den Hoheitsträger besteht[1211]. Gerade bei wirtschaftlich tätigen Bürgergenossenschaften ist eine Vergütung der einzelnen Leistungen über eine Gebührenerhebung möglich, obwohl hier auch die Geltendmachung von Forderungen aus privatrechtlichen Verträgen sehr gut denkbar ist.

c) Beiträge

Ein Beitrag wird für die erwarteten Vorteile erhoben, die eine Gruppe aus einem öffentlichen Aufwand zieht und deckt bei ökonomischer Betrachtung die Fixkosten für die Bereitstellung nutzbarer Einrichtungen[1212]. In jüngerer Zeit werden Beiträge beispielsweise auch zur Infrastrukturfinanzierung durch Dritte, insbesondere im Bereich des öffentlichen Personennahverkehrs, diskutiert, ohne dass diese direkt dafür bezahlen[1213].

In beinahe sämtlichen Trägern der funktionalen Selbstverwaltung sind die Mitglieder zu Beitragszahlungen verpflichtet, was gerade bei den Pflichtmitgliedschaften eine erhebliche Belastung darstellen kann[1214]. In dieser Konstellation werden sie teilweise auch als korporative Beiträge oder Verbandslast spezifiziert[1215]. Für Höhe und Bemessung der Beiträge kommen verschiedene Maßstäbe in Betracht, über die grundsätzlich der Selbstverwaltungsträger entscheidet, wobei teilweise auch allgemeine Berechnungsmaßstäbe vorgegeben

---

1210 OVG Münster, DVBl. 1960, 71 (72); vgl. *Seiler*, in: Maunz/Dürig, GG, Art. 105 Rn. 36.

1211 *Waldhoff*, Grundzüge des Finanzrechts des Grundgesetzes, in: Isensee/Kirchhof (Hrsg.), HStR V³, § 116 Rn. 86.

1212 *Waldhoff*, Grundzüge des Finanzrechts des Grundgesetzes, in: Isensee/Kirchhof (Hrsg.), HStR V³, § 119 Rn. 62.

1213 *Niemann*, KommP spezial 2017, 23 (25 ff.).

1214 *Kluth*, Funktionale Selbstverwaltung, S. 308.

1215 *Bauersfeld*, Die Verbandslast, passim; *Kluth*, Funktionale Selbstverwaltung, S. 312 ff.; *Waldhoff*, Grundzüge des Finanzrechts des Grundgesetzes, in: Isensee/Kirchhof (Hrsg.), HStR V³, § 116 Rn. 89 f.

werden[1216]. Während grundsätzlich die Mitgliederversammlung für die Beitragsveranlagung in Gestalt von Richtlinien zuständig ist, kann diese Kompetenz aber auch in Konstellationen dem Vorstand übertragen werden, in denen es größtmöglicher Flexibilität bedarf und dieser sich durch eine qualifizierte Sachkunde und Erfahrung auszeichnet, sodass eine größere Vollzugseffizienz zu erwarten ist[1217]. Jedenfalls muss die Erhebung immer mit dem allgemeinen Gleichheitsgebot aus Art. 3 Abs. 1 GG vereinbar sein[1218] und ist teilweise durch die jeweilige Aufgabe beschränkt, die der Selbstverwaltungsträger zu erfüllen hat[1219]. Grundsätzlich können die Beiträge auch durch Sachen, Dienste oder andere Leistungen erbracht werden[1220]. Trotz einiger mit dieser Art der Beitragserbringung verbundenen Probleme, insbesondere der wirtschaftlichen Bewertung einer Dienstleistung, ist diese Möglichkeit im Sinne genossenschaftlicher Selbsthilfe sehr begrüßenswert, da sie vor allem in Bezug auf die Bürgergenossenschaft finanziell schwächer gestellten Personen die Mitgliedschaft eröffnet[1221].

Von den verschiedenen für die Erhebung von korporativen Beiträgen anerkannten Maßstäben, die in der Literatur überwiegend für die Wasser- und Bodenverbände aufgearbeitet sind, soll im Folgenden der Vorteilsmaßstab genauer betrachtet werden. Dieser korrespondiert am meisten mit den oben skizzierten Tätigkeitsbereichen der Genossenschaft des öffentlichen Rechts. Ihr sollte aber rechtlich die Möglichkeit eröffnet werden, noch detailliertere, den situativen, regionalen und anderen Umständen angepasste Regelungen für die Bemessung der Beiträge zu erlassen, damit eine möglichst ausgewogene Verteilung der Verbandslasten gewährleistet werden kann[1222]. Ein Beispiel dafür ist die sog. Billigkeitserleichterung, nach der ein Mitglied unter Verhältnismäßigkeitsgesichtspunkten ganz oder teilweise von der Beitragspflicht befreit werden kann[1223].

Viele Organisationsgesetze sehen vor, dass sich der Beitrag der Mitglieder nach deren individuellem Nutzen berechnet, den sie aus der Tätigkeit des

---

1216 *Kluth*, Funktionale Selbstverwaltung, S. 508.
1217 *Rapsch*, WVVO, Vor § 78 Rn. 9.
1218 *Kluth*, Funktionale Selbstverwaltung, S. 319.
1219 *Rapsch*, WVVO, § 81 Rn. 9.
1220 *Irriger*, Genossenschaftliche Elemente in öffentlich-rechtlichen Körperschaften, S. 83; vgl. *Rapsch*, WVVO, § 78 Rn. 1 ff.
1221 Vgl. zur parallelen Diskussion bei der eingetragenen Genossenschaft *Kling/Cobe*, ZfgG 2016, 93 (96 f.) m.w.N.
1222 *Rapsch*, WVVO, § 80 Rn. 1.
1223 *Rapsch*, WVVO, § 82 Rn. 7.

Selbstverwaltungsträgers ziehen (so beispielsweise §§ 6 Abs. 1 Nr. 4, 26 Abs. 1 S. 2 Eifel-RuhrVG). Der Vorteil definiert sich als die wirtschaftliche, über die bloße kompensatorische Wirkung hinausreichende Besserstellung für die betroffene Person oder das betroffene Unternehmen[1224], wobei die Vorhalteleistung genügt[1225]. Der Vorteil muss zumutbar sein, was sich durch die Abwägung zwischen den Belangen des einzelnen Mitglieds, insbesondere dessen wirtschaftlichen Verhältnissen, und denen der Allgemeinheit ergibt[1226]. Der Reinvorteil wird für die Ermittlung des Vorteils nur dann berücksichtigt, wenn sich die Umweltbedingungen der einzelnen Mitglieder derart unterscheiden, dass verschieden hohe Aufwendungen zwingend erforderlich sind und es andernfalls zu einer ungerechtfertigten Gleichbehandlung der Mitglieder käme[1227].

d) Sonderabgabe

Für die Sonderabgabe besteht schon deswegen kein Raum, weil die Finanzierung der Genossenschaft öffentlichen Rechts wie soeben dargelegt über Gebühren und Beiträge möglich ist; darüber hinaus wäre sie auch nicht gerechtfertigt[1228].

2. Zuwendungen und Darlehen

Selbst wenn die hauptsächlich über Beiträge sichergestellte Finanzierung der öffentlich-rechtlichen Genossenschaft Ausdruck des Selbstverwaltungscharakters dieser Organisationsformen ist, ist doch eine überwiegende Finanzierung ihrer Tätigkeit mit fremden Geldmitteln möglich, wenn eine Eigenfinanzierung zumindest teilweise stattfindet[1229]. Hierbei ist bei der Genossenschaft öffentlichen Rechts als funktionalem Selbstverwaltungsträger von Vorteil, dass die zahlreichen, aus den Gemeindeordnungen folgenden Beschränkungen für die Aufnahme von Krediten durch Gemeinden[1230] nicht greifen.

1224 *Hasche/Klein*, in: Reinhard/Hasche, WVG, § 8 Rn. 10; OVG Münster, Urt. v. 24. Juni 2014 – Az. 15 A 1919/09 – juris Rz. 27.

1225 BVerwG NVwZ 2006, 341 (343).

1226 Vgl. BVerwG DVBl. 1956, 717 (720).

1227 *Weller*, Aufgaben, Organisation und Finanzierung der Wasser- und Bodenverbände, S. 172.

1228 *Kluth*, Funktionale Selbstverwaltung, S. 313 mit Fn. 360.

1229 *Weller*, Aufgaben, Organisation und Finanzierung der Wasser- und Bodenverbände, S. 159.

1230 Vgl. dazu *Lange*, Kommunalrecht, Kap. 16 Rn. 92 ff.; *Kay*, jM 2016, 178 (179 f.); zu den (unvollständigen) finanzmarktrechtlichen Bestimmungen Überblick bei *Kay*, jM 2016, 178 (181 f.).

3. Beihilfenrechtliche Relevanz einer Finanzierung durch staatliche Mittel

Nach Art. 107 Abs. 1 AEUV sind staatliche oder aus staatlichen Mitteln gewährte Beihilfen gleich welcher Art, die durch die Begünstigung bestimmter Unternehmen oder Produktionszweige den Wettbewerb verfälschen oder zu verfälschen drohen, mit dem Binnenmarkt unvereinbar, soweit sie den Handel zwischen Mitgliedstaaten beeinträchtigen und in den Verträgen nicht etwas anderes bestimmt ist. Nach Art. 108 Abs. 3 AEUV darf der Mitgliedstaat die beabsichtigte Maßnahme nicht durchführen, bevor die Kommission einen abschließenden Beschluss erlassen hat. Hiervon gibt es jedoch Ausnahmen, die auch auf die Genossenschaft des öffentlichen Rechts zutreffen können.

a) Tatbestandsmerkmale des Art. 107 Abs. 1 AEUV

Der Begriff der Beihilfe wird weit verstanden; überwiegend anerkannt ist die Beschreibung von Beihilfen als Maßnahmen, die unabhängig von ihrer Form (Tun oder Unterlassen) die Belastungen verringern, die ein Unternehmen normalerweise zu tragen hat, sowie die Einordnung als Zuwendungen beliebiger Form, die keine marktgerechte Gegenleistung für eine von diesem Wirtschaftsteilnehmer erbrachte Leistung darstellen[1231]. Eine Beihilfe kann daher insbesondere bei der Betätigung der Genossenschaft des öffentlichen Rechts in Bereichen der Daseinsvorsorge bestehen, die üblicherweise Nachschussgeschäfte sind.

Der Unternehmensbegriff des Art. 107 Abs. 1 AEUV unterliegt einem funktionalen Verständnis, weshalb ein Unternehmen jede, eine wirtschaftliche Tätigkeit ausübende Einheit ist und zwar unabhängig von ihrer Rechtsform und der Art ihrer Finanzierung[1232]. Als wirtschaftliche Tätigkeit wird das Anbieten von Waren und Dienstleistungen auf einem Markt verstanden[1233]. Auch an das Vorliegen einer solchen werden wiederum großzügige Maßstäbe gesetzt; ihre Beurteilung erfolgt anhand europarechtlicher Maßstäbe, sodass entsprechende Legaldefinitionen deutscher Gemeindeordnungen unbeachtlich sind[1234]. Dies führt dazu, dass ein Unternehmen im Sinne des Art. 107 Abs. 1 AEUV also

---

1231 *Cremer*, in: Calliess/Ruffert, EUV/AEUV, Art. 107 AEUV Rn. 10 m.w.N.

1232 Ständige Rechtsprechung, s. dazu nur EuGH, NJW 1991, 2891 (2891) – Höfner und Elser.

1233 EuGH, Urt.v. 12.9.2000 – C-180/98 – Pavlov; vgl. EuG, NZBau 2015, 234 (23) – Zweckverband Tierkörperbeseitigung Rheinland-Pfalz.

1234 Europäische Kommission, Bekanntmachung zum Beihilfenbegriff, ABl. 2016 C 262, 1 Rn. 8.

auch dann vorliegt, wenn es keine Gewinnerzielungsabsicht hat und es sich um einen staatlichen Organisationsverbund (zum Beispiel Zweckverband) handelt; zudem kann dieselbe Einheit hinsichtlich bestimmter Tätigkeiten dem beihilferechtlichen Unternehmensbegriff unterfallen, hinsichtlich anderer hingegen nicht[1235]. Daraus wird deutlich, dass viele kommunale Aktivitäten, und damit letztlich auch solche der Genossenschaft des öffentlichen Rechts, die auf ebendiesen Gebieten aktiv werden soll, beihilfenrechtliche Relevanz haben können. Allerdings kann man sich fragen, ob ein Markt in Fällen vorliegt, in denen ein Unternehmen aufgrund eines Anschluss- und Benutzungszwangs eine Monopolstellung innehat. Solche wären aber ohnehin die Ausnahme, weshalb dieser Problematik nicht weiter nachgegangen wird.

b) Zulässigkeit staatlicher Finanzierungsmaßnahmen

Zum einen ist eine staatliche Finanzierungsmaßnahme zulässig, sofern sich die staatliche Stelle dabei marktkonform verhält, was grundsätzlich dann anzunehmen ist, wenn ein vergleichbarer privater Investor in einer ähnlichen Situation ebenso gehandelt hätte[1236]. Dieser sogenannte Private Investor Test wird auch auf hoheitliche Maßnahmen angewendet[1237]. Zum anderen wird eine spürbare Wettbewerbsverfälschung und Beeinträchtigung des zwischenstaatlichen Handelns verneint, wenn ihre Auswirkungen sich auf einen eng begrenzten lokalen Markt beschränken und keinerlei negative Effekte auf grenzüberschreitende Investitionen zu erwarten sind[1238]. Beide Ausnahmetatbestände können grundsätzlich bei einer Genossenschaft des öffentlichen Rechts, je nach organisationsrechtlicher Ausgestaltung und Einsatzbereich, einschlägig sein. Die Ausnahmen des Art. 107 Abs. 3 AEUV sind in den hier angedachten Einsatzgebieten der Genossenschaft des öffentlichen Rechts eher ohne Relevanz.

Einen weiteren Komplex bilden die Dienstleistungen im allgemeinen wirtschaftlichen Interesse (DAWI), die gerade im kommunalen Bereich eine besondere Rolle spielen. Deren beihilfenrechtliche Zulässigkeit kann sich einerseits

---

1235 *Kleve/Gayger*, NVwZ 2018, 273 (274 f.) m.w.N.

1236 Europäische Kommission, Bekanntmachung zum Beihilfenbegriff, ABl. 2016 C 262, 1 Rn. 73; ausführlich zu den hier besonders relevanten sog. „De minimis"-Beihilfen *Cremer*, in: Calliess/Ruffert, EUV/AEUV, Art. 107 AEUV Rn. 35 ff.

1237 EuGH, EuZW 2012, 581 – Kommission/EDF.

1238 Europäische Kommission, Bekanntmachung zum Beihilfenbegriff, ABl. 2016 C 262, 1 Rn. 196.

aus den engen Voraussetzungen der Altmark Trans-Rechtsprechung[1239] ergeben. Dafür muss das begünstige Unternehmen seitens des Mitgliedstaates tatsächlich mit der Erfüllung gemeinwirtschaftlicher Verpflichtungen betraut worden sein und die Parameter, anhand derer der Ausgleich berechnet wird, zuvor objektiv und transparent aufgestellt worden sein[1240]. Zudem darf der geleistete Ausgleich nicht die Kosten der Erfüllung der gemeinwirtschaftlichen Verpflichtung übersteigen; die Höhe des Ausgleichs berechnet sich jedoch anhand der Kosten, die ein durchschnittliches, gut geführtes Unternehmen, das so ausgestattet ist, dass es den an die Dienstleistungen gestellten Anforderungen genügen kann, bei der Erfüllung der entsprechenden Verpflichtung hätte[1241].

Im Hinblick auf die Ermöglichung einer eigenverantwortlichen Gründung einer Genossenschaft des öffentlichen Rechts, insbesondere einer Bürgergenossenschaft, und einer Aufgabenerledigung ausschließlich durch Private bereiten die ersten beiden Kriterien Probleme. Hinsichtlich des Betrauungsaktes hat sich zwar weitgehend die Auffassung durchgesetzt, dass es auf dessen konkrete Form nicht ankommt, wenn er denn nur eine rechtliche Verpflichtung zur Leistungserbringung begründet[1242]. Bei der Gründung einer Genossenschaft des öffentlichen Rechts aufgrund eines Gesetzes wird es dadurch jedoch immer auch eines weiteren Rechtsaktes bedürfen, damit diese staatliche Zuwendungen empfangen darf. Auch bedarf es, je nach Betätigungsfeld, einer gewissen Expertise der Mitglieder, um einen umfassenden Leistungskatalog mit sämtlichen Kostenfaktoren ex-ante aufstellen zu können, zumal hierbei das Risiko einer zu gering kalkulierten Ausgleichshöhe mitschwingt[1243]. Von vornherein ausgeschlossen ist die Möglichkeit der Erfüllung dieser Voraussetzungen bei der Genossenschaft des öffentlichen Rechts jedoch jedenfalls nicht.

1239 EuGH, NVwZ 2003, 1101 – Altmark Trans.

1240 EuGH, NVwZ 2003, 1101 (1105) – Altmark Trans.

1241 EuGH, NVwZ 2003, 1101 (1105) – Altmark Trans.

1242 ABl. 2005, Nr. L. 312/67; EuG, Slg. II-81-240 – BUPA.

1243 Vgl. *Cremer*, in: Calliess/Ruffert, EUV/AEUV, Art. 107 AEUV Rn. 17; die Anforderungen dieses zweiten Kriteriums wurden aber durch die Rechtsprechung im Hinblick auf Detailgenauigkeit und Transparenz gelockert, s. dazu EuG, Slg. II-81-240 – BUPA.

V. Aufsicht

Ein grundsätzlich[1244] essentieller Bestandteil der Selbstverwaltung ist die von Rechtsstaats- und Demokratieprinzip, unter anderem zur Wahrung elementarer verfassungsrechtlicher Anforderungen an die Ausübung von Staatsgewalt[1245], geforderte Aufsicht[1246], die sich mithin auch auf funktionale Selbstverwaltungsträger in Gestalt einer zu normierenden Rechtsaufsicht erstrecken soll[1247], aber auch gewisse Elemente einer Fachaufsicht enthalten kann[1248]. Teilweise wird vertreten, dass eine staatliche Aufsicht bei einem kleinen Aufgabenbestand und gerichtlichen Kontrollmöglichkeiten entbehrlich sei, sofern die verbleibenden Tätigkeiten von geringem Umfang und Gewicht seien[1249]. Andersherum sei eine (Rechts-)Aufsicht gerade dort einzurichten, wo ein individualrechtlich initiierbarer gerichtlicher Kontrollprozess in einem hoheitlichen Bereich zur eigenständigen Aufgabenwahrnehmung nicht möglich wäre[1250]. Diese Ausführungen sind aber vor dem Hintergrund der Theorie einer kollektiven personellen demokratischen Legitimation zu verstehen, welche im Gegensatz zur ganz herrschenden Ansicht kein legitimatorisches Kompensationsbedürfnis durch die Einführung einer Aufsicht sieht[1251]. Stimmen, die die demokratische Legitimation funktionaler Selbstverwaltungsträger an sich bezweifeln, halten demgegenüber eine staatliche Aufsicht für durchweg erforderlich und schlagen darüber hinaus sogar

1244 Zu aufsichtsfreien oder aufsichtsreduzierten Räumen bei Selbstverwaltungskörpern *Kahl*, Die Staatsaufsicht, S. 500 f. m.w.N.

1245 *Kluth*, Funktionale Selbstverwaltung, S. 273 f.

1246 Vgl. BVerfGE 6, 104 (118); *Jestaedt*, Demokratieprinzip und Kondominialverwaltung, S. 547; auch zur Gegenansicht *Kahl*, Die Staatsaufsicht, S. 496 ff. m.w.N.

1247 *Kluth*, Funktionale Selbstverwaltung, S. 274; *Pieper*, Aufsicht, S. 90 ff., 374 f.; *Jestaedt*, Demokratieprinzip und Kondominialverwaltung, S. 546 f.; *Emde*, Die demokratische Legitimation funktionaler Selbstverwaltung, S. 51; *Dreier*, in: ders., GG, Art. 20 (Demokratie) Rn. 129; vgl. *v. Gierke*, Die Genossenschaftstheorie und die deutsche Rechtsprechung, S. 652 ff.

1248 Vgl. BVerfGE 107, 59 (94 ff.); *Köller*, Funktionale Selbstverwaltung und ihre demokratische Legitimation, S. 198 f. m.w.N.; *Weisel*, Das Verhältnis von Privatisierung und Beleihung, S. 149.

1249 *Kluth*, Funktionale Selbstverwaltung, S. 273 f.

1250 *Kluth*, Funktionale Selbstverwaltung, S. 274.

1251 *Kahl*, Die Staatsaufsicht, S. 499 m.w.N.; vgl. *Emde*, Die demokratische Legitimation funktionaler Selbstverwaltung, S. 329 ff. und 377 f., der eine Aufsicht trotz Annahme einer autonomen Legitimation für unentbehrlich hält.

eine partielle Fachaufsicht für die Bereiche vor, in denen die Selbstverwaltungseinheit direkte Staatsgewalt gegenüber Dritten ausübt[1252].

Da eine Aufsicht auch für die Genossenschaft des öffentlichen Rechts eingeführt werden muss, ist in diesem Zusammenhang auf die obigen Ausführungen zu den Voraussetzungen vergaberechtsfreier Aufgabenübertragung hinzuweisen, welche keine Elemente der Fachaufsicht zulassen[1253]. Zur korrekten Einordnung des Rechtscharakters der Aufsicht ist es sinnvoll, zwischen den verschiedenen einfach-gesetzlichen Formen der Aufsicht zu differenzieren: Manche sind als Kontroll-, andere als Leitungsbefugnisse zu qualifizieren, werden daher auch verschiedenen Vermittlungsmodi (Rechtsstaatsprinzip/Demokratieprinzip) zugeordnet, woraus sich folgende differenzierte Zuordnung ergibt: Eine ausschließlich repressive Rechtsaufsicht ist als reine Kontrollfunktion anzusehen, während eine um präventive Elemente (Anzeige- und Genehmigungspflicht) ergänzte Rechtsaufsicht – da sie die von den gesetzlichen Regelungen ausgehende demokratische Legitimation nicht erweitert – auch noch als Kontrollfunktion einzuordnen ist. Jegliche Formen der Weisungsbefugnisse und Fachaufsicht sind als Ausübung einer (geteilten) Sachverantwortung anzusehen und damit Ausübung von Leitungsmacht, die der Annahme einer Handlungsautonomie entgegensteht[1254].

VI. Steuerung

Steuerungsmöglichkeiten sind für jedes, ob aktuelles oder potenzielles, Mitglied einer Organisationsform relevant. Dies gilt auch für die Steuerung von Selbstverwaltungsträgern, auch wenn dies zunächst wie ein Widerspruch in sich anmuten mag. Ohne entsprechende Steuerungsmöglichkeiten würde beispielsweise die grundlegende Finanzierung mit großer Wahrscheinlichkeit erschwert, da mit einer erhöhten Geldeinlage typischerweise auch der Wunsch nach mehr Kontrolle einher geht. Zudem könnte der Unmut solcher staatlichen Stellen, insbesondere kommunaler Gebietskörperschaften, steigen, die zwar mittelbar von der Tätigkeit der Genossenschaft des öffentlichen Rechts betroffen sind, in Ermangelung einer hinreichenden Betroffenheit aber keinen Anspruch auf Aufnahme als Mitglied in selbige haben und sich aufgrund des grundsätzlich autonomen Status ihren Handlungen ohne Möglichkeit der Abhilfe ausgesetzt sehen.

1252 *Köller*, Funktionale Selbstverwaltung und ihre demokratische Legitimation, S. 322.

1253 S. dazu oben unter Kap. 3 A. II.

1254 *Kluth*, Funktionale Selbstverwaltung, S. 272.

Die normale Steuerung führt über die Beschlussfassung der Mitgliederversammlung, gegebenenfalls mit einer Weisung der Mitgliederversammlung an das Leitungsorgan, nach ihrem Willen zu verfahren. Darüber hinaus stellt sich aber die Frage nach der Einräumung von Sonderrechten für einzelne Mitglieder. Daneben sind unmittelbare und mittelbare Steuerungsmöglichkeiten zugunsten Dritter anzusprechen.

1. Besondere mitgliedschaftliche Steuerungsmöglichkeiten

Als mitgliedschaftliche Sonderrechte, die einen erhöhten Einfluss auf die Tätigkeit der Genossenschaft des öffentlichen Rechts ermöglichen, kommen insbesondere Weisungen gegenüber Vorstand und Aufsichtsrat, Zustimmungsvorbehalte für Beschlüsse sämtlicher Organe sowie Entsenderechte für Leitungs- und Kontrollorgane in Betracht. Die Möglichkeit der Mehrstimmrechte als weiteres Beispiel für Sonderrechte wurde bereits an anderer Stelle angesprochen[1255]. Anders als im Recht der eingetragenen Genossenschaften, in welchem die Ungleichbehandlung, die mit der Einräumung von Sonderrechten einher geht, sachlich gerechtfertigt sein muss[1256], geht es auch bei diesen spezifischen Sonderrechten um eine Differenzierung anhand der Betroffenheit[1257]. Ihre Einräumung ist also so lange zulässig, wie sie dem Grad der Betroffenheit des jeweiligen Mitglieds entspricht. Ihre Grenzen sind bei einem Ausmaß erreicht, in welchem sie die gleichmäßige Interessenberücksichtigung aller Mitglieder konterkarieren.

Da Zustimmungsvorbehalte und in noch stärkerem Maße Weisungsrechte jedoch an der Mitgliederversammlung vorbei eine Einflussnahme auf die laufenden Geschäfte ermöglichen, kann nicht mehr von einer Autonomie des funktionalen Selbstverwaltungsträgers jedenfalls gegenüber dem mit den Sonderrechten ausgestatteten Mitglied gesprochen werden. Die Möglichkeit einer vergaberechtsfreien Aufgabenübertragung würde dann ausscheiden.

2. Steuerungsmöglichkeiten Dritter

Bei den Steuerungsmöglichkeiten Dritter ist zwischen solchen unmittelbarer und mittelbarer Art zu unterscheiden. Diese können in Kombination miteinander zu einem noch höheren Grad der Einflussnahme führen. Dies darf aber für

---

1255 S. dazu oben unter Kap. 6 C. III. 2. a) aa) (1).

1256 *Beuthien*, GenG, § 18 Rn. 28.

1257 Zur Nichtanwendbarkeit der allgemeinen Wahlgrundsätze von Allgemeinheit und Gleichheit s. bereits oben Kap. 6 C. III. 2. a) aa).

die Mitglieder nicht zu einer Fremdbestimmung ausarten. Als Dritte kommen vor allem staatliche Stellen in Betracht.

a) Mittelbare Steuerungsmöglichkeiten

Mit mittelbaren Steuerungsmöglichkeiten sind solche Instrumente gemeint, die der Genossenschaft des öffentlichen Rechts eher eine Handlungsdirektive vorgeben, als sie in ihren konkreten Entscheidungen zu beeinflussen. Als solche kommen Rechtsverordnungen und Verwaltungsvorschriften in Betracht. Nebenbei liefert die höhere Normdichte aber auch größere Anknüpfungspunkte für eine Rechtsaufsicht. Im Übrigen sei erwähnt, dass diese Lenkungsmittel auch bestimmten hoheitlichen Mitgliedern neben ihren eigentlichen, mitgliedschaftlichen (Sonder-)Rechten offen stehen. Ein Mitglied kann daher gegebenenfalls die Möglichkeit haben, über verschiedene Einflusskanäle die Genossenschaft des öffentlichen Rechts zu steuern.

aa) Rechtsverordnungen

Bei den Rechtsverordnungen handelt es sich um von Exekutivorganen erlassene Rechtsnormen, die für den Bürger oder sonstige Normadressaten in gleicher Weise verbindlich sind wie die vom Parlament erlassenen Gesetze[1258]. Sie können im Ausnahmefall auch Einzelfallregelungen beinhalten[1259]. Auch gegenüber Selbstverwaltungsträgern entfalten sie Wirkung[1260]. Da es sich bei der Genossenschaft des öffentlichen Rechts um eine landesorganisationsrechtliche Rechtsform handelt, es hier mithin um landesrechtliche Ermächtigungen geht, greift Art. 80 Abs. 1 S. 2 GG nicht, sondern es gelten die Bestimmungen der Landesverfassungen. Weil diese aber keine Begrenzung der primären Delegatare festlegen, kann der Landesgesetzgeber grundsätzlich alle Verwaltungsorgane unmittelbar zum Erlass von Rechtsverordnungen ermächtigen[1261]. Auf diesem Weg könnten also auch solchen kommunalen Selbstverwaltungskörperschaften, die nicht in den Mitgliederkreis einbezogen, aber von der Tätigkeit des funktionalen Selbstverwaltungsträgers tangiert sind, gewisse Steuerungsmöglichkeiten gewährt werden.

1258 *Maurer/Waldhoff*, Allgemeines Verwaltungsrecht, § 4 Rn. 20.
1259 *Sodan/Ziekow*, Grundkurs Öffentliches Recht, § 4 Rn. 12.
1260 *Köller*, Funktionale Selbstverwaltung und ihre demokratische Legitimation, S. 193.
1261 *Maurer/Waldhoff*, Allgemeines Verwaltungsrecht, § 13 Rn. 9.

bb) Verwaltungsvorschriften

Im Gegensatz zu Rechtsverordnungen sind Verwaltungsvorschriften von der Exekutive erlassene abstrakt-generelle Regelungen, die die Organisation und das Handeln der Verwaltung näher festlegen sollen und von übergeordneten Stellen an nachgeordnete Behörden oder Bedienstete ergehen[1262]. Sie basieren auf der Befugnis zur Leitung eines Geschäftsbereichs[1263]. Demzufolge bedarf es aber einer besonderen gesetzlichen Ermächtigung, um nicht-nachgeordnete Behörden binden zu können[1264]. Da ein funktionaler Selbstverwaltungsträger keiner Behörde nachgeordnet ist, bedürfte es also auch dort einer solchen gesetzlichen Regelung[1265]. Das Organisationsgesetz sollte diese Möglichkeit insbesondere für die Infrastrukturgenossenschaft vorsehen.

b) Unmittelbare Steuerungsmöglichkeiten

Als unmittelbare Steuerungsmöglichkeiten kommen wiederum Weisungsrechte, Genehmigungsvorbehalte und Entsenderechte in Betracht.

aa) Weisungsrechte

Zunächst ist festzustellen, dass Weisungsrechte wie Verwaltungsvorschriften auf der Leitungsbefugnis des Ministers aufbauen[1266] und für ihre Geltung gegenüber einem funktionalen Selbstverwaltungsträger dementsprechend ebenfalls eine gesetzliche Bestimmung notwendig ist. Insoweit stimmt man mehrheitlich darin überein, dass die Weisungsfreiheit kein Definitionsmerkmal der funktionalen Selbstverwaltungskörperschaften ist[1267]. Teilweise werden aber erhöhte Rechtfertigungsanforderungen an die Einräumung eines Weisungsrechts gestellt[1268]. Jedenfalls kann dieses nur einen Ausschnitt der Befugnisse der Selbstverwaltungskörperschaft betreffen[1269].

1262 *Sodan/Ziekow*, Grundkurs Öffentliches Recht, § 64 Rn. 1.

1263 BVerwG, DÖV 1957, 863; BVerwGE 67, 222 (229).

1264 *Maurer*, Allgemeines Verwaltungsrecht, § 24 Rn. 33.

1265 *Köller*, Funktionale Selbstverwaltung und ihre demokratische Legitimation, S. 193 ff.

1266 *Köller*, Funktionale Selbstverwaltung und ihre demokratische Legitimation, S. 197, *Emde*, Die demokratische Legitimation funktionaler Selbstverwaltung, S. 344 ff.

1267 *Jestaedt*, Demokratieprinzip und Kondominialverwaltung, S. 68 f.; *Emde*, Die demokratische Legitimation funktionaler Selbstverwaltung, S. 9; vgl. *Weisel*, Das Verhältnis von Privatisierung und Verleihung, S. 149; a.A. *Groß*, DVBl. 2002, 1182 (1192).

1268 *Kluth*, Funktionale Selbstverwaltung, S. 528 ff.

1269 *Köller*, Funktionale Selbstverwaltung und ihre demokratische Legitimation, S. 198 mit Fn. 42; vgl. *Weisel*, Das Verhältnis von Privatisierung und Verleihung, S. 149.

bb) Genehmigungsvorbehalte

Ob sich ein Unterschied zur Argumentation bei den Weisungsrechten ergibt, entscheidet sich im Wesentlichen danach, ob die Genehmigungsvorbehalte sich in ihrem Rechtscharakter von diesen unterscheiden. Teilweise wird vertreten, dass der Genehmigungsvorbehalt ähnlich den Weisungsrechten als Lenkungsmittel zu qualifizieren sei, weil die Wirksamkeit der Entscheidung oder Maßnahme des Verwaltungsträgers von der Erteilung einer Genehmigung abhänge[1270]. Dagegen spricht aber, dass selbst bei der Berechtigung der genehmigenden Behörde zu einer Zweckmäßigkeitsprüfung der Zustimmungsvorbehalt lediglich ein Vetorecht darstellt, durch welches der Wille der Genehmigungsbehörde dem funktionalen Selbstverwaltungsträger nicht positiv vorgeschrieben werden kann[1271]. Sie sind insofern eher den Kontrollinstrumenten zuzuordnen, von ihnen kann daher auch im größeren Umfang als von den Weisungsrechten Gebrauch gemacht werden[1272].

cc) Entsenderechte

In der funktionalen Selbstverwaltung ist es zudem nicht unüblich, einer dritten Seite wie anderen Selbstverwaltungsträgern oder staatlichen Stellen, die selbst nicht Mitglied des Selbstverwaltungsträgers sind, Bestimmungsrechte in Gestalt von Mitbestimmungs- oder Alleinbestimmungsrechten in Bezug auf die Besetzung der Leitungs- und Kontrollorgane einzuräumen[1273]. Zu überlegen ist daher, staatlichen Stellen, die nicht per se schon Mitglied in der Bürger- oder Infrastrukturgenossenschaft sein können, ein solches Entsendungsrecht einzuräumen, damit diese beispielsweise ihre Interessen wahren oder in komplizierten Planungsvorhaben sachverständigen Rat zur Verfügung stellen können. Dies gilt insbesondere für die Besetzung von Verwaltungsratsposten.

Dies könnte jedoch zum einen einen Eingriff in die Entscheidungsfreiheit des Selbstverwaltungsträgers bei der Bestimmung seiner Organe und zum anderen ein

---

1270 Vgl. *Emde*, Die demokratische Legitimation funktionaler Selbstverwaltung, S. 81.

1271 *Köller*, Funktionale Selbstverwaltung und ihre demokratische Legitimation, S. 154 f., 201; *Irriger*, Genossenschaftliche Elemente in öffentlich-rechtlichen Körperschaften, S. 183 f. m.w.N.

1272 Vgl. *Irriger*, Genossenschaftliche Elemente in öffentlich-rechtlichen Körperschaften, S. 185; *Bertermann*, Die ministerielle Plangenehmigung für Anlagen sondergesetzlicher Wasserverbände, S. 62 f.

1273 *Kluth*, Funktionale Selbstverwaltung, S. 464 f. *Groß*, DVBl. 2002, 1182 (1192), sieht darin aber keinen Verstoß gegen genossenschaftliche Grundsätze.

gegebenenfalls unzulässiges Legitimations-crossing darstellen[1274]. Deshalb werden derartige Regelungen zugunsten Dritter teilweise entweder für gänzlich unzulässig gehalten[1275] oder nur für die Besetzung solcher Organe zugelassen, die ausschließlich für solche Aufgaben zuständig sind, die sich an Außenstehende wenden und Sachbereiche betreffen, für die eine besondere Sachkunde bei den Mitgliedern nicht gegeben ist[1276]. Diese Beschränkungen sind aber mit der jüngeren Rechtsprechung des Bundesverfassungsgerichts und der aus dieser folgenden Möglichkeit der Totalkompensation des organisatorisch-personellen Legitimationsstrangs hinfällig geworden. Eine Grenze ist jedoch dann überschritten, wenn nicht mehr von einer Selbstverwaltung gesprochen werden kann, sondern sich die Tätigkeit des funktionalen Selbstverwaltungsträgers für die Mitglieder faktisch als eine Verwaltung eigener Angelegenheiten durch Dritte darstellt.

3. *Zwischenfazit*

Die vorherigen Ausführungen zeigen, dass die Genossenschaft des öffentlichen Rechts trotz ihrer Eigenschaft als funktionaler Selbstverwaltungsträger ein großes Steuerungspotenzial, sowohl für Mitglieder als auch Dritte, aufweist. Dieses muss allerdings, insbesondere über organisationsrechtliche Regelungen, auch genutzt werden.

Letztlich ist zu betonen, dass die mitgliedschaftlichen Rechte nicht zur unangemessenen Berücksichtigung von Einzelinteressen und die Rechte Dritter nicht zur Fremdbestimmung eines Selbstverwaltungsträgers führen dürfen. Dies gilt insbesondere vor dem Hintergrund der optimalen Aktivierung bürgerschaftlichen Engagements und einer Vermeidung möglicher negativer vergaberechtlicher Konsequenzen.

VII. Haftung

Dem genossenschaftlichen Prinzip der Selbstverantwortung entspricht es zwar, dass Mitglieder einer Genossenschaft für deren Verbindlichkeiten auch mit ihrem persönlichen Vermögen haften. Die Möglichkeit der Haftungsbegrenzung für Verbindlichkeiten eines Unternehmens spielt für Private jedoch eine

---

1274 *Kluth*, Funktionale Selbstverwaltung, S. 465; vgl. *Papenfuß*, Die personellen Grenzen der Autonomie öffentlich-rechtlicher Körperschaften, S. 158.

1275 *Papenfuß*, Die personellen Grenzen der Autonomie öffentlich-rechtlicher Körperschaften, S. 161 ff.

1276 *Kluth*, Funktionale Selbstverwaltung, S. 467.

gewichtige Rolle für ihre Motivation, sich an diesem zu beteiligen[1277]. Dies gilt insbesondere im Kontext von großen Infrastrukturvorhaben, die regelmäßig hohe Investitionssummen und dementsprechende Risiken umfassen, sowie kleineren Projekten der Daseinsvorsorge, die aber typischerweise Zuschussgeschäfte darstellen (allen voran kommunale Schwimmbäder). Soll hier eine realistische Beteiligungsoption für Bürger geschaffen werden, muss über die Möglichkeit der Haftungsbeschränkung für diese nachgedacht werden und aus Sicht der Mitgliedschaft einer Gemeinde darüber, ob eine unterschiedliche unternehmerische Risikoverteilung möglich ist und welche Auswirkungen diese auf die Mitwirkungsmöglichkeiten der Bürger innerhalb der Gesellschaft hätte.

Mittlerweile wurde das Selbstverantwortungsprinzip bei den eingetragenen Genossenschaften insoweit stark abgeschwächt, als die Mitglieder selbst darüber entscheiden können, ob sie unbeschränkt, beschränkt oder gar nicht für die Verbindlichkeiten der Genossenschaft haften, § 6 Nr. 3 GenG. Für juristische Personen des öffentlichen Rechts, die keine Vermögen des Bundes oder der Länder darstellen, legt § 12 Abs. 1 Nr. 2 InsO fest, dass solche, die der Aufsicht eines Landes unterstehen, nur insolvenzunfähig sein können, sofern das Landesrecht dies bestimmt[1278]. Über eine Genossenschaft des öffentlichen Rechts könnte demzufolge – vorbehaltlich etwaiger Regelungen wie Art. 25 Abs. 1 AGGVG – grundsätzlich das Insolvenzverfahren eröffnet werden. In diesem Fall bestünde keine Nachschusspflicht für die Mitglieder. Da sich aber aus der Insolvenzunfähigkeit diverse positive Aspekte ergeben, so unter anderem in Bezug auf Kreditwürdigkeit und Kreditfinanzierungsmöglichkeiten, machen sämtliche Bundesländer von der Option des § 12 Abs. 1 Nr. 2 InsO Gebrauch. Denkbar ist daher, für diese Genossenschaften des öffentlichen Rechts eine gesetzliche Ausnahme vorzusehen, wie es Art. 25 Abs. 2 AGGVG bestimmt. Ist ein Landesgesetzgeber hierzu nicht bereit, ist über andere Wege nachzudenken, zumindest die in der Genossenschaft des öffentlichen Rechts engagierten Bürger vor zu hohen Haftungsrisiken zu schützen[1279].

Übersteigt die Verbindlichkeit der Genossenschaft des öffentlichen Rechts ihre sich aus Mitgliederbeiträgen und sonstigen Einnahmen speisende finanzielle Leistungskraft, sind die Mitglieder grundsätzlich über den Weg der Umlage,

---

1277 *Neville/Sørensen*, EBOR 2014, 545 (557).

1278 Dazu ausführlich *Schliesky/Tallich/Classen*, DVP 2011, 134 (135 ff.).

1279 Für *Wessel*, dms 2015, 361 (366) sowie *Drescher*, ZfWP 2016, 177 (186 f.), gehört es zum Begriff der finanziellen Bürgerbeteiligung, dass keine persönliche Haftung des Bürgers besteht.

die als allgemeines körperschaftliches Instrument auch bei funktionalen Selbstverwaltungsträgern Anwendung findet, dazu verpflichtet, den Finanzierungsbedarf der Genossenschaft des öffentlichen Rechts zu decken, wobei auch hier als materieller Maßstab der Grundsatz der Lasten- oder Belastungsgleichheit zu beachten ist[1280]. Das Organisationsgesetz kann aber vorsehen, dass qua Satzung eines oder mehrere Verbandsmitglieder teilweise oder vollständig von der Umlagepflicht freigestellt werden, sofern die anderen Mitglieder spiegelbildlich verpflichtet werden, den Fehlbetrag auszugleichen[1281]. Wird eine solche unternehmerische Verantwortungsteilung auf Haftungsseite vorgenommen, ergibt sich unter diesem Aspekt eine der Kommanditgesellschaft vergleichbare Konstellation in Bezug auf Kommanditisten und Komplementäre.

Daraus folgt die Frage, ob dies eine entsprechende organisationsrechtliche Anpassung der Mitgliedschaft insofern erforderlich macht, als die Einflussrechte der kommunalen Mitglieder gestärkt werden, diese eventuell sogar als einzige die Leitungsorgane stellen dürfen, und deren Gewinnbeteiligung entsprechend angepasst wird. Zwingend ist dies aufgrund der Freiheit bei der organisationsrechtlichen Ausgestaltung der funktionalen Selbstverwaltungsträger zwar nicht, zumal die Haftungshöhe, insbesondere wenn sie bei den privaten Mitgliedern von vornherein auf deren Einlage oder einen festen Betrag beschränkt ist, auch kein notwendiges Indiz für die Betroffenheit darstellt. Die Gemeinde wird jedoch in der Regel auf ein entsprechendes Mehr an Rechten nicht verzichten wollen, wenn sie einen überwiegenden Teil der Haftungsrisiken tragen soll[1282]. Ein Ausschluss bestimmter Mitglieder im Hinblick auf einen Sitz in den Leitungsorganen widerspricht nicht dem genossenschaftlichen Selbstverwaltungsprinzip, da dieses nur abstrakt fordert, dass die Leitungsorgane durch Mitglieder der Genossenschaft, welche das auch immer sein mögen, besetzt werden und die Bürger in der Mitgliederversammlung Sitz und Stimme behalten sowie durch Minderheitenregelungen einen hinreichenden Schutz erfahren. Man könnte darin zwar einen Verstoß gegen den Grundsatz der Allgemeinheit der Wahl sehen, doch

---

1280 *Schreiner*, Die Haftung im Zweckverband, S. 21 ff.; vgl. *Vogelmann/Weber*, LKRZ 2015, 311 (312 ff.); *Wolff* u.a., Verwaltungsrecht II, § 85 Rn. 64 m.w.N.

1281 *Rapsch*, WVVO, § 82 Rn. 7 sieht dies als Ausfluss des Solidaritätsgrundsatzes; vgl. *Paulick*, DÖV 2009, 110 (110 f.) sowie *Schreiner*, Die Haftung im Zweckverband, S. 140 ff.

1282 Eine notwendige Relation zwischen Haftung und Einflussmöglichkeiten implizierend *Schraml/Gögercin*, ThürVBl. 2014, 85 (87), dort in Bezug auf Anstaltslast und Gewährträgerhaftung einer Kommune für eine kommunale Anstalt.

könnte dieser durch die erhöhte Betroffenheit der durch die Verbandsumlage stärker in Anspruch genommenen Mitglieder gerechtfertigt werden.

Ist kein kommunales und damit von Rechts wegen unbeschränkt haftendes Mitglied in der Genossenschaft des öffentlichen Rechts vertreten, auf das ein überbordendes Haftungsrisiko abgewälzt werden könnte, ist letztlich darüber nachzudenken, ob solche Bürgergenossenschaften wie private Kapitalgesellschaften mit Stammkapital mit Garantiefunktion ausgestattet werden können und im Gegenzug zumindest eine unbegrenzte Nachschuss- bzw. Umlagepflicht der Mitglieder entfällt. Diese Mindestkapitalausstattung wurde bereits für die Anstalt des öffentlichen Rechts im Zuge der Debatte um die Vereinbarkeit von Gewährträgerhaftung und Anstaltslast mit dem europäischen Beihilfenrecht diskutiert[1283].

1283 *Mann*, Die öffentlich-rechtliche Gesellschaft, S. 343 ff. m.w.N.; vgl. dazu bereits oben unter Kap. 6 C. IV. 3.

Kapitel 7 Schlussbetrachtung

A. Zusammenfassung der wesentlichen Ergebnisse

In einem ersten Schritt wurden historische und strukturelle Grundlagen des Genossenschaftswesens dargestellt, um den begrifflichen Rahmen abzustecken, innerhalb dessen sich die Organisationsstrukturen der Genossenschaft bewegen dürfen, damit trotz allen gesetzgeberischen Ermessens ihr genossenschaftliches Wesen erhalten bleibt. Gleichzeitig wurden ausgewählte neue Tätigkeitsfelder eingetragener Genossenschaften betrachtet, auf denen die Genossenschaft des öffentlichen Rechts ebenfalls eingesetzt werden könnte.

Es folgte eine Betrachtung aktueller politischer und gesellschaftlicher Herausforderungen, innerhalb der ein besonderes Augenmerk auf den demografischen Wandel gelegt wurde, und der Chancen, die der Einsatz einer Genossenschaft des öffentlichen Rechts bei ihrer Bewältigung eröffnen könnte. Dabei wurde für die Genossenschaft des öffentlichen Rechts die richtungsweisende Strukturentscheidung getroffen, diese nicht nur als Organisationsform der mittelbaren Staatsverwaltung, sondern auch als funktionalen Selbstverwaltungsträger zu konzipieren. Untersucht wurde zudem die Implementierung verwaltungswissenschaftlicher Ansätze, insbesondere Elemente des Open Governments, und Möglichkeiten der Förderung sozialen Unternehmertums. Im Rahmen des darauffolgenden Kapitels wurden fachrechtliche Besonderheiten betrachtet, die sich bei dieser neuen Organisationsform ergeben könnten. Zu diesen zählte insbesondere die Untersuchung einer vergaberechtsfreien Beauftragung der Genossenschaft des öffentlichen Rechts. Diesbezüglich erwies sich die Genossenschaft des öffentlichen Rechts bereits an dieser frühen Stelle der Untersuchung als aussichtsreiche Organisationsform.

Aus den vorhergehenden Erwägungen wurden zwei – nicht trennscharf voneinander abgrenzbare – Grundtypen der Genossenschaft des öffentlichen Rechts deduziert, nämlich die Infrastrukturgenossenschaft und die Bürgergenossenschaft. Erstere fände überwiegend Anwendung im Bereich der konfliktträchtigen Infrastrukturvorhaben, während Letztere vor allem im Bereich der kommunalen Daseinsvorsorge eingesetzt würde.

Um den Bedarf an einer neuen öffentlich-rechtlichen Organisationsform zu rechtfertigen, genügt es jedoch nicht, nur ihre auf vielen verschiedenen Ebenen existierenden Vorteile zu betonen. Vielmehr musste ebenfalls aufgezeigt werden, warum bereits vorhandene privatrechtliche und öffentlich-rechtliche Organisationsformen die dargestellten Chancen nicht ebenso gut verwirklichen können und keine vergleichbaren Vorteile mit sich bringen. Die Darlegungen zeigten, dass die privatrechtlichen und öffentlich-rechtlichen Organisationsformen tatsächlich nicht den oben aufgestellten Anforderungen gerecht werden, insbesondere ist der Einsatz der eingetragenen Genossenschaft als kommunales Unternehmen mit öffentlich-rechtlichen und privatrechtlichen Mitgliedern in Anbetracht verfassungsrechtlicher Ingerenzpflichten zweifelhaft.

Das vorletzte Kapitel widmete sich folglich der organisationsrechtlichen Ausgestaltung der Genossenschaft des öffentlichen Rechts. Die Ausführungen orientierten sich dabei überwiegend an den Anforderungen, die das Demokratieprinzip des Grundgesetzes an funktionale Selbstverwaltungsträger stellt und die durch die Rechtsprechung, insbesondere durch den Beschluss des Bundesverfassungsgerichts zum Lippeverbandsgesetz und Emschergenossenschaftsgesetz, konkretisiert wurden. Herausgearbeitet wurden obligatorische und fakultative Inhalte, die sich im Organisationsgesetz wiederfinden müssen oder können.

B. Fazit und Handlungsempfehlung

Die Untersuchung hat gezeigt, dass gerade auf Landesebene viele gute Gründe für eine Aufnahme der Rechtsform der Genossenschaft des öffentlichen Rechts in den organisationsrechtlichen Instrumentenkasten existieren. Zwar weist die Bürgerbeteiligung in Bundesländern wie Schleswig-Holstein bereits ein hohes Niveau auf, doch auch hier täte der Landesgesetzgeber gut daran, ein entsprechendes Organisationsgesetz zu erlassen. Wie bereits oben dargestellt, sind zwar Schnittmengen zwischen Bürgerbeteiligung und der Genossenschaft des öffentlichen Rechts vorhanden, beide Instrumente aktivieren jedoch bürgerschaftliches Engagement überwiegend auf verschiedenen Ebenen, koexistieren und ergänzen sich mithin. Der Mehrwert der Genossenschaft des öffentlichen Rechts beruht dabei gerade auf dem effektiven Ineinandergreifen verschiedener rechtlicher und gesellschaftlicher Mechanismen, die in ihrer Kombination die positiven Effekte bekannter Formen von Bürgerbeteiligung übertreffen. Aus bürgerschaftlicher Sicht muss diesbezüglich klar der Partizipations- und Kollaborationsaspekt sowie die lokale Wertschöpfung betont werden. Aus der staatlichen Perspektive, insbesondere derjenigen der Kommunen, stehen diese positiven Effekte zwar ebenfalls im Vordergrund, insbesondere im Zusammenhang mit der Möglichkeit der vergaberechtsfreien Beauftragung von Bürgergenossenschaften, gleichzeitig lassen sich aber auch ablehnende Haltungen angesichts eines möglicherweise zu befürchtenden Aufgabenverlustes erahnen. Die Länder sind daher dazu angehalten, ein entsprechendes Organisationsgesetz in enger Kooperation mit den entsprechenden Interessenverbänden von Gemeinden,

Kreisen und Städten zu entwickeln und ihre Rechtsaufsicht verantwortungsvoll auszuüben.

Die Untersuchung hat ebenfalls Möglichkeiten und Grenzen eines entsprechenden Organisationsgesetzes aufgezeigt, wobei Ausgangspunkt der gesetzlichen Ausarbeitung stets eine liberale, die bürgerschaftliche Aktivierung in den Vordergrund stellende Herangehensweise sein sollte, die von sinnvollen, gesellschaftlichen Selbstregulierungskräften ausgeht. Eine besondere Schwierigkeit war dabei – und diese wird sich auch einem Landesgesetzgeber bei der praktischen Umsetzung stets stellen – die Einhaltung der aus dem grundgesetzlichen Demokratieprinzip folgenden organisatorisch-personellen und sachlich-inhaltlichen Legitimationsanforderungen. Die Sicherung eines ausreichenden Legitimationsniveaus wird sich dabei überwiegend über die sachlich-inhaltlichen Legitimationskomponenten vollziehen. Dabei ist eine ausgewogene Gewichtung der Interessen im Organisationsgesetz von immenser Bedeutung, um eine möglichst weitreichende bürgerschaftliche Aktivierung zu gewährleisten, wobei im Hinblick auf die Gemeinwohlverwirklichung auch Nichtmitgliederinteressen einbezogen werden müssen. Unerlässlich ist deshalb auch eine funktionierende Rechtsaufsicht, damit sich die Sonderinteressen nicht in einem unverhältnismäßigen Umfang durchzusetzen drohen.

Sicherlich besteht auch die Gefahr des Scheiterns der Genossenschaft des öffentlichen Rechts, so wie auch wiederholt einige neue Formen der Bürgerbeteiligung keinen Anklang bei der Bevölkerung gefunden haben. Angesichts ihrer zahlreichen Vorteile und ihres Potenzials, bestehende soziale Kräfte zu nutzen sowie neue zu aktivieren und die Bürger enger an den Staat zu binden, erscheint das Verstreichenlassen dieser Chance, auch in Anbetracht der heutigen politischen Situation, jedoch als nicht minder risikoreich. Vorliegende Untersuchung sollte einen ersten Anstoß geben.

Literaturverzeichnis

Adams, Isabel/Roth, Michael/Doluschitz, Reiner, Neue Geschäftsfelder für Genossenschaften, ZfgG 2016, 127-143.

Agentur für Erneuerbare Energien (Hrsg.), Energiegenossenschaften, Berlin 2013.

Allman, Keith/Escobar de Nogales, Ximena, Impact investment, New Jersey 2015.

Althanns, Andrea, Genossenschaftliche Modelle bei der Realisierung von Anlagen der erneuerbaren Energien, ZfBR-Beil. 2012, 36-42.

Altmeppen, Holger, Die Einflussrechte der Gemeindeorgane in einer kommunalen GmbH, NJW 2003, 2561-2567.

ders., Zur Rechtsstellung der Aufsichtsratsmitglieder einer kommunalen GmbH, in: Burgard, Ulrich/Hadding, Walther/Mülbert, Peter O./Nietsch, Michael/ Welter, Reinhard (Hrsg.), Festschrift für Uwe H. Schneider, Köln 2011, S. 1-14. (zitiert: *Altmeppen*, in: FS Schneider)

Appel, Ivo, Staat und Bürger in Umweltverwaltungsverfahren, NVwZ 2012, 1361-1369.

Aronson, Elliot/Wilson, Timothy/Akert, Robin, Sozialpsychologie, 8. Auflage, Hallbergmoos 2014.

Assmann, Heinz-Dieter/Schlitt, Michael/Kopp-Colomb, Wolf von (Hrsg.), Wertpapierprospektgesetz/Vermögensanlagengesetz. Kommentar, 3. Auflage, Köln 2017.

Bach, Sabine, Corporate Social Responsibility in der Europäischen Union – eine Frage von Sein oder Nichtsein, in: Schmidt, Matthias/Beschorner, Thomas (Hrsg.), Corporate Social Responsibility und Corporate Citizenship, Mering 2008, S. 115-124.

Bandemer, Stephan von/Blanke, Bernhard, Leitbild Neuer Staat, Hannover 1994.

ders./Blanke, Bernhard/Hilbert, Josef/Schmid, Josef, Staatsaufgaben – Von der „schleichenden Privatisierung“ zum „aktivierenden Staat“, in: Behrens, Fritz/ Heinze, Rolf (Hrsg.), Den Staat neu denken, Berlin 1995, S. 41-60.

Bartholomae, Florian/Beivers, Andreas, Flächendeckende Krankenhausversorgung und Anforderungen an die staatliche Daseinsvorsorge, ZögU 2009, 213-239.

Battis, Ulrich/Kersten, Jens, Demokratieprinzip und Mitbestimmung im öffentlichen Dienst, DÖV 1996, 584-593.

Bauer, Christian, Die Energiewende in der Politik- und Partizipationsverflechtungsfalle: Das Beispiel des Stromnetzausbaus, VerwArch (106) 2015, 112-154.

ders., Stiftung von Legitimation oder Partizipationsverflechtungsfalle. Welche Folgen hat die Öffentlichkeitsbeteiligung beim Stromnetzausbau?, dms 2015, 273-293.

Bauersfeld, Heide Veronika, Die Verbandslast, Baden-Baden 2010.

Baumbach, Adolf/Hueck, Alfred (Hrsg.), Gesetz betreffend die Gesellschaft mit beschränkter Haftung. Kommentar, 21. Auflage, München 2017. (zitiert: *Bearbeiter*, in: Baumbach/Hueck, GmbHG)

Beier, Matthias/Maier, Stefan, Grundlagen der Besteuerung von juristischen Personen des öffentlichen Rechts, in: Bolsenkötter, Heinz (Hrsg.), Öffentlichrechtliche Unternehmen der Gemeinden, 6. Auflage, Stuttgart 2015, Kap. 4.

Bertermann, Udo, Die ministerielle Plangenehmigung für Anlagen sondergesetzlicher Wasserverbände, Münster 1965.

Beschorner, Thomas/Schmidt, Matthias, Corporate Social Responsibility und Corporate Citizenship, in: dies. (Hrsg.), Corporate Social Responsibility und Corporate Citizenship – eine Einführung, Mering 2008, S. 9-18.

Beuthien, Volker, 100 Jahre Genossenschaftsgesetz – wie genossenschaftlich ist die genossenschaftliche Rechtsform?, Marburg 1989.

ders., Die eingetragene Genossenschaft als verbundenes Unternehmen, in: Mestmäcker, Ernst-Joachim/Behrens, Peter (Hrsg.), Das Gesellschaftsrecht der Konzerne im internationalen Vergleich, Baden-Baden 1991, S. 133-168.

ders., Die Europäische Genossenschaft als gesellschaftsrechtliche Herausforderung, ZfgG 2007, 3-16.

ders., Genossenschaften: Ein Gewinn für alle oder nur eine Chance für jeden?, in: ders. (Hrsg.), Die eingetragene Genossenschaft – Idee und Wirklichkeit, Baden-Baden 2013, S. 237-250.

ders., Genossenschaftsgesetz. Kommentar, 15. Auflage, München 2011. (zitiert: *Beuthien*, GenG)

ders., Genossenschaftsrecht – woher, wohin?, Göttingen 1989.

ders., Was heißt Förderung der Mitglieder?, in: ders. (Hrsg.), Die eingetragene Genossenschaft – Idee und Wirklichkeit, Baden-Baden 2013, S. 39-50.

ders., Zum förderwirtschaftlichen Nutzen nichtnutzender Mitglieder, in: ders. (Hrsg.), Die eingetragene Genossenschaft – Idee und Wirklichkeit, Baden-Baden 2013, S. 19-38.

Bieback, Karl-Jürgen, Die öffentliche Körperschaft, Berlin 1976.

Blanke, Bernhard, Erzählungen zum aktivierenden Staat, VM 2009, 115-125.

ders./Lamping, Wolfram, Der Aktivierende Staat, in: König, Klaus/Kropp, Sabine/Kuhlmann, Sabine/Reichard, Christoph/Sommermann, Karl-Peter/

Ziekow, Jan (Hrsg.), Grundmuster der Verwaltungskultur, Baden-Baden 2014, S. 391-414.

Blessing, Matthias, Öffentlich-rechtliche Anstalten unter Beteiligung Privater, Baden-Baden 2008.

Blome-Drees, Johannes, Zur Aktualität des genossenschaftlichen Geschäftsmodells, ZögU 2012, 365-385.

Böckenförde, Ernst-Wolfgang, Demokratie als Verfassungsprinzip, in: Isensee, Josef/Kirchhof, Paul (Hrsg.), Handbuch des Staatsrechts, Band 2: Verfassungsstaat, 3. Auflage, Heidelberg 2004, § 24. (zitiert: *Böckenförde*, Demokratie als Verfassungsprinzip, in: Isensee/Kirchhof [Hrsg.], HStR II³)

ders., Die verfassungstheoretische Unterscheidung von Staat und Gesellschaft als Bedingung der individuellen Freiheit, Wiesbaden 1973.

Böger, Torsten R., Perspektivwechsel – Wie kann der Investitionsstau gelöst werden?, Public Governance 2016, 4-5.

Bogumil, Jörg/Gerber, Sascha/Schickentanz, Maren, Handlungsmöglichkeiten kommunaler Demografiepolitik, in: Hüther, Michael/Naegele, Gerhard (Hrsg.), Demografiepolitik – Herausforderungen und Handlungsfelder, Wiesbaden 2013, S. 259-282.

Bogumil, Jörg/Kuhlmann, Sabine, Legitimation durch Verwaltungshandeln – Veränderungen und Konstanten, dms 2015, 237-251.

Böhlmann-Balan, Antje/Herms, Manuela/Leroux, Cathérine, Neuer Wind für Bürgerbeteiligung?, ER 2016, 241-248.

Boos, Karl-Heinz/Fischer, Reinfrid/Schulte-Mattler, Hermann (Hrsg.), Kommentar zu Kreditwesensgesetz, VO (EU) Nr. 575/2013 (CRR) und Ausführungsvorschriften, Band 1, 5. Auflage, München 2016.

Bovaird, Tony, Beyond Engagement and Participation: User and Community Coproduction of Public Services, PAR 2007, 846-860.

Bovaird, Tony/Loeffler, Elke, From Engagement to Co-production: The Contribution of Users and Communities to Outcomes and Public Value, VOLUNTAS 2012, 1119-1138.

Brenner, Michael, Gesellschaftsrechtliche Ingerenzmöglichkeiten von Kommunen auf privatrechtlich ausgestaltete kommunale Unternehmen, AöR (127) 2002, 222-251.

Breuer, Rüdiger, Die Selbstverwaltung der Wasser- und Bodenverbände, in: Mutius, Albert von (Hrsg.), Selbstverwaltung im Staat der Industriegesellschaft. Festgabe zum 70. Geburtstag von Georg Christoph von Unruh, Heidelberg 1983, S. 855-879. (zitiert: *Breuer*, in: FG v. Unruh)

Brixner, Jörg, Zweckmäßigkeit und Möglichkeiten genossenschaftlicher Betätigung, Münster 1961.

Brohm, Winfried, Selbstverwaltung in wirtschafts- und berufsständischen Kammern, in: Mutius, Albert von (Hrsg.), Selbstverwaltung im Staat der Industriegesellschaft. Festgabe zum 70. Geburtstag von Georg Christoph von Unruh, Heidelberg 1983, S. 777-809. (zitiert: *Brohm*, in: FG v. Unruh)

ders., Strukturen der Wirtschaftsverwaltung, Stuttgart 1969.

Brüning, Christoph, Energieintelligente Steuerung mittels (sonstiger) Satzungen und Abgaben?, KommJur 2014, 121-126.

Bührle, Benjamin, Energieerzeugung auf kommunaler Ebene mittels Energiegenossenschaften, KommP spezial 2014, 174-178.

Bundesministerium des Innern (Hrsg.), Jedes Alter zählt – Für mehr Wohlstand und Lebensqualität aller Generationen, Berlin 2015.

Bundesministerium für Familie, Senioren, Frauen und Jugend (Hrsg.), Hauptbericht des Freiwilligensurveys 2009, München 2010. (zitiert: BMFSFJ [Hrsg.], Freiwilligensurvey 2009)

Bundesministerium für Familie, Senioren, Frauen und Jugend (Hrsg.), Hauptbericht des Freiwilligensurveys 2014. (zitiert: BMFSFJ [Hrsg.], Freiwilligensurvey 2014)

Bundesministerium für Wirtschaft und Energie (Hrsg.), Stärkung von Investitionen in Deutschland, Berlin 2015. (zitiert: BMWi [Hrsg.], Stärkung von Investitionen in Deutschland)

Burgi, Martin, Kommunalrecht, 5. Auflage, München 2015.

Calliess, Christian/Ruffert, Matthias (Hrsg.), EUV/AEUV. Kommentar, 5. Auflage, München 2016. (zitiert: *Bearbeiter*, in: Calliess/Ruffert, EUV/AEUV)

Danwitz, Thomas von, Vom Verwaltungsprivatrecht zum Verwaltungsgesellschaftsrecht – Zu Begründung und Reichweite öffentlich-rechtlicher Ingerenzen in der mittelbaren Kommunalverwaltung, AöR (120) 1995, 595-630.

Diemert, Dörte, Schuldenbremse und die Folgen für die Kommunen, KommP spezial, 174-179.

Dierkes, Stefan/Hanrath, Stephanie, Wertorientierung bei Genossenschaften, in: Schöpflin, Martin/Meik, Frank/Weber, Heinz-Otto/Bandte, Jürgen (Hrsg.), Von der Sache zum Recht. Festschrift für Volker Beuthien zum 75. Geburtstag, München 2009, S. 285-298. (zitiert: *Dierkes/Hanrath*, in: FS Beuthien)

Donaldson, Thomas/Preston, Lee E., The Stakeholder Theory of the Corporation: Concepts, Evidence, and Implications, Academy of Management Review 1995, 65-91.

Draheim, Georg, Die Genossenschaft als Unternehmenstyp, 2. Auflage, Göttingen 1955.

Dreier, Horst (Hrsg.), Grundgesetz-Kommentar, Band 2: Artikel 20-82, 3. Auflage, Tübingen 2015. (zitiert: *Bearbeiter*, in: Dreier, GG)

Drescher, Sebastian, Partizipative Finanzierung, ZfWP 2016, 177-194.

ders./Schaefer, Christina, Partizipative Finanzierung als Instrument zur Einbindung der Bürger in eine präferenzgerechte und wohlfahrtsorientierte Leistungserbringung – Theoretischer Rahmen und konzeptionelle Ausgestaltung am Beispiel der BürgerEnergie Rhein-Sieg eG, ZögU 2017, 29-49.

dies., Über das partizipative Moment im Rahmen der Finanzierung öffentlicher Unternehmen, ZögU 2015, 3-20.

Durinke, Corinna/Durinke, Peter, Rechtlicher Rahmen und Grenzen von informellen Beteiligungsprozessen, KommJur 2016, 241-247.

Durner, Wolfgang, Möglichkeiten der Verbesserung förmlicher Verwaltungsverfahren am Beispiel der Planfeststellung, ZUR 2011, 354-362.

Düsterdiek, Bernd, Infrastruktur und demografischer Wandel – Auswirkungen auf die kommunale Wasserwirtschaft, Die Gemeinde SH 2015, 153-156.

Ebersbach, Harry, Die Stiftung des öffentlichen Rechts, Göttingen 1961.

Egg, Felix ab/Poser, Hans, Finanzielle Bürgerbeteiligungen am Beispiel der Energieversorgung, in: Bentele, Günther/Bohse, Reinhard (Hrsg.), Akzeptanz in der Medien- und Protestgesellschaft, Wiesbaden 2015, S. 215-226.

Ehlers, Dirk/Pünder, Hermann (Hrsg.), Allgemeines Verwaltungsrecht, 15. Auflage, Berlin/Boston 2016. (zitiert: *Bearbeiter*, in: Ehlers/Pünder [Hrsg.], Allgemeines Verwaltungsrecht)

Eichenseer, Christoph/Hitschfeld, Uwe, Akzeptanz für Projekte in Wirtschaft und Gesellschaft, in: Bentele, Günter/Bohse, Reinhardt/Hitschfeld, Uwe/Krebber, Felix. (Hrsg.), Akzeptanz in der Medien- und Protestgesellschaft, Wiesbaden 2015, S. 129-138.

Eichhorn, Peter/MacDonald, Ian/Greiling, Dorothea, Introduction – Public governance as a dynamic concept, ZögU 2016, 5-16.

Elsen, Susanne, Das innovative Potenzial genossenschaftlichen Wirtschaftens, in: Schmale, Ingrid/Blome-Drees, Johannes (Hrsg.), Genossenschaft innovativ, Wiesbaden 2017, S. 135-146.

Emde, Ernst Thomas, Die demokratische Legitimation der funktionalen Selbstverwaltung, Berlin 1991.

Endrös, Alfred, Entstehung und Entwicklung des Begriffs „Körperschaft des öffentlichen Rechts", Wien 1985.

Engels, Andreas, Die Verfassungsgarantie kommunaler Selbstverwaltung, Tübingen 2014.

Engels, Dieter/Eibelshäuser, Manfred (Hrsg.), Kommentar zum Haushaltsrecht, Köln, Loseblatt-Sammlung (Stand: 64. Erg.-Lfg. Juni 2016). (zitiert: *Bearbeiter*, in: Engels/Eibelshäuser, BHO)

Epping, Volker/Hillgruber, Christian (Hrsg.), Grundgesetz. Beck'scher Online-Kommentar, München, (Stand: 35. Edition vom 1.10.2017). (zitiert: *Bearbeiter*, in: Epping/Hillgruber, GG)

Erbguth, Wilfried, Verstärkung der Elemente unmittelbarer Bürgerbeteiligung auf kommunaler Ebene, DÖV 1995, 793-802.

Fehl, Ulrich, Geistes- und realgeschichtliche Grundlagen der modernen Genossenschaft, in: Schöpflin, Martin/Meik, Frank/Weber, Heinz-Otto/Bandte, Jürgen (Hrsg.), Von der Sache zum Recht. Festschrift für Volker Beuthien zum 75. Geburtstag, München 2009, S. 299-318. (zitiert: *Fehl*, in: FS Beuthien)

Ferner, Elke, Den demografischen Wandel gestalten – eine gemeinsame Aufgabe für Politik und Zivilgesellschaft, Der Landkreis 2016, 323-325.

Festinger, Leon, Theorie der kognitiven Dissonanz, 2. Auflage, Bern 2012.

Fleischer, Holger/Goette, Wulf (Hrsg.), Münchener Kommentar zum Gesetz betreffend die Gesellschaften mit beschränkter Haftung, Band 2: §§ 35-52, 2. Auflage, München 2016. (zitiert: *Bearbeiter*, in: Fleischer/Goette, Münchener Kommentar zum GmbHG)

Flieger, Burghard, Produktivgenossenschaft als fortschrittsfähige Organisation, Marburg 1996.

Flume, Werner, Allgemeiner Teil des Bürgerlichen Rechts, Band 1, Teil 2: Die juristische Person, Berlin/Heidelberg 1983.

Forsthoff, Ernst, Der Staat der Industriegesellschaft, 2. Auflage, München 1971.

ders., Lehrbuch des Verwaltungsrechts, Band 1: Allgemeiner Teil, 10. Auflage, München 1973.

Freeman, R. Edward/Harrison, Jeffrey S./Wicks, Andrew C./Parmar, Bidham L./ De Colle, Simone, Stakeholder Theory. The State of the Art, Cambridge 2013.

Frenz, Walter, Anmerkung zu EuGH, Urt. v. 21.12.2016, Rs. C-51/15, GewArch 2017, 97-100.

ders., Die Berücksichtigung mittelständischer Interessen nach § 97 Abs. 3 GWB und Europarecht, GewArch 2011, 97-99.

Frey, Dieter/Gaska, Anne, Die Theorie der kognitiven Dissonanz, in: ders./ Irle, Martin (Hrsg.), Theorien der Sozialpsychologie, Band 1: Kognitive Theorien, Bern/Göttingen/Toronto/Seattle 2009, S. 275-326.

Friauf, Karl Heinrich/Höfling, Wolfram, Berliner Kommentar zum Grundgesetz, Band 2: Art. 13-22, Berlin, Loseblatt-Sammlung (Stand: 51. Erg.-Lfg. August 2016). (zitiert: *Bearbeiter*, in: Friauf/Höfling, GG)

Fröhler, Ludwig/Oberndorfer, Peter, Körperschaften des öffentlichen Rechts und Interessenvertretung, München 1974.

Frotscher, Werner, Selbstverwaltung und Demokratie, in: Mutius, Albert von (Hrsg.), Selbstverwaltung im Staat der Industriegesellschaft – Festgabe zum 70. Geburtstag von Georg Christoph von Unruh, Heidelberg 1983, S. 127-148. (zitiert: *Frotscher*, in: FG v. Unruh)

Fuchs, Petra, „Zukunftsmodell Sozialgenossenschaft" – Renaissance einer Rechts- und Organisationsform, NDV 2016, 293-299.

Führ, Heinz-Bodo, Das Selbstverwaltungsrecht der Wasser- und Bodenverbände unter dem Einfluß staatlicher Finanzhilfen, Münster 1967.

Fürst, Dietrich, Regional Governance, in: Benz, Arthur (Hrsg.), Handbuch Governance, Wiesbaden 2007, S. 353-365.

Geibel, Stefan J., Können eingetragene Genossenschaften Investmentvermögen im Sinne des KAGB sein?, WM 2015, 1649-1657.

Geschwandtner, Marcus, Rechtsform der eingetragenen Genossenschaft: warum früher, warum heute?, ZfgG 2009, 152-163.

Gierke, Otto von, Die Genossenschaftstheorie und die deutsche Rechtsprechung, Berlin 1887.

Gierke, Otto von, Das deutsche Genossenschaftsrecht, Band 1: Rechtsgeschichte der deutschen Genossenschaft, Berlin 1868. (zitiert: *v. Gierke*, Genossenschaftsrecht I)

Gittermann, Stephan, Die Bürgeranleihe. Ein innovatives Instrument zur Finanzierung des Breitbandausbaus, Der Gemeindehaushalt 2016, 210-212.

Gläß, Anne-Christin, Rechtsfragen des kommunalen Anschluss- und Benutzungszwangs in Zeiten von Klimawandel und Energiewende, Baden-Baden 2016.

Glenk, Hartmut, Genossenschaftsrecht, 2. Auflage, München 2012.

Gniechwitz, Arne, Anmerkung zu EuGH, Urt. v. 21.12.2016 – C-51/15, EuZW 2017, 147-148.

Goette, Wulf/Habersack, Mathias (Hrsg.), Münchener Kommentar zum Aktiengesetz, Band 2: §§ 76-117, 4. Auflage, München 2014. (zitiert: *Bearbeiter*, in: Goette/Habersack, Münchener Kommentar zum AktG)

dies. (Hrsg.), Münchener Kommentar zum Aktiengesetz, Band 3: §§ 118-178, 3. Auflage, München 2013.

Goldbeck, Joachim, Die Deichgenossenschaften, Münster 1991.

Göler von Ravensburg, Nicole, Chancen für die eingetragene Genossenschaft in der Sozialwirtschaft, ZögU 2013, 89-105.

dies., Sozialgenossenschaften in Deutschland, ZfgG 2015, 135-154.

Grawert, Wolfgang, Staatsvolk und Staatsangehörigkeit, in: Isensee, Josef/Kirchhof, Paul (Hrsg.), Handbuch des Staatsrechts, Band 2: Verfassungsstaat, 3. Auflage, Heidelberg 2004, § 16. (zitiert: *Grawert*, Staatsvolk und Staatsangehörigkeit, in: Isensee/Kirchhof [Hrsg.], HStR II)

Groß, Thomas, Die Verwaltungsorganisation als Teil organisierter Staatlichkeit, in: Hoffmann-Riem, Wolfgang/Schmidt-Aßmann, Eberhard/Voßkuhle, Andreas (Hrsg.), Grundlagen des Verwaltungsrechts, Band 1: Methoden, Maßstäbe, Aufgaben, Organisation, 2. Auflage, München 2012, § 13.

Groß, Thomas, Selbstverwaltung angesichts von Europäisierung und Ökonomisierung, DVBl. 2002, 1182-1194.

ders., Stuttgart 21: Folgerungen für Demokratie und Verwaltungsverfahren, DÖV 2011, 510-515.

Gruneberg, Ralf/Frank, Lorenz, Interkommunale Zusammenarbeit im aktuellen Vergaberecht (Teil 2), AbfallR 2016, 77-86.

Hansen, Carsten, Kooperation und Wertschöpfung in Kommunen, Die Gemeinde SH 2015, 162-164.

Heinze, Rolf G./Olk, Thomas, Bürgerengagement in Deutschland – Zum Stand der wissenschaftlichen Diskussion, in: dies. (Hrsg.), Bürgerengagement in Deutschland, Wiesbaden 2001, S. 11-26.

Heller, Hermann, Staatslehre, Leiden 1934.

Hendler, Reinhard, Das Prinzip Selbstverwaltung, in: Isensee; Josef/Kirchhof, Paul (Hrsg.), Handbuch des Staatsrechts, Band 6: Bundesstaat, 3. Auflage, Heidelberg 2008, § 143.

ders., Grundbegriffe der Selbstverwaltung, in: Mann, Thomas/Püttner, Günter (Hrsg.), Handbuch der kommunalen Wissenschaft und Praxis, Band 1: Grundlagen und Kommunalverfassung, 3. Auflage, Berlin 2007, § 1.

ders., Selbstverwaltung als Ordnungsprinzip, Köln 1984.

Henneke, Hans-Günter, Wutbürger als Standortfaktor? Bürgerschaftliche Aktivierung und effiziente Erfüllung öffentlicher Aufgaben, Der Landkreis 2012, 74-85.

Henzler, Reinhold, Die Genossenschaft, eine fördernde Betriebswirtschaft, Essen 1957.

ders., Genossenschaftswesen, 2. Auflage, Wiesbaden 1953.

Hepp, Eva-Maria, Anmerkung zu BVerfGE 111, 191, DNotZ 2004, 942-956.

Herzberg, Carsten/Blanchet, Thomas, Von der Bürgerkommune zu Bürgerstadtwerken, iv 2016, 14-17.

Hill, Sebastian/Doluschitz, Rainer, Genossenschaftliche Werte – Kern der genossenschaftlichen Identität?, ZfgG 2014, 19-30.

Hoffmann-Becking, Michael, Unabhängigkeit im Aufsichtsrat, NZG 2014, 801-809.

Hölters, Wolfgang (Hrsg.), Aktiengesetz. Kommentar, 3. Auflage, München 2017. (zitiert: *Bearbeiter*, in: Hölters, AktG)

Holtkamp, Lars, Local Governance, in: Benz, Arthur (Hrsg.), Handbuch Governance, Wiesbaden 2007, S. 366-377.

Holz, Dagmar/Kürten, Nils/Grabolle, Sabine, Die Anstalt des öffentlichen Rechts als Organisations- und Kooperationsform, KommJur 2014, 281-286.

Holzner, Thomas, Konsens im Allgemeinen Verwaltungsrecht, Tübingen 2016.

Hoppe, Werner/Beckmann, Martin, Rechtsgrundlagen und verfassungsrechtliche Grenzen der Gründung und Auflösung von Wasser- und Bodenverbänden, Münster 1988.

Immenga, Ulrich/Mestmäcker, Ernst-Joachim (Hrsg.), Wettbewerbsrecht. Kommentar, Band 2, Teil 2: §§ 97-129b (Vergaberecht), 5. Auflage, München 2014. (zitiert: *Bearbeiter*, in: Immenga/Mestmäcker, Wettbewerbsrecht)

Irriger, Ulrich, Genossenschaftliche Elemente bei öffentlich-rechtlichen Körperschaften, Münster 1991.

Isensee, Josef, Gemeinwohl im Verfassungsstaat, in: ders./Kirchhof (Hrsg.), Handbuch des Staatsrechts, Band 4: Aufgaben des Staates, 3. Auflage, Heidelberg 2006, § 71. (zitiert: *Isensee*, Gemeinwohl im Verfassungsstaat, in: ders./ Kirchhof [Hrsg.], HStR IV)

ders., Staat und Verfassung, in: ders./Kirchhof (Hrsg.), Handbuch des Staatsrechts, Band 2: Verfassungsstaat, 3. Auflage, Heidelberg 2004, § 15. (zitiert: *Isensee*, Staat und Verfassung, in: ders./Kirchhof [Hrsg.], HStR II)

ders., Subsidiaritätsprinzip und Verfassungsrecht, Berlin 1968.

Janda, Timm, Open Government – Transparenz, Partizipation und Kollaboration als Staatsleitbild, in: Schliesky, Utz/Schulz, Sönke E. (Hrsg.), Transparenz, Partizipation, Kollaboration – Web 2.0 für die öffentliche Verwaltung, Kiel 2012, S. 11-39.

Jann, Werner/Wegrich, Kai, Governance und Verwaltungspolitik, in: Benz, Arthur (Hrsg.), Governance – Regieren in komplexen Regelsystemen, Wiesbaden 2004, S. 193-214.

Jauernig, Othmar, Bürgerliches Gesetzbuch. Kommentar, 16. Auflage, München 2015. (zitiert: *Bearbeiter*, in: *Jauernig*, BGB)

Jellinek, Georg, Allgemeine Staatslehre, 3. Auflage, Berlin 1921.

Jellinghaus, Lorenz, Zwischen Daseinsvorsorge und Infrastruktur, Frankfurt a.M. 2006.

Jestaedt, Matthias, Demokratieprinzip und Kondominialverwaltung, Berlin 1993.

ders., Grundbegriffe des Verwaltungsorganisationsrechts, in: Hoffmann-Riem, Wolfgang/Schmidt-Aßmann, Eberhard/Voßkuhle, Andreas (Hrsg.), Grundlagen des Verwaltungsrechts, Band 1: Methoden, Maßstäbe, Aufgaben, Organisation, 2. Auflage, München 2012, § 14.

Jürgenmeyer, Michael, Das Unternehmensinteresse, Heidelberg 1984.

Kahl, Wolfgang, Die Staatsaufsicht, Tübingen 2000.

Kaler, Matthias von/Kneuper, Friedrich, Erneuerbare Energien und Bürgerbeteiligung, NVwZ 2012, 791-796.

Kaltenborn, Wilhelm, Genossenschaften. Schein und Wirklichkeit, Berlin 2014.

Kämmerer, Jörn Axel, Privatisierung, in: Ehlers, Dirk/Fehling, Michael/Pünder, Hermann (Hrsg.), Besonderes Verwaltungsrecht, Band 1: Öffentliches Wirtschaftsrecht, 3. Auflage, Heidelberg 2012, § 14.

Kasperczyk, Stephan, Interkommunale Zusammenarbeit anders betrachtet, VM 2016, 34-39.

Kay, Sonja, Crowdfunding – Tatsachen und Rechtsfragen einer neuen Finanzierungsmethode für kommunale Infrastrukturprojekte, jM 2016, 178-185.

Kirchhof, Paul, Nichtsteuerliche Abgaben, in: Isensee, Josef/ders. (Hrsg.), Handbuch des Staatsrechts, Band 5: Rechtsquellen, Organisation, Finanzen, 3. Auflage, Heidelberg 2007, § 119. (zitiert: *Kirchhof*, Nichtsteuerliche Abgaben, in: Isensee/ders. [Hrsg.], HStR V)

Kirste, Stephan, Die Realisierung von Gemeinwohl durch verselbständigte Verwaltungseinheiten, in: Brugger, Winfried/ders./Anderheiden Michael (Hrsg.), Gemeinwohl in Deutschland, Europa und der Welt, Baden-Baden 2002, S. 327-390.

Klein, Friedrich, Die Genossenschaften des öffentlichen Rechts, ZfgG 1957, 145-157.

ders./Leidel, Herbert, Die Jagdgenossenschaften in der Bundesrepublik Deutschland und ihre steuerliche Behandlung, ZfgG 1962, 1-31.

Klein, Friedrich/Scheder, Thomas, Die Waldgenossenschaften in der Bundesrepublik Deutschland und ihre steuerliche Behandlung, ZfgG 1967, 241-276.

Klemisch, Herbert/Vogt, Walter, Genossenschaften und ihre Potenziale für eine sozial gerechte und nachhaltige Wirtschaftsweise, Bonn 2012.

Klenk, Tanja, Selbstverwaltung im öffentlichen Sektor, VM 2008, 3-10.

Kleve, Guido/Gayger, Michael, Die Rekommunalisierung in der Beihilfenrechtsfalle?, NVwZ 2018, 273-279.

Kling, Michael/Cobe, Matondo, Die Finanz- und Organisationsverfassung der eG, ZfgG 2016, 93-111.

Kluth, Winfried, Der demographische Wandel als Herausforderung für das Recht, Sankt Augustin/Berlin 2014.

ders., Die Infrastrukturgenossenschaft als Aktivierungs- und Gestaltungsinstrument, LKV 2017, 337-343.

ders. Die Rolle von Genossenschaften und Kooperationen (einschließlich Kammern) im Bereich der Bildungsinfrastrukturen, in: Schmidt-Trenz, Hans-Jörg/Stober, Rolf (Hrsg.), Jahrbuch Recht und Ökonomik des Dritten Sektors 2013/2014 (RÖDS). Der Dritte Sektor als Infrastrukturakteur, Baden-Baden 2014, S. 161-182. (zitiert: *Kluth*, Die Rolle von Genossenschaften und Kooperationen [einschließlich Kammern] im Bereich der Bildungsinfrastrukturen, in: Schmidt-Trenz/Stober [Hrsg.], Der Dritte Sektor als Infrastrukturakteur)

ders., Funktionale Selbstverwaltung, Tübingen 1997.

ders., Gemeinsamkeiten und Unterschiede von Kammern und Verbänden bei der Wahrnehmung von Interessenvertretung, WiVerw 2012, 50-58.

ders., Governance-Konzept der Genossenschaft, ZRP 2017, 108-111.

ders., Kooperationsrecht – Zur (möglichen) Vielfalt institutionalisierter Kooperation, in: Brockmeier, Thomas/ders. (Hrsg.), 100 Jahre Genossenschafts- und Kooperationsforschung in Halle, Band 1, Halle 2013, S. 127 -140.

ders. Selbstverwaltung der Wirtschaft und der freien Berufe, in: Ehlers, Dirk/Fehling, Michael/Pünder, Hermann (Hrsg.), Besonderes Verwaltungsrecht, Band 1: Öffentliches Wirtschaftsrecht, 3. Auflage, Heidelberg 2012, § 15.

Knemeyer, Franz-Ludwig, Die verfassungsrechtliche Gewährleistung des Selbstverwaltungsrechts der Gemeinden und Landkreise, in: Mutius, Albert von (Hrsg.), Selbstverwaltung im Staat der Industriegesellschaft. Festgabe zum 75. Geburtstag von Georg Christoph von Unruh, Heidelberg 1983, S. 209-226. (zitiert: *Knemeyer*, in: FG v. Unruh)

Kneuper, Friedrich/Kaler, Matthias von, Fondsmodell zur privaten Finanzierung kommunaler Infrastrukturvorhaben, NVwZ 2017, 195-200.

Knöpfle, Franz, Die Körperschaften des öffentlichen Rechts im formellen Sinn, in: Blümel, Willi/Merten, Detlef/Quaritsch, Helmut (Hrsg.), Verwaltung im Rechtsstaat, Köln 1987, S. 93-120.

Kober, Rouven, Das „investierende Mitglied“ – Wer und vor allem was steckt dahinter?, ZfgG 2010, 37-49.

Köck, Wolfgang, Die Mitwirkung der Zivilgesellschaft am Verwaltungshandeln – eine Bilanz, ZUR 2016, 643-649.

Kolbe, Sebastian, Mitbestimmung und Demokratieprinzip, Tübingen 2013.

Köller, Sandra, Funktionale Selbstverwaltung und ihre demokratische Legitimation, Berlin 2009.

Kormann, Joachim, Steuerberatung als Service-Leistung der Handwerkskammern, GewArch 1988, 249-261.

Korte, Otto, Genossenschaften, in: Wurzel, Gabriele/Schraml, Alexander/Becker, Ralph (Hrsg.), Rechtspraxis der kommunalen Unternehmen, 3. Auflage, München 2015.

Korte, Stefan, Breites Band in ganz Deutschland, N&R 2014, 138-147.

Köstler, Ursula, Seniorengenossenschaften – Selbsthilfegruppen mit Entwicklungspotenzial, ZfgG 2007, 257-269.

Köttgen, Arnold, Die Organisationsgewalt, VVDStRL (16) 1958, 154-188.

Krämer, Achim/Winter, Thomas, Die eigenverantwortliche Mitgliedschaft im Aufsichtsrat der fakultativen, insbesondere der fakultativen kommunalen GmbH, in: Habersack, Mathias/Hommelhoff, Peter (Hrsg.), Festschrift für Wulf Goette, München 2011, S. 253-261. (zitiert: *Krämer/Winter*, in: FS Goette)

Krebber, Felix, Lokale Akzeptanzdiskurse, in: Bentele, Günter/Bohse, Reinhardt/Hitschfeld, Uwe/ders. (Hrsg.), Akzeptanz in der Medien- und Protestgesellschaft, Wiesbaden 2015, S. 113-126.

Kremer, Thomas/Werder, Axel von, Unabhängigkeit von Aufsichtsratsmitgliedern: Konzept, Kriterien und Kandidateninformationen, AG 2013, 340-348.

Krönke, Christoph, Sozial verantwortliche Beschaffung nach dem neuen Vergaberecht, VergabeR 2017, 101-119.

Kruse, Henning/Legler, Dirk, Windparks in kommunaler Regie: Ist das rechtlich möglich?, ZUR 2012, 348-357.

Kundt, Karin/Schaefer, Christina, Nachhaltigkeit als Gegenstand der Corporate Governance, ZögU Beiheft 2015, 2-15.

Küpper, Patrick, Herausforderungen bei der Entwicklung ländlicher Räume – eine Bestandsaufnahme, Der Landkreis 2017, 252-260.

Lamping, Wolfram/Schridde, Henning/Plaß, Stefan/Blanke, Bernhard, Der Aktivierende Staat – Positionen, Begriffe, Strategien, Bonn 2002.

Landsberg, Gerd, Ärztliche Versorgung flächendeckend sicherstellen, Die Gemeinde SH 2014, 234-235.

Lang, Johann/Weidmüller, Ludwig, Genossenschaftsgesetz. Kommentar, Berlin 2011. (zitiert: *Bearbeiter*, in: Lang/Weidmüller, GenG)

Lange, Klaus, Kommunalrecht, Tübingen 2013.

Laurinkari, Juhani, Zur Rolle der Sozialwirtschaft in der Wohlfahrtspolitik, in: ders./Schediwy, Herbert/Todev, Tode (Hrsg.), Genossenschaftswissenschaft zwischen Theorie und Geschichte – Festschrift für Johann Brazda zum 60. Geburtstag, Bremen 2014, S. 27-48. (zitiert: *Laurinkari*, in: FS Brazda)

Leisner, Walter, Daseinsvorsorge. Begriff, Bedeutung, Grenzen, WiVerw 2011, 53-77.

ders., Mitbestimmung im öffentlichen Dienst, Bonn/Bad Godesberg 1970.

Lenk, Thomas/Rottmann, Oliver/Grüttner, André/Albrecht, Romy, Finanzielle Bürgerbeteiligung, Gütersloh 2014.

Lenk, Thomas/Rottmann, Oliver/Grüttner, Finanzielle Bürgerbeteiligung im Rahmen der Energiewende, Gütersloh 2015.

Löffler, Elke/Timm-Arnold, Peter, Nachhaltige kommunale Haushaltssicherung durch die Koproduktion öffentlicher Wirkungen mit Bürgerinnen und Bürgern?, VM 2016, 306-314.

Lorenz, Stefan, Auswirkungen von Schuldenbremse und Fiskalpakt auf die Verschuldung der Kommunen, DVP 2012, 491-499.

Luhmann, Niklas, Legitimation durch Verfahren, 2. Auflage, Darmstadt 1975.

Luther, Martin, Die genossenschaftliche Aktiengesellschaft, Tübingen 1978.

Mangoldt, Hermann von/Klein, Friedrich/Starck, Christian (Hrsg.), Kommentar zum Grundgesetz, Band 2: Art. 20 bis 82, 6. Auflage, München 2010. (zitiert: *Bearbeiter*, in: v. Mangoldt/Klein/Starck, GG)

Mann, Thomas, Die öffentlich-rechtliche Gesellschaft, Tübingen 2002.

ders., Steuernde Einflüsse der Kommunen in ihren Gesellschaften, VBlBW. 2010, 7-16.

Marsch-Barner, Reinhard, Schutz der Gesellschaft und der Anteilseigner, in: Semler, Johannes/Schenck, Kersten von (Hrsg.), Arbeitshandbuch für Aufsichtsratsmitglieder, 3. Auflage, München 2009, § 12.

Matten, Dirk/Crane, Andrew, Corporate Citizenship: Toward an Extended Theoretical Conceptualization, The Academy of Management Review (30) 2005, 166-179.

Maunz, Theodor/Dürig, Günter (Begr.), Grundgesetz. Kommentar, München, Loseblatt-Sammlung (Stand: 81. Erg.-Lfg. September 2017). (zitiert: *Bearbeiter*, in: Maunz/Dürig, GG)

Maurer, Hartmut, Allgemeines Verwaltungsrecht, 18. Auflage, München 2011.

ders., Staatsrecht I, 6. Auflage, München 2010.

ders. /Waldhoff, Christian, Allgemeines Verwaltungsrecht, 19. Auflage, München 2017.

Mayer, Otto, Deutsches Verwaltungsrecht, Band 2, Leipzig 1896. (zitiert: *Mayer*, Deutsches Verwaltungsrecht II)

Mehde, Veith, Neues Steuerungsmodell und Demokratieprinzip, Berlin 2000.

Mempel, Markus, Der demografische Wandel – eine Herausforderung für die Rechtsordnung und -politik in Bund und Ländern, NdsVBl. 2014, 113-120.

ders., Weniger und älter – der demografische Wandel als Herausforderung für die Landkreise, Der Landkreis 2016, 44-46.

Mersmann, Arno/Novy, Klaus, Gewerkschaften, Genossenschaften, Gemeinwirtschaft – Hat eine Ökonomie der Solidarität eine Chance?, Köln 1991.

Merten, Detlef, Bürgerverantwortung im demokratischen Verfassungsstaat, VVDStRL (55) 1996, 7-43.

Meyer, Hubert, Entwicklungen, Gefährdungen, Chancen der kommunalen Selbstverwaltung, NdsVBl. 2015, 37-45.

Milakovich, Michael E., The Internet and Increased Citizen Participation in Government, JeDEM 2010, 1-9.

Milstein, Alexander, Die Beteiligung der Bürger und Gemeinden an Windparks in privater Trägerschaft durch Landesgesetz, ZUR 2016, 269-278.

Möslein, Florian/Mittwoch, Anne-Christin, Soziales Unternehmertum im US-amerikanischen Gesellschaftsrecht, RabelsZ 2016, 399-434.

Muckel, Stefan, Die Selbstverwaltung in der Sozialversicherung auf dem Prüfstand des Demokratieprinzips, NZS 2002, 118-125.

Müller, Doreen/Hameister, Nicole/Lux, Katharina, Anstoß und Motive für das freiwillige Engagement, in: Simonson, Julia/Vogel, Claudia/Tesch-Römer, Clemens (Hrsg.), Freiwilliges Engagement in Deutschland – Der Deutsche Freiwilligensurvey 2014, Wiesbaden 2017, S. 413-435.

Müller, Jakob R./Sagebiel, Julian, Machen Genossenschaften Ökostrom wertvoller?, ZögU 2015, 226-237.

Münkner, Hans-Hermann, Der rechtliche Rahmen der Genossenschaft in ausgewählten Staaten Europas – Gemeinsamkeiten und Unterschiede, in: Harbrecht, Wolfgang (Hrsg.), Die Zukunft der Genossenschaft in der Europäischen Union an der Schwelle zum 21. Jahrhundert, Nürnberg 2000, S. 39-69.

ders., Economie sociale aus deutscher Sicht, Marburg 1995.

Naegele, Gerhard, Gesundheitliche Versorgung in einer alternden Gesellschaft, in: Hüther, Michael/ders. (Hrsg.), Demografiepolitik – Herausforderungen und Handlungsfelder, Wiesbaden 2013, S. 245-258.

Nesselmüller, Georg, Rechtliche Einwirkungsmöglichkeiten der Gemeinden auf ihre Eigengesellschaften, Siegburg 1977.

Neun, Andreas/Otting, Olaf, Die EU-Vergaberechtsreform 2014, EuZW 2014, 446-452.

Neville, Mette/Sørensen, Karsten Engsig, Promoting Entrepreneurship – The New Company Law Agenda, EBOR 2014, 545-584.

Niemann, Jörg, Beitragsfinanzierte kommunale Verkehrsinfrastruktur, KommP spezial 2017, 23-27.

Noch, Rainer, Vergaberecht kompakt, 7. Auflage, Köln 2016.

Nolte, Martin, Das System des Vereins- und Verbandswesens bei Lorenz von Stein, Kiel 2004.

Normann, Richard, Dienstleistungsunternehmen, Hamburg/New York 1987.

Oebbecke, Janbernd, Weisungs- und unterrichtungsfreie Räume in der Verwaltung, Köln 1986.

Ohler, Christoph, Der institutionelle Vorbehalt des Gesetzes, AöR (131) 2006, 336-377.

Ossenbühl, Fritz, Die Erfüllung von Verwaltungsaufgaben durch Private, VVDStRL (29) 1971, 137-209.

Ott, Eckhard/Wieg, Andreas, Genossenschaften in Deutschland: Dezentral organisiert, sicher vereint, ZStV 2012, 201-207.

Papenfuß, Matthias, Die personellen Grenzen der Autonomie öffentlich-rechtlicher Körperschaften, Berlin 1991.

Papier, Hans-Jürgen, Verfassungsfragen des kommunalen Ausländerwahlrechts, KritV 1987, 309-314.

Patzner, Andreas/Döser, Achim/Kempf, Ludger J., Investmentrecht, 3. Auflage, Baden-Baden 2017. (zitiert: *Bearbeiter*, in: Patzner/Döser/Kempf, Investmentrecht)

Paulick, Andreas, Ausgewählte Haftungsfragen im Recht des Zweckverbands, DÖV 2009, 110-116.

Paulick, Heinz, Das Recht der eingetragenen Genossenschaft, Karlsruhe 1956.

Pauly, Walter/Schüler, Yvonne, Der Aufsichtsrat kommunaler GmbHs zwischen Gemeindewirtschafts- und Gesellschaftsrecht, DÖV 2012, 339-346.

Peters, Hans, Öffentliche und staatliche Aufgaben, in: Dietz, Rolf (Hrsg.), Festschrift für Hans Carl Nipperdey zum 70. Geburtstag, Band 2, München 1965, S. 877-895. (zitiert: *Peters*, in: FS Nipperdey)

Petersen, Thomas, Zur gesellschaftlichen Verantwortung eines korporativen Bürgers. Begriffe, Zusammenhänge und offene Fragen, in: Schmidt, Matthias/Beschorner, Thomas (Hrsg.), Corporate Social Responsibility und Corporate Citizenship, Mering 2008, S. 37-50.

Pfannkuch, Benjamin, Inhouse-Vergabe und interkommunale Zusammenarbeit nach den neuen Vergaberichtlinien, Die Gemeinde SH 2008, 186-191.

Pflüger, Elke, Chancen und Grenzen der eingetragenen Genossenschaft im Gesundheitssektor, Nürnberg 2006.

Pieper, Stefan Ulrich, Aufsicht, Köln 2006.

Pöhlmann, Peter/Fandrich, Andreas/Bloehs, Joachim, Genossenschaftsgesetz. Kommentar, München 2012. (zitiert: *Bearbeiter*, in: Pöhlmann/Fandrich/Bloehs, GenG)

Portz, Norbert, Anmerkung zu EuGH, Urt. v. 21.12.2016, Rs. C-51/15, VergabeR 2017, 143-145.

Pöschl, Hanno, Strategische Unternehmensführung zwischen Shareholder-Value und Stakeholder-Value, Wiesbaden 2013.

Prehn, Annette, Das Finanzierungsmodell „Bürgerdarlehen" als gangbarer Weg aus finanziellen Engpässen der Kommune?, DÖV 2011, 174-184.

Püttner, Günter, Die öffentlichen Unternehmen, 2. Auflage, Stuttgart 1985.

ders., Die Vertretung der Gemeinde in wirtschaftlichen Unternehmen, DVBl. 1986, 748-753.

Rapsch, Arnulf, Kommentar zur Wasserverbandsordnung, Düsseldorf 1989. (zitiert: *Rapsch*, WVVO)

Rehm, Hannes, Der demografische Wandel als Herausforderung für die Kommunalfinanzen, Public Governance 2014, 19-20.

Reiche, Katharina, Regional ist das neue Bio, Stadt und Gemeinde 2016, 152-154.

Reinhardt, Anne-Sophie/Mutert, Tina, Flugrouten: Mehr Öffentlichkeitsbeteiligung – bessere Entscheidungen, ZUR 2016, 84-90.

Reinhardt, Michael/Hasche, Frank (Hrsg.), Wasserverbandsgesetz. Kommentar, München 2011. (zitiert: *Bearbeiter*, in: Reinhardt/Hasche, WVG)

Renn, Ortwin/Köck, Wolfgang/Schweizer, Pia-Johanna/Bovet, Jana, Öffentlichkeitsbeteiligung bei Vorhaben der Energiewende, ZUR 2014, 281-287.

Ricke, Thorsten, Lösungsstrategien für das kollektive Konfliktpotential von Energiewende und Netzausbau, in: Junge Wissenschaft im Öffentlichen Recht (Hrsg.), Kollektivität – Öffentliches Recht zwischen Gruppeninteressen und Gemeinwohl, Baden-Baden 2012, S. 143-163.

Ringle, Günther, Analyse der Relevanz genossenschaftlicher Werte, ZfgG 2013, 277-290.

ders., Der genossenschaftliche Förderauftrag: Missverständnisse und Präzisierungsversuche, ZfgG 2010, 176-190.

ders., Genossenschaften und bürgerschaftliches Engagement, ZfgG 2008, 73-74.

ders., Zur Reichweite der Nutzenstiftung durch Genossenschaften, in: Laurinkari, Juhani/Schediwy, Herbert/Todev, Tode (Hrsg.), Genossenschaftswissenschaft zwischen Theorie und Geschichte – Festschrift für Johann Brazda zum 60. Geburtstag, Bremen 2014, S. 465-482. (zitiert: *Ringle*, in: FS Brazda)

Röbke, Thomas, Bürgerschaftliches Engagement als Allheilmittel in Kommunen – Chancen und Grenzen, in: Bubolz-Lutz, Elisabeth/Mörchen, Annette (Hrsg.), Zukunftsfaktor Bürgerengagement, Witten 2013, S. 26-30.

Rosin, Heinrich, Das Recht der öffentlichen Genossenschaft, Freiburg i. Br. 1886.

Rößl, Dietmar/Luger, Lisa/Hatak, Isabella/Hatak, Albert, Wahrnehmung und Bewertung genossenschaftlicher Prinzipien, in: Laurinkari, Juhani/Schediwy, Herbert/Todev, Tode (Hrsg.), Genossenschaftswissenschaft zwischen Theorie und Geschichte – Festschrift für Johann Brazda zum 60. Geburtstag, Bremen 2014, S. 483-504. (zitiert: *Rößl* u.a., in: FS Brazda)

Rudel, Miriam/Görtler, Edmund/Abraham, Martin, Seniorengenossenschaften, ZfgG 2016, 25-46.

Rupp, Hans Heinrich, Die Unterscheidung von Staat und Gesellschaft, in: Isensee, Josef/Kirchhof, Paul (Hrsg.), Handbuch des Staatsrechts, Band 2: Verfassungsstaat, 3. Auflage, Heidelberg 2004, § 31. (zitiert: *Rupp*, Die Unterscheidung von Staat und Gesellschaft, in: Isensee/Kirchhof [Hrsg.], HStR II)

Schäfer, Carsten, Gesellschaftsrecht, 4. Auflage, München 2015.

Schäfer, Roland, Energiewende dezentral umsetzen – Chancen und Herausforderungen für die Kommunen, Die Gemeinde SH 2017, 307-308.

Schedler, Kuno/Proeller, Isabella, New Public Management, 5. Auflage, Bern/Stuttgart/Wien 2011.

Schiera, Pierangelo, Laboratorium der bürgerlichen Welt, Frankfurt a.M. 1992.

Schink, Alexander, Öffentlichkeitsbeteiligung - Beschleunigung - Akzeptanz, DVBl. 2011, 1377-1385.

Schlickmann, Michael, Unternehmensmitbestimmung in der eingetragenen Genossenschaft, Nürnberg 2007.

Schliesky, Utz, Das Ende des Staates – zwischen „Staatsversagen“ und Staatseuphorie, Kiel 2016.

ders., Das Modell der öffentlich-rechtlichen Genossenschaft als Träger öffentlicher Daseinsvorsorge und Infrastruktur, in: Schmidt-Trenz, Hans-Jörg/Stober, Rolf (Hrsg.), Jahrbuch Recht und Ökonomik des Dritten Sektors 2013/2014 (RÖDS). Der Dritte Sektor als Infrastrukturakteur, Baden-Baden 2014, S. 149-160. (zitiert: *Schliesky*, Das Modell der öffentlich-rechtlichen Genossenschaft als Träger öffentlicher Daseinsvorsorge und Infrastruktur, in: Schmidt-Trenz/Stober [Hrsg.], Der Dritte Sektor als Infrastrukturakteur) ders., Öffentliches Wirtschaftsrecht, 4. Auflage, Heidelberg 2014.

ders., Souveränität und Legitimität von Herrschaftsgewalt, Tübingen 2004.

ders./Tallich, Maximilian/Classen, Mirja, Zur Insolvenz der Öffentlichen Hand – eine Einführung, DVP 2011, 134-140.

Schmale, Ingrid, Sozialgenossenschaften: eine wieder entdeckte Rechts- und Wirtschaftsform in der Sozialwirtschaft, in: dies./Blome-Drees (Hrsg.), Genossenschaft innovativ, Wiesbaden 2017, S. 11-45.

Schmehl, Arndt, „Mitsprache 21" als Lehre aus „Stuttgart 21"? Zu den rechtspolitischen Folgen veränderter Legitimationsbedingungen, in: Mehde, Veith/ Ramsauer, Ulrich/Seckelmann, Margrit (Hrsg.), Staat, Verwaltung, Information, Berlin 2011, S. 347-364.

Schmid, Lisa, Seniorengenossenschaften als Plattform partizipativer Selbsthilfe – Nutzen für Mitglieder und Gesellschaft, ZfgG 2011, 19-34.

Schmidt, Christoph, Die demografische Herausforderung – ein aktueller Überblick, in: Hüther, Michael/Naegele, Gerhard (Hrsg.), Demografiepolitik – Herausforderungen und Handlungsfelder, Wiesbaden 2013, S. 71-95.

Schmidt, Rainer, Die Liberalisierung der Daseinsvorsorge, Der Staat (42) 2003, 225-247.

Schmidt, Thorsten Ingo, Kommunale Kooperation, Tübingen 2005.

Schmidt-Eichstaedt, Gerd, Wem gehört der Wind? – Zur Länderöffnungsklausel im Baugesetzbuch, BauR 2016, 37-48.

Schmitt Glaeser, Walter, Partizipation an Verwaltungsentscheidungen, VVDStRL (31) 1973, 179-258.

Schnapp, Friedrich E., Die Selbstverwaltung in der Sozialversicherung, in: Mutius, Albert von (Hrsg.), Selbstverwaltung im Staat der Industriegesellschaft. Festgabe zum 75. Geburtstag von Georg Christoph von Unruh, Heidelberg 1983, S. 881-900. (zitiert: *Schnapp*, in: FG v. Unruh)

Schoch, Friedrich, Gewährleistungsverwaltung: Stärkung der Privatrechtsgesellschaft?, NVwZ 2008, 241-247.

Schodder, Thomas, Anmerkung zu OVG Münster, Urt. v. 24.4.2009 – 15 A 2592/ 07, EWiR 2009, 715-716.

Schraml, Alexander/Gögercin, Lisa, Die kommunale Anstalt – eine neue Rechtsform für die Kommunen Thüringens, ThürVBl. 2014, 85-89.

Schreiner, Benedikt, Die Haftung im Zweckverband, Hamburg 2016.

Schulz, Sönke E., Der „thätige Staat" als Hilfe zur Selbsthilfe – die Bedeutung des bürgerschaftlichen Infrastrukturmodells Lorenz von Steins für aktuelle Herausforderungen, in: Brüning, Christoph/Schliesky, Utz (Hrsg.), Lorenz von Stein und die rechtliche Regelung der Wirklichkeit, Tübingen 2015, S. 131-176.

ders., Die Reform des EU-Vergaberechts – Auswirkungen auf die Kommunen, Die Gemeinde SH 2014, 180-186.

ders., Verfahren und Grenzen der Staatsaufgabenfindung im föderal-kommunal gegliederten Staat, in: Brüning, Christoph (Hrsg.), Nachhaltige Staatsfinanzierung, Kiel 2018, S. 89-126.

Schulze-Fielitz, Helmuth, Grundmodi der Aufgabenwahrnehmung, in: Hoffmann-Riem, Wolfgang/Schmidt-Aßmann, Eberhard/Voßkuhle, Andreas (Hrsg.), Grundlagen des Verwaltungsrechts, Band 1: Methoden, Maßstäbe, Aufgaben, Organisation, 2. Auflage, München 2012, § 12. (zitiert: *Schulze-Fielitz*, Grundmodi der Aufgabenwahrnehmung, in: Hoffmann-Riem/Scdhmidt-Aßmann/Voßkuhle, Grundlagen des Verwaltungsrechts, Band 1, § 12)

Schulz-Nieswandt, Frank, M.A.U.S.S. spielen! Die Gabe im multi-disziplinären Blick – Über den zentralen anthropologischen Baustein der Reziprozität und Mutualität als kulturgrammatische Prinzipien der genossenschaftlichen Gestalt, ZögU 2014, 112-127.

Schuppert, Gunnar Folke, Die Erfüllung öffentlicher Aufgaben durch verselbständigte Verwaltungseinheiten, Göttingen 1981.

ders., Governance von und durch Verwaltungsreformen, in: Blanke, Bernhard/Nullmeier, Frank/Reichard, Christoph/Wewer, Göttrik (Hrsg.), Handbuch zur Verwaltungsreform, 4. Auflage, Wiesbaden 2011, S. 30-37.

Schuppli, Martin, Herstellung gleichwertiger Lebensverhältnisse, Tübingen 2016.

Schwarz, Peter, Großgenossenschaften: Vom Förderauftrag zur Corporate Citizenship, ZfgG 2006, 59-74.

Schwintkowski, Hans-Peter, Gesellschaftsrechtliche Bindungen für entsandte Aufsichtsratsmitglieder in öffentlichen Unternehmen, NJW 1995, 1316-1321.

Seubert, Sandra, Das Konzept des Sozialkapitals, Frankfurt a.M. 2009.

Shirvani, Foroud, Rückenwind für Bürgerwindparks? – Kommunal- und planungsrechtliche Fragen, NVwZ 2014, 1185-1190.

Siedentop, Stefan/Schiller, Georg/Gutsche, Jens-Martin/Koziol, Matthias/Walther, Jörg, Infrastrukturkostenrechnung in der Regionalplanung, Bonn 2006.

Siederer, Wolfgang/Viezens, Linus, Zuständigkeitsübertragung als Option zur vergaberechtssicheren Neuorganisation der Abfallwirtschaft, AbfallR 2017, 138-144.

Simonson/Vogel/Tesch-Römer, Freiwilliges Engagement in Deutschland – Der Freiwilligensurvey 2014.

Sodan, Helge/Ziekow, Jan, Grundkurs Öffentliches Recht, 7. Auflage, München 2016.

Spindler, Gerald/Stilz, Eberhard (Hrsg.), Kommentar zum Aktiengesetz, Band 1: §§ 1-149, 3. Auflage, München 2015. (zitiert: *Bearbeiter*, in: Spindler/Stilz, AktG)

Stappel, Michael, Trends bei Neugründungen von Genossenschaften in Deutschland, ZfgG 2011, 187-200.

Statistisches Bundesamt (Hrsg.), Bevölkerung Deutschlands bis 2060 – 12. Koordinierte Bevölkerungsvorausberechnung, Wiesbaden 2009.

Steding, Rolf, Die eingetragene Genossenschaft – eine (noch) konkurrenzfähige Rechtsform zwischen Personen- und Kapitalgesellschaften?, NZG 1999, 282-286.

ders., Die Genossenschaft und ihr ambivalentes Verhältnis zum Aktienrecht – Überlegungen zur juristischen Annäherung der eG an die AG, NZG 2002, 449-455.

ders., Die genossenschaftliche Aktiengesellschaft – eine atypische Gestaltungsvariante der AG, ZfgG 2004, 282-291.

ders., Genossenschaftsrecht, Baden-Baden 2002.

Steinberg, Rudolf, Die Bewältigung von Infrastrukturvorhaben durch Verwaltungsverfahren – eine Bilanz, ZUR 2011, 340-350

Steiner, Gustav/Schütt, Asmus, „Vertrauen in Deutschland“ und genossenschaftliche Werte, ZfgG 2011, 201-216

Stelkens, Paul/Bonk, Heinz Joachim/Sachs, Michael (Hrsg.), Verwaltungsverfahrensgesetz. Kommentar, 8. Auflage, München 2014. (zitiert: *Bearbeiter*, in: Stelkens/Bonk/Sachs, VwVfG)

Stolleis, Michael, Geschichte des öffentlichen Rechts, Band 2: Staatsrechtslehre und Verwaltungswissenschaft 1800-1914, München 1992. (zitiert: *Stolleis*, Geschichte des öffentlichen Rechts, Band 2)

Stork, Matthias, Private in Zweckverbänden und Demokratieprinzip, DVBl. 2011, 69-76.

Teubner, Gunther, Organisationsdemokratie und Verbandsverfassung, Tübingen 1978.

Then, Volker/Kehl, Konstantin, Investieren mit sozialer Wirkung, Berlin 2016.

Theurl, Theresia, Genossenschaftliche Mitgliedschaft und Member Value als Konzepte für die Zukunft, ZfgG 2005, 136-145.

Theurl, Theresia/Schweinsberg, Andrea, Neue kooperative Ökonomie, Tübingen 2004.

Thieme, Werner, Sicherung der Selbstverwaltung durch Organisationsform, in: Mutius, Albert von (Hrsg.), Selbstverwaltung im Staat der Industriegesellschaft. Festgabe zum 75. Geburtstag Georg Christoph von Unruhs, Heidelberg 1983, S. 1155-1169. (zitiert: *Thieme*, in: FG v. Unruh)

Thürling, Marleen, Genossenschaften im dritten Sektor. Situation, Potentiale und Grenzen, Berlin 2014.

Timm-Arnold, Peter/Löffler, Elke, Vom Vater Staat zum Partner Staat: Bürgerinnen und Bürger als Koproduzenten öffentlicher Leistungen und Wirkungen, VM 2013, 197-204.

Tischer, Jakob, Bürgerbeteiligung und demokratische Legitimation, Baden-Baden 2017.

ders., Rechtsfragen der Bürgerpartizipation mittels Web 2.0 Anwendungen – das Beispiel Bürgerhaushalt, in: Schliesky, Utz/Schulz, Sönke E. (Hrsg.), Transparenz, Partizipation, Kollaboration – Web 2.0 für die öffentliche Verwaltung, Kiel 2012, S. 69-86.

Towfigh, Emanuel V., „Niemand kann zwei Herren dienen". Überlegungen zu einer Kollisionsdogmatik, DVBl. 2015, 1016-1023.

Trute, Hans-Heinrich, Die demokratische Legitimation der Verwaltung, in: Hoffmann-Riem, Wolfgang/Schmidt-Aßmann, Eberhard/Voßkuhle, Andreas (Hrsg.), Grundlagen des Verwaltungsrechts, Band 1: Methoden, Maßstäbe, Aufgaben, Organisation, 2. Auflage, München 2012, § 6. (zitiert: *Trute*, Die demokratische Legitimation der Verwaltung in: Hoffmann-Riem/ Schmidt-Aßmann/Voßkuhle, Grundlagen des Verwaltungsrechts, Band 1, § 6)

Uechtritz, Michael/Reck, Hans-Joachim, Rechtsform kommunaler Unternehmen: Rechtliche Vorgaben und Entscheidungskriterien in: Hoppe, Werner/ dies. (Hrsg.), Handbuch kommunale Unternehmen, 3. Auflage, Köln 2012, § 16.

Unruh, Peter von, Zur verfassungsrechtlichen Zulässigkeit und der demokratischen Legitimation der funktionalen Selbstverwaltung – Anmerkung zu BVerfG vom 05.12.2002 – 2 BvL 5/98 und 6/98, JZ 2003, 1061-1063.

Unseld, Julia, Die Rechtsstellung kommunaler und funktionaler Selbstverwaltungskörperschaften bei ihrer Inanspruchnahme für staatliche Aufgaben, Bonn 2008.

Verband kommunaler Unternehmen (Hrsg.), Stadtwerke und Bürgerbeteiligung, Berlin/München 2016.

Vogelmann, Kirsten/Weber, Florian Christopher, Umlagen der Jagdgenossen – am Beispiel der hessischen Rechtslage, LKRZ 2015, 311-315.

Vollmer, Lothar, Die kapitalistische Genossenschaft, Berlin 1995.

Volz, Richard, Genossenschaften im Bereich der erneuerbaren Energien. Status quo und Entwicklungsmöglichkeiten eines neuen Betätigungsfeldes, Hohenheim 2012.

ders., Zur Umsetzung des Förderauftrags in Energiegenossenschaften, ZfgG 2011, 289-304.

ders./Storz, Nico, Erfolgsfaktoren und künftige Herausforderungen von Bürgerenergiegenossenschaften, ZfgG 2015, 111-120.

Voßkuhle, Andreas, Sachverständige Beratung des Staates, in: Isensee, Josef/ Kirchhof, Paul (Hrsg.), Handbuch des Staatsrechts, Band 3: Demokratie – Bundesorgane, 3. Auflage, Heidelberg 2005, § 43. (zitiert: *Voßkuhle*, Sachverständige Beratung des Staates, in: Isensee/Kirchhof [Hrsg.], HStR III)

Wachinger, Lorenz/Scholz, Daniel, Anmerkung zu EuGH, Urt. v. 21.12.2016, Rs. C-51/15, NVwZ 2017, 376-378.

Waechter, Kay, Großvorhaben als Herausforderung für den demokratischen Rechtsstaat, VVDStRL (75) 2012, 499-537.

Waldhoff, Christian, Grundzüge des Finanzrechts des Grundgesetzes, in: Isensee, Josef/Kirchhof, Paul (Hrsg.), Handbuch des Staatsrechts, Band 5: Rechtsquellen, Organisation, Verfassung, 3. Auflage, Heidelberg 2007, § 116. (zitiert: *Waldhoff*, Grundzüge des Finanzrechts des Grundgesetzes, in: Isensee/Kirchhof [Hrsg.], HStR V, § 116)

Walter, Götz/Busching, Dominik, Lokale Akzeptanz und Partizipationsbereitschaft bei erneuerbare Energie-Kraftwerksprojekten, ET 2014, 99-102.

Wegner, Nils, Aktuelle Entwicklungen in der Rechtsprechung zur Planung von Windkonzentrationszonen – Zugleich Besprechung der Urteile des OVG Schleswig vom 20.1.2015, ZUR 2015, 468-476.

Weisel, Klaus, Das Verhältnis von Privatisierung und Verleihung, Baden-Baden 2003.

Weller, Christiane, Aufgaben, Organisation und Finanzierung der Wasser- und Bodenverbände, Münster 1991.

Wessel, Frank, Die Ko-Produktion von freiwilligen kommunalen Aufgaben mit Hilfe finanzieller Bürgerbeteiligungsmodelle unter Einbeziehung von Sparkassen und Kreditgenossenschaften, dms 2015, 361-384.

Westaway, Kyle/Sampselle, Dirk, The benefit corporation: An economic analysis with recommendations to courts, boards, and legislatures, Emory L. J. 62 (2013), 999-1085.

Westermann, Harry, Das rechtliche Wesen der Erwerbs- und Wirtschaftsgenossenschaften, in: Seraphim, Hans-Jürgen (Hrsg.), Vom Wesen der Genossenschaften und ihrer steuerlichen Behandlung, Neuwied a.R. 1951, S. 62-105.

ders., Die Bedeutung des Förderungszwecks für die rechtliche Ausgestaltung der Genossenschaft, ZfgG 1963, 273-295.

Wichmann, Manfred/Langer, Karl-Ulrich, Öffentliches Dienstrecht, 8. Auflage, Stuttgart 2017.

Willenbruch, Klaus/Wieddekind, Kristina (Hrsg.), Vergaberecht. Kommentar, 4. Auflage, Köln 2017. (zitiert: *Bearbeiter*, in: Willenbruch/Widdekind, Vergaberecht)

Willersinn, Christian/Lavèn, Pamela/Doluschitz, Rainer, Möglichkeiten und Grenzen von Genossenschaften zur Erhaltung der Lebensqualität im ländlichen Raum, ZfgG 2015, 41-58.

Wintermeier, Florian, Bürgerenergiegenossenschaften und das Kapitalanlagegesetzbuch, Baden-Baden 2017.

Wittreck, Fabian, Demokratische Legitimation von Großvorhaben, ZG 2011, 209-226.

Wohltmann, Matthias, Der kommunale Finanzausgleich 2012/2013 unter besonderer Berücksichtigung der Landkreise: Rechtliche Grundlagen, Der Landkreis 2013, 432-473.

Wöhe, Günter/Döring, Ulrich, Einführung in die allgemeine Betriebswirtschaftslehre, 26. Auflage, München 2016.

Wolff, Hans J./Bachof, Otto, Verwaltungsrecht II, 4. Auflage, München 1976.

Wolff, Hans J./Bachof, Otto/Stober, Rolf, Verwaltungsrecht II, 5. Auflage, München 1987.

Wolff, Hans J./Bachof, Otto/Stober, Rolf/Kluth, Winfried, Verwaltungsrecht II, 7. Auflage, München 2010.

Wulfhorst, Reinhard, Konsequenzen aus „Stuttgart 21“: Vorschläge zur Verbesserung der Bürgerbeteiligung, DÖV 2011, 581-590.

Würtenberger, Thomas, Die Akzeptanz von Verwaltungsentscheidungen, Baden-Baden 1996.

Zenke, Ines/Dessau, Christian, Bürgerbeteiligungen als Schlüssel einer kommunalen Energiewende, KommJur 2013, 288-291.

Zimmer, Annette/Priller, Eckhard, Gemeinnützige Organisationen im gesellschaftlichen Wandel, 2. Auflage, Wiesbaden 2007.

Zuleeg, Manfred, Zur Verfassungsmäßigkeit der Einführung des Kommunalwahlrechts für Ausländer in Nordrhein-Westfalen, KritV 1987, 322-330

www.ingramcontent.com/pod-product-compliance
Ingram Content Group UK Ltd.
Pitfield, Milton Keynes, MK11 3LW, UK
UKHW021842290926
8980IPUK00005B/598

9 783631 849071